Zwischen Theorie und Praxis

Caroline Villiger, Ulrich Trautwein (Hrsg.)

Zwischen Theorie und Praxis

Ansprüche und Möglichkeiten in der Lehrer(innen)bildung

Festschrift zum 65. Geburtstag von Alois Niggli

Waxmann 2015
Münster • New York

Bibliografische Informationen der Deutschen Nationalbibliothek
Die Deutsche Nationalbibliothek verzeichnet diese Publikation in der Deutschen Nationalbibliografie; detaillierte bibliografische Daten sind im Internet über http://dnb.d-nb.de abrufbar.

Print-ISBN 978-3-8309-3069-3
E-Book-ISBN 978-3-8309-8069-8

www.waxmann.com
order@waxmann.com

Umschlaggestaltung: Inna Ponomareva, Jena
Satz: Stoddart Satz- und Layoutservice, Münster
Druck: Hubert & Co., Göttingen

Gedruckt auf alterungsbeständigem Papier, säurefrei gemäß ISO 9706

MIX
Papier aus verantwortungsvollen Quellen
FSC® C016439
FSC www.fsc.org

Printed in Germany

Inhalt

Konkrete Beispiele von Theorie-Praxis-Verbindungen in der Lehrer(innen)bildung

Vorwort

Die Theorie-Praxis-Vermittlung in der Lehrer(innen)bildung ist ein zentrales Anliegen von Alois Niggli. Dies zeigt sich nicht nur anhand seines von ihm definierten Forschungsschwerpunkts „Transfer Wissenschaft-Praxis" als Leiter der deutschsprachigen Forschungsstelle an der Pädagogischen Hochschule Freiburg/CH (2004–2015). Diese Zielsetzung ist als roter Faden in seiner gesamten Lehr- und Forschungstätigkeit (auch an der Universität Freiburg/CH als Leiter der Sekundarlehrerausbildung I in den Jahren 1993–2004) erkennbar. Sein Lebenswerk zeugt vom Anliegen, Wissenschaft niemals losgelöst von der Praxis, sondern immer im Dienst der Praxis zu sehen und zu betreiben.

Seine von ihm über die Jahrzehnte bearbeiteten Forschungsthemen waren dann auch immer praxisorientiert bzw. aus der (Schul-)Praxis herausgegriffen: Erweiterte Lehr- und Lernformen (z.B. Rallye in Mathematik), Hausaufgaben, Interventionsforschung zur Optimierung von Unterricht (in den Kernkompetenzen Lesen und Mathematik), Differenzierung im Unterricht, Mentoring in der Lehrer(innen)bildung. Kennzeichen für das Gelingen seiner Arbeit ist die erfolgreich eingelöste Nutzenorientierung. Zahlreiche Publikationen, Schriften und Ergebnisberichte für Praxisverantwortliche und Lehrpersonen, aber auch Materialien für die Praxis zeugen davon, dass der Nutzen der Forschungsergebnisse für die Praxis ein ständiger Bezugspunkt seiner Arbeiten ist. Gleichzeitig hat Alois Niggli immer betont, dass gerade an die praxisrelevanten Forschungsarbeiten höchste Qualitätsansprüche gestellt werden müssten, ein Anspruch, den er auch selbst einlöste: Ergebnisse seiner Studien wurden in den angesehensten nationalen und internationalen Zeitschriften des Fachs publiziert. Alois Nigglis Arbeiten stehen in unseren Augen daher exemplarisch für eine systematisch angestrebte und bemerkenswert gut gelungene In-Bezug-Setzung von Theorie und Praxis.

Die Festschrift ist eine Danksagung aller Autorinnen und Autoren für all die Jahre der anregenden Zusammenarbeit. Um die Theorie-Praxis-Thematik drehten sich viele unserer Diskussionen, die wir mit Alois Niggli geführt haben. Dieser Band soll nun eine Sammlung von Einzelbeiträgen zusammenfügen, die durch ihren jeweils individuellen Charakter die Vielzahl von möglichen Herangehensweisen zum Thema abbilden. Gemeinsam ist ihnen die mit Alois Niggli geteilte Absicht, Theorie und Praxis nie unabhängig voneinander zu denken und damit die Lehrer(innen)bildung wissenschaftsbasiert und realitätsnah zugleich zu gestalten.

Die Herausgeberin, der Herausgeber,
Freiburg/CH und Tübingen/D, im März 2015

Caroline Villiger
Ulrich Trautwein

Caroline Villiger[1]

Lehrer(innen)bildung zwischen Theorie und Praxis: Erörterungen zu einer ungelösten Problematik

1. Die Aktualität eines jahrhundertealten Themas

Bei berufspraktisch ausgerichteten Studiengängen ist das Theorie-Praxis-Problem[2] ein Dauerbrenner, in der Lehrer(innen)bildung[3] ist es so alt wie diese selbst. Erstaunlich ist es nicht, dass dieses Thema unerschöpflich beschäftigt. Die Verbindung von Theorie und Praxis stellt eine konstante Herausforderung dar, die sich aufgrund der zweiteilig strukturierten Ausbildung im Hinblick auf ein konkretes Berufsfeld, nämlich das Unterrichten, ergibt: Sowohl theoretische Wissensinhalte (fachbezogene, fachdidaktische, allgemein erziehungswissenschaftliche) als auch Unterrichtserfahrungen im Rahmen berufspraktischer Studien (Praktika) stehen sich gegenüber. Während die Theorie generalisierte Annahmen über die Realität abbildet, ist die Erziehungs- und Unterrichtspraxis aufgrund ihrer Situativität und der Unberechenbarkeit von Handlungsweisen der Beteiligten um ein Vielfaches komplexer (vgl. Niggli, 2005). Dies trägt mit dazu bei, dass die beiden Begriffe in der Regel in ein antagonistisches Verhältnis gesetzt werden. Dennoch wird deutlich, dass die Lehrerbildung nicht anders kann als sich mit dieser Problematik zu beschäftigen und seit Beginn ihrer Existenz zahlreiche Bemühungen der Vermittlung hervorgerufen hat.

Das Theorie-Praxis-Problem ist wiederholt dann offenbar geworden, wenn in der Lehrerausbildung Akademisierungsschritte eingeleitet wurden. Aufgrund der langen Tradition der Gymnasiallehrerbildung an der Universität ist die Problematik vorerst dort aufgetreten. Die dazugehörige Diskussion lässt sich bis ins 18. Jahrhundert zurückverfolgen, wobei insbesondere Ernst C. Trapp zu erwähnen ist, der sich damals als Professor an der Universität Halle um ein integratives, Theorie und Praxis verbindendes Ausbildungskonzept bemüht hatte (Trapp, 1779/1977). Mit seiner Absicht, einen Lehrstuhl für empirische Pädagogik einzurichten, stieß er jedoch auf Widerstände. Sein Konzept der Verbindung von erziehungswissenschaftlichen und schulpraktischen Studien für angehende Lehrkräfte musste zwischenzeitlich einem schwerpunktmäßig fachwissenschaftlichen Modell weichen. Erst viel später wurde das berufspraktische Studium wieder Teil der Ausbildung, jedoch anschließend

1 An dieser Stelle bedanke ich mich bei Tina Hascher und Ulrich Trautwein für ihre wertvollen Anregungen zu einer früheren Fassung des Textes.

2 Was hier verkürzt als Theorie-Praxis-Problematik beschrieben wird, kann auch mit anderen Begriffspaaren (z.B. Wissenschaft-Praxis, Wissen-Können, etc.) dargestellt werden, mit jeweils leicht anderer Optik. Letzten Endes geht es aber um dasselbe.

3 Fortan wird für eine bessere Lesbarkeit der Begriff Lehrerbildung verwendet. Der Begriff schließt selbstverständlich die Ausbildung von Lehrerinnen mit ein.

an die fachwissenschaftliche Ausbildung (ähnlich wie Referendariat; vgl. Sandfuchs, 2004). Mit der Akademisierung der Volksschullehrerbildung (in Deutschland bereits Mitte des 20. Jahrhunderts, in der Schweiz und in Österreich hingegen erst vor etwas mehr als einem Jahrzehnt) und der damit einhergehenden stärkeren Wissenschaftsorientierung stellt sich die Problematik in vergleichbarer Weise auch für Ausbildungsgänge angehender Grundschullehrkräfte. Die geforderte „anspruchsvolle Wissenschaftlichkeit als Basis für alle Lehrämter“ (Terhart, 2001, S. 233) wirft nunmehr die folgenden Fragen auf: (Wie) können oder sollen Lehrkräfte mittels einer akademischen Ausbildung auf das Berufsfeld vorbereitet werden? Was verstehen wir unter einer in dieser Hinsicht gelungenen Ausbildung? In der Literatur herrscht mehrheitlich Konsens darüber, was Lehrkräfte in ihrer Ausbildung erwerben sollen, wenn auch die verwendeten Begriffe leicht unterschiedlich definiert werden: Professionswissen (Neuweg, 2011a), Professionskompetenz (vgl. Baumert & Kunter, 2006; Blömeke, 2002; Bromme, 1992; Oser & Oelkers, 2001), die Aneignung „professioneller Schemata“ (Muster der Orientierung des Handelns, vgl. Tenorth, 2006), was sich zum Beispiel in der Fähigkeit zeigt, Lernsequenzen ergebnisbezogen zu organisieren – kurz: die Lehrperson soll unterrichten *können*. Doch wie kommen die Bildungseinrichtungen dahin, ohne dem klaffenden Graben zwischen Wissenschaft und Praxis zum Opfer zu fallen? Die Aktualität des Themas ist insbesondere in der Schweiz angesichts der jüngsten Akademisierungswelle innerhalb der Grundschullehrerausbildung mehr denn je gegeben.

2. Modelle zum Umgang mit der Theorie-Praxis-Problematik: eine Orientierungshilfe?

In Bezug auf die Theorie-Praxis-Problematik sind zahlreiche Wahrnehmungsmuster denkbar, die ihrerseits den Umgang mit Brüchen zwischen Theorie und Praxis beeinflussen. In der Literatur wird vorerst zwischen integrativen Modellen und Differenzmodellen unterschieden (vgl. Neuweg, 2011a). Anhänger der *Integrationsthese* konzipieren Professionalität als Kongruenz von Wissen und Können. In dieser Wahrnehmung tut der Lehrer, was er weiß, und er kann sein Tun auch begründen. Vereinfacht gesagt bedeutet dies für die Lehrerbildung, Wissen so aufzubereiten, dass es sich im Handeln als Können niederschlägt. Vertreter der *Differenzthese* hingegen postulieren grundsätzliche kategoriale Unterschiede und folglich eine jeweilige Eigenlogik von Theorie und Praxis. Die Leitidee ist hier, dass das Können von vielem mehr als nur Wissensbeständen abhängig ist (z.B. Erfahrung, Persönlichkeit als weitere wichtige Faktoren). Daraus resultieren unterschiedliche Aufgaben für die Wissenschaft und die Praxis: Die Wissenschaft ermöglicht eine Kultur der Distanz mittels Wissensvermittlung und Reflexion, während die Praxis einen Ort der Einlassung und Anwendung impliziten Wissens bietet. Auftrag der Lehrerbildung ist es, das Unterscheiden von Theorie und Praxis zu pflegen (vgl. Neuweg, 2011b).

Die Einteilung in Integrations- und Differenzmodelle ist selbstverständlich vereinfachend. Verschiedene weiterführende Systematisierungsversuche, die für die beiden Modelltypen stehende Ansätze nennen, sind beispielsweise von Stadelmann (2004), Hedtke (2007) und Neuweg (2011a) unternommen worden. Es mag aber aufgrund der obigen Darstellung deutlich werden, dass die genannten Wahrnehmungsmuster vermutlich von den theoretischen Inhalten abhängen, an denen man sich orientiert. In der Tat gibt es unterschiedliche Abstraktionsgrade von Theorie, die eine Verbindung zur Praxis mehr oder weniger direkt ermöglichen (vgl. Niggli, 2013, S. 33ff.). Zumindest haben diese Modelle keinen handlungsleitenden Charakter, sondern sind eher beschreibender Natur und dienen der Systematisierung.

In einem weiteren Schritt soll die Theorie-Praxis-Problematik deshalb induktiv ergründet werden, indem sie aus der Sicht der Lehrerbildung anhand konkreter Fragestellungen aufgerollt wird.

3. Verortung der Theorie-Praxis-Problematik in der Lehrerbildung

Aus der Sicht der Lehrerbildung gibt es nicht das *eine* Theorie-Praxis-Problem. Vielmehr offenbart es sich an ganz unterschiedlichen Stellen. In der Folge wird deshalb versucht, diese Orte, die Raum für die genannte Problematik bieten, zu systematisieren. Grundsätzlich wird unterschieden zwischen der institutionellen Ebene und der Ebene der Ausbildung. Auf institutioneller Ebene stellen sich Fragen des Theorie-Praxis-Bezugs hinsichtlich der Ausbildungsstruktur und Gewichtung einzelner Ausbildungsinhalte. Diese Ebene schließt ebenfalls die Überprüfung der gesetzten Standards ein. Auf der Ausbildungsebene hingegen lassen sich Orte mit ausgeprägtem Brückencharakter (sog. Bindeglieder) finden. Es handelt sich um Orte innerhalb der Ausbildung, die in vorteilhafter Weise Theorie-Praxis-Bezüge oder zumindest Erklärungsversuche zu Bezügen zulassen. Mehrheitlich in Form von Fragen werden die unterschiedlichen Problemstellungen im Folgenden ausdifferenziert und punktuelle Hinweise auf bereits vorhandene wissenschaftliche Untersuchungen gemacht.

3.1 Institutionelle Rahmenbedingungen für Theorie-Praxis-Bezüge

Organisationsstruktur der Lehrerbildung: Hier stellen sich Fragen zur Planung theoretischer und praktischer Ausbildungsinhalte im Rahmen des Curriculums. Geschehen diese phasenweise (z.B. erst Theorie dann Praxis, vgl. Referendariat in Deutschland) oder werden Theorie und Praxis im Laufe der Ausbildungszeit miteinander verschränkt? Unschwer zu erkennen ist, dass eine Phaseneinteilung innerhalb der Ausbildung (z.B. erst Theorie dann Praxis) die Verbindung beider eher verunmöglicht. Die Entwicklung in Richtung Modularisierung der Ausbildungsinhalte (auch Fragmentierung genannt, vgl. Blömeke, 2002; Terhart, 2004) kann für Theorie-Praxis-Bezüge ebenfalls ungünstig sein.

Institutionelle Vorgaben für eine Verbindung von Theorie und Praxis in der Lehre: Wie werden Theorie und Praxis in der Ausbildung idealerweise aufeinander bezogen? Gibt es institutionseigene Konzepte (vgl. empirische Untersuchungen zu Theorie-Praxis-Verbindungen in der Ausbildung: Moser & Hascher, 2000; Niedermann & Luder, 2002)? Gibt es in dieser Hinsicht Qualitätskriterien für die Lehre? Werden Überlegungen angeführt, in welchen Ausbildungsmodulen oder Kursen derartige Verbindungen besonders sinnvoll sind?

Stellenwert und Funktion von Praxisphasen: Wie werden einzelne Teile der Lehrerbildung von wem (Vertreter der Wissenschaft/Praxis, Studierende) gewertet (in Bezug auf Nutzenerwartungen bei Studierenden vgl. Hascher, 2006; Stadelmann, 2004)? Sind die Praxisschulen auf Austausch angelegte, geschätzte Partner oder sind sie lediglich für die Bereitstellung von Praktikumsplätzen zuständig? Welche Erwartungen werden an Praxisphasen gestellt im Hinblick auf Theorie-Praxis-Auseinandersetzungen? Sollen vermittelnde Verbindungen geschaffen oder Differenzen aufgedeckt werden (Blömeke, 2002)? Welche Lerneffekte sind von Praxisphasen zu erwarten (vgl. Arnold, Gröschner & Hascher, 2014; Müller, 2010)? Wie werden Praktika von der Ausbildungsinstitution begleitet/evaluiert? Wie intensiv wird auf praktische Erfahrungen im Rahmen von Mentoring/Coaching-Gefäßen eingegangen?

Qualitätssicherung bzgl. der Ausbildung: Ein weiterer Aspekt stellt die Überprüfung der Ausbildungsqualität im Hinblick auf die (gelungene) Verbindung von Theorie und Praxis dar: Verfügen die Lehramtsstudierenden am Schluss ihrer Ausbildung über die angestrebte Professionskompetenz (vgl. Oser & Oelkers, 2001)? Führt Lehre mit expliziten Praxisbezügen generell zu gutem Unterricht und dieser wiederum zum Lernerfolg der Schülerinnen und Schüler? Aufgrund der äußerst komplexen Beziehungs- und Wirkungsgefüge liegen zu derartigen Fragestellungen noch keine Daten vor (vgl. Brouwer, 2010; Neuweg, 2011a). Es wäre aber wünschenswert, solche Unterfangen empirisch anzugehen.

3.2 Bindeglieder des Theorie-Praxis-Verhältnisses innerhalb der Ausbildung

In jedem Lehramtsstudiengang sind Orte bzw. Gefäße vorgesehen, die als besonders vorteilhaft für die Verbindung von Theorie und Praxis gelten. Die Frage, ob an diesen Orten beispielsweise mittels vorgegebener Handlungsschemata auch Lernprozesse initiiert werden, ist eine andere. Insofern kann unterschieden werden zwischen *beschreibenden Konzepten*, die gewisse Merkmale und Fähigkeiten im Hinblick auf eine erfolgversprechende Integration von Theorie und Praxis beschreiben, und *Reflexions- bzw. Handlungskonzepten*, die bestimmte Vorgaben machen über Settings, in denen Verbindungen (meist ko-konstruktiv) hergestellt werden können.

Beschreibende Konzepte: Herbart (1802) beschreibt den *pädagogischen Takt* als Bindeglied zwischen Theorie und Praxis. Er versteht darunter die Fähigkeit in einer bestimmten Situation adaptiv zu handeln. Da diese Fähigkeit auf Intuition basiert, ist sie nicht lernbar. Girard (1844/1911) bezeichnet dieselbe Fähigkeit in Anlehnung an Herbart als *mütterlichen Takt*, weil er den Müttern ein intuitiv erlerntes pädagogisches Geschick zuschreibt, welches ebenfalls für Lehrkräfte wünschenswert wäre. Daran anzuknüpfen ist eine weitere, wiederkehrend geäußerte These, die vermutet, dass gewisse Persönlichkeitsmerkmale für die erfolgreiche Überbrückung von Bruchstellen zwischen Theorie und Praxis verantwortlich sein könnten (Mayr & Neuweg, 2006). Diese Konzepte orientieren sich übrigens ausschließlich am Differenzmodell.

Reflexions- und Handlungskonzepte: Mit seinem Ansatz des *reflective practitioner* hat Schön (1983) im Anschluss an Dewey (1933) den Grundstein für die reflexive Praxis innerhalb der Lehrerbildung erneut gelegt. Reflexion gilt als ein privilegierter „Ort", um Lernfortschritte zu initiieren, indem im Rahmen von Unterrichtsbesprechungen Verbindungen zwischen Theorie und Praxis hergestellt werden. Im Fokus stehen dabei Unterrichtssequenzen, die entweder im Praktikum erlebt oder beispielsweise mittels Videoaufzeichnungen von fremden Personen (bzw. Kommilitonen) analysiert werden. Generell stellen sich in Bezug auf derartige Unterrichtsbesprechungen folgende Leitfragen: Wie sind solche Settings gestaltet bzw. strukturiert[4]? Welche Materialien werden einbezogen (Tonaufnahme, Video, Unterrichtsmaterialien, Schülerarbeiten, Lerntagebücher; zu Letzterem vgl. Hascher & Kittinger, 2014)? Welche Personen sind involviert (Vertreter von Wissenschaft und Praxis)? Mit welcher Berechtigung (Frage der Kompetenzen)? Wer erhält welche Rollenzuweisung (Mentor bzw. Coach, Praxis-Lehrperson, Studierende)? Welches sind Qualitätskriterien einer Unterrichtsbesprechung? Wie können Lerneffekte konsolidiert werden? Welche Lerneffekte sind in Bezug auf die Handlungskompetenz in der Praxis zu erwarten (empirische Untersuchungen dazu: Moroni, Gut, Niggli & Bertschy, 2014; Staub & Kreis, 2013)?

Diese Auflistung von möglichen Orten, an denen sich die Theorie-Praxis-Problematik offenbart, erhebt keinen Anspruch auf Vollständigkeit. Es geht vielmehr darum aufzuzeigen, wie facettenreich sich die Problematik im konkreten „Feld" der Lehrerbildung darstellt. Die Vielzahl von Fragen weist darauf hin, dass die Thematik längst nicht erschöpft ist, im Gegenteil: Der Forschungs- und Klärungsbedarf ist größer denn je. Der Fokus von künftigen Arbeiten sollte insbesondere auf der Ausarbeitung von Konzepten zur besseren Verbindung von Theorie und Praxis an möglichst

---

4 Es existiert hierzu eine Vielzahl von Konzepten, beispielsweise kooperative Beratung (Mutzeck, 2002), fachspezifisch-pädagogisches Coaching (West & Staub, 2003), Mentoring-Modelle wie z.B. das 3-Ebenen-Mentoring (Niggli, 2005), reflexives Praktikum durch Empowerment (Arnold et al., 2011), etc.

konkreten Stellen der Lehrerbildung liegen (siehe Liste oben). Dabei könnte die Zusammenarbeit von Theorie und Praxis eine Schlüsselrolle spielen.

4. Plädoyer für eine verbesserte Zusammenarbeit von Theorie- und Praxisvertretern

Das vorherige Kapitel hat gezeigt, dass sich die Frage des Theorie-Praxis-Bezugs in vielfältiger Weise stellt. An mancher Stelle wird deutlich, dass bereits viele Lösungsansätze und erprobte Konzepte vorhanden sind (z.B. Coaching und Mentoring in der Lehrerbildung). Viele Fragen bleiben aber zu klären. Dies ist in erster Linie eine Einladung an die Wissenschaft. Jedoch wäre es wünschenswert, dass die Praxis nicht außen vor bleibt, wenn es um die Erarbeitung und Überprüfung von Konzepten zur Verbindung von Theorie und Praxis geht (dies müssen übrigens nicht zwingend integrative Ansätze sein). Generell ist vermutlich eine verbesserte Zusammenarbeit zwischen Wissenschafts- und Praxisvertretern entscheidend für den Umgang mit der Theorie-Praxis-Problematik. Ausgehend von einem Partnerschaftsmodell, das auf detaillierten Vereinbarungen zwischen Praxis und Schule fußt (vgl. Moroni et al., 2014, S. 26), lassen sich hierzu mehrere Ideen zusammentragen. Zeichner (2010) hat den Begriff „third space“ auf die Lehrerbildung angewendet und meint damit mehr als nur einen Ort der Begegnung für Wissenschafts- und Praxisvertreter. Vielmehr spricht er von einem Ort der Integration mehrerer, teilweise sogar konkurrierender Perspektiven, im Wissen um die Vielfalt von Ansichten, die selbst innerhalb der Praxis- oder Wissenschaftsgemeinschaft herrschen (ebd., S. 92). Diese hybriden Orte, wie Zeichner sie ebenfalls nennt, könnten auch dienlich sein, um ein gemeinsames Bewusstsein der Theorie-Praxis-Problematik zu schaffen. Personen (Mentoren, Coachs, Praxislehrkräfte, etc.), die in die Begleitung schulpraktischer Studien involviert sind, benötigen Orte, wo sie gemeinsam die (Un-)Möglichkeit von Theorie-Praxis-Verbindungen thematisieren können. Weiter schlägt Zeichner (2010) vor, dass Hochschuldozierende und Praxislehrkräfte ihre Expertisen gleichberechtigt in die Hochschullehre einfließen lassen, indem sie beispielsweise beide in Kursen anwesend sind. Hier könnten mögliche Bezüge zwischen Theorie und Praxis auf den Prüfstand gestellt werden und Konzepte für praxisorientierte Hochschullehre entstehen.

Hascher (2011) weist darauf hin, dass die Zusammenarbeit zwischen Hochschulen und Schulen professionalisiert werden muss (ebd., S. 14). Dazu gehört neben all den Fragen, die in Bezug auf die inhaltliche und strukturelle Organisation der Lehrerbildung geklärt werden müssen, auch die Frage nach der Gestaltung der Zusammenarbeit zwischen Hochschuldozierenden und Praxislehrkräften. Ein gemeinsames Interesse an der Zusammenarbeit und die Überzeugung, von der gegenseitigen Anregung profitieren zu können, ist vermutlich eine Grundbedingung für das Gelingen derartiger Kooperationen. Gemeinsame Ziele, beispielsweise die Unterrichtsentwicklung, die Reflexion über eine Professionsethik oder die Optimierung der Lehrerbildung als solche, könnten ebenfalls erfolgversprechend sein. Generell bedingt dies, dass Hochschuldozierende und Praxislehrkräfte bereit sind, sich auf die jeweils andere „Realität" einzulassen bzw. die eigene Realität und Erfahrungen durch fremde Elemente in Frage zu stellen. Gemäß dem Partnerschaftsmodell sind die Wissenschaftsvertreter der Praxis in keinerlei Weise vorgeschaltet, sondern anerkennen die Praxisvertreter als gleichwertige Partner (vgl. Zeichner, 2010). Der Ausdruck von Foucault (1973), dass die Wissenschaft „Diener der Wahrheit" sei, ist an dieser Stelle sehr treffend (Foucault, 1973, S. 124ff. in Blömeke, 2002). Theorien dürfen nicht als letztgültig an die Praxis herangetragen, sondern müssen an ihr immer aufs Neue geprüft werden. Die situative Komplexität von Unterricht und Anforderungen im Schulalltag dürfen dabei nicht unterschätzt werden. Theorien bzw. generalisierte Erkenntnisse sind dagegen bruchstückhaft und können lediglich vorläufig und für einen Ausschnitt der Realität Gültigkeit beanspruchen[5]. Es wäre eine Illusion zu denken, dass die Wissenschaft klare Antworten auf Fragen der Unterrichtspraxis geschweige denn Rezepte zu bieten hat. Dies bedeutet, dass auf der Praxisseite die Erwartungen an die Wissenschaft herabgesetzt werden müssen. Die Wissenschaft kann nicht zum Handeln anleiten, sie kann lediglich bestimmte Vorgehensweisen inspirieren (Niggli, 2005). So oder so müssen wissenschaftliche (auch empirische) Erkenntnisse für die Praxis nutzbar gemacht und Bezüge in die konkrete Erfahrungswelt hinein geschaffen werden. Niggli (2013) hat dies am Beispiel der Binnendifferenzierung im Unterricht (aber auch an anderen Stellen) in besonders exemplarischer Weise dargestellt. Er bezeichnet seine wissenschaftsbasierten Unterrichtskonzepte als Entwurfsmuster, ohne den Anspruch auf durchgängige Gültigkeit zu erheben. Seine Arbeitsweise zeugt zudem von einer engen Zusammenarbeit mit der Praxis und ihren Akteuren.

Liegt die eigentliche Herausforderung des Theorie-Praxis-Bezugs womöglich in der Zusammenarbeit zwischen Hochschuldozierenden und Praxislehrkräften? Wenn die Lehrerbildung es schafft, die genannten Fragen des Theorie-Praxis-Bezugs in Zusammenarbeit mit Praxispartnern anzugehen, dann ist zwar die Problematik noch nicht gelöst, aber die Lehrerbildung ist immerhin ein gutes Stück weitergekommen.

Literatur

Arnold, K.-H., Gröschner, A. & Hascher, T. (2014). *Schulpraktika in der Lehrerbildung: Theoretische Grundlagen, Konzeptionen, Prozesse und Effekte.* Münster: Waxmann.

Arnold, K.-H., Hascher, T., Messner, R., Niggli, A., Patry, J.-L. & Rahm, S. (2011). *Empowerment durch Schulpraktika.* Bad Heilbrunn: Klinkhardt.

Baumert, J. & Kunter, M. (2006). Stichwort: Professionelle Kompetenz von Lehrkräften. *Zeitschrift für Erziehungswissenschaft, 9* (4), 469–520.

5 „Das beobachtbare Handeln von Experten ist offensichtlich reicher als das Wissen (im kognitiven Sinne), das ihm zugrunde liegt" (Bromme, 1992 in Neuweg, 2011a, S. 467).

Blömeke, S. (2002). *Universität und Lehrerausbildung.* Bad Heilbronn/Obb.: Klinkhardt.
Bromme, R. (1992). *Der Lehrer als Experte. Zur Psychologie des professionellen Wissens.* Bern: Huber.
Brouwer, C. N. (2010). Determining long term effects of teacher education. In P. Peterson, E. Baker & B. McGaw (Eds.*), International encyclopedia of education* (pp. 503–510). Oxford: Elsevier.
Dewey, J. (1933). *How we think: a restatement of the relation of reflective thinking to the educative process.* Boston/London: Heath.
Girard, G. (1844/1911). *Der regelmäßige Unterricht in der Muttersprache,* nach der zweiten Ausgabe übersetzt von Dr. Bernhard Schulz. Paderborn: Schöningh.
Hascher, T. (2006).Veränderung im Praktikum – Veränderung durch das Praktikum: Ein vergleichender Blick auf Praktika in der Ausbildung von Sekundarlehrer/innen. *Zeitschrift für Pädagogik,* Beiheft 51, 130–149.
Hascher, T. (2011). Vom „Mythos Praktikum" und der Gefahr verpasster Lerngelegenheiten. *journal für lehrerInnenbildung, 11* (3), 8–16.
Hascher, T. & Kittinger, C. (2014). Learning processes in student teaching: Analyses from a study using learning diaries. In K.-H. Arnold, A. Gröschner & T. Hascher (Hrsg.), *Schulpraktika in der Lehrerbildung* (S. 221–236). Münster: Waxmann.
Herbart, J. F. (1802/1982). Die ersten Vorlesungen über Pädagogik (1802). In Johann Friedrich Herbart, *Kleinere pädagogische Schriften,* hrsg. v. W. Asmus, Bd. 1. Stuttgart.
Mayr, J. & Neuweg, G.H. (2006). Der Persönlichkeitsansatz in der Lehrer/innen/forschung. Grundsätzliche Überlegungen, exemplarische Befunde und Implikationen für die Lehrer/innen/bildung. In M. Heinrich & U. Greiner (Hrsg.), *Schauen, was 'rauskommt. Kompetenzförderung, Evaluation und Systemsteuerung im Bildungswesen* (S. 183–206). Münster: LIT.
Moroni, S., Gut, R., Niggli, A. & Bertschy, B. (2014). Verbindung von Theorie und Praxis bei der Begleitung von Praxisphasen in der Lehrerbildung. *Lehrerbildung auf dem Prüfstand, 7* (1), 5–27.
Moser, P. & Hascher, T. (2000). *Lernen im Praktikum. Projektbericht.* Ms. Bern: Forschungsstelle für Schulpädagogik und Fachdidaktik der Universität Bern.
Müller, K. (2010). *Das Praxisjahr in der Lehrerbildung. Empirische Befunde zur Wirksamkeit studienintegrierter Langzeitpraktika.* Bad Heilbrunn: Klinkhardt.
Mutzeck, W. (2002). *Kooperative Beratung. Grundlagen und Methoden der Beratung und Supervision im Berufsalltag.* Weinheim: Beltz.
Neuweg, G. H. (2011a). Das Wissen der Wissensvermittler. Problemstellungen, Befunde und Perspektiven der Forschung zum Lehrerwissen. In E. Terhart, H. Bennewitz & M. Rothland (Hrsg.), *Handbuch der Forschung zum Lehrerberuf* (S. 451–477). Münster: Waxmann.
Neuweg, G. H. (2011b). Distanz und Einlassung. Skeptische Anmerkungen zum Ideal einer „Theorie-Praxis-Integration" in der Lehrerbildung. *Erziehungswissenschaft,* 43, 33–45.
Niggli, A. (2005). *Unterrichtsbesprechungen im Mentoring.* Oberentfelden: Sauerländer.
Niggli, A. (2013). *Didaktische Inszenierung binnendifferenzierter Lernumgebungen. Theorie – Empirie – Konzepte – Praxis.* Bad Heilbrunn: Klinkhardt.
Niedermann, A. & Luder, R. (2002). Zur Bedeutung der unterrichtspraktischen Ausbildung für angehende schulische Heilpädagoginnen und Heilpädagogen. Ergeb-

nisse einer empirischen Untersuchung bei Praktikumslehrpersonen und Studierenden. *Vierteljahresschrift für Heilpädagogik und ihre Nachbargebiete, 71* (2), 185–202.

Oser, F. & Oelkers, J. (Hrsg.) (2001). *Die Wirksamkeit der Lehrerbildungssysteme. Von der Allrounderbildung zur Ausbildung professioneller Standards.* Chur, Zürich: Rüegger.

Sandfuchs, U. (2004). Geschichte der Lehrerbildung in Deutschland. In S. Blömeke, P. Reinhold, G. Tulodziecki & J. Wildt (Hrsg.), *Handbuch Lehrerbildung* (S. 14–37). Bad Heilbrunn: Klinkhardt.

Schön, D. A. (1983). *The reflective practitioner: How professionals think in action.* New York, NY: Basic books.

Stadelmann, Martin (2004). *Differenz oder Vermittlung? Eine empirisch-qualitative Studie zum Verhältnis von Theorie und Praxis in der Ausbildung von Lehrkräften für die Primar- und Sekundarstufe I.* Diss. Bern. Online am 01.05.2015: http://edudoc.ch/record/3399/files/zu05037.pdf

Staub, F. C. & Kreis, A. (2013). Fachspezifisches Unterrichtscoaching in der Aus- und Weiterbildung von Lehrpersonen. *journal für lehrerInnenbildung, 13* (2), 8–13.

Tenorth, H.-E. (2006). Professionalität im Lehrerberuf. Ratlosigkeit der Theorie, gelingende Praxis. *Zeitschrift für Erziehungswissenschaft, 9* (4), 580–597.

Terhart, E. (2001). *Lehrerberuf und Lehrerbildung. Forschungsbefunde, Problemanalysen, Reformkonzepte.* Weinheim und Basel: Beltz Verlag.

Terhart, E. (2004). Struktur und Organisation der Lehrerbildung in Deutschland. In S. Blömeke, P. Reinhold, G. Tulodziecki & J. Wild (Hrsg.), *Handbuch Lehrerbildung* (S. 37–59). Bad Heilbrunn & Braunschweig: Klinkhardt & Westermann.

Trapp, E. C. (1779/1977). *Versuch einer Pädagogik. Mit Trapps hallischer Antrittsvorlesung: Von der Nothwendigkeit, Erziehung und Unterrichten als eine eigne Kunst zu studieren.* [Ausg.] besorgt von U. Herrmann. Paderborn: Schöningh.

West, L. & Staub, F. C. (2003). *Content-Focused Coaching*^{SM}*: Transforming mathematics lessons.* Portsmouth, NH: Heinemann.

Zeichner, K. (2010). Rethinking the connections between campus based courses and field experiences in College- and University-based teacher education. *Journal of Teacher Education, 61* (1–2), 89–99.

Peter Tremp

Von Hochschullehrern, akademischer Lehre und Lehrerbildnerinnen: Über einige Erwartungen und Zumutungen

Zusammenfassung

Mit der Einrichtung von Pädagogischen Hochschulen hat sich die Lehrerinnen- und Lehrerbildung in der Schweiz auf Hochschulstufe etabliert: Die Lehrerbildnerinnen und Lehrerbildner sind damit zu Hochschullehrern geworden. Dabei kommen verschiedene Traditionslinien und Referenzsysteme zusammen, die in ihrer ungeklärten Kombination an überfordernde Tugendkataloge erinnern. Und insbesondere bleiben Lehrerbildnerinnen und Lehrerbildner – gerade in ihrem engen Verhältnis zur Disziplin der Didaktik und im Bezug auf die Zielsetzungen der Studiengänge, in die sie involviert sind – mit sehr hohen Erwartungen an ihre Lehrtätigkeit konfrontiert, was sich als spezifische Frage nach dem Verhältnis von Theorie und Praxis – oder eher von Praxis und Praxis – beschreiben lässt.

Anhand von drei historischen Lehrstücken werden Referenzüberlegungen zur Hochschullehre illustriert. Der Beitrag geht dabei von der Einschätzung aus, dass die Pädagogischen Hochschulen in der Schweiz noch wenig geklärt haben, welchen Leitüberlegungen sie – betreffend Lehrtätigkeit und Lehrpersonal – folgen wollen. Die Klärung scheint auch deshalb bedeutsam, weil sie einige Implikationen für die Gestaltung der Hochschullehre nach sich zieht und damit beispielsweise auch für die notwendigen Qualifikationen von Hochschuldozierenden. Gleichzeitig ist damit auch die Frage aufgeworfen: Ist mit der Differenzierung von Hochschultypen eine Differenzierung des Hochschulpersonals und auch der Hochschullehre verbunden? Sind Lehrerbildnerinnen und Lehrerbildner ein spezifischer Typ Hochschullehrer, und gibt es eine spezifische Lehrerbildungsdidaktik?

1. Drei historische Lehrstücke

1.1 Verderben auf den Universitäten? Für eine „pädagogische Universität"

Im Frühjahr 1836 veröffentlicht Adolph Diesterweg eine Schrift mit dem dramatischen Titel: „Über das Verderben auf den deutschen Universitäten" (Diesterweg, 1999/1836).[1] Mit einem Beispiel illustriert Diesterweg, worin das Drama besteht:

1 Die Schrift ist Teil der „Beiträge zur Lösung der Lebensfrage der Zivilisation, einer Aufgabe dieser Zeit", die Diesterweg zwischen 1836 und 1838 veröffentlicht.

„Welche Marter ist es für die Studenten, tagtäglich zu den Füssen eines Mannes zu sitzen, der die Gabe des Lehrens nicht besitzt, selbst wenn er der ausgezeichneteste, berühmteste Gelehrte sein sollte. Sie sitzen da mit lernbegierigen Ohren, sie schreiben die Worte nach, die sie hören, aber sie verstehen den Mann nicht. Leider gilt dies in Deutschland noch für den Beweis der Meisterschaft, für einen untrüglichen Beweis der Gründlichkeit und der Tiefe." (Diesterweg, 1999/1836, S. 303)

Damit bezieht sich Diesterweg auf einen heute noch prominenten Gelehrten, nämlich Georg Wilhelm Friedrich Hegel: „Von Hegel hat man gesagt, dass ihn einer verstanden habe. Doch wir wollen hoffen, dass ihn in jedem Semester zehn verstanden haben. Aber stets hörten ihn Hunderte! Was ist aus diesen geworden? Welchen Gewinn haben sie gezogen von den Stunden, die sie aufopferten, von der Geistesqual, die sie empfunden? … Soviel ist gewiss, Hegel mag ein tiefer Forscher gewesen sein, er war einer der schlechtesten Lehrer, die es jemals gegeben hat. Jenes kann ich nicht beurteilen, denn ich gehöre zu denen, die ihn nicht verstanden haben, und ich verstehe auch die nicht, die ihn verstanden zu haben behaupten: aber dieses weiss ich aus Erfahrung. Im Jahre 1825 hospitierte ich bei ihm einige Stunden. Er quälte sich damit ab, den Unterschied des Diskursiven und Intuitiven deutlich zu machen. Aber von ihm konnte man diesen Unterschied, den man einem Sekundaner leicht deutlich machen kann, nicht lernen. Wer ihn vorher nicht kannte, lernte ihn gewiss durch ihn nicht kennen." (Diesterweg, 1999/1836, S. 303)

Für Diesterweg ist denn klar: „Der akademische Lehrer braucht als solcher kein Forscher, aber er muss ein guter Lehrer sein." (Diesterweg, 1999/1836, S. 302) Und daran anschließend heißt es: „Vereinigt sich beides in derselben Person, desto besser; aber es ist nicht nötig, so wie es auch sehr selten ist." (Diesterweg, 1999/1836, S. 302)

Damit nimmt Diesterweg hier eine Diskussion auf, die insbesondere im 18. Jahrhundert aufgekommen ist (Vandermeersch, 1996) und womit sich das „Pädagogische Jahrhundert" in seinem Anspruch auch auf der Universitätsstufe manifestiert. Es geht dabei insbesondere um den „pädagogischen Wert" eines Studiums und die entsprechenden Pflichten von Hochschulprofessoren. Dabei gehen einige Autoren sogar so weit, die Universitäten grundsätzlich in Frage zu stellen. So fragt beispielsweise Campe in seiner „Allgemeinen Revision des gesamten Schul- und Erziehungswesens" zu Beginn seines Artikels über die Universitäten, „ob die Universitäten mehr Nutzen als Schaden stiften" (Campe, 1792, S. 145), um später dann zu antworten: „Kurz, das Uebel ist, so viel ich sehen kann, unheilbar." (Campe, 1792, S. 164)[2] Dies hängt nicht zuletzt mit den Professoren zusammen, die eben

---

2 Abschließend hält Campe fest: „Alles Vorhergehende nun zusammengenommen, könnte und müsste man, deucht mich, die bisherige Einrichtung der Universitäten je eher je lieber aufheben. Wenn ihre itzige Form jemals nöthig war: So ist sie es wenigstens itzt nicht mehr, und die Schädlichkeit derselben in so manchem höchst wichtigen Betracht liegt am Tage. Die jungen Leute verderben da ihre Sitten, zerrütten ihre Gesundheit, verschleudern ihr Vermögen, lernen wenig, und wo das Gegentheil von diesem allen Statt findet, die sind als Ausnahmen von der Regel anzusehn. Die Regel muss aber doch wol den Ausschlag geben, ob Anstalten in ihrer alten Form beibehalten werden, oder nicht." (Campe, 1792, S. 219)

gerade „Sittlichkeit" nicht befördern könnten. Doch wie sollten sie dies auch können: „Doch nicht die Professoren? Die haben die Erziehungskunst nicht studirt." (Campe 1792, S. 148, vgl. auch Vandermeersch, 1996, S. 210)

Für Diesterweg allerdings ist die Universität nicht hoffnungslos verloren, vielmehr fordert er eine „pädagogische Universität" und macht den Vorschlag, „die Akademien von den Universitäten zu scheiden" (Diesterweg, 1999/1836, S. 303). Diese Überlegungen verbindet er mit der Notwendigkeit einer Lehrreform. Diesterweg macht dann auch einige Vorschläge für die Universitätslehre und angemessene Methoden. Insbesondere betont er die Notwendigkeit des Dialogs zwischen Professoren und Studenten.[3]

Auch für Diesterweg gehört eine solide Basis und ein gründliches Wissen zur notwendigen Voraussetzung der universitären Tätigkeit, er argumentiert ganz zentral mit dem Kriterium „Wissenschaftlichkeit" und meint denn auch insbesondere, dass ein „wissenschaftlicher Geist" und die „Selbstthätigkeit des Denkens" (Diesterweg, 1999/1836, S. 302) eingeübt werden sollen. Aber: Die Universität ist für ihn in erster Linie eine „pädagogische Anstalt" (Diesterweg, 1999/1836, S. 306), gefordert ist also eine „pädagogische Universität". Die bescheidene Lehrqualität wird hier zum zentralen Argument für eine notwendige Reform. Oder wie es bei Diesterweg heißt: „Eine Universität ist um der Studierenden willen da. Ihr Wert beruht auf der Wirkung auf dieselben." (Diesterweg, 1999/1836, S. 325) Die zentralen Voraussetzungen für Hochschullehrer sind also didaktisch-methodischer Art, hier verbinden sich nicht Forschung und Lehre, sondern Lehre, Studium und Erziehung.

1.2 Forschung, Forschung! Einige Passagen Humboldt

Mit dieser Orientierung „um der Studierenden willen" könnte Diesterweg beinahe als direkte Antwort auf Wilhelm von Humboldt verstanden werden, findet sich bei ihm doch eine Passage, in der er gerade umgekehrt argumentiert. So heißt es beispielsweise, dass nicht etwa der Professor für die Studierenden, sondern umgekehrt die Studierenden für den Professor da seien (vgl. auch Schelsky, 1963, S. 94–101).[4]

---

3 Diesterweg geht auch auf Einwände ein, die bei diesen Vorschlägen zu erwarten seien, und interessanterweise sind uns diese Einwände auch heute noch vertraut. So thematisiert er beispielsweise Fragen zur Gruppengröße (zwar gehören „Hunderte … auch nicht zusammen", doch ist Lehre und Studium auch so möglich) oder äußert sich zur Beteiligung der Studierenden in Lehrveranstaltungen: „Man wird sagen, die Herren Studenten lieben das Antworten, Reden, Selbstdenken nicht. Wirklich nicht? Sehet, wenn das wahr ist, dann habt ihr über eure bisherige Weise selbst den Stab gebrochen. Gewinnen sie durch das bisher üblich gewesene Verfahren keine Liebe zu selbsttätigem Denken, so folgt daraus, dass man die verkehrte Weise abschaffe. Aber ich gebe euch in der Behauptung recht. Unsere heutigen Studenten sitzen am liebsten still da, nachschreibend wie die Maschinen und die Masse nach Hause schleppend wie die Lasttiere." (Diesterweg, 1999/1836, S. 317)

4 Gabriele Weiss (2012) hat kürzlich – in Anlehnung an Kleist und seine Schrift „Über die allmähliche Verfertigung der Gedanken beim Reden" – überraschend-anregend und nahe bei „Humboldt" argumentiert: „Ein sich an Kleist orientierender Hochschullehrer hat nicht immer etwas, was er lehren könnte und vertraut darauf, dass die Umstände und die Hörerschaft seinem Gemüt die nötige Erregung für die Produktion der Forschung während der Lehre verschaffen. Er setzt auf gutes Glück dreist einen Anfang und überlässt sein Denken der Regie von Gemüt und Sprache. Dem

Damit stellt Humboldt traditionelle pädagogische Verhältnisse auf den Kopf, was zuallererst überrascht und beispielsweise auch für den Zeitgenossen Schleiermacher[5] nicht nachvollziehbar war.

Hinter diesen Passagen von Humboldt steckt freilich ein bestimmtes Konzept von Universität, welche sich als Forschungsuniversität versteht und Lehre sehr eng mit Forschung verknüpft.[6] Die moderne Forschungsuniversität der letzten zweihundert Jahre akzentuiert in Abgrenzung zur vertikal gegliederten alten Universität eine horizontale Struktur, indem nun über die Forschung – so beispielsweise eine humboldtsche Leitidee – eine gemeinsame Ausrichtung von Universitätslehrern und Studenten erfolgt. Damit rückt die funktionale Differenz zwischen Professoren und Studenten in den Hintergrund, der Professor verabschiedet sich – jedenfalls programmatisch – vom Lehrer (vgl. Olbertz, 1997). Das Verhältnis von Lehrpersonen und Lernenden ist hier realisiert als *scientific community*: Professoren bzw. Professorinnen und Studierende unterscheiden sich in diesem Konzept also nicht prinzipiell, sondern graduell, Studierende werden bereits als Forscherinnen und Forscher wahrgenommen. An die Stelle der Tradierung, oder besser vielleicht: in Ergänzung zur Tradierung und Auslegung tritt der Anspruch, neues Wissen durch Forschung zu generieren.

Das ist das Programm, das sich traditionell hinter der Formel einer Verknüpfung von Forschung und Lehre versteckt. Und weil wir es bei Wissenschaft – um nochmals Humboldt zu zitieren – mit einem „noch nicht ganz aufgelösten Problem" (Humboldt, 1964/1810, S. 256) zu tun haben, gibt es streng genommen auch keinen Endpunkt des Studiums, der sich inhaltlich begründen ließe. Vielmehr geht das Studium in eine Grundhaltung über, die als „forschende Haltung" bezeichnet werden kann.

Diese forschende Haltung wird vorbildlich durch den Professor personifiziert. Lehre ist hier eigentlich ein Teil der Forschung: In der Lehre wird Wissenschaft öffentlich, diskutiert und damit auch (mindestens teilweise) validiert. Die notwendige Voraussetzung ist damit eine Forschungskompetenz.

Die Universität wird hier also nicht als „Höhere Schule" konzipiert, sondern in grundsätzlicher Differenz zur Schule. Hier ist auch kein „Lehrer" mehr vorgesehen, weil eben die Universität keine Schule ist. Die prägnanten Formulierungen von Wilhelm von Humboldt machen auf eine bedeutsame Differenz aufmerksam, indem er im „Königsberger Schulplan" drei Stufen unterscheidet:

„Es giebt, philosophisch genommen, nur drei Stadien des Unterrichts: Elementarunterricht – Schulunterricht – Universitätsunterricht. … Wenn also der

wird eine gewisse Könnerschaft der Sprache unterstellt, das Auffinden des Gedankens im Reden, im Jonglieren mit der Sprache setzt ihre Beherrschung voraus. Methodische Sorgfalt und Beherrschung der Sprache sind Voraussetzungen für das spielerische Sich-Überlassen, um Zu-Fall wie Ein-Fall Raum zu geben, sich zu entfalten. Insofern war von der Vorlesung als einem Spielraum die Rede – einem Zwischenraum, der Forschung ermöglicht und in dem gleichzeitig gelehrt wird." (Weiss, 2012, S. 157; vgl. auch Koch, 2013, S. 31)

5 Friedrich Schleiermacher wird von Diesterweg als Beispiel eines „guten Universitätslehrers" genannt, wenn dieser auch deutlich weniger Zuhörer als Hegel gehabt hat.

6 Die folgenden Überlegungen zur Konzeption Humboldts sind bereits dargestellt in Tremp, 2011.

Elementarunterricht den Lehrer erst möglich macht, so wird er durch den Schulunterricht entbehrlich. Darum ist auch der Universitätslehrer nicht mehr Lehrer, der Studirende nicht mehr Lernender, sondern dieser forscht selbst, und der Professor leitet seine Forschung und unterstützt ihn darin." (Humboldt, 1964/1809, S. 169–170)

Die verschiedenen Bildungsstufen haben also je ihre besonderen Aufgaben, Verwechslungen würden zum Problem: „Der Staat muss seine Universitäten weder als Gymnasien noch als Specialschulen behandeln." (Humboldt, 1964/1810, S. 260).

1.3 Muster für die Volksschule? Aus der Tradition der Lehrerbildung

Während bei Diesterweg die „pädagogische Universität" gefordert wird und bei Humboldt die Forschungsorientierung ins Zentrum rückt, bringt die Lehrerinnen- und Lehrerbildung mit ihrer Professionsorientierung einen weiteren Referenzpunkt für die (Hochschul-)Lehrtätigkeit ein: erfolgreiche Berufspraxis.

Dabei geht es insbesondere um die je spezifische Bedeutung der Lernorte „Lehrerinnen- und Lehrerbildung" und „Volksschule" im Zusammenhang mit Fragen zur Unterrichtsqualität: Wie sieht guter Unterricht aus? Wo ist dieser erfahrbar? Und wie kann dieser eingeübt werden?

Die „erfolgreiche Berufspraxis" kann sich in den frühen Modellen der Lehrerbildung beispielsweise in Musterschulen[7] zeigen, womit der Ort der konkreten Berufspraxis gleichzeitig zum Ausbildungsort wird. Der Eintrag zum Lemma „Musterschule" in der „Encyclopädie des gesamten Erziehungs- und Unterrichtswesens" (1865) zeigt im ersten Satz allerdings bereits eine Problematik: „Musterschule. Ein schönes Wort, wenn es die Wahrheit enthält, aber nicht ohne Gefahr, wenn es zum Namen wird." (Musterschule, 1865, S. 863)

Und etwas später heißt es: „Aber die Beilegung einer officiellen Benennung ist nicht unbedenklich, sofern sie gar leicht Hochmuth und Neid erwecken kann; der Name sagt auch vom Lehrer und von der Schule Prädicate aus, die vielleicht zur Zeit der Prädicierung vollkommen wahr sind, aber mit der Zeit allmählich ihre Wahrheit verlieren, wenn der Lehrer infolge irgendwelcher Umstände, z.B. zunehmenden Alters aufhört, sein Amt in mustergültiger Weise zu verwalten. Die Behörden werden bei der Besetzung von Lehrstellen an solchen Anstalten, welche vorzugsweise musterhaft eingerichtet sein sollten, mit besonderer Sorgfalt zu Werke gehen; aber auch die Behörden können irren und fehlgreifen, und wenn dann der Name bestehen bleibt, während die Sache abhanden gekommen ist, so ist das schlimm; also lieber weg mit dem Namen." (Musterschule, 1865, S. 864)

---

7 Die Begrifflichkeit wird allerdings nicht einheitlich verwendet: „Musterschulen" können sowohl ein Konzept von Lehrerbildung meinen, bei dem die angehenden Lehrer sich an einer Schule die notwendigen Kenntnisse und das notwendige Können erwerben. „Musterschulen" können aber auch im Sinne von „Übungsschulen" in einem seminaristischen Lehrerbildungskonzept verstanden werden.

„Musterschulen“ können als spezifisches Konzept der Lehrerinnen- und Lehrerbildung verstanden werden: Gelernt wird im Kontext der Anwendung, die Anleitung übernimmt ein erfahrener Schulmann durch seine eigene Praxis. Mit „Musterschulen“ sind Erwartungen verbunden, dass dort eben tatsächlich „Musterhaftes“ sichtbar und erfahrbar wird.

Musterhaftes kann auch in den Lektionen der Lehrerinnen- und Lehrerbildung selber integriert sein, sei dies nun in eigens dafür geschaffenen Übungsschulen oder in Seminarlektionen. Im „Enzyklopädischen Handbuch der Pädagogik“ diskutiert R. Seyfert dieses Thema der Musterlektionen: „Solche Musterlektionen, die der Belehrung der angehenden Lehrer dienen, werden als berechtigt und notwendig angesehen.“ Denn: „Ist das Unterrichten eine Kunst, dann werden die Jünger dieser Kunst nicht durch blosse Anweisungen und Belehrung, sondern vor allem durch Beispiele für sie begeistert und in sie eingeführt.“ (Seyfert, 1907, S. 23) Dafür sind allerdings einige Anforderungen gestellt. „Es versteht sich, dass diesen Forderungen in idealer Vollkommenheit nur Meister nachkommen können: solche, dem Wissen und Können nach, müssen es also sein, die vor den Zöglingen der Seminare Lektionen halten.“ Das Konzept verlangt freilich, „dass der Seminarlehrer, der Musterlektionen erteilen soll, zugleich Klassenlehrer irgend einer Klasse der Seminarschule sei, damit jede Lektion nicht bloss Saat, sondern Ernte und Saat zugleich sei“ (Seyfert, 1907, S. 24).

In einem eigenen Abschnitt diskutiert Seyfert sodann den „rechten Gebrauch“ von Musterlektionen:

„Ein Seminarlehrer, der Musterlektionen der Art hält, wie sie oben gefordert worden sind, wird seine Schüler ohne Zweifel darauf hinweisen, dass er nicht Schablonen bieten will, die einfach nachzuschneidern wären; er wird in einer Besprechung über die Lektionen mehr die Ziele und Zwecke betonen, die ihn geleitet, also die Mittel, die er angewandt. Falsch wäre es, wollte ein Lehrer der Methodik seinen Schülern eine Anzahl Lektionen, vielleicht für jedes Fach eine, geschrieben oder gedruckt in die Hand geben zur mechanischen oder gar wörtlichen Nachahmung. Trotz alledem werden die ersten Versuche auch der ersten Amtsjahre seiner Schüler Nachahmung sein. Und auch später, wenn sich die Flügel freier regen, werden die Vorbilder unbewusst nachwirken. Allgemeingültiges, Normatives gibt’s auch für die Unterrichtstechnik; über das kann sich auch der Meister nicht hinwegsetzen, noch viel weniger der Durchschnittspädagoge. Den berechtigten Subjektivismus bis zur Willkür ausarten zu lassen ist mindestens so gefährlich als Mechanismus und Schablonismus. Beides vermeidet man bei rechtem Gebrauch auch der gedruckten praktischen Lektionen. Wer sie verachtet und verächtlich macht, auch wenn sie gut sind, beweist nichts als geistigen Hochmut; wer sie aber mechanisch nachahmt, als Eselsbrücken benutzt, bezeugt geistige Armut und beraubt sich selbst des schönsten Rechts: seine Persönlichkeit ausleben zu lassen. Sich an gelungnen Mustern zu erfreuen, sie denkend zu analysieren und in der subjektiven Einkleidung das Allgemeingültige zu suchen, sich anregen, ja unter Umständen begeistern zu lassen: das ist der rechte Gebrauch von Musterlektionen." (Seyfert, 1907, S. 24–25)

Der Seminarlehrer steht damit in einem spezifischen Verhältnis zur Volksschule, er ist ein Meister, der gleichzeitig seine Praxis zeigt und expliziert. Er ist also – mit den Begrifflichkeiten von Murray & Male (vgl. Swennen and Snoek, 2012, S. 23) – sowohl „first order practitioner" als auch „second order practitioner". Gesichert werden soll eine Rückbindung an die berufliche Praxis, der Seminarlehrer personifiziert ihre Qualität und gleichzeitig die Qualitätsdiskussion.

Mit Diesterweg, Humboldt und den Musterlektionen sind drei unterschiedliche Referenzpunkte genannt, welche je ihre spezifischen Implikationen auf die Tätigkeit von Hochschullehrern und ihre notwendige Qualifizierung haben – und die auch die Hochschullehre unterschiedlich akzentuieren.

2. Hochschullehre realisieren

2.1 Lehrkompetenzen und Hochschuldidaktik: Zwischen Kritik und Ansprüchen

Die universitäre Lehre wird seit jeher von ihrer Kritik begleitet, entsprechende Dokumente lassen sich für alle Etappen der Universitätsgeschichte finden.[8] Umgekehrt gibt es vielfältige Versuche, die Ansprüche an die Lehrtätigkeit zu formulieren. So vergleicht beispielsweise Schleiermacher in seiner Schrift „Gelegentliche Gedanken über Universitäten in deutschem Sinn" (2000/1808) Universitäten mit Höheren Schulen einerseits und Akademien andererseits, um so auch die „eigentliche Kunst des Universitätslehrers" zu beschreiben. Diese vereinigt „zwei Tugenden": „Lebendigkeit und Begeisterung auf der einen Seite. Sein Reproduzieren muss kein blosses Spiel sein, sondern Wahrheit; sooft er seine Erkenntnis in ihrem Ursprung, in ihrem Sein und Gewordensein vortragend anschaut, sooft er den Weg vom Mittelpunkt zum Umkreise der Wissenschaft beschreibt, muss er ihn auch wirklich machen. … Ebenso notwendig ist ihm aber auch Besonnenheit und Klarheit, um, was die Begeisterung wirkt, verständlich und gedeihlich zu machen, um das Bewusstsein

8 Eine meines Erachtens schöne Passage findet sich bei Schleiermacher in seinen „Gelegentliche[n] Gedanken über Universitäten in deutschem Sinn" (2000/1808) spöttisch: „Ein Professor, der ein ein- für allemal geschriebenes Heft immer wieder abliest und abschreiben lässt, mahnt uns sehr ungelegen an jene Zeit, wo es noch keine Druckerei gab und es schon viel wert war, wenn ein Gelehrter seine Handschrift vielen auf einmal diktierte, und wo der mündliche Vortrag zugleich statt der Bücher dienen musste. Jetzt aber kann niemand einsehn, warum der Staat einige Männer lediglich dazu besoldet, damit sie sich des Privilegiums erfreuen sollen, die Wohltat der Druckerei ignorieren zu dürfen, oder weshalb wohl sonst ein solcher Mann die Leute zu sich bemüht und ihnen nicht lieber seine ohnehin mit stehenbleibenden Schriften abgefasste Weisheit auf dem gewöhnlichen Wege schwarz auf weiss verkauft. Denn bei solchem Werk und Wesen von dem wunderbaren Eindruck der lebendigen Stimme zu reden, möchte wohl lächerlich sein." (Schleiermacher 2000/1808, S. 130–131)

seines Zusammenseins mit den Neulingen immer lebendig zu erhalten, dass er nicht etwa nur für sich, sondern wirklich für sie rede und seine Ideen und Kombinationen ihnen wirklich zum Verständnis bringe und darin befestige, damit nicht etwa nur dunkle Ahndungen von der Herrlichkeit des Wissens in ihnen entstehen, statt des Wissens selbst." (Schleiermacher, 2000/1808, S. 129–130)

Als eine Antwort auf die Herausforderungen der Lehre lässt sich das „Unternehmen Hochschuldidaktik" verstehen, das eine doppelte Aufgabe kennt: Hochschuldidaktik erarbeitet einerseits Wissen über universitäres Lehren und Lernen und ist damit Teil der Hochschul- und Bildungsforschung. Andererseits stellt die Hochschuldidaktik als anwendungsorientierte (Teil-)Disziplin mit ihren Dienstleistungen und Angebotsformaten dieses Wissen Dozierenden und Lehrverantwortlichen zur Verfügung: als orientierendes Kontext- und Begründungswissen ebenso wie als geeignetes Handlungsrepertoire. Beabsichtigt ist damit, die Hochschule als Studien- und Bildungsort weiterzuentwickeln.

Allerdings: Die deutschsprachige Hochschuldidaktik kann bisher noch kaum inhaltliche Aussagen zu Lehrkompetenzen und Lehrqualität machen, die breite Zustimmung finden und über triviale Hinweise hinausgehen würden. Vielmehr sind die vorgeschlagenen Modelle uneinheitlich und an unterschiedlichen Referenzüberlegungen orientiert. Insbesondere wäre zu fragen, ob die Diskussionen um Lehrkompetenz und Lehrqualität den Besonderheiten der Hochschulstufe genügend Rechnung tragen (vgl. auch Tremp, 2011). In ihrem Beitrag zu „Lehrkompetenzen von Hochschullehrern" macht Gabi Reinmann den Vorschlag, auf den Kompetenzbegriff ganz zu verzichten, weil gerade dieser Verzicht „hochschuldidaktisch vorteilhaft" sei (Reinmann, 2013, S. 227). Reinmann argumentiert dabei mit einigen gravierenden Schwachstellen des Kompetenzbegriffs und stellt fest, dass die Kompetenzmodelle für Hochschullehrer zu unspezifisch seien, die Besonderheiten der Hochschullehre kaum Berücksichtigung fänden. Ihr Vorschlag: „Wie wäre es denn, wenn wir nicht Lehrkompetenzen fördern, sondern das Wissen um Lehre, das Können in der Lehre und die Haltung zur Lehre positiv verändern wollten?" (Reinmann, 2013, S. 228)

Gleichwohl haben sich an vielen deutschsprachigen Universitäten und Hochschulen in den vergangenen Jahrzehnten – und unlängst in einem erneuten Aufschwung – hochschuldidaktische Einrichtungen etabliert. Diese sind oftmals in der Zentralen Verwaltung positioniert und traditionell auf die Durchführung von Weiterbildungsveranstaltungen und Beratungsangeboten zu Rhetorik und Auftritt ausgerichtet. Dieses enge Verständnis entspricht der traditionellen universitären Lehrkultur, die weitgehend davon ausgeht, dass eine routinierte Praxis und die Vertrautheit mit der Situation die beruhigende Gewissheit gibt, dass alles seine Richtigkeit hätte. Hochschuldidaktische Weiterbildung ist in diesem Rahmen hauptsächlich als unterstützende Dienstleistung für Nachwuchswissenschaftlerinnen und Nachwuchswissenschaftler konzipiert, die noch kaum Routine gewinnen konnten und die hochschuldidaktischen Kurse entsprechend als Angebot nutzen, das auf anfängliche Verunsicherung in der prinzipiellen Ungewissheit der Lehrtätigkeit antwortet.

Erfahrene Dozierende empfinden die Hochschuldidaktik bisweilen sogar als Zumutung und persönliche Beleidigung. Für Joachim Ludwig hängt dies damit zusammen, dass das im Hochschulalltag erworbene didaktische Selbstverständnis in hohem Masse identitätsrelevant und identitätsstabilisierend ist. Man hat sich etwas angeeignet, mit dem man „leben kann". „Die Reflexion alternativer didaktischer Konzepte ist dann nicht nur ein distanziertes professionelles Spiel mit didaktischen Möglichkeiten, sondern geht mit Verlustängsten einher, mit dem Verlust desjenigen didaktischen Konzepts, das eng an die eigene Biographie und Identität gekoppelt ist." (Ludwig 2012, S. 50)

In den letzten Jahren wird die Frage der Qualifizierung von Hochschullehrern allerdings aufmerksamer diskutiert. Im Papier „Für eine Reform der Lehre in den Hochschulen" (2008) hat sich beispielsweise die Deutsche Hochschulrektorenkonferenz bereits vor einigen Jahren für eine verstärkte Betonung der didaktischen Qualifizierung ausgesprochen: „Die individuelle Lehrkompetenz ist eine wesentliche Qualifikation der Wissenschaftler/-innen in den Hochschulen, insbesondere der Professorinnen und Professoren. Sie muss in den Qualifizierungswegen des wissenschaftlichen Nachwuchses und in Berufungsverfahren der Professorinnen und Professoren einen grösseren Stellenwert erhalten" (Hochschulrektorenkonferenz, 2008, S. 5). Auch der Deutsche Wissenschaftsrat hat in demselben Jahr in seinen Stellungnahmen die „Etablierung eines verbindlichen, von den Hochschulen getragenen Qualifizierungsprogramms für alle Lehrenden" (Wissenschaftsrat, 2008, S. 66) vorgeschlagen. Zudem solle der „Zugang zum Hochschullehrerberuf … an den verlässlichen Nachweis von Lehrkompetenzen und bisherigen Lehrleistungen gebunden werden" (Wissenschaftsrat, 2008, S. 68).[9]

2.2 Akademische Tätigkeiten und die „Verwendungsformen" von Wissen

Ein Merkmal von Hochschulen liegt darin, dass sich hier verschiedene Aufgaben bündeln. Die verschiedenen Leistungsbereiche zeigen dabei je eine andere „Verwendungsform" von Wissen: So lässt sich zum Beispiel die Forschung als *Generierung* neuen Wissens beschreiben, während es in der Lehre um *Vermittlung* von Wissen oder in der Entwicklung resp. Beratung um die *Anwendung* des Wissens geht. Diese verschiedenen Aufgaben setzen – neben der einer fundierten Fachlichkeit – je spezifische Expertise in diesen „Verwendungsformen" voraus, also forschungsmethodische, hochschuldidaktische oder beispielsweise beraterische Kompetenzen.

In der Forschungsuniversität der letzten 200 Jahre sind diese Aufgaben – programmatisch – auf personaler Ebene gebündelt, was zum Selbstverständnis von

9 Der Nachweis von Lehrkompetenzen wird auch immer häufiger zu Voraussetzungen der Anstellung. Und eine Untersuchung kann zeigen, dass „wenn die Lehrkompetenz bei der Einstellung berücksichtigt worden ist, hat dies immer einen positiven Effekt auf die intrinsische Lehrmotivation" (Wilkesmann 2012, S. 378).

Hochschulprofessuren geworden ist. Damit stoßen Vorschläge, welche diese traditionelle Bündelung in Frage stellen, auf große Skepsis.[10]

So hat der Wissenschaftsrat in seinen „Empfehlungen zu einer lehrorientierten Reform der Personalstruktur an Universitäten" (Wissenschaftsrat 2007) solche strukturellen Überlegungen präsentiert und diese insbesondere mit der unzureichenden Qualität der Lehre begründet:

„Trotz des vielfach hohen Engagements der Hochschullehrer und der zahlreichen auch international konkurrenzfähigen Lehr- und Studienangebote ist die Situation der universitären Lehre insgesamt unbefriedigend. Dies ist festzumachen insbesondere an:

- den unzureichenden Betreuungsrelationen;
- fehlenden Qualifizierungsangeboten für die Ausbildung von Lehrkompetenzen;
- Defiziten in der Curriculums- und Studiengangsgestaltung, wobei hier erhebliche Unterschiede zwischen den einzelnen Fächern und Disziplinen zu konstatieren sind.

Für die Studierenden resultieren daraus in vielen Fächern hohe Fachwechsler- und Studienabbrecherquoten sowie lange Studienzeiten. Die Position der deutschen Universitäten auf dem internationalen Bildungsmarkt ist dadurch beeinträchtigt."

In seinen Überlegungen zur Personalstruktur und Personalentwicklung schlägt der Wissenschaftsrat u.a. die Einführung von Lehrprofessuren vor: „Im Mittelpunkt des vorliegenden Konzeptes steht die Empfehlung, Hochschullehrerpositionen mit einem Tätigkeitsschwerpunkt in der Lehre einzuführen." (Wissenschaftsrat, 2007, S. 35). Dieser Vorschlag hat dann auch eine große Resonanz (und auch: größte Skepsis) provoziert. Erste Untersuchungen zeigen: „Die bisher geringe Verbreitung der Lehrprofessur ist einer der augenfälligsten Befunde." (Hilbrich & Schuster, 2014, S. 111) Lehrprofessuren werden denn auch „nicht flächendeckend in der gesamten Universität, sondern vielmehr als singuläre Einzelfalllösungen für einzelne Institute und Studiengänge eingerichtet" (Hilbrich & Schuster, 2014, S. 120).

Allerdings wird auch festgestellt, dass mit der Erhöhung der Studierendenzahlen und in Kombination mit der Bologna-Reform solche Verschiebungen dennoch stattfänden. So argumentiert beispielsweise Ley (2013), dass der Begriff des Professors gegenwärtig durch denjenigen des Hochschullehrers ersetzt und damit die Differenzen der Bildungsstufen zum Verschwinden gebracht würden. Mit dieser Ablösung des Begriffs „Professor" durch „Hochschullehrer" zeigt sich für Ley eine „deutliche andere Akzentuierung" (Ley, 2013, S. 39), eigentlich eine „Falschmünzerei im großen Stil" (Ley, 2013, S. 39). „Wenn der Professor in der Sprache verschwindet, dann gibt es Grund zu der Annahme, dass er das auch in der Sache tut." (Ley, 2013, S. 39)

Ley argumentiert mit den fundamentalen Unterschieden zwischen Schule und Hochschule. Professoren würden sich insbesondere durch ihr souveränes Spiel mit unterschiedlichen Entwürfen für die Wirklichkeit auszeichnen. Der Professor ist

10 Gleichzeitig machen einige Studien auf problematische Aspekte dieser Bündelung aufmerksam, was ja bereits bei Diesterweg (vgl. oben) anekdotisches Thema ist.

also nicht einfach der Allwissende in seiner Disziplin, sondern immer auch eine „schwankende" Gestalt, die sich nicht so leicht einordnen oder festlegen lässt (Ley, 2013). Der Hochschullehrer demgegenüber entspricht für Ley dem Bologna-Studium und seinem Versuch, die Hochschule einem „strengen Arbeitsschema" zu unterwerfen. Er sei nun ein „Vollzugsbeamter in einem Lernexperiment, dessen Regeln von anderen überwacht und kontrolliert werden" (Ley, 2013, S. 50).

2.3 Besonderheiten der Lehrerinnen- und Lehrerbildung?

Mit der betonten Differenz zwischen der Hochschulstufe und den vorangehenden Stufen des Bildungssystems gehen freilich Nuancierungen innerhalb des Hochschulsystems verloren. Tatsächlich nämlich unterscheiden sich Professorinnen und Professoren in ihrer Tätigkeit je nach Hochschultyp und Hochschule. Bereits die Bedeutung und der Aufwand, den sie der Lehre beimessen, variiert beträchtlich. Hochschultypen zeigen hier ein kompliziertes Wechselspiel von Differenzierung und Entdifferenzierung, was die Übersichtlichkeit erschwert.[11]

Die Unterschiede zwischen den verschiedenen Hochschultypen können sich auf verschiedene Dimensionen beziehen und beinhalten oftmals auch unterschiedliche Laufbahnwege zum Hochschullehrerberuf. So ist beispielsweise der Weg zu einer Fachhochschulprofessur anders vorstrukturiert als zu einer Universitätsprofessur, zudem zeigen sich andere Bezüge zwischen Forschung, Lehre und der (außerhochschulischen) beruflichen Praxis.

Gerade dieser Bezug zur beruflichen Praxis unterscheidet sich allerdings nicht entlang der Hochschultypen. Gripentrog (unveröffentlichtes Manuskript) hat für die Studiengänge eine Klassifikation vorgeschlagen, die drei Typen unterscheidet: Ein erster Typus zielt auf die „klassischen" Professionen (vor allem Medizin, aber auch die Juristerei und mit Abstrichen Lehrämter) und bereitet also auf die schon im 19. Jahrhundert staatlich regulierten akademischen Berufe vor. Ein zweiter Typ führt in zwar verschiedene, aber vorab einigermaßen klar beschreibbare, auf die Fachkenntnisse des Studiums bezogene Tätigkeitsfelder (Wirtschaftswissenschaften, Ingenieurwesen, Sozialpädagogik, …). Der dritte Typ will insbesondere eine wissenschaftliche Bildung vermitteln, konkrete Berufsfelder sind häufig nicht zugeordnet, berufliche Zielvorstellungen müssen im Studium individuell erarbeitet werden.

Die Lehrerinnen- und Lehrerbildung gehört – mit Abstrichen – zu den „professionsorientierten" Studiengängen. Diese Professionsorientierung zeigt sich nun auch in der Qualifizierung für die Hochschultätigkeit, wie sie in den „Anerkennungsreglementen" für die Pädagogischen Hochschulen festgehalten sind (Reglement

11 Der amerikanische Hochschulforscher Marin Trow hat bereits vor einigen Jahrzehnten die These vertreten, dass sich mit einer Studienanfängerquote von 15% und erneut bei einer Quote von 50% die Hochschulstruktur deutlich zu differenzieren beginnt (Teichler, 2014, S. 24). Die Etablierung von Fachhochschulen als neuem Hochschultyp in den deutschsprachigen Ländern kann so verstanden werden. Allerdings lassen sich die Hochschularten international nicht befriedigend klassifizieren (Teichler, 2014, insbesondere S. 69–84).

1999): „Die Dozentinnen und Dozenten verfügen über einen Hochschulabschluss im zu unterrichtenden Fachgebiet, über hochschuldidaktische Qualifikationen sowie in der Regel über ein Lehrdiplom und Unterrichtserfahrung." (Art. 6) Hier wird damit eine Lehrorientierung betont, die zeigt, dass sich mit den Pädagogischen Hochschulen diese Einrichtungen zwar auf Hochschulstufe etabliert haben, die gleichzeitig ihrer Herkunft aus dem System der Berufsbildung und deren Logik weiterhin verpflichtet bleiben.[12]

Die gewünschte „eigene Unterrichtserfahrung" auf der Zielstufe der Ausbildung ist in ihrer Betonung auffällig.[13] Die gesetzlichen Bestimmungen für Lehrerbildnerinnen und Lehrerbildner auf Hochschulstufe scheinen die Tradition des pädagogischen Meisters weiterhin abbilden zu wollen, wohingegen die fachwissenschaftliche Qualifizierung lediglich mit „Hochschulabschluss" umschrieben ist. Selbstverständlich: „Lehrdiplom und Unterrichtserfahrung" meint nicht einfach praktische Meisterschaft, vielmehr verbirgt sich hinter diesem „Schulfeldbezug" eine verschwommene Kombination aus Ansprüchen an inhaltliche Orientierungen der Hochschule insgesamt oder vermeintliche Zeichen gesteigerter Glaubwürdigkeit gegenüber der Schulpraxis (und Bildungsverwaltung). Dieser generelle Anspruch an alle Dozierenden sowie die Unklarheit der Bezüge und Referenzpunkte sind allerdings wenig geeignet, ein spezifisches Profil eines Hochschultyps zu begründen (Tremp, Stäuble & Suter, 2014).[14]

Insgesamt scheint sich hier auch eine Verwechslung abzubilden zwischen Volksschul- und Hochschuldidaktik. Zwar ist der zentrale Gegenstand der Lehrerinnen- und Lehrerbildung „Didaktik". „Hochschullehre" entspricht damit der Disziplinherkunft der Dozierenden, ist aber gleichzeitig „kontext-different". Dies bedeutet dann

12 Damit wurden hier ähnliche Anforderungen festgehalten, wie sie auch für Dozierende von (ebenfalls berufsorientierten) Fachhochschulen gelten (Bundesgesetz 1995). In Artikel 12 („Anforderungen an die Lehrkräfte"!) wird festgelegt: „Die Dozentinnen und Dozenten müssen sich über eine abgeschlossene Hochschulausbildung, über Forschungsinteresse sowie über eine didaktische Qualifikation ausweisen. Die Lehre in den richtungsspezifischen Fächern setzt zudem eine mehrjährige Berufserfahrung voraus." Zudem wird hier geregelt, dass die Fachhochschulen „für die ständige fachliche und didaktische Weiterbildung der Lehrkräfte" zu sorgen hätten.

13 Allerdings ist dies keine Besonderheit der Schweizer Lehrerinnen- und Lehrerbildung. Das Bayrische Hochschulpersonalgesetz beispielsweise hält fest, dass für Professorinnen und Professoren bestimmte Einstellungsvoraussetzungen gelten (vgl. http://www.gesetze-bayern.de/jportal/portal/page/bsbayprod.psml?showdoccase=1&doc.id=jlr-HSchulPersGBYrahmen&doc.part=X&doc.origin=bs). Neben den allgemein bekannten fachwissenschaftlichen Bedingungen ist für die Lehrerinnen- und Lehrerbildung in einem besonderen Passus festgehalten: „Im Bereich der Lehrerbildung soll von Fachdidaktikern und Fachdidaktikerinnen zusätzlich der Erwerb der Befähigung für ein Lehramt im jeweiligen Fach und eine mindestens dreijährige Tätigkeit an einer Schule oder vergleichbaren pädagogischen Einrichtung nachgewiesen werden." (Artikel 7) Dies entspricht dann weitgehend der Regelung, wie sie auch für die Bayrischen Fachhochschulen gilt, wo für Professorinnen und Professoren eine mindestens fünfjährige berufliche Praxis (wovon mindestens drei Jahre außerhalb des Hochschulbereichs) nachgewiesen werden muss (ebenda, Artikel 7).

14 Hier zeigt sich eine interessante Parallele zur Universitätsgeschichte und der Rekrutierung von Professoren in der frühen Neuzeit: „Da die Professur noch keine Laufbahn war, unterschied sich der Professor noch nicht durch besondere wissenschaftliche oder pädagogische Fähigkeiten von den Praktikern seines Fachgebiets. Jedenfalls gab es zwischen der Universität und der Welt der Praktiker enge Beziehungen." (Vandermeersch, 1996, S, 205). So erfolgte auch die Rekrutierung damals nicht nur vertikal durch Beförderung, sondern insbesondere auch horizontal durch die Berufung von Praktikern.

beispielsweise auch, dass hochschuldidaktische Angebote davon ausgehen können, dass einige grundlegende Überlegungen aus der Beschäftigung mit der Sache bekannt sind, der Kontext allerdings oftmals „nur“ in der alltäglichen Praxis erfahren wurde, aber kaum theoretisch durchdrungen ist.

Wenn auch die Gemeinsamkeiten der Lehrerinnen- und Lehrerbildung mit den anderen Hochschulstudiengängen zu betonen sind, so soll abschließend dennoch gefragt werden: Wo liegen denn tatsächlich bedeutsame Besonderheiten der Pädagogischen Hochschulen resp. der Lehrerinnen- und Lehrerbildung? Gibt es eine spezifische Lehrerbildungsdidaktik, soll es diese überhaupt geben?

Zentraler Gegenstand der Lehrerinnen- und Lehrerbildung ist „Schule“ und „Vermittlung“. Nun bringen die Studierenden – als ehemalige Schülerinnen und Schüler – eine langjährige Erfahrung mit ihren Studienthemen mit. Ihr Bild von Schule und Unterricht ist durch eine „Übervertrautheit“ geprägt. Die Konfrontation dieser Erfahrungen mit wissenschaftlichen Erkenntnissen wird damit zum notwendigen Bestandteil des Studiums. Und: Forschung und Wissenschaft hat damit in der Lehrerinnen- und Lehrerbildung eine zusätzliche Begründung.[15]

Zudem gilt es, Verwechslungen zwischen Hochschullehre und Volksschulunterricht zu verhindern und Lehrveranstaltungen nicht zu Musterlektionen werden zu lassen.[16] Wenn in der Lehrerinnen- und Lehrerbildung immer wieder auf den „didaktischen Doppeldecker“ als „Methode der Wahl“ hingewiesen wird, so wäre zu fragen, auf welcher Abstraktionsstufe von Methoden oder Prinzipien sich dieser Doppeldecker bewegt. So hat beispielsweise der „Beginn einer Lektion“ in einer Hochschule eine deutlich andere Bedeutung als in der Primarschule, wo ich es – vereinfacht gesagt – stets mit der gleichen Lehrerin zu tun habe, die einfach in die Pause verschwindet und wiederkommt. Oder ist eher „Kompetenzorientierung“ das Thema eines pädagogischen Doppeldeckers, wie kürzlich im „journal für lehrerInnenbildung“ (3/2014) beschrieben?

Der „didaktische Doppeldecker“ ist – trotz einiger sehr plausibler Begründungen – stets gefährdet, sehr nahe am Volksschulgeschehen zu bleiben und gewissermassen eine Abkürzung nehmen zu wollen, Fragen also „unterkomplex“ und zu praxisnah zu behandeln. Dieses Setting riskiert, mit einer Musterlektion verwechselt zu werden oder sogar eine solche zu werden (vgl. Tremp & Messner, 2005). Eine „berufsorientierte Lehrerbildungsdidaktik“ müsste vielmehr die Differenz zwischen obligatorischer Schule und Hochschule vom ersten Studientag an verdeutlichen.

Pädagogische Hochschulen in der Schweiz sind weitestgehend „Lehr-Hochschulen“ mit geringem Forschungsanteil. Was bedeutet dies aber für die Dozierenden, ihre Qualifikation und die Strukturierung des Lehrkörpers? Die Pädagogischen Hochschulen in der Schweiz haben zu klären, wie sich ihr Personal künftig

15 Die Bedeutung der Forschung in den Studiengängen der Lehrerinnen- und Lehrerbildung scheint mir das zentrale Thema der gegenwärtigen Entwicklung in der Schweiz zu sein. Dabei geht es auch um die Konzeption des Lehrberufs und die damit verbundene notwendige Forschungskompetenz.

16 Dies ist insbesondere auch deshalb bedeutsam, weil methodische Zugänge immer auch die Rolle und Aufgabe der Studierenden vorstrukturieren.

zusammensetzen soll und für welche Personalkategorie welche Ansprüche gelten. Dabei geht es auch um die Frage, welche „Verwendungsformen" von Wissen welche Bedeutung für die einzelnen Personalkategorien haben.[17] Insbesondere ist dabei auch die Frage zu klären, welche Rolle die Praktikumslehrpersonen als Teil der Hochschule und des Studiums haben sollen.

Dies geht nicht ohne Klärung des Selbstverständnisses als Hochschule und der Einbindung ins Hochschulsystem – und einer Verabschiedung einiger Traditionen der Lehrerinnen- und Lehrerbildung. Dabei sind neue Hochschulen, die sich aus der Tradition der Höheren Berufsbildung herausgebildet haben, in ihrer Anfangszeit insbesondere mit zwei zentralen Herausforderungen konfrontiert: Sie müssen neue, hochschuladäquate Strukturen aufbauen, und sie müssen diese in gewisser Eigenständigkeit entwickeln, ohne Formen einzuführen, die in der akademischen Welt keinen Anschluss finden (vgl. Tremp, Stäuble & Suter, 2014). Die historischen Beispiele können dabei als Lehrstücke fungieren, weil sie unterschiedliche Positionen verdeutlichen, die sich in aktuellen Diskussionen oftmals vermischen.

Die je spezifische Entwicklung der Pädagogischen Hochschulen in der Schweiz kann dabei als Experiment verstanden werden, weil je unterschiedliche Leitüberlegungen ins Zentrum gerückt werden. Zu prüfen ist nun, welche Implikationen mit diesen unterschiedlichen Konzepten verbunden sind – und wie Stärken und Schwächen nachgewiesen werden können.

Literatur

Campe, J. H. (1792). Von den Universitäten. In J. H. Campe (Hrsg.), *Allgemeine Revision des gesamten Schul- und Erziehungswesens von einer Gesellschaft practischer Erzieher*, sechzehnter Theil (S. 145–220). Wien: Rudolph Grässer und Compagnie.

Diesterweg, F. A. W. (1999/1836). Die Lebensfrage der Zivilisation (Fortsetzung). Oder: Über das Verderben auf den deutschen Universitäten. Dritter Beitrag zur Lösung der Aufgabe der Zeit. In G. Geissler (Hrsg.), *F. A. W. Diesterweg, Sämtliche Werke*, Bd. 19 (S. 295–334). Neuwied: Luchterhand.

Hilbrich, R. & Schuster, R. (2014). Die Lehrprofessur in der hochschulpolitischen Diskussion und der universitären Praxis. In R. Hilbrich, K. Hildebrandt & R. Schuster (Hrsg.), *Aufwertung von Lehre oder Abwertung der Professur? Die Lehrprofessur im Spannungsfeld von Lehre, Forschung und Geschlecht* (S. 111–124). Leipzig: Akademische Verlagsanstalt.

Hochschulrektorenkonferenz (Hrsg.) (2008). *Für eine Reform der Lehre in den Hochschulen.* 3. Mitgliederversammmlung der HRK am 22.04.2008. Verfügbar unter http://www.hrk.de/uploads/tx_szconvention/Reform_in_der_Lehre_-_Beschluss_22-4-08.pdf [28.1.2015].

Höhle, E. A. & Teichler, U. (2012). Auf dem Weg zu einem europäischen Hochschullehrerberuf? In B. M. Kehm, H. Schomburg & U. Teichler (Hrsg.), *Funktionswandel*

17 Damit sind auch Überlegungen zu akademischen Laufbahnen und wissenschaftlicher Reputation verbunden.

der Universitäten. Differenzierung, Relevanzsteigerung, Internationalisierung (S. 405–420). Frankfurt am Main: Campus.

Flitner, A. & Giel, K (Hrsg.) (1964). Wilhelm von Humboldt, *Schriften zur Politik und zum Bildungswesen*, Bd. 4. Darmstadt: Wissenschaftliche Buchgesellschaft.

Koch, L. (2013). Lernen und Studieren. Oder: Sind Professoren Hochschullehrer? In H. Krämer, A. B. Kunze & H. Kuypers (Hrsg.), *Beruf: Hochschullehrer. Ansprüche, Erfahrungen, Perspektiven* (S. 27–38). Paderborn: Schöningh.

Ley, M. (2013). Der entzauberte Professor. Über Zwischen- und Reinräume der wissenschaftlichen Arbeit an Hochschulen. In H. Krämer, A. B. Kunze & H. Kuypers (Hrsg.), *Beruf: Hochschullehrer. Ansprüche, Erfahrungen, Perspektiven* (S. 39–53). Paderborn: Schöningh.

Ludwig, J. (2012). Studieneingangsphasen als Professionalitätsproblem. In P. Kossak, U. Lehmann & J. Ludwig (Hrsg.), *Die Studieneingangsphase – Analyse, Gestaltung und Entwicklung* (S. 44–56). Bielefeld: Universitätsverlag Webler.

Musterschule (1865). In A. Schmid (Hrsg.), *Encyclopädie des gesammten Erziehungs- und Unterrichtswesen*, Bd. 4 (S. 863–864). Gotha: Verlag Rudolf Besser.

Olbertz, J.-H. (1997). Hochschulpädagogik – Hintergründe eines „Transformationsverzichts". In A. Kell & J.-H. Olbertz (Hrsg.), *Vom Wünschbaren zum Machbaren. Erziehungswissenschaft in den neuen Bundesländern* (S. 246–284). Weinheim: Deutscher Studien Verlag.

Reinmann, G. (2012). *Hochschuldidaktik – unbelehrbar?* Redemanuskript. Verfügbar über http://gabi-reinmann.de/wp-content/uploads/2012/10/Vortrag_Hochschuldidaktik_Sept2012.pdf [28.1.2015].

Reinmann, G. (2013). Lehrkomptenz von Hochschullehrern: Kritik des Kompetenzbegriffs in fünf Thesen. In G. Reinmann, M. Ebner & S. Schön (Hrsg.), *Hochschuldidaktik im Zeichen von Heterogenität und Vielfalt.* Doppelfestschrift für Peter Baumgartner und Rolf Schulmeister (S. 215–234). Verfügbar über http://www.bimsev.de/n/userfiles/downloads/festschrift.pdf [28.1.2015].

Schelsky, H. (1963). *Einsamkeit und Freiheit.* Reinbek bei Hamburg: Rowohlt.

Schleiermacher, F. (2000/1808). Gelegentliche Gedanken über Universitäten im deutschen Sinn. In Friedrich Schleiermacher, *Texte zur Pädagogik*, Bd. 1 (S. 101–165). Frankfurt: Suhrkamp.

Schweizerische Konferenz der kantonalen Erziehungsdirektoren [EDK] (Hrsg.) (1999). *Reglement über die Anerkennung von Hochschuldiplomen für Lehrkräfte der Vorschulstufe und der Primarstufe.* Verfügbar über http://edudoc.ch/record/29975/files/Regl_AK_VS_PS_d.pdf [28.1.2015].

Seyfert, R. (1907). Musterlektionen. In W. Rein (Hrsg.), *Enzyklopädisches Handbuch der Pädagogik*, Bd. 6 (S. 22–29). Langensalza: Beyer.

Swennen, A. & Snoek, M. (2012). LehrerbildnerInnen – eine neu entstehende Berufsgruppe in Europa: Forschungsbefunde und politische Strategien. *Journal für Lehrerinnen- und Lehrerbildung, 12*(3), 20–30.

Teichler, U. (2014). *Hochschulsysteme und quantitativ-strukturelle Hochschulpolitik. Differenzierung, Bologna-Prozess, Exzellenzinitiative und die Folgen.* Münster: Waxmann.

Tremp, P. (2011). Universitäre Didaktik: Einige Überlegungen zu Lehrkompetenzen an Hochschulen. In R. Egger & M. Merkt (Hrsg.), *Lernwelt Universität. Die Entwicklung von Lehrkompetenz in der Hochschule* (S. 15–28). Wiesbaden: VS Verlag.

Tremp, P. & Messner, H. (2005). Lehrerinnen-/Lehrerbildung als didaktisches Modell? Überlegungen zum Verhältnis von Pädagogischen Hochschulen zu den Volksschulen als Zielstufe der Ausbildung. *Beiträge zur Lehrerbildung*, *2*(23), 240–242.

Tremp, P., Stäuble, E. & Suter, A. (2014). Personal und Personalentwicklung in (berufsorientierten) Hochschulen – Ein Diskussionsbeitrag. *fh-ch*, *3*, 9–11.

Vandermeersch, P. A. (1996). Die Universitätslehrer. In W. Rüegg (Hrsg.), *Geschichte der Universität in Europa*, Bd. 2 (S. 181–212). München: Beck.

Weiss, G. (2012). Über die allmähliche Verfertigung der Forschung beim Lehren. In H.-Ch. Koller, R. Reichenbach & N. Ricken (Hrsg.), *Philosophie des Lehrens* (S. 145–162). Paderborn: Schöningh.

Wilkesmann, U. (2012). Auf dem Weg vom Gelehrten zum abhängig Beschäftigten? Zwei deutschlandweite Surveys zur Lehrmotivation von Professoren. In U. Wilkesmann & Ch. J. Schmid (Hrsg.), *Hochschule als Organisation* (S. 363–381). Wiesbaden: Springer VS.

Wissenschaftsrat (Hrsg.) (2007). *Empfehlungen zu einer lehrorientierten Reform der Personalstruktur an Universitäten*. Berlin: Wissenschaftsrat. Verfügbar über http://www.wissenschaftsrat.de/download/archiv/7721-07.pdf [28.1.2015].

Wissenschaftsrat (Hrsg.) (2008). *Empfehlungen zur Qualitätsverbesserung von Lehre und Studium*. Berlin: Wissenschaftsrat. Verfügbar über http://www.wissenschaftsrat.de/download/archiv/8639-08.pdf [28.1.2015].

Sibylle Rahm

‚Wie lerne ich mein Handwerkszeug?'
Kritische Anfragen an die Lehrer(innen)bildung

Zusammenfassung

Die Kritik am mangelnden Praxisbezug der Lehrerbildung wird sowohl von Studierenden als auch von Referendar(inn)en vorgetragen. Der Beitrag diskutiert die Forderung nach vermehrten Praxiserfahrungen in der Lehrerbildung unter Berücksichtigung von Standards der Lehrerbildung einerseits und von Grundannahmen einer operativen Pädagogik andererseits. Theoriebewusste Könnerschaft bedarf neben der Reflexion von Praxiserfahrungen einer angeleiteten Einlassung auf Praxis.

1. Kritische Anfragen

Die Lehrer(innen)bildung hat die Aufgabe, auf professionelle Schul- und Unterrichtspraxis vorzubereiten. International gibt es eine Vielzahl von Ausbildungskonzepten und akademischen Studiengängen mit diversen Praxisbezügen, die je nach länderspezifischen Vorgaben absolviert werden müssen (Arnold et al., 2011). Die Notwendigkeit eines Erwerbs breitgefächerter Kompetenzen als Voraussetzung für die erfolgreiche Bewältigung von Praxissituationen ist unumstritten (Oser, 2002). Der Lehrer(innen)bildung wird die Aufgabe zugedacht, die angehenden Lehrkräfte mit den notwendigen Wissens- und Reflexionsvoraussetzungen für ihr berufliches Tätigkeitsfeld auszustatten (Rahm & Lunkenbein, 2014). Doch der Anspruch einer Vorbereitung auf die Schul- und Unterrichtspraxis führt auch zu kontroversen theoretischen Debatten um den Theorie-Praxis-Bezug (Patry, 2014).

Das Theorie-Praxis-Problem ist ein Thema, an dem sich auch die derzeitige Kritik der Auszubildenden in den Lehrämtern festmacht. Studierende und Referendar(inn)e(n) monieren einen defizitären Praxisbezug der Lehrer(innen)bildung (Herzog & Rahm, 2014). Die Diskutant(inn)en kritisieren die mangelnde Verzahnung von Theorie und Praxis (ebd., S. 28).

„Und wie lerne ich mein Handwerkszeug? … Und dafür brauch' ich erstmal die Grundlage. Ich hab' ganz viel Wissen, während dem Studium gelernt, das pauk' ich mir rein, ich mach' ne Prüfung am Ende. Geh' dann ins Referendariat und weiß viel und ich sag auch, wir brauchen die fachliche Grundlage, aber ich merk' einfach jetzt, es geht auf die Prüfung zu, ich lern' dieses Fachwissen jetzt nochmal und kann ganz andere Verknüpfungen herstellen. Und diese Verknüpfungen hab' ich während vier Jahren Studium nie gehabt. Ich lern das Fachwissenschaftliche, das ist auch wichtig, das brauchen wir auch, aber wir brauchen die praktische Grundlage, einfach um Verknüpfungen herstellen zu können. Dafür brauch' ich niemanden, der mich in der Schule super betreut. Ich brauch' ne Schule, in die ich gehen kann, wo ich den Schulalltag erleben darf" (Herzog & Rahm, 2014, S. 29).

Die Referendarin kommentiert den Praxisbezug des Studiums. Sie räumt die Notwendigkeit fundierten Fachwissens ein. Dieses Fachwissen wird nach der ersten Ausbildungsphase abgeprüft. Die fachlichen Grundlagen können aber erst in der zweiten Phase des Referendariats mit der Praxis in Verbindung gebracht werden. Diese Verknüpfungen konnten in den vier Jahren des universitären Studiums nicht hergestellt werden. Notwendig ist aus Sicht der Referendarin die Erfahrung von Schulalltag. Es geht nicht so sehr um die Betreuung von Praxiserfahrungen als vielmehr um das Erleben von Praxis. Praktische Grundlagen ermöglichen die Herstellung eines Theorie-Praxis-Bezuges. Die Sprecherin legt nahe, dass das Erlernen des Handwerkszeuges (Eingangsfrage) nur unter Gewährleistung eines ausdrücklichen Praxisbezuges in der Lehrerbildung möglich sei. Es gehe dabei um das Bedürfnis nach Erleben des Schulalltages.

2. Praxisbezug der Lehrerbildung

Die Kritik am mangelnden Praxisbezug der Lehrerbildung hat eine lange Tradition (Hascher, 2011). Die Diskutantin stellt sich mit ihrer Frage insofern in eine historisch entwickelte Argumentationslinie. Mit ihrer Äußerung nimmt sie darüber hinaus jedoch auch eine besondere Akzentuierung vor: Sie betrachtet Praxiserfahrungen als Grundlage für das Erlernen des Lehrhandwerks. Schon dies, die Betrachtung ihres zukünftigen Berufes als ein Handwerk, ist bemerkenswert. Eine solche Position ist gegenüber den Grundannahmen der Lehrerbildung abzuwägen.

2.1 Grundannahmen der Lehrerbildung

Im Abschlussbericht der von der KMK eingesetzten Kommission zu den Perspektiven der Lehrerbildung in Deutschland wird in der Frage des Verhältnisses von Theorie und Praxis differenziert zwischen den drei Phasen der Lehrerbildung. In der ersten Phase der Lehrer(innen)bildung geht es um die Grundlegung fachwissenschaftlichen, fachdidaktischen sowie erziehungswissenschaftlichen Wissens und Könnens. Praktika machen in dieser Perspektive nur als vorbereitete, begleitete und ausgewertete Veranstaltungen Sinn. Sie sind in der Verantwortung der Universitäten durchzuführen (Terhart, 2000, S. 69f.). Praktika eröffnen Möglichkeiten, durch angeleitete Beobachtungen Praxiswissen aufzubauen. In Forschungsprojekten können Studierende Problemlagen der Praxis identifizieren und Daten zum Praxisvollzug sammeln. Die Kommission unterstreicht die Potentiale kooperativer Lernformen in Schulpraktika. Sie macht eine deutliche Unterscheidung zwischen Praktika als Studienelementen und der Erzeugung von Berufsfähigkeit. „Die Erzeugung von

Berufsfähigkeit selbst kann dagegen nicht Aufgabe oder Ziel der ersten Ausbildungsphase sein. Deshalb kann ihre Qualität auch hieran nicht bemessen werden“ (ebd., S. 70). Es geht demgegenüber um die Reflexion eines Differenzverhältnisses: „Der Erfolg des erziehungswissenschaftlichen und fachdidaktischen Studiums hängt wesentlich davon ab, ob es den Studierenden gelingt, in der Verbindung von theoretischen und schulpraktischen Studien das Verhältnis der erarbeiteten Theorie-Positionen zu den erfahrenen Praxis-Situationen zu reflektieren und so eigene erziehungswissenschaftliche oder fachdidaktisch begründete Standpunkte vorzutragen, zu reflektieren und ggf. zu revidieren“ (ebd., S. 7f.). Der Aufbau von beruflichen Kompetenzen, Haltungen und Routinen wird der zweiten Ausbildungsphase mit ihren Lernorten Studienseminar und Ausbildungsschule zugewiesen.

Die Debatte um Standards in der Lehrerbildung fokussiert dennoch die professionelle Handlung im Feld. In der europäischen Lehrerbildungsdiskussion geht es um ein Handeln in der Situation beziehungsweise um Könnerschaft (Oser, 2002, S. 11). Standards werden definiert als komplexe berufliche Kompetenzen, die zu theoriegeleitetem Handeln befähigen (Oser & Oelkers, 2001). Es geht um professionelles Handeln in der Situation, die in ihrer Komplexität und Mehrdeutigkeit hohe Anforderungen an professionelle Lehrkräfte stellt. Es muss sofort gehandelt werden; gerade dies eröffnet ein Spannungsfeld zwischen Wissen und Können, das intelligent bearbeitet werden muss (Oser, 2002, ebd.).

Das Theorie-Praxis-Problem in der Lehrer(innen)bildung kann durch die Einführung vermehrter Praxisphasen allein nicht gelöst werden. Die Herausforderung liegt in der Tatsache, dass angehende Lehrpersonen in ihrer universitären Ausbildung mittels theoretischer Studien für praktische Herausforderungen in Schule und Unterricht ausgebildet werden sollen. Professionelle Arbeit von Lehrkräften erfordert neben theoretischem Wissen praktisches Können unter spezifischen situativen Bedingungen. Es bedarf einer Überführung des Wissens in theoriegeleitetes Handeln. Aus der Notwendigkeit, die differenten Aussagensysteme Theorie und Praxis aufeinander zu beziehen, ergeben sich Ansprüche an die Gestaltung von Praxiskontakten. Eine bloße Vermehrung von Praxis in der Ausbildung ohne systematische Beobachtung scheint nicht sinnvoll (Arnold et al., 2011, S. 89ff.; Rahm & Lunkenbein, 2008). Angestrebt wird demgegenüber der Aufbau eines reflexiven Habitus, der es den Studierenden ermöglicht, ihre eigene Tätigkeit in der Situation zu überdenken und ihr Handeln im weiteren Kontext ihrer beruflichen Sozialisation zu reflektieren. Ziele sind dabei nicht nur die Reflexivität als Grundvoraussetzung pädagogischer Professionalität, sondern auch die Erweiterung des Handlungsspektrums in der Situation (Rahm & Lunkenbein, 2014).

2.2 Lehrberuf als Handwerk

Die Betrachtung von Praxiserfahrungen als Grundlage des Lehrhandwerks scheint mit den skizzierten Zielkategorien reflexiver Lehrerbildung kaum vereinbar.

Schulpraktische Studien werden in der (deutschen) Lehrerbildungsforschung als Lerngelegenheiten, bei denen die Studierenden gerade auf reflexive Distanz zur erlebten Praxis gehen, betrachtet. Dennoch ist die kritische Anfrage einer Novizin, die in der zweiten Phase der Lehrerbildung steht, durchaus von Bedeutung. Sie bewertet die erste Phase der Lehrerbildung retrospektiv. Im Nachhinein hat sie in der ersten Phase des Lehramtsstudiums etwas vermisst. In nunmehr größerer Nähe zur Praxis bezeichnet sie als Referendarin ihren Beruf als Handwerk, der auf praktischen Grundlagen basiert. Aus ihrer Perspektive muss auch die erste Phase der Lehrerbildung diese praktischen Grundlagen berücksichtigen. Damit weist die Referendarin auf ein (vermeintliches) Defizit hin, das unter historisch-systematischer Perspektive reflektiert werden kann.

In der Gruppendiskussion präzisiert die Referendarin, was sie unter ‚Verknüpfungen herstellen' als Anspruch an die Lehrerbildung meint:

> Also mit Verknüpfungen mein' ich einfach, ich lerne in Deutschdidaktik eine fachwissenschaftliche Grundlage oder ich lern' auch, sagen wir's mal ganz einfach, ich lern' irgendwelche Methoden kennen. Wir machen jetzt hier eine Pecha-Kucha-Kurzpräsentation. Das lern' ich im Studium, ist auch alles toll, aber ich hab' das nie in der Klasse selber durchgeführt. Ich weiß es vom Theoretischen her und ich hab' ne Vielzahl an Möglichkeiten, die in meinem Kopf irgendwo herumschwirren, komm' ich aber in die Schule, fallen fünfzig Prozent davon mindestens weg. Ich kann das nicht umsetzen, bzw. wir haben es vielleicht mal im Seminar nett gemacht, da setzt sich jeder jetzt hier hin, wir stellen ganz ordentlich auf und stellen uns hinter unseren Mensch, den wir dann ablösen wollen – in der Schule leider nicht möglich, nicht in der Grundschule. (Gelächter) Wir lernen Wissen (Applaus und Gelächter), was einfach nicht kompatibel mit dem ist, was wir später machen. Das Wissen ist nötig, das brauchen wir auch, aber wir brauchen auch den Draht dazu, wie können wir das machen, wie können wir das umsetzen (Herzog & Rahm, S. 29).

Die geschilderte Situation des notwendigen Transfers einer Präsentationsmethode, die an der Universität gelernt worden ist, auf die schulische Unterrichtssituation stellt offenbar ein Problem dar. Die Sprecherin hat die Pecha-Kucha-Methode gelernt. Sie hat das Wissen über die Methode erworben und sie hat die Methode angewendet. Sie kann den Ansatz unter Seminarbedingungen („… wir haben es vielleicht mal im Seminar nett gemacht, da setzt sich jeder jetzt hier hin, wir stellen ganz ordentlich auf und stellen uns hinter unseren Mensch, den wir dann ablösen wollen" (ebd.)) in die Praxis überführen. In der Schule gelingt ihr dies nicht. Sie kann das Gelernte nicht umsetzen („… wir brauchen auch den Draht dazu, …" (ebd.)), es fehlt eine Verbindung zwischen Wissen und Handeln. Sie beherrscht nach eigener Einschätzung ihr Handwerk nicht. Was fehlt, ist das Tun.

Nun könnte man denken, der Transfer vom theoretisch-didaktischen Wissen zum operativen Geschäft sei mittels intellektueller Anstrengung durchaus zu meistern. Es bedürfe einer Reflexion des unterrichtlichen Kontextes und der Lernvoraussetzungen der Schüler(innen), um eine Passung der Methode zu erreichen (Helmke, 2009). Aber darum geht es offenbar nicht. Gemeint ist das Tun in der Situation, das operative Geschäft. Ein solches Tun in der Praxis scheint in der Professionstheorie ein ungenügend ausgeleuchtetes Thema, so dass sich ein Exkurs in die Operative Pädagogik anbietet.

Die Operative Pädagogik rekurriert auf historische Grundannahmen, wie sie von Herbart formuliert wurden. Nihil est in intellectu quod non ante fuerit in sensibus; nichts ist im Verstande, was nicht vorher in den Sinnen gewesen ist (Prange, 2012, S. 29). „Was Herbart (…) im Auge hat und was sich zwanglos aus der Gesamtanlage seiner Pädagogik ergänzen lässt, ist die Mittelstellung der Hand zwischen unseren kognitiven und unseren leiblich-mechanischen Leistungen. Sie ist die Brücke, die den Übergang von der natürlichen Ordnung, in der wir uns als Teil vorfinden, zum Reich der menschlichen Zwecke ermöglicht, das wir selber konstruktiv erzeugen“ (ebd.). Das operative Geschäft pädagogischen Handelns ist, so Prange, nicht ohne die Hände denkbar. Mit den Händen kann auf das zu Lernende gezeigt werden. Zeigen, so Prange, ist die Grundform des Erziehens. Die Operative Pädagogik bezieht sich auf diese Prämisse. „Sie (die Operative Pädagogik, d. Verf.) bezieht sich auf das Fundament der Beschreibung und Erklärung der Erziehung, und zwar in der Weise, dass diese selbst vorzeichnet, wie sie begrifflich zu erfassen, sozial zu organisieren und in ihren gelungenen und missratenen Formen zu beurteilen ist. Die theoretische Pädagogik hat ihr fundamentum in re nicht in vorgegebenen Programmatiken und auch nicht allein in den Prämissen des Lernens, sondern in eben den Operationen, die das Erziehen selber kennzeichnen“ (ebd., S. 75).

Die Lehrerbildung, so Prange, sollte sich ausdrücklich zu ihrer handwerklichen Fundierung (also nicht nur zu ihrer reflexiven, d. Verf.) bekennen. „Die erste Quelle der Erkenntnis des Erziehens ist das Erziehen selbst, nicht die Beobachtung des Erziehens mit den approbierten Mitteln der Sozialforschung“ (ebd., S. 155). Die organisierte, methodisch geleitete Beobachtung von Unterricht führe nicht zu einer Verbesserung der Schul- und Unterrichtspraxis, sondern das Tun. Der modus operandi ist das Zeigen. „Es geht um das Zeigen, das in allen erzieherischen Handlungen und Maßnahmen steckt. Ohne Zeigen keine Erziehung, überall, wo erzogen wird, wird auch etwas gezeigt. Das Zeigen ist, um eine immer wieder angeführte Wendung von Herbart zu variieren, die einheimische Operation der Pädagogen, so wie der Eingriff das ärztliche Handeln definiert und damit die zugehörige Profession erst ermöglicht“ (ebd., S. 158).

Für die Lehrer(innen)bildung ergibt sich daraus entgegen den Grundannahmen der Standards der Lehrerbildung (Terhart, 2000) die Notwendigkeit, das Zeigen als zentrale Kompetenz der Lehrkraft anzuerkennen. „Dem Lehrerberuf wird die Grundlage entzogen, wenn das Zeigen und der Zeigestock und all die neueren Substitute für gutes, klares, verständliches Zeigen als unstatthafte Bevormundung denunziert und dafür ein Lernmodus als Äquivalent anempfohlen wird, der selber erst das produzieren will, was er rezipieren soll“ (ebd., S. 160). Es geht um ein Engagement für eine optimale Erfüllung der Berufsaufgaben, die im Kern darin besteht, anderen etwas so zu zeigen, dass sie es wieder zeigen können (ebd., S. 163).

2.3 Differente Argumentationslogiken

Die professionstheoretischen Prämissen der internationalen Lehrerbildung und die historisch-systematischen Grundannahmen der Operativen Pädagogik scheinen zunächst unvereinbar. Während auf der einen Seite Tätigkeitskataloge von Lehrkräften mit dem Ziel einer umfassenden Deskription von professionellen Kompetenzen im Lehrberuf erstellt werden, wird auf der anderen Seite argumentiert mit der handwerklichen Fundierung des Unterrichtsgeschäftes, das in der Lehramtsausbildung vorgemacht wird. Während die eine Seite Professionsgenerierungsmodelle entwickelt, reflektiert die andere Seite die Erziehung der Erzieher. Die differenten Argumentationslogiken, die einerseits aus der historisch-systematischen Forschung beziehungsweise andererseits aus der empirisch-analytischen Forschung stammen, sind gegeneinander abzuwägen. Dabei sollte die in der Gruppendiskussion gestellte Ausgangsfrage nach dem Erlernen des Handwerkszeuges für den Lehrberuf berücksichtigt werden. Während nämlich die historisch-systematische Pädagogik an theoretische Entwicklungslinien der Pädagogik anknüpft und daraus Empfehlungen für die Lehrerbildung ableitet, ist der Professionsgenerierungs-Ansatz getragen von der Vorstellung einer Hervorbringung von Kompetenzen durch Einübung von Wissensanwendung (Neuweg, 2011, S. 17). Beiden Ansätzen gemeinsam ist die Herausforderung des Theorie-Praxis-Verhältnisses. Die Berücksichtigung der differenten Perspektiven zur Gestaltung dieses Verhältnisses kann zur Erhellung des Gegenstandes beitragen.

Patry diskutiert die theoretischen Grundlagen des Theorie-Praxis-Bezuges, der für eine Konzeption der schulpraktischen Ausbildung eine wesentliche Rolle spielt (Patry, 2014). Schulpraktische Studien sollen einer Überwindung der Kluft zwischen Theorie und Praxis dienen. Dabei wird die Theorie als notwendige Voraussetzung für professionelle Praxis angesehen. Theorie und Praxis sind unterschiedlichen Kategorien zuzuordnen. Während Praxis als ein Tun verstanden wird, sind Theorien wissenschaftliche Aussagensysteme. Insofern kann mit Patry von einem Theoriebezug von Praxis nur im Sinne theoriegeleiteten Handelns gesprochen werden (ebd., S. 31). Patry diskutiert das Modell des pädagogischen Taktes von Herbart als einen historischen Ansatz, in dem Theorie in konkretes Handeln in Praxis ‚übersetzt' wird. Herbart notiert: „Im Handeln nur lernt man die Kunst, erlangt man Takt, Fertigkeit, Gewandtheit, Geschicklichkeit; aber selbst im Handeln lernt die Kunst nur der, welcher vorher im Denken die Wissenschaft gelernt, sie sich zu eigen gemacht, sich durch sie gestimmt und die künftigen Eindrücke, welche die Erfahrung auf ihn machen sollte, vorbestimmt hat" (Herbart, 1806, zit. nach Benner, 1993, S. 45f.). Nach Herbart schiebt sich zwischen Theorie und Praxis ein Mittelglied, der pädagogische Takt nämlich, ein, „...eine schnelle Beurteilung und

Entscheidung, die nicht, (…) wie eine vollkommen durchgeführte Theorie wenigstens sollte, sich rühmen darf, sei strenger Konsequenz und in völliger Besonnenheit an die Regel, zugleich die wahre Forderung des individuellen Falles ganz und gerade zu treffen. Eben weil zu solcher Besonnenheit, zu vollkommener Anwendung der wissenschaftlichen Lehrsätze ein übermenschliches Wesen erfordert werden würde, entsteht unvermeidlich in dem Menschen, wie er ist, aus jeder fortgesetzten Übung eine Handlungsweise, welche zunächst von seinem Gefühl, und nur entfernt von seinen Überzeugungen abhängt; worin er mehr der inneren Bewegung Luft macht, mehr ausdrückt, wie von außen auf ihn gewirkt sei, mehr seinen Gemütszustand, als das Resultat seines Denkens zutage legt“ (Herbart, 1802, zit. nach Party, 2014, S. 36f.).

Die schnelle Beurteilung und Entscheidung in der Situation impliziert ein intuitives Handeln, eine Kunst der Handlung, die sowohl dem Theoriewissen als auch der Erfassung der Situation vor Ort gerecht wird. Wie Herbart bereits betont: Eine 1:1-Übertragung des Gelernten in die Situation ist nicht möglich. Hinzu kommt die Einfühlung des Lehrenden in die komplexe Situation und die Entscheidung im Moment. Daraus folgert, dass die Lehrerbildung den Studierenden Möglichkeiten zur Erfahrung von Praxissituationen eröffnen muss (Patry, 2014, S. 39). Doch die Entwicklung pädagogischen Taktes lässt sich nicht induzieren.

2.4 Kulturen der Praxiserfahrung

In der Lehrerbildungsforschung ist die Forderung nach einer Erhöhung von Praxisanteilen in der Lehrerbildung höchst umstritten. Kritisiert wird der ‚Mythos Praktikum‘, bei dem die Erfahrung von Praxis als sinnhafte Begegnung gefasst wird. Mit dem Praktikum ist die Vorstellung realer Effekte verbunden (Hascher, 2011, S. 9). Hascher skizziert die Hintergründe des Mythos Praktikum, die in dem Wunsch nach Tätigkeit und Wirksamkeit, dem Wunsch nach Sinn und Gelingen der akademischen Lehrer(innen)bildung sowie in der Annahme einer Professionalisierung der Noviz(inn)en durch Erfahrungen in der Praxis wurzeln (ebd., S. 9ff.).

Die unkritische Haltung gegenüber der Praxis und die Vorstellung, dass alle Praxiskontakte den Studierenden hilfreich sein können, sollte unter Berücksichtigung empirischer Befunde revidiert werden. Hascher weist auf Gefahren des Praktikums hin. Diese liegen u.a. in der Möglichkeit, dass Studierende negative Einstellungen gegenüber den Schüler(inne)n entwickeln, dass sie idealisierte Vorstellungen von Schule und Unterricht beibehalten oder dass sie erst in der Retrospektive zu einer kritischen Haltung bezüglich ihrer Lernerfolge im Praktikum gelangen (ebd., S. 10). Der ‚Mythos Praktikum‘ führt durch die Unterlegung eines Sinnes, in dem Theorie und Praxis harmonisch vereint sind, zu einer Ausbildung blinder Flecken in der Lehrerbildungsforschung. Zu untersuchen sind demgegenüber die Lerngelegenheiten des Praktikums. Es muss eine Theorie des Handelns im Praktikum entwickelt werden und es sollte Grundlagenforschung zu Lernprozessen in schulpraktischen

Studien geben (Arnold et al., 2011). In diesem Zusammenhang ergibt sich auch die Herausforderung einer Rekonstruktion der Kontexte unterschiedlicher Praktikumskulturen.

Mit der Dekonstruktion des ‚Mythos Praktikum' geht die Eröffnung realistischer Perspektiven auf Lerngelegenheiten im Praktikum einher. Diese liegen jedoch nicht in der Möglichkeit einer bloßen Anwendung von Theorie auf die Praxis. Das Wissen ist keine hinreichende Bedingung für Könnerschaft (Neuweg, 2011, S. 22). Das Handwerk guten Unterrichts ist durch einen Zuwachs an wissenschaftlichem Wissen keineswegs verbürgt. Zu notieren ist damit eine deutliche Differenz zwischen Wissen und Können und die Einsicht in die Tatsache, dass Unterrichtspraxis nicht unmittelbar durch Lehrerkognitionen zu steuern ist. Anzustreben ist demnach nicht vorrangig Handlungs-, sondern Reflexionskompetenz (Rahm & Lunkenbein, 2014).

Dabei bleiben Theorie und Praxis deutlich voneinander geschiedene Bereiche: „Es muss keineswegs zusammengezwungen und es kann vielleicht gar nicht ‚integriert' werden, was different ist, im Gegenteil: Nicht das Integrieren, sondern das Unterscheiden von Theorie und Praxis muss Lehrerbildung pflegen, wenn angehende Lehrkräfte lernen sollen, Wissenschaft und Könnerschaft auf Dauer in ausgehaltene Spannung zu setzen. In unterschiedlicher Herleitung (…) kann man zu dem Befund gelangen, dass pädagogisches Wissen zwar nicht handlungsleitenden, wohl aber handlungsvorbereitenden, wahrnehmungs- und problemdefinitionsleitenden sowie handlungsrechtfertigenden Charakter hat, und nur in einer ‚Kultur der Distanz' zum Praxisfeld (…) angeeignet werden kann" (Neuweg, 2011, S. 23). Neben einer ‚Kultur der Distanz' steht die ‚Kultur der Einlassung', in der es um das Beobachten und Imitieren von *best practice*, um das eigene Handeln in unsicheren und komplexen Verhältnissen, um einen achtsamen Umgang mit den Gegebenheiten vor Ort, geht (vgl. ebd.).

2.5 Bewusste Könnerschaft

‚Kulturen der Einlassung' sind schwer zu ergründen. Sie bedeuten nicht nur das Lernen am Modell, und sie implizieren nicht nur die Einlassung auf Ambiguitäten der Situation. „Der Aufbau von Könnerschaft setzt Formen der Einlassung auf Praxis voraus, die durch universitäre Simulationen oder didaktisch inszenierte Praxisbegegnung nicht zu ersetzen sind" (Neuweg, 2011, S. 21).

In diesem Zusammenhang können wiederum Anleihen bei der historisch-hermeneutischen Pädagogik genommen werden. Bollnow vermerkt in einem Vortrag 1988 unter Hinweis auf die Dignität der Praxis (Schleiermacher, 1826) zur Theorie und Praxis in der Erziehung: „Die Pädagogik im Sinne einer Erziehungswissenschaft ist die Theorie einer Praxis, d.h. eine auf vorausgehender Praxis aufbauende und auf diese zurückbezogene Theorie. Aber diese Formel bleibt so lange unbestimmt, als man nicht genauer anzugeben vermag, welcher Art dieses Aufbauverhältnis ist. Dieses ist nämlich eigener Art und völlig anders als das zwischen Naturwissenschaft und Technik. Hier ist die Wissenschaft, die Physik und Chemie etwa, das Erste, und die Technik ist die Anwendung der Wissenschaft, also immer ein Zweites, das zur ‚reinen' Wissenschaft hinzukommen kann, aber nicht hinzuzukommen braucht. Die Erziehung ist aber nicht in der gleichen Weise eine Technik, nämlich die Anwendung einer vorausgehenden Erziehungstheorie, ja, man wird fragen müssen, ob der Begriff der Anwendung hier überhaupt angemessen ist" (Bollnow, 1989, S. 21). Es geht Bollnow um die Beschreibung, um die Deutung und um die anthropologische Betrachtung von Erziehungspraxis als Grundlage einer hermeneutischen Erziehungstheorie. Eine solche pädagogische Theorie stellt eine Besinnung dar und befreit den Erziehenden aus seinen nicht überprüften Vorstellungen. Sie hilft ihm bei der Entscheidungsfindung, erweitert seinen Horizont und unterstützt ihn in der Praxis schöpferischen geistigen Verhaltens (ebd., S. 29).

Benner unterscheidet in seiner Interpretation von Herbarts Erster Vorlesung über Pädagogik zum Pädagogischen Takt und dem Theorie-Praxis-Problem vier Theorie-Praxis-Modelle, die einer Verbesserung der Erziehungskunst, die von der Pädagogik als Wissenschaft unterschieden werden muss, dienen (Benner, 1986, S. 242ff.).

a. Modell des praktischen Zirkels
b. Modell des hermeneutischen Zirkels
c. Modell neuzeitlicher Wissenschaft und Technologie
d. Modell handlungstheoretischer Orientierung im Primat der Praxis

Das Modell des praktischen Zirkels betrifft Lernprozesse, die im Zirkel praktischen Tuns stattfinden. Beispiele sind das Gehenlernen, das Erlernen der Muttersprache oder das Erlernen eines Musikinstrumentes. Ein solches Lernen ereignet sich in der Praxis, im Tun. Der einfache Umgang mit dem zu Erlernenden eröffnet keine neuen Einsichten, sondern erschöpft sich in der Ausübung der Tätigkeit. Eine solche Praxis wird von Herbart als ‚Schlendrian' eingeschätzt (ebd., S. 243). Das Modell des hermeneutischen Zirkels erweitert den Reflexionsrahmen, indem die Erfahrungen des Handelnden in einen geschichtlich-gesellschaftlichen Kontext eingeordnet und interpretiert werden. Hier wird die Relativität aller Erfahrungen erkannt. Im Modell neuzeitlicher Wissenschaft und Technologie wird dagegen jede Erscheinung des Erziehungsbereichs in einen Ursache-Wirkung-Zusammenhang gebracht. Für die Erziehungskunst ist dieser Ansatz technologischer Rationalität jedoch nicht brauchbar, da die Erziehungsregeln immer im Hinblick auf Zukünftiges entwickelt werden müssen, also nicht den vorgegebenen Regeln gehorchen kann. Bleibt das Modell der handlungstheoretischen Orientierung im Primat der Praxis, der Pädagogische Takt als Mittelglied zwischen Theorie und Praxis. Die Handelnden in der Praxis bedürfen einer theoretischen Orientierung, um ihre Entscheidungen begründet treffen zu können. „Pädagogik als Wissenschaft kann dieser Aufgabe nur genügen, wenn sie sich als eine handlungsorientierende Theorie produktiver theoretischer Erfahrungen begreift, welche die theoretisch unüberbrückbare Differenz zwischen Theorie und Praxis anerkennt und die Vermittlung von Theorie und Praxis als unabnehmbare

Aufgabe der Praxis selbst versteht" (Benner, 1993, S. 246). Der Takt bildet sich also in der Praxis und auf der Basis der Differenz von Theorie und Praxis. Die wissenschaftliche Pädagogik bereitet die Kunst der Erziehung vor, wird jedoch erst in der Praxis wirksam. In dieser Perspektive ist der Takt also Diener der Theorie und Regent der Praxis zugleich. „Diesem Theorie-Praxis-Modell liegt ein Verständnis von Erfahrung zugrunde, welches den Primat der Praxis gegenüber der Theorie, was deren Praktischwerden betrifft, ebenso anerkennt wie die Priorität der Theorie gegenüber der jeweils herrschenden Praxis, was deren Kritik und Neuorientierung betrifft" (ebd., S. 247).

Bewusste Könnerschaft ist nach diesen Überlegungen also nicht ohne eine Einlassung auf Praxis denkbar. Kulturen der Einlassung teilen die Orientierung, dass ein Eintauchen in Praxis notwendig ist, um theoriebewusste Könnerschaft zu entwickeln. Die institutionelle Trennung von Theorie als Aufgabe der universitären Lehrerbildung und Praxis als Aufgabe der Schulpraktika und des Studienseminars erschwert die Erfahrung einer dialektischen Verschränkung beider Bereiche.

3. Vermittlungs- statt Grenzpolitik

Vor dem skizzierten theoretischen Hintergrund lässt sich die Frage der Studienreferendarin nach dem Erlernen ihres Handwerkszeugs im Lehramtsstudium neu bewerten. Die vielerorts erhobene Forderung nach einer Verstärkung von Praxisanteilen im Studium trifft auf Widerstand der Erziehungswissenschaft, die den Primat der Praxis deshalb nicht anerkennen kann, weil sie sich ihres Selbstverständnisses als handlungsorientierende Theorie produktiver praktischer Erfahrungen (Benner, 1993, S. 246) offenbar nicht sicher sein kann. In ihrer Verpflichtung auf (vorwiegend) empirische Wirkungsforschung (Abel & Faust, 2010) behandelt die empirische Lehrerbildungsforschung den Gegenstand ihres Erkenntnisinteresses mit gebührender wissenschaftlicher Distanz und fordert die Lehramtsstudierenden auf, sich diese distanzierte Haltung gegenüber ihrem zukünftigen Berufsfeld im Laufe ihres Studiums zu eigen zu machen. Damit wird die Erfahrung einer dialektischen Verschränkung von Theorie und Praxis verhindert. Die Erziehungswissenschaft betreibt demnach Grenzpolitik in Verhältnissen, die eigentlich zu einer Bearbeitung des Theorie-Praxis-Verhältnisses auffordern. Der vorliegende Beitrag versteht sich im Rekurs auf Perspektiven der historisch-systematischen Pädagogik als ein solcher Bearbeitungsversuch.

Ein erfolgversprechender Versuch einer solchen Bearbeitung des Theorie-Praxis-Verhältnisses liegt darüber hinaus in den praxisorientierten Coaching-, Mentoring- und Trainingsansätzen der Lehrer(innen)bildung (Moroni et al., 2013). Hier wird Unterricht von Vertreter(inne)n der Theorie und der Praxis gemeinsam vorbereitet, durchgeführt und nachbesprochen (Staub & Kreis, 2013). Das Ziel des fachspezifischen Unterrichtscoachings nach Staub und Kreis ist die von Coach und Coachee gemeinsam verantwortete Unterrichtsgestaltung zur bestmöglichen Unterstützung des Lernens der Schüler(innen) (ebd., S. 9). Ein Coach ist eine kompetente Lehrperson mit hoher fachlicher, fachdidaktischer und psychologisch-pädagogischer Expertise. Er unterstützt Lehrpersonen bei der Vorbereitung, Durchführung und Analyse von Unterricht. Das Kooperationsmodell kann sowohl in der Weiterbildung von Lehrkräften als auch in der Ausbildung von Lehramtsstudierenden verwendet werden. Das Zeigen guter Praxis ist eingebettet in einen kokonstruktiven Dialog, in dem der Coach seine Expertise entfaltet. Das Handwerk des Unterrichts wird gemeinsam erarbeitet. Es wird eine Brücke geschlagen zwischen der Universität und der Schul- und Unterrichtspraxis. „Nach Bedarf, und vor allem auf Anfrage des Coachees, bringt der Coach eigene Ideen, Anregungen und Hinweise ein. Gemeinsam werden Gestaltungsvarianten und Gestaltungsmöglichkeiten entwickelt und abgewogen, die für das Lernen der SchülerInnen erfolgsversprechend sind. Durch verständnissicherndes Nachfragen wird ein geteiltes Verständnis der gemeinsam verantworteten Unterrichtssequenz sichergestellt" (ebd., S. 10). Beim fachspezifischen Unterrichtscoaching beschränken die Lehrerbildner(innen) sich nicht darauf, den Studierenden Fragen zur Praxis mitzugeben, sondern sie zeigen Präsenz und weisen auf das zu Lernende im Tun. Sie demonstrieren ihre Zeigekompetenz, die auf fachlichem, fachdidaktischem und pädagogisch-psychologischem Wissen beruht.

Hier gibt es einen deutlichen Bezug zur Debatte um das Konstrukt ‚Erziehung als Handwerk': „Wir zeigen einem anderen etwas. Zeigen ist, in der Sprache der Logik, ein dreistelliges Prädikat: Bezug auf Sachverhalte und Personen zugleich, und das bedeutet, dass wir als Zeigende immer auch selbst uns zur Erscheinung bringen, nämlich durch die Form, die wir je nach Umständen, nach Adressaten und thematischen Gegebenheiten wählen. Wir zeigen uns, indem wir einem anderen etwas zeigen, und zwar so, dass er es selber wieder zeigen kann" (Prange, 2012, S. 161). Im Mentoring-Ansatz ist die Wertschätzung der Beziehung zwischen Noviz(inn)en und Expert(inn)en formuliert. Moroni et al. unterscheiden zwei Ebenen bei Unterrichtsbesprechungen: a. die Beziehungsebene, auf der die Mentor(inn)en Mitverantwortung übernehmen, b. die lerntheoretische strukturierte Ebene, die als Problemlösezyklus definiert wird. Moroni et al. weisen den Praktikumslehrkräften, die in das Berufsfeld der Studierenden einführen, eine hohe Bedeutung zu: „Die Lehramtsstudierenden befinden sich auf unterschiedlichen Stufen der professionellen Entwicklung. MentorInnen benötigen infolgedessen ein umfangreiches Repertoire an Betreuungsskills, um auf die unterschiedlichen Bedürfnisse der Lernenden eingehen zu können (…) Ferner handelt es sich bei Praxislehrkräften, die die Rolle als MentorInnen übernehmen, um im System etablierte Personen, die NovizInnen bei der Einarbeitung in das neue Umfeld unterstützen. Neben Aspekten kollegialer Beratung dürfte je nach Voraussetzungen der Studierenden somit immer auch die Vermittlung von Erfahrungswissen und Lernen am Modell bedeutsam sein (…) (Moroni et al., 2013, S. 20).

Die apostrophierte Vermittlung von Erfahrungswissen ist Ausdruck einer Vermittlungspolitik, in der die Bereiche Theorie und Praxis sich nicht gegeneinander verwahren und ihre jeweilige Spezifizität gegenüber dem Anderen verteidigen. Es gibt ein Erfahrungswissen, das von den Expert(inn)en an die Noviz(inn)en weitergegeben werden kann. Hier wird gezeigt: So ist es bei uns in der Praxis, so funktioniert es, so kann man es machen. Probiere es aus, ich bleibe an deiner Seite. In der Ko-Konstruktion des Unterrichtscoaching ist das Zeigen auf Augenhöhe angestrebt. In der partizipativen Grundstruktur des Coachings wird die Wertschätzung der Studierenden zum Ausdruck gebracht. Gleichzeitig ergibt sich bei Unterrichtsvor- und -nachbesprechungen die Möglichkeit, reflexive Distanz zur Praxis einzunehmen und theoriegeleitet zu argumentieren.

Die Ausgangsfrage einer Referendarin: ‚Wie lerne ich mein Handwerkszeug?' sollte als ein Reflexionsangebot an die erziehungswissenschaftliche Lehrerbildung, die zwar die Priorität der Theorie gegenüber der vorherrschenden Praxis, nicht jedoch den Primat der Praxis gegenüber der Theorie im Praktischwerden anerkennen will, gewertet werden. Gut, dass unsere Studierenden und unsere Referendar(inn)e(n) sich trauen, unbequeme Fragen zu stellen. Gut, dass unsere Lehrerbildungseinrichtungen sich trauen, innovative Ansätze der Lehrer(innen)bildung, wie etwa das Coaching und Mentoring im Praktikum, zu praktizieren.

Literatur

Abel, J. & Faust G. (2010). *Wirkt Lehrerbildung? Antworten aus der empirischen Forschung*. Münster: Waxmann.

Arnold, K.-H., Hascher, T., Messner, R., Niggli, A., Patry, J. L., Rahm, S. (2011). *Empowerment durch Schulpraktika*. Bad Heilbrunn: Klinkhardt.

Benner, D. (1993). *Die Pädagogik Herbarts. Eine problemgeschichtliche Einführung in die Systematik neuzeitlicher Pädagogik*. Weinheim, München: Juventa.

Bollnow, O. F. (1989). Theorie und Praxis in der Erziehung. *Lehren und Lernen, (5)*, 20–32.

Hascher, T. (2011). Vom ‚Mythos Praktikum' … und der Gefahr verpasster Lerngelegenheiten. *journal für lehrerinnen- und lehrerbildung, 3*, 8–16.

Helmke, A. (2009). *Unterrichtsqualität und Lehrerprofessionalität. Diagnose, Evaluation und Verbesserung des* Unterrichts. Seelze-Velber: Klett-Kallmeyer.

Herzog, W. & Rahm, S. (Hrsg.) (2014). Kritik in der Lehrerbildung. *journal für lehrerInnenbildung, 14* (2).

Moroni, S., Niggli, A. & Gut, R. (2013). Beziehung und Lernen im Mentoring von Lehramtsstudierenden. Eine Explorationsstudie zur Wirksamkeit. *journal für lehrerInnenbildung, 2*, 19–25.

Neuweg, G.-H. (2011). Praxis als Theorieanwendung? Eine Kritik am ‚Professionsgenerierungs-Ansatz'. *journal für lehrerinnen- und lehrerbildung, 11* (3), 17–25.

Oser, F. (2002). Standards in der Lehrerbildung. *journal für lehrerinnen- und lehrerbildung, (1)*, 8–19.

Oser F. & Oelkers J. (2001). *Die Wirksamkeit der Lehrerbildungssysteme. Von der Allrounderbildung zur Ausbildung professioneller Standards*. Zürich: Rüegger.

Patry, J.-L. (2014). Theoretische Grundlagen des Theorie-Praxis-Problems. In: K.-H. Arnold, A. Gröschner & T. Hascher (Hrsg.): *Schulpraktika in der Lehrerbildung* (S. 29–44). Münster: Waxmann.

Prange, K. (2012). *Erziehung als Handwerk. Studien zur Zeigestruktur der Erziehung.* Paderborn: Ferdinand Schöningh.

Rahm, S. & Lunkenbein, M. (2008). Optionen reflexiven Lernens durch Beobachtungen. *Beiträge zur Lehrerbildung, 26* (2), 166–177.

Rahm, S. & Lunkenbein, M. (2014). Anbahnung von Reflexivität im Praktikum. Empirische Befunde zur Wirkung von Beobachtungsaufgaben im Grundschulpraktikum. In: K.-H. Arnold, A. Gröschner & T. Hascher (Hrsg.): *Schulpraktika in der Lehrerbildung* (S. 237–256). Münster: Waxmann.

Terhart, E. (2000). *Perspektiven der Lehrerbildung in Deutschland. Abschlussbericht der von der Kultusministerkonferenz eingesetzten Kommission.* Weinheim und Basel: Beltz Verlag.

Beat Bertschy

Sehen, worauf es ankommt, und es tun oder: wie Theorie und Praxis bei Girard (1765–1850) gleichberechtigt einhergehen

„Man begnügt sich nie allein mit Theorie,
die Praxis geht immer gleichberechtigt mit ihr einher“
(Girard, 1798/1950, S. 23, Übers. d. A.).

Zusammenfassung

Anhand des Lebenswerkes von Pater Gregor Girard wird exemplarisch aufgezeigt, wie Theorie und Praxis in der Lehrer/innenbildung aufeinander bezogen sein können. Erfolgreiche pädagogische Praxis ist auf Theorie, geschicktes Handeln und Herstellung geeigneter Produkte angewiesen. Diese Erkenntnis hat Girard genutzt. Sein Wirken fällt in die Zeit von 1798 bis 1848, also in die schwierige Aufbauphase des Schweizerischen Bildungssystems. Erstmals wurde eine flächendeckende Volksschul- und Lehrerbildung errichtet. Hierzu hat Girard Großartiges und Vielfältiges in Theorie und Praxis geleistet.

Der Beitrag endet mit sieben Empfehlungen im Sinne Girards, die auch für die heutige Lehrer/innenbildung und Forschung relevant sind, aber wegen zunehmender Ausdifferenzierungen des Wissenschafts- und Bildungssystems eher schwierig zu realisieren sind.

1. Einleitung

In der umfangreichen Fachliteratur zum Theorie-Praxis-Problem kristallisieren sich zwei Positionen heraus, die sich laut Stadelmann (2004) mit den beiden Etiketten „Differenz oder Vermittlung?“ beschreiben lassen.

Dabei besagt die (1) Differenzthese, dass Theorie und Praxis zwei eigenständige Sphären mit unterschiedlichen Logiken darstellen: Theorien sind allgemeingültig, also von Person, Situation und Kontext losgelöst; wertfrei, systematisch und logisch konsistent. Theorien setzen sich der Logik des besseren Arguments und des Falsifikationsprozesses aus. Praxis dagegen ist immer Einzelerfahrung, also abhängig von Person, Situation und Kontext; wertbezogen, konkret, komplex und diffus. In der gelingenden Praxis müssen Handlungen logisch konsistent sein und sich bewähren. Hier gilt die Logik der Angemessenheit und der Risikoabwägung.

Eine solche analytische Gegenüberstellung verdeutlicht prinzipielle Unterschiede. Um diese anzunähern, wird ein Bindeglied eingeführt: die Reflexion. So wird das Theorie-Praxis-Problem gewissermassen „individualisiert". Man trifft als reflexive/r Praktiker/in die Wahl, ob bzw. wie man Praxis auf Theorie oder Theorie auf Praxis bezieht, und trägt persönlich die damit verbundenen Folgen.

In der Logik der Differenzthese beziehen sich Theorien in Fachzeitschriften selbstreferenziell in erster Linie auf andere Theorien, sei dies bestätigend, ergänzend oder abgrenzend, während Praxis sich für andere Praxis interessiert, weil sie diese für ihre Bedürfnisse nach Halt und Rezepten für inspirierender hält. Es entsteht eine Zwei-Welten-Lehre. Das müsste aber nicht zwingend so sein. Das besagt der zweite Ansatz: (2) Die Integrations- oder Vermittlungsthese akzeptiert die oben genannten Unterschiede zwischen Theorie und Praxis, hält diese aber nicht für unvereinbar. Daher versucht sie durch Kommunikation und Kooperation sowie gegenseitige Anregung und Anerkennung „Brücken" zu bauen. Das ist auch der Weg, den Niggli (2005) beschritten hat. In der Tradition der berufspraktischen Bildung vor Ort haben Niggli et al. (2012) Mentoring-Gespräche geführt und diese zum Forschungsgegenstand erhoben. In Dreier-Gesprächen werden Unterrichtsfragen aus der jeweiligen Perspektive als Praktikant/in, als Praktikumslehrperson und als Lehrerausbildner/in besprochen, möglichst so, dass auf individuelle Bedürfnisse und unterschiedliche Situationen eingegangen werden kann und im Sinne der Ko-Konstruktion alle voneinander lernen. Die konkreten Umsetzungsversuche komplexer Handlungen müssen vor Ort individuell beobachtet und in einem gemeinsamen Reflexionsgespräch ausgewertet werden.

Einen ähnlichen Weg hat der Franziskaner Girard (1765–1850) beschritten. Er war überzeugt, dass Unterrichten eine praktische Tätigkeit ist, die man nur vor Ort und im Tun erlernt (Girard, 1836).

Girard hat als Anwalt der Bildung auf vielfältige Weise entscheidend am Aufbau und der Qualität des Schweizer Schulwesens mitgearbeitet. 1798 skizzierte Girard programmatisch den Auf- und Ausbau der Schweizer Volksschule, ab 1804 realisierte er dies in der Stadt Freiburg. Dabei integrierte er Theorie und Praxis

- an seiner Schule, die er von 1804 bis 1823 leitete,
- in seiner Didaktik und Methodik, die er von 1798 bis 1844 entwickelte,
- in seinen Lehrmitteln und pädagogischen Fachtexten, die er publizierte.

Girard bezeichnete praxisferne Pädagogik, die lediglich auf Erziehungstheorie, nicht aber auf Praxis rekurriert, als *Kabinettspädagogik*. Sie bleibt ohne Wirkung (vgl. 2.2.4). Girard arbeitete zudem als Lateinlehrer, Prediger, Lehrerbildner, Autor von deutsch- und französischsprachigen pädagogischen Schriften, Schulgutachter, Verfasser von Schulgesetzen und als Philosophielehrer.

Als wichtigstes Fach, das den Geist bildet und das Herz veredelt, betrachtete er die Muttersprache. Bis ins hohe Alter arbeitete er an seinem „theoretischen" Hauptwerk über den systematischen Unterricht in der Muttersprache (1844).

Im Folgenden wird (1) Girards Wirken im zeitgeschichtlichen Kontext eingebettet. Anschließend wird (2) auf das einzigartige Zusammenspiel von Theorie, Poiesis und Praxis bei Girard eingegangen, um (3) mit Folgerungen für die heutige Lehrer/innenbildung zu schließen.

2. Girard im zeitgeschichtlichen Kontext

Girard wächst in einer wirren Zeit in einer bürgerlichen Familie als 7. von 15 Kindern in der Stadt Freiburg i. Ü. auf. Die Familie hat einen Hauslehrer. Die alte Eidgenossenschaft besteht zu dieser Zeit als Staatenbund mit 13 Orten. Die Französische Revolution wird in Freiburg zunächst aus der Ferne wahrgenommen. In seinen Lebenserinnerungen schildert Girard (1826a/1948) den Schock, den die Stadt erlebt, als im März 1798 französische Truppen Freiburg einnehmen und sich im Franziskanerkloster einnisten. Kurz darauf wird die Schweiz zum Vasallenstaat Frankreichs. Napoleon führt den Einheitsstaat ein. Die Helvetik (1798–1803) beginnt: Die Verfassung spricht von Rechtsgleichheit, Volkssouveränität und Gewaltenteilung. Feudalrechte werden aufgehoben, religiöse Orden vertrieben, deren Vermögen eingezogen. Die Folge sind instabile Verhältnisse. Girard versucht zu retten, was zu retten ist. Er sieht in diesem Umbruch die Möglichkeit, das Bildungswesen zu erneuern bzw. es als öffentliches Schulwesen aufzubauen: Bildung für alle, jetzt! Im August 1798 sendet er einen detailliert ausgearbeiteten Entwurf an den ersten helvetischen Bildungsminister Philipp Albert Stapfer. Es ist Girards erste pädagogische Schrift. Der Text beginnt mit den programmatischen Sätzen:

> „Von Natur aus ist das Kind zuerst nur wie eine Pflanze, dann wie ein Tier, es muss aber zum Menschen herangebildet werden. Man muss das Licht in seinem Geist entfachen und dessen Herz zum Guten führen, damit die Gesellschaft in ihm ein soziales Wesen und der Staat einen Bürger vorfindet." (Girard, 1798/1950, S. 9, Übersetzung d. A.)

Die Notwendigkeit der öffentlichen Bildungsbestrebungen wird anthropologisch, soziologisch und aufklärerisch begründet: Der Mensch muss erst zum Menschen gebildet werden, sein Geist braucht Licht, sein Herz das Gute, damit die Gesellschaft aus sozialen Wesen besteht und der Staat aus souveränen Bürgern. Das ist ohne Recht auf Bildung bzw. Schulobligatorium nicht zu erreichen. Kindern und Jugendlichen als künftigen Bürgern müssen die Pflichten erklärt werden. Alle müssen ihren Fähigkeiten gemäß gefördert werden. Ihr Wille muss konstant darauf ausgerichtet sein, dem Staat zu dienen. Eine Gesellschaft, die Fortschritte machen will, muss über eine ökonomische Haus- und Landwirtschaft, funktionierenden Handel, gute Handwerker, ein Gesundheitswesen, Gesetzgeber und über eine Armee verfügen. Egoismus muss überwunden, ein Gespür für Frieden, Gemeinwohl, Vernunft, Humanität und Brüderlichkeit aufgebaut werden. Das – so die Argumentation Girards – hat Folgen für den Bildungs- und Fächerkanon, aber auch für die Anordnung des Schulsystems.

a) In jeder Gemeinde braucht es eine *Primarschule* für alle, insbesondere für die künftigen Arbeiter und Bauern einer Gesellschaft. Elementare Kenntnisse in Moral, Religion, Geschichte, Hauswirtschaft, in Sprechen, Schreiben, Lesen und Rechnen sind erforderlich. Dabei muss unbedingt beachtet werden, dass viele Menschen und Kinder auf dem Land „patois" (Mundart) sprechen.
b) In den größeren Ortschaften eines jeden Kantons brauche es eine zweite Schule (diese wird später die *Sekundarschule*). Sie ist für Kaufleute, Angestellte und Schreibende der Administration gedacht. Sie müssen Texte verfassen können, brauchen aber auch weiterführende Kenntnisse in der Mutter- und der Zweiten Landessprache, in Geografie, Arithmetik, Korrespondenz, Logik, Religion und Moral sowie in der Buchhaltung. Girard wird die Wichtigkeit dieser Stufe später immer wieder hervorheben und 1819 dafür plädieren, dass im Interesse der Gesellschaft, insbesondere des Handels und Gewerbes, nebst der zweiten Landessprache auch Englisch als Unterrichtsfach eingeführt wird.
c) In den Kantonshauptorten brauche es zudem die *Gelehrtenschule*. Diese bereitet auf ein Studium vor. Jede Gesellschaft braucht Juristen, Mediziner, Gelehrte, also sind hier die Fächer Latein, Geschichte, Mathematik, Physik, Philosophie, Theologie, Politik, Eloquenz, Chirurgie/Medizin und Kriegsführung wichtig.

In dieser ersten „theoretischen" Schrift kommt bereits etwas Wesentliches von Girards Pädagogik zum Ausdruck. Er analysiert die Gesellschaft, in der er lebt. Welche Bildung braucht sie? Wie organisiert man das Bildungswesen sinnvollerweise und d.h. auch ökonomisch? Was sind die Bedürfnisse der Gesellschaft, was die Ziele, die Mittel und Möglichkeiten?

Von 1804 bis 1823 erfolgt Girards auf den ersten Blick „praktische" Phase, die aber von seinen Gedanken und Ideen inspiriert ist und in der sich seine Theorien zum Lernen, zur Methodik und zum muttersprachlichen Unterricht festigen. Das lässt sich in den parallel dazu entstehenden Schulreden von 1805 bis 1822 (Girard 1950) nachlesen. Er übernimmt die städtische Knabenschule Freiburgs und macht sie – theoriegeleitet und in reflexiver Praxis – zur Referenzschule. Zu jener Zeit suchen Bildungsinteressierte aus dem In- und Ausland drei Schulen berühmter Pädagogen in der Schweiz auf: Pestalozzi in Yverdon, Fellenberg in Hofwil/BE und Girard in Freiburg.

Die Sternstunden und Erfolge, die Girard verbuchen kann, finden in der Phase der Restauration ein jähes Ende: Der Klerus und die Aristokratie gewinnen 1814 in Freiburg wieder die Oberhand. 1818 kehren die Jesuiten nach Freiburg zurück. Zusammen mit Bischof Yenni kritisieren sie Girard, Grammatik (la grammaire des campagnes, 1821) sei für ihn wichtiger als Religion; und der wechselseitige Unterricht, den der gleiche Bischof 1816 noch gutgeheißen (!) hat, verderbe die Jugend und mache sie zu selbstbewusst und zu wenig ergeben. Nun ist wieder die Kirche vor dem Staat für Bildungsfragen zuständig. Die Jesuiten sprechen sich gegen die Wichtigkeit der „zweiten Schule" (Sekundarschule) aus, die auf Gewerbe und Handel ausgerichtet ist. Das bedeutet für Girard das vorläufige Ende und für die legendäre Entwicklung der Freiburger Schule den totalen Reformstopp. Girard zieht nach Luzern (1824–1834) und unterrichtet dort Philosophie. 1835 kehrt er nach Freiburg zurück, die Regeneration hat eingesetzt (1830–1848). Girard lebt zurückgezogen im Kloster und arbeitet als Greis – getreu dem Wortspiel Odo von Marquards: „Theorie ist das, was man macht, wenn nichts mehr zu machen ist" (Marquard, 2013, S. 72) – an seinem Hauptwerk über den muttersprachlichen Unterricht, das 1844 in Paris von der Académie de Montyon ausgezeichnet wird.

3. Einzigartiges Zusammenspiel von Theorie, Poiesis und Praxis

Im Altgriechischen bedeutet Theorie (griech. theōría) Zuschauen; Betrachtung. Sie stellt ein Gedankengebäude bzw. eine Sichtweise dar, während Praxis (griech. prãxis) Tun bzw. Handlungsweise bedeutet.

Auf Anhieb wird deutlich: Sehen und Handeln sind zwar verschiedene *Aktivitäten, aber sie schließen einander nicht grundsätzlich aus*. Eine Person kann ein begnadeter Beobachter und Analytiker sein, aber handlungsmäßig versagen. Solche Menschen werden als „Theoretiker" bezeichnet, mit einer gewissen Häme bzw. Schadenfreude, meist von Personen, die sich für praktisch veranlagt und klüger halten. Wenn jemand aber etwas genau anschaut, *tut* er dennoch etwas, und wer sich tätig mit der Wirklichkeit auseinandersetzt, *sieht* er diese immer auch an! Es macht also wenig Sinn, Sehen und Tun gegeneinander auszuspielen. Da blitzt wiederum die Integrationsthese auf, die auch Girard vertritt.

Die Polaritäten, benennt man sie als Denken und Handeln, Reflexion und Aktion, Wissen und Können oder Theorie und Praxis, sind konstitutiv für das pädagogische Wirken und die Pädagogik als Theorie der Erziehung. Es gilt zu erkennen, was vorliegt, es präzis zu benennen und zu beschreiben, evtl. sogar vorherzusagen, welche Folgen sich abzeichnen können, immer im Hinblick darauf, dass Lehr-Lern-Situationen optimal gestaltet und deren Schützlinge professionell betreut werden.

Aristoteles hat drei verschiedene Wissenschaften unterschieden: eine praktische, eine poietische und eine theoretische (Höffe, 2006). Sie sind unterschiedlich ausgerichtet und haben einen jeweils anderen Sinn: praktische Wissenschaften sind auf das Handeln bezogen und müssen berufsethisch angemessen sein, poietische Wissenschaften beziehen sich auf ein herstellendes Machen, ihr primärer Sinn ist es, bewährte Produkte für die Verwendung vorzulegen, während theoretische Wissenschaften sich auf das Betrachten beziehen, ihr Sinn ist Erkenntnisgewinn und Annäherung an die Wahrheit.

3.1 Erkennen, Handeln und Herstellen in Girards Pädagogik

In der Pädagogik bzw. den Erziehungswissenschaften kommen die drei Anliegen alle zusammen: Es gilt, (1) näher an die Wahrheit bezogen auf Bildungs- und Erziehungsfragen zu gelangen, (2) angemessen pädagogisch zu handeln und (3) Erfolg versprechende Mittel herzustellen. Girards besondere Leistung besteht darin, dass er in allen drei Sparten Hervorragendes geleistet hat: Er sah, worauf es ankam, und tat es. Ihm gelang dies so gekonnt, als ob es nichts Einfacheres gäbe.

1) Girard war von seiner Bildung her ein geschulter Scholastiker. Gelehrte wurden „in der Theorie" geschult, wie man argumentiert und Beweise führt. Insbesondere in Anlehnung an Augustinus galt es, klare Begriffe zu definieren, wichtige Unterscheidungen einzuführen, Unklarheiten zu bereinigen, indem Pro- und Contra-Argumente gegenübergestellt werden, um dann über die Richtigkeit zu entscheiden und Unlogisches bzw. Widerlegtes auszuschließen.
2) Aber Girard leitete seine Erkenntnisse auch „empirisch" her. Er verfügte gerade in Bildungsfragen über einen enormen praktischen Erfahrungsschatz. Zudem war er ein eifriger Leser und Gesprächspartner führender Pädagogen seiner Zeit (Pestalozzi, Fellenberg, Fröbel, Bell). Weiter wandte er Forschungsmethoden an, die noch heute verwendet werden. Girard verfasste einige Gutachten über schulische Institutionen. Das berühmteste war dasjenige über das Institut Pestalozzis in Yverdon. Es ist die wohl früheste systematische Studie der Schulqualitätsforschung. Als Verfasser erklärte Girard das Vorgehen selbst:

> „Unser Entwurf ist Resultat der Beobachtung. Mit dem Vorsteher und seinen Mitarbeitern hielten wir vielfache Rücksprache. Wir befragten sie über die Grundsätze ihres Unternehmens, und die Antworten, die wir auf eine Reihe einfacher und bestimmter Fragen erhielten, boten uns kein anderes Resultat dar." (Girard, Mérian & Trechsel, 1810, S. 102f.)

Forschungsmethodisch betrachtet wurde ein mehrperspektivischer Zugang eingesetzt: Dokumentenanalyse, Beobachtung (der Lehrpersonen und Schüler während des Unterrichts), Gespräche mit dem Vorsteher (Pestalozzi) und den Mitarbeitern mit Hilfe eines Fragenkatalogs.

Im Handeln in der konkreten Berufspraxis war Girard derart erfolgreich, dass das Ancien Régime Angst entwickelte, die Schulabgänger würden so selbstständig denken, dass sie ihre Unterwürfigkeit verlören. Seine Schüler gingen so gerne in die Schule, dass sie ihn in den Sommerferien fragten, wann endlich der Unterricht wieder beginne. Und Pestalozzi soll anlässlich seines Freiburger Schulbesuchs anerkennend ausgerufen haben: „Dieser Mönch macht aus Dreck Gold!" – Mit dem „Dreck" meinte er die widrigen Umstände, unter denen Girard arbeitete.

3) Girard hat ganz vielseitige Produkte hergestellt: Gesetzestexte, Lehrmittel (darunter insbesondere die Grammatik für Landschulen 1821, ein Geografie-Lehrmittel, das er in Freiburg entwickelt hat und in Luzern für seine Schüler zu Ende geschrieben und 1827 publiziert hat), aber auch die Erfindung von Übungen und Lernaufgaben, das Bereitstellen von Lernmaterialien gehören dazu. In einer Fußnote hat Girard vermerkt, was an Medien und Materialien in seiner Schule bereitgestellt war.

> „In meiner alten Schule gab es regelmässige Unterrichtsstunden im Zeichnen, und ich hatte sie grösstenteils zur Förderung der Naturkunde eingerichtet. 1300 Zeichnungsvorlagen bildeten drei lange stufenweise fortschreitende Reihenfolgen, welche in den Stunden nach der Reihe vorgenommen wurden. Die eine, welche ich die industrielle nannte, fing bei den mathematischen Linien und Körpern an, ging von diesen zu den Hausgeräten und Maschinen über und schloss mit den Bauordnungen. Die botanische Reihenfolge fing bei den Blättern, den Pflanzen, den Blumen an, ging von diesen zu den einheimischen Bäumen und Staudengewächsen über, um mit den merkwürdigen Pflanzenkörpern fremder Klimate zu endigen. Die animalische Folge stellte zuerst Schmetterlinge und Raupen dar; dann kamen die Fische und die Vögel, ferner die Vierfüssler, nach der Schwierigkeit der Zeichnung, welche sie darstellte, geordnet. Die menschliche Gestalt schloss die Reihenfolge. Jedes Muster hatte seinen erklärenden Text. Die Zöglinge lasen ihn vor dem Zeichnen und wurden angehalten, den Lehrern oder ihren Gehilfen darüber Rechenschaft abzulegen. So kann man dasselbe Unterrichtsmittel zu verschiedenen Zwecken dienen lassen. Das Rechnen kann für die Haushaltung, den Landbau, den Handel und selbst für die Sittenlehre benutzt werden, wenn man die üblen Folgen der Laster berechnen lässt." (Girard, 1844/1911, S. 248, Fußnote)

Diese Lernmaterialien wurden mit den Schülern gemeinsam erstellt. Es sind meist Visualisierungen. Daher wurden sie im Zeichnen hergestellt und in anderen Fächern verwendet.

Aber Girard hat auch viele eigene Produkte hergestellt: Gerade im Bildungswesen braucht man als Lehrperson Pläne, Arbeitsmaterialien, Lehrmittel, so dass Lernarrangements gestaltet werden können. Für die Unterrichtspraxis und -forschung sind die Lehrmittel fundamental, noch heute werden sie tendenziell zu wenig erprobt und auf ihren Nutzen überprüft, bevor sie in der Praxis eingesetzt werden. Girard hat seine Lehrmittel in Freiburg im Unterricht entwickelt und erprobt, jedoch erst danach publiziert, um sie auch anderen zur Verfügung zu stellen:

> „Vergiss nicht, mein Freund, dass wir die Lehrmittel nicht erst von dem Lehrer erfinden lassen. Er bekommt sie schon fertig, bis auf Kleinigkeiten, die sich von selbst geben. Diese Lehrmittel sind mir der erste, eigentliche, bleibende, Alles durchgreifende Lehrer." (Girard, 1827, S. 311f.)

Girard wollte wenig Theorie, aber gute. Und diese ist notwendig „alt", sie kondensiert sich aus dem Erfahrungsschatz der anderen und bringt sprachlich-begrifflich auf den Punkt, was sich empirisch bewährt hat und daher zu überliefern ist. Schleiermacher (1826) meinte dies, wenn er vertrat, die Theorie sei immer später. Eine gute Theorie muss im aufklärerischen Sinne erhellen, etwas neu beleuchten und im besten Sinne relevant für erfolgreiches Handeln werden.

Nebst seiner Schultheorie hat Girard (1798) didaktische Grundsätze festgehalten sowie Pestalozzis sittliche Bildung für den Sprachunterricht weiterentwickelt und so handlungsrelevant(er) gemacht.

3.2 Was Girard explizit über Theorie und Praxis geschrieben hat

Gerade als „Praktiker" ist sich Girard bewusst, wie schwierig, überraschend und kräftezehrend Praxis ist. Er gesteht, dass Denken meist leichter ist als Handeln.

> „Bey allen menschlichen Angelegenheiten sind gemeiniglich die Entwürfe das Schönste, und die Regeln bald aufgefunden; aber so wie grossen Theils Denken leichter ist als Handeln; so bleibt auch meistens die Ausübung hinter der Vortrefflichkeit der Theorie zurück. Unsere Anstalten erreichen die Vollkommenheit der Grundsätze bei Weitem nicht; darin sind wir mit den Reformatoren des Erziehungs-Wesens bald einig." (Girard et al., 1810, S. 116)

Entwürfe und Texte, die das Denken repräsentieren, können „einfach" verfasst werden. Das Papier nimmt sie auf. Und sie erscheinen leicht in einer Vollkommenheit und Idealität, die in der Realität nie zu haben ist. Theorien nähren meist den Idealismus, deswegen werden deren Autoren von der Praktikerseite so oft als Theoretiker gescholten. Wie wohltuend und entlastend ist da ein Fachmann, der eingesteht, dass Denken leichter als Handeln ist.

Und das Handeln lässt sich nur *durch* und *in* der Praxis erlernen. Deswegen wird bei Girard für die Lehrerbildung das Praktikum zur „Thatbildung".

3.2.1 Bedeutung der Praktika: die Chance der Thatbildung

Girard (1827) plädiert für eine möglichst rasche Kontaktnahme mit dem, was im Berufsfeld konkret los ist. Er weiß: Fundiertes Wissen muss sorgfältig aufgebaut, aber komplexe Handlungen müssen in der Praxis trainiert werden. Dieses Training muss beobachtet und gecoacht werden. Im Hinterkopf hat er unausgesprochen das Lehrling-Meister-Modell. Denn die entscheidende Phase der Berufs- und hier der Lehrerbildung geschieht vor Ort: Hier trifft Theorie auf Praxis, Denken auf Handeln, Wissen auf Können. Idealerweise gehen aber die Lehrlinge nicht in irgendeine

Schule, sondern zu Meistern, die hohe Standards setzen. Diese Position ist in der kognitiven Meisterlehre (*cognitive apprenticeship*) in einer aktuellen Form aufgegriffen, die von der Substanz uralt ist und von Girard geteilt und vertreten wurde (Collins, Brown & Newmann, 1989).

> „In die Musterschulen führe ich dann die künftigen Lehrer ein, um sie in denselben, durch dieselben und neben denselben zu bilden. Du siehst hieraus, dass meine Schullehrer-Anstalt ganz mit der Schule selbst verwachsen ist." (Girard, 1827, S. 292).

3.2.2 Lehrerbildung: Musterschule statt Elfenbeinturm

Die Lehrerbildung braucht Musterschulen vor Ort. Eine normsetzende Musterschule ermöglicht *„in denselben"* eine theoriegeleitete Praxiserfahrung, eröffnet *„durch dieselben"* Übungs- und Verbesserungsmöglichkeiten und erlaubt *„neben denselben"* den Aufbau von theoretischem Wissen und systematischer Reflexion:

> „Worte, auch die gelehrtesten und schönsten, thuns hier nicht, denn die Worte werden erst verstanden und gewürdigt, wenn die Sache vor den Augen schwebt." (ebd., S. 314).

Worte reichen nicht aus. Hinzu kommt: Meist wird mit zu vielen Worten erklärt:

> „il faut souvent dire beaucoup de choses en peu de mots" (Girard, 1844, S. 470).

Es gilt, in wenigen Worten viel zu sagen, und den Rest, d.h. das Wichtige, zu zeigen!

Das Schwierige ist ja gerade, dass man sehen muss, worauf es ankommt, und es situationsgerecht umzusetzen weiß. Novizen tun sich damit schwer. Ihnen fehlt der Erfahrungsschatz, erst Experten verfügen darüber. Sie können die aktuelle Situation in Sekundenschnelle mit ähnlichen Fällen abgleichen. Donald Schön (1983) hat dies mit der Wendung beschrieben: „the situation talks back". Die konkrete Situation sagt, was aktuell und sinnvollerweise zu tun ist. Je nach (Vor-)Erfahrung aber wird diese Botschaft nicht verstanden.

Der Begriff Musterschule wurde auf Französisch mit „école normale" übersetzt und meinte: die normsetzende Schule bzw. die Schule, die Maßstäbe setzt. Heute würde dies wohl mit „die Standards setzende Schule" übersetzt. In der Deutschschweiz nannte man die „école normale" „Lehrer/innenseminar": Orte, wo man das Gute pflanzt, damit es sich ausbreiten kann. Genau dies schwebte auch Girard vor. Sie soll eine Art Laborschule sein: In seinem Vortrag für die gemeinnützige Gesellschaft mit dem Titel „Vorschlag über Schulen und Schullehrerbildung im Alpenlande der Schweiz“ (1826) stellt er ausführlich dar, wie dies geschehen soll.

> „In der Tat ich kann mir keine Schullehrerbildung denken, außer in der engsten Verbindung mit einer Schule, und innigst verwebt mit ihr. Hier hast Du meine Gründe:
> Der künftige Lehrer muss doch vertraut werden mit der jungen Welt, die er zu lehren und zu leiten haben wird. Dazu muß er sie, durch Umgang und Besorgung, scharf ins Auge fassen. Er muß aufmerksam gemacht werden auf ihre Schwächen und ihr Gutes, auf ihre Entwicklung, und auf ihr Leben und Weben bei ihrer Arbeit. Worte, auch die gelehrtesten und schönsten, tuns hier nicht, denn die Worte werden erst verstanden und gewürdiget, wenn die Sache vor den Augen schwebt.
> Der künftige Lehrer muss auch in der Schule sehen, wie ein erfahrener Meister diese kleine, regsame Welt regiert, wie er sich benimmt mit ihr, sie gehörig zu lehren, auf ihr Herz zu wirken, sie in Frieden und Ordnung zu halten. Dieser Anblick ist wahrhaft aufklärend für den künftigen Lehrer. Nur diese handelnde Anleitung kann die sprechende verständlich machen; und die letztere besteht dann bloß aus kurzen Bemerkungen und Winken, ohne Aufwand einer künstlich zusammengewobenen Theorie. Gott behüte uns vor der Kabinetts-Pädagogik! Sie hat wohl mit Bildern und Kunst zu tun, und wir brauchen Wirklichkeit und Natur.
> Endlich muss mein künftiger Lehrer nicht bloß Auge und Ohr sein in der Musterschule, sondern er muss Hand anlegen ans Werk, unter der Aufsicht und Leitung des Meisters. Somit wird die Musterschule auch Übungsschule für ihn. Er wird also Gehülfe, zuerst auf der untersten Stufe; dann Schritt für Schritt, höher und höher, bis ans Ende der lebendigen Skala. Ihm werden auch die gemeinschaftlichen Übungen der ganzen Schule nach und nach anvertraut sogar die gesamte Schulführung zum Meisterstück. Es wird wohl überflüssig sein, dass ich die Gründe zu dieser Thatbildung beifüge. Nur im Wirken kann der Lehrling von dem beobachtenden Meister gehörig erkannt und geleitet werden. Nur im Wirken kann der Lehrling sich seiner selbst und der lernenden Jugend recht bewusst werden, so wie Gewandtheit zu seinem Berufe erlangen. Lass die Kandidaten aus einer bloß theoretischen Anstalt in die Schule eintreten, so stehen sie ganz unbehülflich darin, viel verlegener, als die Schüler selbst, die ihn belehren müssen. Es ist dies keine seltene Erscheinung.
> Eine Schullehrer-Anstalt ohne Schule ist mir gerade, wie ein medizinisches Kollegium, wo Anatomie und Physiologie gelehrt werden ohne Vorweisung eines Körpers, Pathologie ohne Krankenbesuch, Pharmakologie ohne Apotheke, Chemie ohne Laboratorium, und Botanik ohne Pflanzen, bloß nach Linnäischer Einteilung! (Girard, 1827, S. 314f.)

Girard hebt die Bedeutung der Praktika sowie die des Coachings und Mentorings in der Lehrerbildung vor. Der Praktikant muss mit der realen Zielstufe vertraut werden, er soll bei den Schülern sein, mit ihnen sprechen, für ihr Wohl sorgen,

Vertrauen schaffen, sie beobachten. Er muss zusehen, wie der erfahrene Meister die Klasse leitet und Frieden und Ordnung hält, wie er auf ihr Herz einwirkt.

Der Lehrer muss ihn auf die Schwächen und Stärken der Schüler aufmerksam machen, ihn handelnd anleiten und Impulse geben.

Dann muss der Praktikant als Gehilfe Schritt für Schritt selber handeln, schließlich als Geselle unterrichten und erziehen, um schließlich als Meister die gesamte Schulführung zu übernehmen.

Bei diesem Prozess vertraut Girard nicht so sehr auf die Worte, sondern auf das Tun bzw. das Zeigen. Ähnlich ist Girard mit seinen Monitoren verfahren: mit den älteren Schülern, die er als Leiter der Dekurien (Zehnergruppen) anleitete. Bevor sie die Übungen mit den Schülern machten, zeigte er ihnen, wie sie es tun müssen und erinnerte sie an die wichtigen Dinge, worauf sie zu achten hätten.

3.2.3 Jenseits von Theoriefeindlichkeit und Kabinettspädagogik

Girard plädiert für eine Lehrerbildung vor Ort, bei der man in der Praxis auf Theorie trifft. „Worte, auch die gelehrtesten und schönsten (…) thuns hier nicht“ (ebd., S. 314). Denn Worte sind zunächst nur Worthülsen. Ein Novize versteht sie nicht oder nur ungefähr. Wenn er nun aber hospitieren und miterleben kann, wie einer, der die Methode beherrscht, und diese in einem konkreten Fach mit dem Einsatz von selbst gemachten Unterrichtsmaterialien kombiniert, dann erfährt er, was das Besondere der Methode ist, er sieht, wie sie eingeführt wird, welches Material wo bereitgestellt sein muss, wie der vollständige Auftrag dazu erteilt wird, was in welcher Gruppe wie gut bzw. weniger gut funktioniert, was an Lernerfolg und Erkenntnisgewinn bei den Schülern dabei herausschaut, ob es die umstrittenen Nebeneffekte wie Neid, Missgunst und Eitelkeit, die im Zusammenhang mit der Methode des wechselseitigen Unterrichts immer wieder befürchtet werden, gibt oder nicht. Und im Nachhinein kann er mit der Lehrperson über das schrittweise Vorgehen diskutieren, nachfragen, Unklarheiten beseitigen, an einem nächsten Tag als „Hilfslehrer“ mithelfen und später die gesamte Organisation dazu übernehmen. Das lässt sich nicht aus Büchern, sondern nur handelnd im Berufsfeld aneignen.

Dank der Anleitung, dank der erarbeiteten Lehrmittel und der zur Verfügung stehenden Lernmaterialien ist der Erfolg des graduierten wechselseitigen Unterrichts bei Girard möglich. Vielerorts war zur damaligen Zeit der wechselseitige Unterricht – das sich gegenseitige Unterrichten der Schüler – mit der starren Kehrordnung, wer wann wo zu sitzen und zu schreiben und wer wann wo zu stehen und zuzuhören hat, zu mechanisch und zu wenig lernwirksam. Zudem fehlten dort die eigens dazu hergestellten Lehrmittel. Girard hat diese zur Verfügung gestellt und in seiner Freiburger Schule den *graduierten* wechselseitigen Unterricht entwickelt, bei dem erfolgreiche Schüler andere Schüler bei Lernaufgaben betreuen, die ihrem erreichten Niveau entsprechen. Insgesamt gibt es bei Girard 26 Niveaus. Das war das

Neue, was Bell, der neben Lancaster als einer der Erfinder des wechselseitigen Unterrichts gilt, anlässlich seines Freiburger Besuchs bei Girard sehen wollte.

3.2.4 Aber was ist „Kabinetts-Pädagogik"?

Das „Cabinet" ist ein Kämmerchen[1]. Darin haben bestenfalls ein Stuhl, ein Tisch, Papier und Schreibzeug Platz, aber keine Schulklasse. Pestalozzi hat in Yverdon neben den Schulzimmern in seinem Kämmerchen geschrieben. Girard ist erstaunt. Bei seinen Beobachtungen in Yverdon im November 1809 kann er nichts vom „sittlichen Unterricht" sehen, der im Stanser Brief so großartig dargelegt wird. Offenbar hat es bereits in Yverdon zwei Sphären gegeben, eine frappante Differenz zwischen Theorie und Praxis mit ihren unterschiedlichen Logiken: hier die Lehrpersonen mit den „Schülern" Pestalozzis, und da Pestalozzi am Schreibtisch mit Papier und Stift!

Girard war bestürzt. Er wollte für sich in Freiburg keine Kabinettspädagogik, sondern eine Musterschule, in der seine Schüler über die muttersprachliche Bildung kognitiv, sozial und sittlich gefördert werden. Deswegen stellte er Lehrmittel mit Übungen und Lernmaterialien her, um die gegenseitige Durchdringung von Theorie und Praxis zu erhöhen. Und als er sah, dass eine Übung nicht funktionierte, besserte er nach. Und wenn das im Entstehen begriffene Lehrmittel nicht fruchtete, suchte er nach neuen Ideen. Schließlich galt es, Neues zu erkennen, erfolgreich zu handeln und Neues herzustellen. Inkompetenz kann kompensiert werden, indem man voneinander und miteinander lernt.

Girard war sich der Wichtigkeit dieser Scharnierstelle gerade in der beruflichen Bildung bewusst. Darling-Hammond (2009) bezeichnet die fehlenden Verknüpfungen als Achillesverse der Lehrerbildung. Erschreckt diagnostizierte Girard, dass Pestalozzi in Yverdon keine Pädagogikkurse für die angehenden Lehrpersonen durchführte. Entsetzt stellte er fest, dass selbst dessen Lehrkörper theoriefeindlich war.

> „Die Kunstverständigen haben von jeher gedacht, ein guter Jugendlehrer müsse allgemeine Ansichten und Grundsätze der Erziehung besitzen. Eine Belehrung über dieselben haben wir in Yverdon vergeblich gesucht; auf unsere Bemerkungen erhielten wir den Bescheid: ‚Man habe zum Grundsatz, die Lehrlinge nicht durch Theorien zu verwirren'. Eine unbestimmte zweydeutige Aeusserung, die uns weniger aufgefallen wäre, hätte nicht das Verfahren dieselbe bestätigt." (Girard et al., 1810, S. 194)

1 Auch der Appenzeller J. K. Zellweger (1801–1883) schreibt in seinen Lebenserinnerungen, wie er bei Pestalozzi in sein „Kabinett" ging: „und der Empfang war so überaus freundlich, dass ich meinerseits sofort jede Spur von Schüchternheit verlor. Kaum hatte ich den Grund meines Besuches angegeben, auch mich der Komplimente Fellenbergs entledigt, so begleitete er mich Arm in Arm durch die Lehrsäle, dann auf den Turnplatz, in den Garten und wieder zurück in sein Kabinett, wo unterdessen für beide der Tee serviert worden war." (Zellweger, 1955, S. 60f.). Quelle: J. K. Zellweger (1955). Ein Armenschüler in Hofwil. Gute Schriften Bern.

Ausgerechnet im Hause Pestalozzi wird die Auffassung vertreten, Theorien würden in ihrer Allgemeinheit eher verwirren als klären oder erhellen. Girard hält dagegen:

> „Es muss daher die erste Pflicht einer Schule für Lehrer seyn, durch anhaltendes Hinweisen auf die Hauptmaximen, die Unwissenheit aufzuklären und vor Missgriffen zu verwahren. Auch fordern wir, dass der Zögling darin die schwere Kunst erlerne, die Kinder schnell und richtig zu beurtheilen, nicht nur um ihre natürlichen Fähigkeiten zu entdecken, sondern vorzüglich um ihren individuellen Charakter zum Behufe[2] ihrer Leitung gehörig zu beachten." (ebd., S 194f.)

Dementsprechend kritisch äußert sich Girard über die Anstalt in Yverdon und rüttelt bereits 1810 am Pestalozzikult.

> „Die jungen Lehrer sind immer geneigt, ihre Kenntnisse zur Schau zu tragen, und eine Eitelkeit zu befriedigen, welche ihren Schülern eben nicht sehr zu Statten kömmt. Hat man das in Yverdon so durchaus bedacht?
> So dann lässt man die angehenden Lehrer den Gang des Unterrichtes beobachten, und erklärt ihnen das Verfahren der Methode. Diese Massnahme ist durchaus nothwendig und wesentlich; denn ohne sie wäre ja keine Schule für Lehrer vorhanden. Diese würden nur Schüler seyn, die da lernten buchstäblich nachmachen, was sie mit Ueberlegung und Einsicht nachahmen sollen. Endlich noch lässt man die angehenden Lehrer, welche Luft bezeugen, sich selbst im Unterrichte der Klasse versuchen. (…)
> Es ist misslich, die Erfahrungsproben des Lehrtalents auf den Zeitpunkt zu verschieben, wo der neue Lehrer ohne Zeugen und Leitung es auszuüben anfängt." (Girard et al., 1810, S. 193).

Es wird deutlich, wie viel Girard als Gutachter in Yverdon lernte und wie er diese Mängel dann in der eigenen Praxis und in seinen späteren Schriften zu beheben versuchte.

3.2.5 Nicht nur schreiben, auch realisieren

Girard (1826) beschreibt, wie Pestalozzi ihn in Freiburg besucht, um den graduierten wechselseitigen Unterricht zu begutachten. Girard sprach:

> „Sehen Sie, Vater, sehen Sie da den von Ihnen so sehr empfohlenen Stufengang, nicht im Buch bloss stehend, sondern im Leben vorgestellt."
> „Schweig", war die Antwort, „ich sehe es ja wohl; es war mein erster Gedanke bei diesem Anblick, der mich überraschte. Lass weiter sehen!" (Girard, 1826, S. 57)

---

2 Behelf

Nicht ohne Stolz weist Girard auf den Mehrwert hin, wenn etwas nicht nur geschrieben steht, sondern in die Praxis umgesetzt ist. Gelungene Praxis, hier die lernwirksame Umsetzung des wechselseitigen Unterrichts kombiniert mit dem Stufengang, ist viel anforderungsreicher als Schreiben.

Der Aphoristiker Werner Mitsch[3] bringt dies sprachlich prägnant auf den Punkt: „Gibt es einen Unterschied zwischen Theorie und Praxis? Es gibt ihn. In der Tat."

Gelungene praktische Ausführung braucht Fachwissen, praktisches Know-how, Klassenführung, Vertrauen in die Schüler und situationsangemessenes Eingreifen, aber auch das Vertrauen der Schüler und deren Bereitschaft, sich führen zu lassen. Dies lässt sich nicht erzwingen, sondern muss immer wieder gewonnen und mit flankierenden Maßnahmen gestützt werden.

3.2.6 Theorie und Praxis des Sprachunterrichts

Anhand des folgenden Textausschnitts soll exemplarisch gezeigt werden, wie Girard über die Theorie und Praxis des Sprachunterrichts dachte.

> „Die Anfänger verstehen ihre Muttersprache, sie sprechen sie; aber weit entfernt, die Wörter in Klassen einteilen zu können, unterscheiden sie sie nicht einmal (...). Man muss sie in die grammatikalischen Studien einweihen und sie von der Praxis, in der sie sind, zu der Theorie führen, die ihnen noch absolut fremd ist. Aber diese Theorie kann mehr oder weniger gehoben und ausgedehnt werden; sie kann sogar sehr abstrakt und sehr spitzfindig werden, und es handelt sich hier darum, die Grenze festzusetzen, die sie in einer Kinderschule nicht überschreiten darf. Hier ist es nun die Praxis, welche die Grenze absteckt. Darüber hinauszugehen, würde überflüssig, für die Zöglinge lästig, entmutigend und folglich für ihre Fortschritte wie für ihr Lebensglück nachteilig sein. (Girard, 1844/1911, S. 65f.)

Auffällig ist, dass Girard, als wäre er auf dem aktuellen Stand der heutigen Erziehungswissenschaft, beim Vorwissen der Lernenden ansetzt: Sie können sprechen, sie verstehen einander, aber ihnen fehlt die Theorie der Sprache, das grammatikalische Vokabular. Dieses muss aufgebaut werden, *aber dosiert*. Denn Theorie klingt „absolut fremd", „abstrakt", „spitzfindig" und hat einen „barbarischen Klang" (ebd., S. 66). Diese Theorie muss eingegrenzt werden, ihr Korrektiv ist die Praxis! So einfach ist das, ist man verleitet zu sagen:

> „Man muss daher aus ihren Unterrichtsstunden allen diesen durch den Scharfsinn der Schule in den Definitionen und Einteilungen erfundenen metaphysischen Aufwand ausschliessen, den Aufwand der zu gleicher Zeit die Fassungskraft und die Bedürfnisse der Kinder überschreitet." (ebd.)

3 Deutscher Aphoristiker, Quelle: http://www.zitate.de/autor/Mitsch,+Werner

Nebst der begrenzten Fassungskraft und der Bedürfnisse der Lernenden muss angesichts der voraussichtlichen Lernfortschritte eine Erkenntnis der Lehrkunst beachtet werden: „Wenig Regeln, viele Übungen!“ (ebd., S. 67).

> „Indessen ist trotz dieser ununterbrochenen Übung der Unterricht noch nicht praktisch genug. Er wird es werden, wenn der Lehrer auf der ganzen Linie dafür Sorge trägt, dass die Zöglinge etwas dem Unterricht, den sie erhalten, Ähnliches aus sich heraus erfinden und hervorbringen“ (ebd.).

Erst wenn die Lernenden eigene Beispiele, eigene Sätze, eigene Texte – mündlich und schriftlich – schaffen, wird das Gelernte zu eigen gemacht und angeeignet.

3.2.7 „Mütterlicher Takt“ als Modell für eine Theorie des Sprachunterrichts

Girard lernte sehr viel von seiner Mutter. Er vertrat ein positives Frauenbild und betonte in einer Schrift die Wichtigkeit der weiblichen Bildung (Girard & Rietschi, 1830) gerade für die sprachliche und sittliche Entwicklung des Kindes.

> „Wir wiederholen hier noch, dass die Mutter ihr Kind belehrt und entwickelt hat, indem sie es die Sprache lehrte. Kein Zweifel also, dass die Kunst dieselben Ergebnisse durch dasselbe Mittel erlangen kann. Sie wird sie um so besser erlangen, insofern sie auf regelmässige Weise, mit voller Sachkenntnis, mit einer zusammenhängenden Berechnung tut, was der *mütterliche Takt* nur im Verborgenen und vermittels Herumtappens zu tun weiss, das nicht immer das Ziel erreicht. Wir werden auf eine neue Prüfung dieses Gegenstandes eingehen und sehen lassen, dass der Sprachunterricht, wenn er zu seinem eigenen Vorteil gut erteilt wird, zu gleicher Zeit die für die Kinder passende Belehrung und ihre beste geistige Gymnastik werden wird.“ (Girard, 1844/1911, S. 117; H. d. A.)

Girard geht davon aus, dass es so etwas wie einen *mütterlichen Takt* gibt. Intuitiv, ohne dass sie systematisch von einer Theorie oder einer Lehrperson angeleitet werden, lehren Mütter ihren Kindern die Sprache. Sie tun es, indem sie in einem leicht erhöhten Ton immer wieder zum Kind sprechen und Worte wiederholen. Girard beobachtet dies und folgert vom mütterlichen Takt auf die zu entwickelnde Theorie: Sprachförderung in der Schule muss analog mit Blick auf die nächsten Entwicklungsschritte des Kindes geschehen, so wie es die Mutter intuitiv tut. Aber der Unterricht muss systematischer, mit Sachkenntnis und logisch kohärent, also zusammenhängend sein. Er muss „beste geistige Gymnastik“ und „passend“ sein. Heute bezeichnet man dies als „adaptiv“.

Ist bei Herbart (1802) der pädagogische Takt das Zwischenglied, das sich zwischen Theorie und Praxis einstellt, wird bei Girard der mütterliche Takt zum Anzeiger, wie die Theorie entwickelt werden muss. Und wie bei Herbart meint Takt

- ein rücksichts- und taktvolles Handeln,
- Zurückhaltung und Feingefühl,
- ein Gespür für die besondere Situation oder das Individuum und für die erforderlichen nächsten Schritte,
- ein Ad-hoc-Entscheiden und Beurteilen.

Die Kennzeichen des mütterlichen Taktes sind Geschicklichkeit im Umgang mit anderen Menschen und Improvisationsgabe. Zum mütterlichen Takt und zur ur-pädagogischen Haltung gehört es, Kindern bzw. Schülern etwas zuzutrauen und sie selber denken zu lassen. Auch dies hat Girard mit all seinen Folgen hervorgehoben:

> „Es gibt Erzieher, die kein Vertrauen in die Fähigkeit der Kinder setzen; sie halten sich für genötigt, sie alles Wort für Wort zu lehren, und schränken sie auf die traurige und verworfene Rolle ein, zu hören, zu lesen, mit dem Gedächtnis zu lernen, was sie lesen oder hören, um es getreu aufzusagen, wie sie es eben gelesen oder gehört haben. Die jugendlichen Köpfe sind also in ihren Augen nur Gefässe, wohinein man alles tun kann, was man will, und die man alsdann umkehrt, um alles zu finden, was man hineingeworfen hat. Diese Methode (...) hat unter den Erziehern aller Länder nur zu viele Anhänger. Sie ist es, die uns so viele Erwachsene hervorbringt, welche, unfähig, selbst zu denken, nur der Widerhall der Worte anderer sind; durch diesen beklagenswerten Mechanismus bleibt der Geist ohne Bildung sowohl hinsichtlich seiner Entwicklung als hinsichtlich der Kenntnisse, die man ihm mitzuteilen denkt." (Girard, 1844/1911, S. 150)

Die Lehrperson soll im Verständnis Girards dem Schüler mit einfachen Fragen helfen, Licht ins Dunkel zu bringen: „d'éclaircir ce qui est obscur" (Girard, 1844, 169).

> „Que veut dire cela? Exprimez-le en d'autres paroles à votre choix" (ebd.).

Girard will, dass die Lehrer ihre Schüler im Denken schulen, Fehler mit ihrer Güte korrigieren und ihnen gerecht werden, in dem, was sie gut gemacht haben.

4. Folgerungen für die Theorie und Praxis in der Lehrer/innenbildung

Girard ist nicht der Pädagoge der Wechsel-, sondern der Vielseitigkeit: Heute ist es kaum mehr denkbar, dass *die gleiche Person* Schulgesetze, Lehr- und Stundenpläne schreibt, Bildungspolitik betreibt, pädagogische Reden an Schüler/innen, Eltern und Behörden hält, Lehrmittel verfasst, selbst unterrichtet, eine Schule leitet, die

Ausbildungskurse im Rahmen der Lehrer/innenbildung erteilt, Praktikanten coacht, innovative Unterrichtsmethoden (wie den graduierten wechselseitigen Unterricht) weiterentwickelt und noch differenzierte Gutachten über führende Bildungsinstitutionen verfasst.

Das Bildungs- und das Wissenschaftssystem haben sich bis heute weiterentwickelt. Der Ausdifferenzierungsgrad ist derart hoch, dass es nicht allen, die Lehrpersonen ausbilden, zeitlich auch möglich ist, umfassende Unterrichtsforschung zu betreiben. Auch können nicht alle Unterrichtsforschenden Lehrer/innenbildung betreiben. Unwahrscheinlich ist, dass forschende Lehrerbildner/innen regelmäßig in der Schule sind und sich so ein umfassenderes Bild verschaffen. Diese Sichtweise wäre bereits breiter als die spezifische Fragestellung eines wissenschaftlichen Projekts, das empirische Daten generiert. Noch unwahrscheinlicher ist, dass die Forschenden selbst auch mit Kindern, Eltern oder Lehrpersonen in der Grund- und Ausbildung arbeiten; und noch einmal unwahrscheinlicher, dass sie Lehrmittel verfassen. Die Logik des Wissenschaftssystems und die Karriereplanung fördern solche Bestrebungen zu wenig, so sinnvoll und gewinnbringend sie für alle sein könnten.

So schließt sich hier der Kreis dieses Beitrags: Eingangs wurde die Differenzthese dargestellt, welche die Unterschiede zwischen Theorie und Praxis unterstreicht. Diese Differenzthese beschreibt in erster Linie die gesellschaftliche Realität der zunehmenden Ausdifferenzierung und ihrer Logik. Spezialisten werden stärker honoriert als Generalisten. Leistungen von Spezialisten werden national und international rezipiert, die von Generalisten lokal und regional geschätzt. Letztere versuchen im Sinne der Integrationsthese vor Ort etwas im Kleinen zu bewirken. Tenorth (2003, S. 224) weist darauf hin, dass die moderne Schule den „Schulmännern und Volkslehrern" eher mehr als den klassischen Theoretikern der Bildung zu verdanken sei, was aber meist übersehen werde.

Was aber würde Girard im Jahre 2015 anlässlich seines 250. Geburtstags der heutigen Lehrer/innenbildung wohl raten? – Vermutlich würde er antworten: „Setzt fort, was ich begonnen habe." – Entlang der oben dargestellten sieben Punkte ließe sich demnach in seinem Sinne ableiten:

1. **Beginnt in der beruflichen Ausbildung mit dem Handeln!** Das Denken setzt parallel dazu ein: Lehramtskandidaten sollten möglichst früh selbst unterrichten, denn Handeln ist schwieriger als Denken. Das ausgeführte Handeln bleibt notwendigerweise hinter dem Ideal bzw. der Vollkommenheit eines Grundsatzes zurück. Es gilt, ein gesundes Maß zu finden. Zu hohe Ansprüche überfordern alle: die Kinder, ihre Eltern und nicht zuletzt die Lehrpersonen.
2. **Nutzt die Chancen der „Tatbildung":** Der Blick in die Praxis und das anspruchsvolle Handeln machen „demütig". So werden Idealisierungen entlarvt und korrigiert. Damit aber „zutreffende Theorien" nicht aus aktuellem Unvermögen und damit verbundener Enttäuschungen über den Haufen geworfen werden, braucht es Betreuung und Kommunikation: Kommunikation, verstanden als gemeinsame und geäußerte Reflexion. Kommunikation muss unter

Praktikumslehrpersonen, Ausbildnern und Praktikanten stattfinden. Gelingt sie, werden alle *voneinander* lernen.

3. **Die Lehrer/innenbildung und die Lehr-Lern-Forschung brauchen (Muster-) Schulen.** Das Unterrichtsgeschehen ist gewissermassen das Labor, in dem Lehren und Lernen konkret stattfinden. Es zeigt, was der Fall ist, wie unterschiedlich und individuell Lernprozesse erfolgen. Hier können durch Kommunikation und Kooperation Lernprozesse und -fortschritte, Didaktik und Methodik entwickelt und erforscht sowie angehende Lehrpersonen professionell ausgebildet werden.
4. **Lasst die Praxis von den angehenden Lehrpersonen beobachten, filmen, erforschen** – und beobachtet, filmt, erforscht als Ausbildner die praktischen Versuche selbst! Wir brauchen neue kreative Zugänge und Möglichkeiten, um pragmatischer zu werden: Konkrete Probleme lassen sich nur situativ, annähernd und vorläufig lösen. Das Ziel muss eine besser funktionierende, menschliche Praxis sein.
5. **Sorgt für Theorie- und Praxisfreundlichkeit.** Es gibt nichts Faszinierenderes als eine Theorie, die uns den Blick für dasjenige schärft, worauf es ankommt. Und es gibt nichts Wichtigeres als die Praxis, bei der man dasjenige auch tut. So gehen Theorie und Praxis gestärkt und miteinander einher.
6. **Wir brauchen keine Kabinettspädagogik**, die sich von Empirie und Praxis losgelöst hat, **sondern Kabinettsstücke**: pädagogische Meisterleistungen in der Forschung, in der Praxis und in der Erforschung dieser Praxen. Hierzu brauchen wir Theorien, Publikationen und Forschung, die *im Dienste* der Praxis und der Lehrer/innenbildung stehen, so dass im Unterricht Wichtigeres, mehr und besser gelernt wird!
7. **Die Praxis braucht wenig Theorie, aber gute!** Für die Forschenden bedeutet dies, die Theorien als Gedankengebilde schlank zu halten, klar und verständlich zu formulieren, sich nicht hinter einem unverständlichen Fachjargon zu verstecken, sondern die Erkenntnisse, die dank Forschung zustande gekommen sind, verständlich unter die Bevölkerung zu bringen. Weiter gilt es in der Forschung, die Praxisrelevanz von Projekten bewusst zu suchen, und die Hauptakteure im Bildungswesen – Schüler/innen, Eltern, Lehrpersonen und Schulleiter/innen – aufzusuchen, ihnen zuzuhören und mit ihnen direkt Probleme anzugehen.

Coda

Laut Girard sind in der Gesellschaft die heranwachsenden Kinder das Wichtigste. Nirgends hat er dies schöner formuliert als in den letzten Sätzen seines Freiburger Geografie-Lehrmittels, das er in Luzern für seine Freiburger Schule und ihre Kinder verfasst hat. Hier schimmern nochmals seine Liebe zu den Kindern, zur Region Freiburg und seine Überzeugung auf, worauf es im Leben ankommt:

„Hier, mein Kind, enden die Erklärungen. Schlendere nie wieder durch die Stadt Berchtholds von Zähringen, als ob du keine Augen hättest, um zu sehen, keinen Geist, um zu denken und kein Herz, um zu lieben. Betrachte gut, wohin dich die göttliche Vorsehung gestellt hat. Sei dir bewusst, wie sehr man sich seit deiner Geburt in der Freiburger Familie um dich gekümmert hat. Sie hat dich in Liebe getragen, sei ihr gegenüber dankbar. Strenge dich in deiner Selbstbildung an, damit du dem grossen Haushalt, der dich mit soviel Güte aufgenommen hat, schon bald das Deine beifügen kannst. Du wirst ihm gegenüber nie quitt sein." (Girard, 1827, S. 134, Übersetzung d. A.)

Literatur

Bertschy, B. (2011). Unbekannt, unverstanden, unterschätzt. Gregor Girards facettenreiche Schulpädagogik. *Zeitschrift für Pädagogik*, (57) 4, 572–589.

Collins, A., Brown, J. S. & Newman, S. E. (1989). Cognitive apprenticeship: Teaching the crafts of reading, writing and mathematics. In L. B. Resnick (Ed.), *Knowing, learning, and instruction: Essays in the honour of Robert Glaser* (pp. 453–494). Hillsdale; NJ: Erlbaum.

Darling-Hammond, L. (2009). *Teacher education and the American future*. Paper presented at the Charles W. Hunt Lecture, Chicago.

Girard, G. (1798). Projet d'éducation publique pour la République helvétique. In G. Girard (1950), *Projets d'éducation publique*. Editions du centenaire, publié par la societé Fribourgeoise d'Education, Vol. IV (S. 9–38). Freiburg: Paulus-Verlag.

Girard, G., Mérian, A. & Trechsel, F. (1810). *Bericht über die Pestalozzische Erziehungs-Anstalt zu Yverdon*, an Seine Excellenz den Herrn Landammann und die Hohe Tagsatzung der Schweizerischen Eidgenossenschaft. Bern: Ludwig Albrecht Haller.

Girard, G. (1821/1953). Grammaire des campagnes à l'usage des Ecoles rurales du canton de Fribourg. In G. Girard (1953), *Méthodes et procédés d'éducation*. Editions du centenaire, publié par la societé Fribourgeoise d'Education, Vol. VI (S. 33–40). Freiburg: Paulus-Verlag.

Girard, G. (1822/1954). Instructions données à l'Ecole normale en septembre et octobre 1822. Méthode et pédagogie. In G. Girard (1954), *Traités pédagogiques, sociologiques, philosophiques*. Editions du Centenaire, publié par la societé Fribourgeoise d'Education, Vol. VII (S. 7–15). Freiburg: Paulus-Verlag.

Girard, G. (1823/1953)[4]. Vue d'ensemble des différents modes d'enseignement des gymnases et des écoles municipales avec des indications sur leur valeur relativement à la formation intellectuelle de la jeunesse. In G. Girard (1953), *Méthodes et procédés*

4 Gérard Pfulg hat anlässlich der Herausgabe des Bandes „Girard, Méthodes et procédés d'éducation" (1953) den Artikel auf französisch übersetzt. Der Titel lautet: „Vue d'ensemble des différents modes d'enseignement des gymnases et des écoles municipales avec des indications sur leur valeur relativement à la formation intellectuelle de la jeunesse." – Er verwendet dazu folgende Quelle: Neue Verhandlungen der Schweizerischen gemeinnützigen Gesellschaft – Zürich 1826, I – XXXIV. Dort lautet der Titel: „Übersicht der verschiedenen Lehrformen beim Unterricht in Gymnasien und Bürgerschulen nebst Winken zu ihrer Würdigung in Bezug auf die intellektuelle Bildung der Jugend." – Obwohl Pfulg das Original von 1826 verwendet, wurde in der Ausgabe irrtümlicherweise 1823/1953 verwendet. In der Folge wurde dieser Artikel immer als 1823er Artikel zitiert.

d'éducation. Editions du centenaire, publié par la societé Fribourgeoise d'Education, Vol. VI (S. 40–58). Freiburg: Paulus-Verlag.

Girard, G. (1826a/1948). *Quelques souvenirs de ma vie avec des réflexions*. Editions du centenaire, publié par la societé Fribourgeoise d'Education, Vol. I (S. 7–120). Freiburg: Paulus-Verlag.[5]

Girard, G. (1826/1832). Die verschiedenen Formen beim Unterrichte. In *Bayerische Nachrichten für das deutsche Schul- und Erziehungswesen, Zeitschrift für Lehrer, Eltern und Erzieher*. Im Vereine mit mehreren Schulfreunden herausgegeben von Dr. Joseph Anton Fischer. V. Jahrgang (5. Bd.) (S. 48–81). Augsburg 1832, Verlag der Karl Kollmann'schen Buchhandlung,

Girard, G. (1826b/1954). Der moralische Werth des wohleingerichteten wechselseitigen Unterrichtes. In G. Girard (1954), *Traités pédagogiques, sociologiques, philosophiques*. Editions du Centenaire, Vol. VII (S. 15–22). Freiburg: Paulus-Verlag.

Girard, G. (1827a). Vorschlag über Schulen und Schullehrer-Bildung im Alpenlande der Schweiz. *Neue Verhandlungen der schweizerischen Gemeinnützigen Gesellschaft*, 16. Bericht (S. 287–331). Zürich: Orell Füssli Verlag.

Girard, G. (1827b/1948). *Explication du plan de Fribourg*. Editions du centenaire, publié par la societé Fribourgeoise d'Education (Vol. II). Freiburg: Paulus-Verlag.

Girard, G. (1830/1954). Bericht an den Erziehungsrat über die Ausbildungsschulen für die weibliche Jugend des Kantons 1830. In G. Girard (1954), *Traités pédagogiques, sociologiques, philosophiques*. Editions du Centenaire, Vol. VII (S. 22–29). Freiburg: Paulus-Verlag.

Girard, G. (1836/1953). Des moyens de stimuler l'acitivité dans les écoles. In G. Girard (1953), *Méthodes et procédés d'éducation*. Editions du centenaire, publié par la societé Fribourgeoise d'Education, Vol. VI (S. 59–82). Freiburg: Paulus-Verlag.

Girard, G. (1844/1953). De l'enseignement régulier de la langue maternelle dans les écoles et les familles (Auszug). In G. Girard (1953), *Méthodes et procédés d'éducation*. Editions du centenaire, publié par la societé Fribourgeoise d'Education, Vol. VI (S. 82–98). Freiburg: Paulus-Verlag.

Girard, G. (1844). *De l'enseignement régulier de la langue maternelle dans les écoles et les familles*. Ouvrage couronné par l'académie française. 2ème edition. Paris: Dezorry, E. Magdeleine et C., Lib-Editeurs.

Girard, G. (1844/1911). *Der regelmässige Unterricht in der Muttersprache*, nach der zweiten Ausgabe übersetzt von Dr. Bernhard Schulz, Geheimem Regierungsrat. Paderborn. Druck und Verlag von Ferdinand Schöningh. (Sammlung der bedeutenden pädagogischen Schriften aus alter und neuer Zeit. Mit Biographien, Erläuterungen und erklärenden Anmerkungen, Bd. 36).[6]

Girard, G. (1950). *Discours de clôture 1805–1822*. Editions du centenaire, publié par la societé Fribourgeoise d'Education, Vol. III. Freiburg: Paulus-Verlag.

Herbart, J. F. (1802/1982). Die ersten Vorlesungen über Pädagogik (1802). In Johann Friedrich Herbart, *Kleinere pädagogische Schriften,* hrsg. v. W. Asmus, Bd. 1. Stuttgart 1982.

Höffe, O. (2006). *Aristoteles*. 3. überarb. Aufl. München: Beck

---

5 In den Lebenserinnerungen ist das entscheidende Kapitel über Girards Praxis als Schulleiter verschollen. Wahrscheinlich wurde das Kapitel zensuriert, die genauen Umstände sind bis heute unklar. Umso wichtiger sind die Schulreden von 1805–1822 (Girard, 1950).

6 Leider ist die deutsche Version unvollständig. Das gesamte 5. Kapitel des Originals wurde nicht übersetzt.

Marquard, O. (2003). Inkompetenzkompensationskompetenz? Über Kompetenz und Inkompetenz der Philosophie. In: ders. (Hrsg.), *Zukunft braucht Herkunft. Philosophische Essays* (S. 30–45). Stuttgart: Reclam (Original 1974, nach einem Vortrag vom 28.09.1973).

Marquard, O. (2013). *Endlichkeitsphilosophisches. Über das Altern.* Stuttgart: Reclam.

Niggli, A. (2000). *Lernarrangements erfolgreich planen. Didaktische Anregungen zur Gestaltung offener Unterrichtsformen.* Aarau: Sauerländer.

Niggli, A. (2005). *Unterrichtsbesprechungen im Mentoring.* Oberentfelden: Sauerländer.

Niggli, A. (2013). *Didaktische Inszenierung binnendifferenzierter Lernumgebungen. Theorie – Empirie – Konzepte – Praxis.* Bad Heilbrunn: Klinkhardt.

Niggli, A., Heimgartner-Moroni, S., Gut, R., Bertschy, B. (2012). Navigieren zwischen Theorie und Praxis in Mentoratsgesprächen mit Lehramtsstudierenden. In: Ch. Nerowski, T. Hascher, M. Lunkenbein & D. Sauer (Hrsg.), *Professionalität im Umgang mit Spannungsfeldern in der Pädagogik* (S. 273–284). Bad Heilbrunn: Klinkhardt.

Schön, D. A. (1983). *The Reflective Practitioner. How Professionals Think in Action.* New York: Basic Books.

Stadelmann, M. (2004). *Differenz oder Vermittlung? Eine empirisch-qualitative Studie zum Verhältnis von Theorie und Praxis in der Ausbildung von Lehrkräften für die Primar- und Sekundarstufe I.* Abhandlung zur Erlangung der Doktorwürde der Phil. Fakultät der Universität Zürich (angenommen von. J. Oelkers und H. Badertscher). Bern.

Thenorth, H.-E. (2003). Schulmänner, Volkslehrer und Unterrichtsbeamte: F. A. W. Diesterweg, F. W. Dörpfeld, F. Dittes. In ders. (Hrsg.), *Klassiker der Pädagogik. Bd. 1. Von Erasmus bis Helene Lange* (S. 224–246). München: Beck.

Karl-Heinz Arnold

Die Nachbesprechung von Unterrichtsversuchen als Lerngelegenheit: Zur Verknüpfung von theoriebasierten Aspekten und Praktikerempfehlungen

Zusammenfassung

Erörtert wird zunächst die Begründung von Unterrichtspraktika in der hochschulischen Phase der Lehrerbildung. Die hohe Wertschätzung von Praktika geht offensichtlich einher mit einer erheblichen Geringschätzung der wissenschaftlich basierten Studieninhalte. Dem geläufigen Ruf nach mehr Praxisorientierung wird deshalb das Konzept einer Optimierung und nicht Maximierung der schulpraktischen Elemente der hochschulischen Lehrerbildung entgegengestellt. Für die zentrale Aufgabe von hochschulisch betreuten Schulpraktika, eine Lerngelegenheit für die wissenschaftlich fundierte Planung und wissenschaftlich basierte Analyse von Unterrichtsversuchen zu bieten, wird die von Niggli (2005) vorgeschlagene Unterscheidung von drei Gesprächsebenen aufgegriffen. Vorgestellt wird ein Strukturkonzept für Nachbesprechungen, in dem wissenschaftlich reformulierbare Aspekte von in dieser Weise nicht handhabbaren Praktikerempfehlungen unterschieden werden.

1. Der optimale Praxisbezug der hochschulischen Lehrerbildung unter institutioneller Perspektive

Über die sog. Theorieferne der Lehrerbildung ist viel geklagt worden, insbesondere von den Absolventen lehrerbildender Studiengänge an den Universitäten und Pädagogischen Hochschulen in Deutschland. Die *empirische* Erfassung dieser Klagen ist relativ überschaubar und eigentümlich begrenzt. Insbesondere beurteilen in der Praxis stehende Lehrpersonen rückblickend die Theorieorientierung – in welcher Variante auch immer diese stattgefunden haben mag – überwiegend als ungünstig (für einen Überblick über die Studien siehe z.B. Hascher, 2012; Dietrich, 2014; für ein dokumentiertes Beispiel siehe Wernet & Kreuter, 2007). Mit dieser Befundlage korrespondiert, dass Studierende der lehramtsbezogenen Studiengänge die Schul- und Unterrichtspraktika als besonders qualifizierende Elemente ihres Studiums hervorheben und in Selbsteinschätzungsverfahren Fähigkeitszuwächse feststellbar sind (für einen Überblick s. Besa & Büdcher, 2014). Bemerkenswerterweise wird durch anschließende hochschulische Lernerfahrungen die primäre Hochbewertung von Schulpraktika reduziert (vgl. Hascher, 2006).

Nach meinen persönlichen Erfahrungen halten Studienseminarleiter und Fachleiter die Eingangsqualifikationen der hochschulischen Absolventen für zu wenig auf die Anforderungen des sog. Referendariats ausgerichtet, was in erheblichem Maße als Kritik an dem zu geringen Praxisbezug gemeint ist. Zudem wird beklagt, dass die hochschulische Studierendenselektion unzureichend sei, weil substanzielle Anteile der Referendariatsbewerber für den Lehrberuf ungeeignet seien. Aus Gesprächen auf der Ebene der Bildungsadministration sind mir ähnliche, vielleicht sogar noch drastischere Einschätzungen bekannt. Und als Elternteil von ehemals schulpflichtigen Kindern sowie als ehemaliger Schüler müsste ich der Meinung sein, dass ein beträchtlicher Anteil von Lehrpersonen für diesen Beruf ungeeignet ist.

Auf die Qualifizierungswirkung der Hochschulen als Teilaspekt dieser Kritik reagierte die föderale Bildungspolitik in Deutschland mit einer Begutachtung der Lehrerbildung, die im Wesentlichen eine Ausweitung der Praxisanteile und deren – wie immer auch realisierte – Vor- und Nachbereitung durch universitäre Lehrveranstaltungen forderte (vgl. Terhart, 1999).

Etliche Bundesländer haben gleichfalls ihre Lehrerbildung von einer Expertenkommission begutachten lassen. Das für das Bundesland Nordrhein-Westfalen vorgelegte Gutachten (vgl. Ministerium für Innovation, Wissenschaft, Forschung und Technologie NRW, 2007) gelangte jedoch zu einer bemerkenswert klaren Forderung nach Theorieorientierung und davon ausgehender Praxisanalyse in der hochschulischen Phase der Lehrerbildung. Die zentrale Botschaft der sog. Baumert-Kommission ist die folgende: „Der Praxisbezug der universitären Praxisphasen richtet sich dabei nicht auf die Vermittlung von Handlungsroutinen im Unterricht und im Schulbetrieb, sondern auf die theoretisch-konzeptuelle Durchdringung und Analyse beobachteter oder selbsterfahrener Praxis“ (Ministerium für Innovation, Wissenschaft, Forschung und Technologie NRW, 2007, S. 8).

Auch die 2004 auf föderaler Ebene beschlossenen und 2014 überarbeiteten Standards für die Lehrerbildung (vgl. KMK, 2014) bestätigten die Theoriebasierung des Lehramtsstudiums. Allerdings wurden zugleich die Anteile bestimmter erziehungswissenschaftlicher Teildisziplinen reduziert bzw. verstärkt (z.B. weniger Allgemeine Pädagogik, mehr Diagnostik). Unbestimmt blieb, in welchen Anteilen und Verknüpfungen die Praxisphasen auf die erste und zweite Phase der Lehrerbildung verteilt werden sollen. Fast alle Bundesländer haben mittlerweile ein Langzeitpraktikum eingeführt, das zumeist als Praxissemester bezeichnet wird. Empirisch vergleichende Studien zur Effektivität dieser Variante liegen bislang nicht vor bzw. gelangten nicht zu günstigen Ergebnissen (vgl. Dieck et al., 2009). In ihrer Expertise hat Weyland (2012) auf das – auch aus logischen Gründen – naheliegende Argument hingewiesen, dass die Ausweitung von Praxisphasen – vermutlich oberhalb einer Mindestdauer – nicht mit einer Erhöhung der Qualifizierungswirkung der Lehrerbildung gleichgesetzt werden kann. Über die optimale Dauer und Anordnung von konsekutiven Praktika liegen keine generalisierungsfähigen empirischen Studien vor. Dies erstaunt jedenfalls für Deutschland, falls denn die Rede von der erneuten

„empirischen Wendung" mehr als eine Erinnerung an Heinrich Roth (1963) gewesen sein sollte.

Zur Abschätzung der Qualifizierungswirkung von Schulpraktika könnten auch historische und internationale Vergleiche herangezogen werden. Blickt man zurück in die Geschichte der Volksschullehrerbildung im deutschsprachigen Raum (vgl. Bach, 2014), so stellt die Akademisierung der Lehrerbildung einen Fortschritt dar, der in Deutschland schon zu Beginn des 20. Jahrhunderts weitgehend erreicht worden ist. Zuvor wurden Volksschullehrer in seminaristischer Struktur ausgebildet, was vermutlich einer Maximierung des Praxisanteils gleichkam.

Für die Unterstufenlehrerbildung (für die Klassenstufen 1 bis 4) in der ehemaligen DDR stellt sich die vielleicht sogar heikle Frage, ob diese eine hohe Wirksamkeit vorweisen konnte. Immerhin betrug der schulpraktische Anteil in den damaligen Instituten für Lehrerbildung ungefähr 25% und das Lehrpersonal rekrutierte sich aus erfahrenen Schulpraktikern (vgl. Kemnitz, 2004). Hier wurde offensichtlich Grundschullehrerbildung auf dem Niveau einer extensiv praxisorientierten und wissenschaftsfernen Berufs(fach)schule betrieben. Indirekt und partiell könnte der Ertrag dieser theoriereduzierten und berufsfeldnahen Lehrerbildung an der sog. Hamburger Lesestudie (vgl. Lehmann, Peek, Pieper & Stritzky, 1995) abgelesen werden, in der kurz nach der Wiedervereinigung festgestellt wurde, dass die Lesefähigkeit von Grundschülern der ehemaligen DDR, die keine wissenschaftlich qualifizierten Lehrpersonen hatten, denen der BRD nicht nachstanden. Für das Ausmaß der sehr schwachen Leser zeigte sich sogar ein besseres Abschneiden der ehemals in der DDR unterrichteten Schüler. Meines Wissens ist bislang nicht untersucht worden, ob die nach der Wende aus tarifrechtlichen Gründen verlangte akademische Nachqualifizierung dieser DDR-Lehrkräfte für deren Schüler lernwirksame Verbesserungen zur Folge hatte.

Ein zweites Beispiel aus der jüngeren Geschichte Deutschlands lässt die Rücknahme von Theorie- zugunsten einer verstärkten Praxisorientierung in einem kritischen Licht erscheinen. Ein wichtiges Ziel der Bildungspolitik des Nazi-Regimes in Deutschland bestand darin, die bereits bestehende Akademisierung der Lehrerbildung abzuschaffen („liberalistische Irrgärten") und zu einer ideologisch ausgerichteten Berufsvorbereitung an neu gegründeten „Hochschulen für Lehrerbildung" (ab 1936) umzubauen, deren Ausbildungszeit zwei Jahre umfasste (vgl. Sandfuchs, 2004). Diese Tendenz wird von Sandfuchs unter dem Gesichtspunkt der Lehrerbildung als „Reseminarisierung" bezeichnet. Über die spezifischen Folgen für die Lernwirksamkeit des Unterrichts ist wenig bekannt. Unstrittig ist, dass auch der nationalsozialistisch geprägte Unterricht dazu beitrug, dass „Auschwitz möglich wurde" (Adorno, 1969). In Anbetracht dieser historischen Faktenlage kann jedenfalls in Deutschland der sog. Ruf nach mehr Praxis in der Lehrerbildung, wenn dieser mit einer Reduzierung der bildungswissenschaftlichen und damit unausweichlich gesellschaftswissenschaftlich und erkenntniskritisch fundierten Studienanteile verbunden ist, kaum mehr ernsthafte Geltung beanspruchen.

Blickt man in die zwei anderen, großen deutschsprachigen Länder Europas, so wird dort erst seit ungefähr zehn Jahren eine Aufwertung der nicht-gymnasialen Lehrerbildung vorgenommen; in Österreich und in der Schweiz wurden Pädagogische Hochschulen eingerichtet (vgl. Buchberger, Buchberger & Wyss, 2004). Aus deutscher Sicht erstaunt dies, denn bis auf Baden-Württemberg haben alle Länder der BRD diese Variante der hochschulischen Lehrerbildung zugunsten einer universitären Einbindung bereits zwanzig Jahre zuvor aufgegeben.

Diese massive Aufwertung der Wissenschaftsorientierung der Lehrerbildung in Deutschland wird von Seiten der Bildungspolitik nicht in Frage gestellt. Dagegen votierte der Wissenschaftsrat (2001) mit dem durchaus ernst zu nehmenden *wissenschaftssystematischen* Argument des „ausgeprägten Anwendungsbezugs“ bzw. einer auf das „konkrete Berufsfeld Schule“ eingeschränkten Forschung und schlug vor, die Lehrerbildung auch und vielleicht sogar grundsätzlich an Fachhochschulen zu etablieren. Hier wird indirekt angemahnt, dass universitäre Lehrerbildung ein hohes Maß an Wissenschafts- und damit Theorieorientierung nicht unterschreiten darf und dass extensive Praxisphasen ebenso wie zu geringe Grundlagenforschung ein Charakteristikum von Universität, die Einheit von Forschung und Lehre, nicht mehr abbilden.

Die lehramtsbezogenen Studiengänge an den Pädagogischen Hochschulen in Österreich und der Schweiz unterscheiden sich in mehreren Merkmalen von jenen der universitären Lehrerbildung. Insbesondere wird die Studienzeit von 10 bzw. 8 auf 6 Semester reduziert, wobei zugleich für eine z.T. erheblich größere Anzahl von Unterrichtsfächern qualifiziert wird, was bezogen auf die fachwissenschaftlichen und fachdidaktischen Anteile einer nochmaligen Reduzierung gleichkommt, wenn – was vermutlich zutreffend ist – davon ausgegangen wird, dass die bildungswissenschaftlichen Anteile nicht geringer ausfallen als in den universitären Studienprogrammen. Aus der Sicht des deutschen Wissenschaftsrates kann kritisch gefragt werden, ob diese Lehramtsstudiengänge überhaupt einen Teilstudiengang enthalten, der als hinreichend disziplinäres Studium bezeichnet werden kann. Für die Fachwissenschaften ist das vermutlich in der Lehrerbildung nie beansprucht worden. Für die Fachdidaktiken hingegen stellen sich kritische Fragen, zumal die Ausstattung mit Fachdidaktikprofessuren keineswegs über alle zu studierenden Fächer hinweg gesichert ist. Anders gewendet bedeutet dieses Argument, dass die mit Blick auf die Studierendenzahl zum Teil winzigen PHs in der Schweiz eine beeindruckende Ausstattung aufweisen.

Von weitergehendem Interesse könnte eine vergleichende Analyse der praxisbezogenen Curriculumelemente der unterschiedlichen Lehrerbildungssysteme und – innerhalb dieser einheitlich regulierten Regionen – der Lehrerbildungsprogramme der hochschulischen Standorte sein. Die Studie von Weyland (2012) zeigte für Deutschland, dass die Organisationsform und die Lernzeitanteile der Schulpraktika zwischen den Ländern der BRD erheblich variieren, ohne dass dafür eine wissenschaftliche Begründung zu identifizieren ist. Lohmann, Seidel und Terhart (2011) mussten feststellen, dass selbst innerhalb eines Bundeslandes die Curricula für die pädagogischen Teilstudiengänge trotz ministerieller Vorgaben ein solches Ausmaß an Unterschiedlichkeit aufweisen, dass sie folgende Schlussfolgerung zogen: „Im Effekt bedeutet dies, dass man es eigentlich überhaupt nicht mit einem inhaltlich und sequenziell vorstrukturierten, auf ein klares Ziel ausgerichteten Studiengang im strengen Sinne des Wortes zu tun hat“ (Lohmann et al., 2011, S. 286). Arnold (2014) zeigte auf, dass die schulpraxisbezogenen Teile der pädagogischen Teilstudiengänge an deutschen, österreichischen und Schweizer lehrerbildenden Hochschulen konzeptionell erheblich variieren und zudem eine z.T. erstaunlich geringe Theorieorientierung aufweisen.

2. Die Qualifizierungsbedingungen in der zweiten Phase (Referendariat) der Lehrerbildung

Dass schulpraktische Ausbildungselemente bzw. -phasen zu einer berufsrelevanten Qualifizierung beitragen, ist aus der Sicht der Lehr-Lernforschung evident, denn Lernen wird damit weitgehend unter jenen situativen Bedingungen veranstaltet, die späteres Berufshandeln bestimmen. Das ist das basale Argument, das allerdings noch keine Auskunft darüber gibt, in welchem Ausmaß und wie Praktika stattfinden sollen. Eine weitergehende Begründung könnte das Novizen-Experten-Paradigma der Lehr-Lernforschung bieten (vgl. Bromme, 2008), das in seiner Anwendung auf die Lehrerbildung allerdings mehrere kritische Fragen aufwirft.

So kann mit der Einführung des Referendariats an eine Wiederbelebung der seminaristischen Form der Lehrerbildung sicherlich nicht gedacht worden sein, obgleich der Einwand nicht leicht zu entkräften ist. Erstaunlicherweise gibt es in Deutschland die durchweg eingeführte, sog. *zweite Phase der Lehrerbildung*, die an Studienseminaren und an Schulen stattfindet und deren Lehrpersonal fast durchweg *keine* wissenschaftliche, d.h. forschungsbezogene, Qualifikation und/oder einen entsprechenden Arbeitskontext aufweist (vgl. Lenhard, 2004; Walke, 2007). Über die praxisbezogenen Fähigkeiten der in den sog. Studienseminaren tätigen Lehrpersonen liegen gleichfalls keine wissenschaftlichen Erkenntnisse vor. Es scheint so zu sein, dass die Rekrutierung jedenfalls der sog. Fachleiter eher mit laufbahnbezogenen Kriterien von Seiten der Schulverwaltung erfolgt und dass nur zum Teil Qualifizierungsmaßnahmen stattfinden, die aber nicht notwendig eine wissenschaftlich fundierte Perspektive aufnehmen (vgl. Walke, 2007). Die Situation im Land Brandenburg ist eingehend untersucht worden (vgl. Schubarth, Speck, Seidel & Große, 2007). Abs (2011, S. 390) interpretierte die Befundlage so, „[...] dass die Arbeitsweisen von Ausbildern weitgehend auf den vorhandenen Lehrerkompetenzen aufbauen und sich idiosynchratisch entwickeln“.

Für die schulpraxisorientierte Ausbildung an Studienseminaren liegen aus qualitativen Studien fast schon peinlich anmutende Befunde vor (vgl. Dzengel, Kunze & Wernet, 2012; Dzengel, 2013), die massiv bezweifeln lassen, dass es sich hier um wissenschaftsaffine Lerngelegenheiten handelt. Konsequenterweise interpretieren die Autoren die dokumentierten Seminargespräche als „Schule spielen".

3. Mentoring als Lerngelegenheit in Schulpraktika der hochschulischen Lehrerbildung

Wenn schon für die in den Studienseminaren tätigen Ausbildungspersonen erhebliche Zweifel bestehen, ob sie eine wissenschaftlich hinreichend fundierte und damit in dieser Hinsicht das universitäre Niveau nicht unterschreitende Ausbildung anbieten, so gilt diese Vermutung noch weitgehender für die *Mentoren*, die ausschließlich in der Schulpraxis stehend die Betreuung und Anleitung von Studierenden in hochschulischen Praktika übernehmen. Im Rahmen des Expertenparadigmas könnte zunächst gefragt werden, ob ihr Expertenwissen hinreichend mit schulpädagogischen bzw. fachdidaktischen Konzepten reformulierbar ist.

Bromme folgerte aus seiner Analyse der Unterrichtsplanung von Mathematiklehrkräften, dass hier keine Bezugnahme auf die an den Universitäten vermutlich gelehrten sog. klassischen Planungsmodelle der Allgemeinen Didaktik vorgenommen wird (vgl. Bromme, 1980). Betrachtet man seine inhaltsanalytischen Kategorien, so kann man durchaus zur gegenteiligen Schlussfolgerung gelangen (vgl. Koch-Priewe, 2000). Andererseits zeigte sich, dass Mathematiklehrkräfte ihre alltägliche Unterrichtsplanung auf dem Konzept der „Aufgaben" gründen, das aus bedeutsamen Gründen keine zentrale Kategorie der allgemeindidaktischen Unterrichtsplanung bildet (vgl. Arnold, 2007), wohl aber unter dem Gesichtspunkt der Mikroanalyse von Unterricht beträchtliche wissenschaftliche Aufmerksamkeit gefunden hat (vgl. z.B. Kleinknecht, Bohl, Maier & Metz, 2011).

Im Rahmen des Experten-Novizen-Paradigmas müsste geklärt sein, dass die durch die Zusammenarbeit mit den Mentoren (Experten) erwartete Fähigkeitssteigerung auch als didaktisches Modell ausformulierbar ist, denn andernfalls wäre die Rahmung durch universitäre Lehrerbildung in erheblichem Maße verzichtbar. Sehr passend könnte hier das lehr-lerntheoretische Konzept des Cognitive Apprenticeship (CA; vgl. Hasselhorn & Gold, 2013, S. 297ff.) sein, weil es sowohl die Hospitation im Mentorenunterricht als auch die Mentorenunterstützung für die Unterrichtsplanung einschließlich der Nachbesprechung abbildet. Das CA-Modell sieht allerdings vor, dass das Expertenwissen expliziert wird. Diese Ausformulierung müsste somit wissenschaftsbasiert als didaktische Leistung („Modellieren") und nicht individuell variierend je nach den allgemein- bzw. fachdidaktischen Fähigkeiten der Mentoren erfolgen.

Zudem müsste gesichert sein, dass Mentoren für Schulpraktika nur aus jener Teilpopulation der Lehrkräfte rekrutiert werden, die tatsächlich über eine hohe Unterrichtsfähigkeit verfügen und deshalb als ‚Experten' bezeichnet werden können. Dies sollte primär nicht durch Selbst- oder in der Validität zumindest unklare, wenn nicht gar verzerrte Fremdeinschätzungen (z.B. Vorgesetztenbeurteilungen;

Beurteilungen durch mentorierte Studierende) bestimmt werden, sondern über die empirische Abschätzung der Lernwirksamkeit des erteilten Unterrichts. Dazu wäre eine Datenlage erforderlich, die in Deutschland selbst in Projekten wie VERA nur unzureichend (Einschränkung auf eine bestimmte Klassenstufe und zwei Hauptfächer) oder gar nicht erhältlich ist. Eine Alternative bestünde darin, die unterrichtliche Fähigkeit von Mentoratsbewerbern über wissenschaftliche Verfahren einzuschätzen, wozu allerdings bislang kaum hinreichend valide Verfahren zur Verfügung stehen (für Mathematiklehrer: Studie MARKUS, vgl. Helmke & Jäger, 2002; Studie COACTIV, vgl. Kunter et al., 2011). Der für Auswahlzwecke genutzte Einsatz dieser Skalen könnte zudem singuläre, absichtsvoll fähigkeitswidrige Unterrichtsvorführungen kaum verhindern und damit einen substanziellen Anteil von Fehlentscheidungen beinhalten. Und schließlich wäre der hier zu treibende Aufwand sehr groß und vermutlich auch für viele interessierte Lehrkräfte inakzeptabel, weil sie eine berufsleistungsbezogene Diskriminierung befürchten. Eine wissenschaftlich hinreichend begründete Auswahl von Mentoren, die als Experten fungieren, erscheint somit kaum möglich und kennzeichnet ein grundlegendes Dilemma *wissenschaftlich fundierter*, schulpraktischer Ausbildungselemente an Hochschulen.

Es gibt hingegen diverse Ansätze, den aus der Schulpraxis kommenden Mentoren Expertise jenseits von Unterrichtsfähigkeit und wissenschaftlichem Wissen zuzusprechen, um dann in einer Art von Aushandlungsmodell die Zusammenarbeit mit Vertretern der Wissenschaft in Schulpraktika zu optimieren. So ging Schön (2007) davon aus, dass Reflexionsfähigkeit über Unterrichtspraxis eine zentrale Qualifikation ausmacht. Zeichner (2014) griff gleichfalls auf dieses Konstrukt zurück und sieht die zentrale Aufgabe in einer Optimierung der Zusammenarbeit zwischen Hochschule und Schulpraktikern („clinical experiences in communities").

Auch die zur Optimierung der Nachbesprechungen von Unterrichtsversuchen („Mentoring"; vgl. die Beiträge in Arnold, Gröschner & Hascher, 2014) vorgeschlagenen Konzepte umgehen die kritische Frage, ob die einbezogenen Mentoren über hohe berufspraktische Expertise und über hinreichendes wissenschaftliches Wissen zur Analyse von Unterricht verfügen. So werden praxisrelevante Konzepte zur Steigerung der Lernwirksamkeit von Nachbesprechungen erprobt, die allerdings offen lassen, ob die in diesen Nachbesprechungen verwendeten Konzepte in hinreichendem Maße wissenschaftlich reformuliert werden können (vgl. Kreis, 2012). Die Studie von Schüpbach (2007) legt eher die Schlussfolgerung nahe, dass Nachbesprechungen unterhalb des Niveaus definierter wissenschaftlicher Konzepte erfolgen und in erheblichem Maße „Tipps und Anregungen" umfassen. Dabei kann unbestritten bleiben, dass Studierende von erfahrenen Lehrpersonen vieles über das Planen von Unterricht und das Unterrichten lernen können. Fraglich ist jedoch, ob für Nachbesprechungen von Unterrichtsversuchen die Hinzuziehung wissenschaftlicher Expertise und damit die Rahmung von Nachbesprechungen in einer hochschulischen Lehrerbildung überhaupt notwendig sind.

Niggli (2005) postulierte aus kommunikationstheoretischer Sicht drei Ebenen von Nachbesprechungen: (1) Feedback erweiterndes Praxisgespräch; (2) Reflexives

Praxisgespräch; (3) Persönliches Orientierungsgespräch. Falls die zweite Ebene als *Nutzung und Erweiterung des allgemeindidaktischen sowie lehr-lerntheoretischen Erklärungs- und Begründungswissens* verstanden werden kann, wird in diesem Ansatz die Wissenschaftsbindung verortet. Es bestehen allerdings Zweifel, ob Niggli diese normative Komponente für notwendig hält, denn es wird unterstellt, dass alle drei Ebenen in Nachbesprechungen realisiert werden können, ohne dass für die zweite Ebene eine spezifische wissenschaftliche Kompetenz als notwendig vorausgesetzt wird. In dem aufgeführten Ankerbeispiel (vgl. Niggli, 2005, S. 9f.) werden explizit wissenschaftliche Konzepte zur Analyse herangezogen (Selbstbestimmungstheorie der Motivation von Deci & Ryan; Erwartungskognitionen der Lernmotivation nach Rheinberg; Urteilsbeeinflussung in der pädagogischen Diagnostik nach Ingenkamp; Beurteilungen im offenen Unterricht nach Bohl; Beurteilung als kontrollierte Subjektivität nach Kleber; Selbstbeurteilungen nach Baeriswyl). In den nachfolgenden Unterkapiteln wird diese wissenschaftliche Konzeptbindung allerdings nur noch fakultativ beansprucht. Nach der Explizierung von subjektivem Wissen *kann* dieses „mit Wissen von anderen, allenfalls auch wissenschaftlichem Wissen, kombiniert werden" (Niggli, 2005, S. 95).

4. Das spezifische Problem: Die Theorieferne bzw. -abstinenz von Nachbesprechungen in Schulpraktika der hochschulischen Lehrerbildung

Zusammenfassend betrachtet erscheint es sehr riskant, von extensiven bzw. vielen schulpraktischen Phasen eine Steigerung der Lehrerqualifizierung im Rahmen *wissenschaftlich begründeten* Berufshandelns zu erwarten. Deshalb soll im Folgenden der Frage nachgegangen werden, wie denn unter den Bedingungen von Unterrichtsversuchen in allgemeinen schulpraktischen Phasen der hochschulischen Lehrerbildung das überkommene Modell der Qualifizierung durch Nachahmung und Übergabe von Praktikerempfehlungen vermieden oder zumindest zur *expliziten Entscheidung* gestellt und wie der wissenschaftlich angeleiteten Analyse von Unterricht sowie einer wissenschaftlich begründeten Planung von Unterrichtsversuchen die Priorität gegeben werden kann.

Hier wird also von der ‚radikalen' Unterstellung ausgegangen, dass Schulpraktika durchweg ohne wissenschaftliche Fundierung und somit auch ohne Beteiligung wissenschaftlich argumentierenden Personals durchgeführt werden *könnten*. Die Geschichte der Lehrerbildung bietet dafür reichlich Evidenz, die Mentoren werden durch Theorieorientierung zumindest belastet oder gar überfordert, und die Studierenden lernen gern von Praktikern und werten schon im Studium – vor allem nach Praxisphasen – oder zumindest im Referendariat und der späteren Berufstätigkeit die theoretische Ausrichtung ihres Lehramtsstudiums ab.

Positiv formuliert wird die Position vertreten, dass hochschulische Lehrerbildung in Praktika die Leistungsfähigkeit und die Grenzen konzeptuellen, theoriebasierten Wissens demonstrieren und dieses Vorgehen zur *dominanten* Analyse- bzw. Gesprächsebene machen soll. Vermutlich können alle anderen Varianten von kostengünstigeren Institutionen (z.B. Studienseminare) bzw. Verfahrensweisen (z.B. hochschulisch unbetreute Praktika) erledigt werden.

Dass unter dieser Voraussetzung für die wissenschaftliche Fundierung von Nachbesprechung durchaus noch Handlungsbedarf besteht, zeigen die oben referierten Studien. Zur Illustration der Problematik werden im Folgenden einige Beispiele aus Nachbesprechungen von studentischen Unterrichtsversuchen aufgeführt, die sowohl von spezifisch geschulten als auch von regulären universitären Lehrpersonen (Tutoren für Schulpraktika) in Nachbesprechungen notiert worden sind – als Auflistung jener Besprechungspunkte, die von dem unterrichtsdurchführenden Studierenden, von hospitierenden Studierenden, von der Mentorenperson und von der universitären Tutorenperson eingebracht und als „gelungene“ (+) bzw. „noch nicht gelungene Aspekte bzw. Situationen“ (-) klassifiziert worden sind.

> - unklare Lernzielformulierung; + Anknüpfen an Stunde zuvor; + Phasenübergang Einstieg – Erarbeitung; - zu wenig Methodenwechsel; + gute Mitarbeit der Schüler; - unklare Aufgabenstellung; + Zeitplan hat funktioniert; - habe nicht alles geschafft; + Gruppenarbeit hat geklappt; - Gruppeneinteilung unklar; + ansprechendes Arbeitsblatt; - nicht genügend Arbeitsblätter/Material für die „Schnellen“; -/+ Tafelbild hat nicht geklappt/gelungen; - Loben der Schüler ausbauen; + nette Art; - autoritärer Umgang; + rasche Reaktion auf Störverhalten; - für Aufmerksamkeit in Auswertungsphase sorgen; + ausgeprägte Lehrerpersönlichkeit; - hohes Sprechtempo; + ruhiges Vorlesen; - roter Faden nicht erkennbar; + Zeitangaben für Aufgaben.

Die Auflistung macht deutlich, dass einerseits wissenschaftliche Konzepte eher selten direkt angesprochen werden (z.B. Klarheit der Aufgabenstellung) und dass andererseits recht häufig eine wissenschaftliche Reformulierung möglich ist (z.B. Lernzielformulierung = Lernzieloperationalisierung; Anknüpfen an Stunde zuvor = Aktualisierung von Vorwissen; Arbeitsblätter für die Schnellen = leistungsbezogene Binnendifferenzierung; Tafelbild = Visualisierung von Wissensstrukturen; rasche Reaktion auf Störverhalten = Intervention bei regelwidrigem Unterrichtsverhalten).

Für einige Aspekte hingegen erscheint die wissenschaftliche Reformulierung kaum möglich zu sein (z.B. Phasenübergang Einstieg – Erarbeitung; Gruppenarbeit hat geklappt; ausgeprägte Lehrerpersönlichkeit). Für den Wissenschaftler könnten Unterrichtsnachbesprechungen immer wieder auch Erstaunliches zeigen: Hier wird über etwas geredet, dass offensichtlich alle Beteiligten verstehen, wobei diese Verstehensleistung jedoch ohne wissenschaftliche Qualifikation zu erbringen ist – es reicht, hinreichend lange selbst Schüler (und Lehrperson) gewesen zu sein.

Anspruchsvollen Erörterungen des Theorie-Praxis-Verhältnisses in der Lehrerbildung gelingt es (vgl. die Zusammenfassung in Patry, 2014), die relative

Eigenständigkeit pädagogischer Praxis begrifflich zu fassen. So schlug bereits Weniger (1929/1975) vor, Theorien ersten (biographisch synthetisiertes pädagogisches Wissen), zweiten (Berufserfahrungen des Praktikers) und dritten Grades (Theorien der pädagogischen Wissenschaft) zu unterscheiden. Für *hochschulisch* betreute Schulpraktika sollte primär der Anspruch vertreten werden, dass die Analyse von Unterrichtspraxis immer auch mit wissenschaftlichen Konzepten vorgenommen wird. In einem *zweiten* Schritt kann dann die Identifikation, *Aufklärung und Bearbeitung* von Erfahrungswissen und subjektiven Theorien stattfinden, deren Übermittlung hingegen keinen wissenschaftlichen Kontext erfordert. Und nicht zuletzt könnte von Seiten der universitären Tutoren in Nachbesprechungen öfter auch die Wittgensteinsche Position vertreten werden: Worüber man als Wissenschaftler nicht sprechen kann (weil dafür keine Konzepte zur Verfügung stehen), darüber sollte man schweigen. Dies mag als fataler Rückzug erscheinen und kann dennoch lern- bzw. entwicklungsförderliches Verhalten demonstrieren. Welche diagnostischen Voraussetzungen ermöglichten es, z.B. über „ausgeprägte Lehrerpersönlichkeit" zu sprechen? Muss hier nicht sogar zum Schutz der Studierenden das Thema abgelehnt bzw. beendet werden?

5. Struktur einer wissenschaftlich basierten Nachbesprechung von allgemeindidaktischen Unterrichtsversuchen

Im Folgenden wird ein erprobtes Verfahren für Nachbesprechungen von Unterrichtsversuchen vorgestellt, das die von Niggli (2005) vorgeschlagene Unterscheidung von drei Gesprächsebenen adaptiert an die curricularen Bedingungen von allgemeindidaktisch und schulpädagogisch ausgerichteten sowie lehr-lerntheoretisch fundierten Unterrichtspraktika. In gestuften Praktikumsmodellen wird diese aus der Tradition der „großen" didaktischen Planungsmodelle stammende Form häufig genutzt. Fachdidaktische Praktika schließen fast durchweg an diese an; Konzepte der empirischen Unterrichtsforschung werden nicht selten einbezogen (vgl. Arnold, 2014).

Die für einen Unterrichtsversuch zu analysierende und damit kriterial zu beurteilende Leistung besteht aus mehreren Komponenten. Die Planung der Unterrichtssequenz (zumeist eine sog. Unterrichtsstunde) wird im Rahmen allgemeindidaktischer Modelle beschrieben und begründet (Makro-Planung). Konzepte aus der Lehr-Lernforschung können dabei ergänzend oder für die Mikro-Planung einzelner Unterrichtssegmente herangezogen werden. Vorgelegt und beurteilt wird somit die *(1) schriftliche dokumentierte Planung.* Die *(2) Durchführung der geplanten Unterrichtsstunde* sowie die situative Adaptation der Planung bildet die zweite Leistungskomponente. Die dritte Komponente besteht aus der *(3) Analyse und Reflexion der durchgeführten Unterrichtsstunde.* Über die Analyse hinausgehend wird die Komponente der persönlichen Reflexion der erbrachten Leistung erwartet (aber nicht beurteilt), in der Selbstkonzepte, Selbstwirksamkeitsüberzeugungen und

Versagensängste, spezifische thematische Interessen, schülerpersonenbezogene Sympathien und Antipathien u.a. thematisiert werden können. Somit werden die kriteriale und damit wissenschaftlich geleitete Analyse sowie die selbstbezügliche Reflexion getrennt und unterschiedlichen Gesprächssituationen zugewiesen.

5.1 Gegenstände der Analyse und Beurteilung

a) Schriftliche Planung der Unterrichtsstunde (Dokument)

Die schriftlich dokumentierte Planung der Unterrichtsstunde soll folgende Elemente enthalten (s. z.B. Arnold & Lindner-Müller, im Druck):

- Lehrplanbezogene und schülerbezogene (Gegenwarts- u. Zukunftsbedeutung) Begründung der Themenwahl;
- allgemeinbildende Aspekte des Themas;
- Beschreibung des Unterrichtsverlaufs einschl. der Zuordnung von Methoden und Medienentscheidungen sowie der Begründung von deren Auswahl;
- Aufführung von Grob- und Feinzielen bzw. Kompetenzaspekten;
- Erfassung des Ausmaßes der intendierten Lernzielerreichung.

b) Durchführung der geplanten Unterrichtsstunde (Beobachtungsprotokoll)

5.2 Bereiche und Kriterien der Analyse und Beurteilung

5.2.1 Bereich der allgemeindidaktischen Begründung der Planung: Analyse und Beurteilung des Planungsdokumentes

Ziel

Verbesserung der Planungsfähigkeit sowie der Fähigkeit zur schriftlichen Darstellung von Planungsentscheidungen

Kriterien (für Dokumentenanalyse)

Bezugsrahmen

1) Aspekte der „Didaktischen Analyse“ im Anschluss an die erweiterte Integration der allgemeindidaktischen Planungsmodelle von Schulz (Lern- bzw. Lehrtheoretische Didaktik) sowie von Klafki (Kritisch-konstruktive Didaktik) (s. z.B. Arnold & Lindner-Müller, 2012; Arnold & Lindner-Müller, 2014)
2) Merkmale der Unterrichtsplanung im lehr-lerntheoretischen und didaktischen Modell der Wirksamkeit von Unterricht (s. z.B. Arnold, 2009, S. 19)
   a) Klarheit und Strukturiertheit
      - Darstellung zentraler Lernziele

- Darstellung der Sequenzierung (Gliederung) bzw. der Übergänge zwischen den Sequenzen

b) Themen- und intentionenbezogene Methoden- und Medienwahl
c) Lebensweltbezug
d) Fächerübergreifende Bezüge, allgemeinbildende Aspekte
e) Moderater Methodenwechsel
f) Adaptivität (Anspruchsniveau, Geschwindigkeit), Differenzierung, Individualisierung
g) Schülermitwirkung in der Planung
h) Multiple Bezugsnormorientierung
i) Variabilität der Planung

Beurteilung
1) Generelle Einschätzung der allgemeindidaktischen Planungsfähigkeit
2) Ungünstige Einzelaspekte der Planung (falls in nur geringer Zahl vorhanden): Verbesserungsmöglichkeiten der Planungsfähigkeit

5.2.2 Bereich der planungskonformen Durchführung der Unterrichtsstunde

Ziele
a) Steigerung der unterrichtlichen Handlungsfähigkeit durch verbesserte Planung
b) Steigerung der theoriegeleiteten Verbesserung der unterrichtlichen Handlungsfähigkeit

Kriterien für Unterrichtsbeobachtungen und -analysen (vgl. Merkmale lernwirksamen Unterrichts nach Arnold, 2009)
a) Sprachliche Verständlichkeit
b) Management und Niveau von Lehrerfragen
   - hinreichende Wartezeit vor Aufruf von Schüler (*Wait Time I*)
   - thematisch angemessene Nutzung von Fragen *unterschiedlichen kognitiven Niveaus*

c) Reaktionsweise auf Schülerbeiträge
   - hinreichende Wartezeit (*Wait Time II*)
   - nur notwendige *Unterbrechungen von Schülerantworten* („ausreden lassen")
   - wenig *Lehrerecho*

d) Unterstützung
   - *Angebot von Erklärungen* bei Verstehensproblemen

e) Klassenführung, Unterrichtsstil
   - *konsistente Reaktionen* auf regelwidriges Schülerverhalten

- *geringer Zeitverbrauch* durch Reaktionen auf regelwidriges Schülerverhalten
- hinreichendes Maß an „*Wertschätzung*"
- nicht zu geringes und nicht zu hohes Maß an „*Lenkung*"

  Nur partielle Berücksichtigung finden in dieser Liste die von Meyer (2004) vorgeschlagenen Merkmale sog. guten Unterrichts, weil deren Operationalisierung schwierig ist. Das dritte der von Klieme (2006) aufgeführten Kriterien (kognitive Aktivierung) wird nicht aufgenommen, weil es auf die fachdidaktische Planung und Analyse ausgerichtet ist.

Beurteilung

1) Generelle Einschätzung der unterrichtlichen Handlungsfähigkeit
2) Schulpädagogisch relevante Kompetenzen und Persönlichkeitsmerkmale
   a) Inhaltsbezogenes Engagement („Enthusiasmus")
   b) Diagnosekompetenz
   c) Soziale und interkulturelle Kompetenz
   d) Risikofaktor: Erhebliche Einschränkung der Stimme und des Sprechens, erhebliche Einschränkungen bzw. Defizite in der Unterrichtssprache (Hoch-)Deutsch
   e) Risikofaktor: hohe psychische Labilität
   f) Risikofaktor: hohe Introversion
   g) Risikofaktor: geringe schulfachliche Kompetenz

   Die Beurteilung der drei erstgenannten Risikofaktoren erfordert die Hinzuziehung psychologischer Expertise, was in individueller Beratung empfohlen werden kann.

5.2.3 Bereich der situativen Adaptivität bzw. Variabilität der Planungsfähigkeit: Analyse der Abweichungen der Unterrichtsdurchführung von der Planung

Ziele

a) Bei vorhersehbarer, zu geringer Passung der Planung: Steigerung der unterrichtlichen Handlungsfähigkeit durch verbesserte Planung.
b) Bei nicht vorhersehbarer, zu geringer Passung der Planung: Steigerung der unterrichtsbegleitenden diagnostischen Fähigkeiten; nur tendenziell, weil vor allem durch berufliche Erfahrung erreichbar: Steigerung der Fähigkeit zu situativ-adaptiver Unterrichtsgestaltung.

5.3 Durchführung der Nachbesprechung

5.3.1 Strukturierung der Besprechungssituation

a) Erläuterung der Zielorientierung (Verweis auf die Analyse- und Beurteilungsgegenstände (s. II) sowie -bereiche [(A) Unterrichtplanung, (B) unterrichtliche Handlungsfähigkeit, (C) wissenschaftlich bzw. curricular (insbes. fachdidaktisch) Unspezifiziertes] und des geplanten Ablaufs sowie Zeitumfangs der Nachbesprechung

b) Erläuterung der Analyseebenen (vgl. Niggli, 2005; Arnold et al., 2011, S. 163–201) und Schwerpunktsetzung auf Ebene II

Ebene I: *Feedback erweiterndes Praxisgespräch* zur Erweiterung unterrichtlicher Handlungsfähigkeit (Optimierung von teaching skills)

Ebene II: *Reflexives Praxisgespräch* (Dimensionen 4 u. 5 n. Niggli, 2005, S. 93) zur Nutzung und Erweiterung des allgemeindidaktischen sowie lehr-lerntheoretischen Erklärungs- und Begründungswissens

Ebene III: *Persönliches Orientierungsgespräch* zu Überzeugungen, Zielen, Motiven und Strategien der Selbstregulation

5.3.2 Notation von signifikanten Analyse- und Beurteilungssituationen (Studierende, Mentorenperson, Tutorenperson)

a) Kurzbeschreibung von je 2 gelungenen Situationen bzw. Aspekten (grüne Karten)

b) Kurzbeschreibung von je 2 noch nicht gelungenen Situationen bzw. Aspekten (gelbe Karten)

5.3.3 Analyse der thematisierten Situationen bzw. Aspekte

a) Analyse gelungener Aspekte

- *Studierende* präsentiert ihre beiden *Karten* mit gelungenen Aspekten und platziert diese auf dem Besprechungstisch.

  I) Tutorenperson ordnet – ggf. nach einer *wissenschaftlichen Reformulierung* – jeder Karte entweder ein (A) Merkmal der Unterrichtsplanung bzw. (B) der unterrichtlichen Handlungsfähigkeit zu oder kennzeichnet die Zuordnung der Karte als (C) wissenschaftlich bzw. curricular (noch) unspezifiziert, z.B. Praktikerempfehlung (d.h. wissenschaftlich nicht reformulierbar) oder fachdidaktisches Merkmal.

II) Angezeigt werden soll, wenn die Besprechung nicht auf Ebene II des Niggli-Modells, sondern auf Ebene I oder III geführt wird.

- Studierende analysiert die beiden beschriebenen Situationen bzw. Aspekte.
- Mentorenperson und Tutorenperson ergänzen.

- *Mentorenperson und Tutorenperson* präsentieren ihre Karten mit gelungenen Aspekten.
- Weiter wiederum mit (1) und (2).
- Studierende wählt aus den Karten jene aus, die besprochen werden sollen.
- Analyse der ausgewählten Karten.
- Kurze Kommentierung der Relevanz der nicht ausgewählten Karten durch die Tutorenperson.

- *Ggf.: Mitstudierende* präsentieren ihre Karten mit gelungenen Aspekten.
- Tutorenperson und Mentorenperson prüfen, ob über die bereits behandelten hinausgehend weitere bedeutsame Aspekte bzw. Situationen thematisiert werden.
- Ggf. Analyse (weniger) weiterer Karten.

b) Analyse noch nicht gelungener Aspekte
   - *Studierende* präsentiert ihre beiden Karten mit noch nicht gelungenen Aspekten und platziert diese auf dem Besprechungstisch.
   - Weiter wiederum mit (1) und (2).
   - Studierende analysiert die beiden beschriebenen Situationen bzw. Aspekte.
   - Mentorenperson und Tutorenperson ergänzen.

   - *Mentorenperson und Tutorenperson* präsentieren ihre Karten mit noch nicht gelungenen Aspekten.
   - Weiter wiederum mit (1) und (2).
   - Studierende wählt aus den Karten jene aus, die besprochen werden sollen.
   - Analyse der ausgewählten Karten.
   - Kurze Kommentierung der Relevanz der nicht ausgewählten Karten durch die Tutorenperson.

   - *Ggf.: Mitstudierende* präsentieren ihre Karten mit gelungenen Aspekten.

- Tutorenperson und Mentorenperson prüfen, ob über die bereits behandelten hinausgehend weitere bedeutsame Aspekte bzw. Situationen thematisiert werden.
- Ggf. Analyse (weniger) weiterer Karten.

5.3.4 Zusammenfassende Einschätzung und persönliche Reflexion

a) *Zusammenfassende Einschätzung der Fähigkeit zur Unterrichtsplanung und Unterrichtsdurchführung*
Zusammenfassung der thematisierten Aspekte und Kennzeichnung von resultierenden Lernbedarfen durch die Tutorenperson sowie ggf. Verabredung von Unterstützungsmaßnahmen durch die Mentorenperson
b) *Reflexion des Unterrichtsversuchs* (fakultativ und somit ablehnbar, falls diese Selbstoffenbarung nicht gewünscht wird)
Thematisierung von Interessen, Motiven und Emotionen; Selbstwirksamkeitserwartung; Selbstkonzepte unterrichtsbezogener Fähigkeiten sowie lehrberufsrelevanter Persönlichkeitsmerkmale; Formulierung von Entwicklungsbedarfen

6. Perspektiven

Die vorgestellte Struktur stellt erhebliche Anforderungen sowohl an das allgemeindidaktische als auch schulpädagogische und ggf. auch an das lehr-lerntheoretische Wissen der Tutorenpersonen sowie an deren Fähigkeit, dieses Wissen situativ anzuwenden. Für Dozenten der Hochschule, die Schulpraktika betreuen, müsste diese Wissensbasis eigentlich vorausgesetzt werden; andernfalls wären sie (noch) nicht hinreichend qualifiziert für die Praktikumsbetreuung. Zugleich wird damit die Position vertreten, dass umfängliches Praktikerwissen keine *notwendige*, gleichwohl aber eine eher günstige Voraussetzung für diese Lehraufgabe darstellt. Ungeklärt ist, wie Expertise in der analytischen Anwendung dieses Wissens erreicht wird. Eine Möglichkeit, Überforderung für hochschulische Tutoren zu vermeiden und Lerngelegenheiten zu schaffen, besteht darin, die Menge der zu nutzenden wissenschaftlichen Konzepte zu benennen und sodann (vorübergehend) relevanzbezogen zu reduzieren. Nicht begründbar in dieser Perspektive ist die nicht selten anzutreffende Praxis, in lehrerbildenden Instituten die Praktikumsbetreuung an wissenschaftlich gering qualifizierte, schulpraktisch jedoch erfahrene Dozenten zu delegieren.

Möglicherweise könnten Mentorenpersonen Zweifel an ihrer Kompetenz angezeigt finden, wenn ein beträchtlicher Anteil ihrer Kartennotizen als „Unspezifiziert“ eingestuft wird. Es wäre sehr lohnenswert, diese Konstellationen zu erörtern. Zum einen dürfte hier Fortbildungsbedarf deutlich werden, zum anderen könnten auch die Anforderungen an die Mentorenrückmeldungen in sie entlastender Weise reduziert werden (nur Praktikerempfehlungen), womit zugleich die Notwendigkeit der Mitwirkung von hochschulischen Tutoren an Unterrichtspraktika hervorträte.

Sollte sich auf längere Sicht herausstellen, dass der überwiegende Anteil von Nachbesprechungen nicht auf Ebene 2 (Reflexives Praxisgespräch) verortbar ist, und kann eine zu geringe wissenschaftliche Qualifizierung der Tutorenpersonen als Ursache ausgeschlossen werden, dann läge ein empirischer Befund vor, der die hochschulische Betreuung der Praktika entbehrlich machte und letztlich vielleicht auch die Akademisierung der Lehrerbildung in Frage stellte.

Vor fünfzig Jahren publizierte Schulz (1965) das sog. Berliner Modell auch als Mittel, die Beurteilungen von studentischen Unterrichtsversuchen von der Bevormundung durch partikulare Präferenzen und Vorlieben der Mentoren abzulösen. Die grandiose Erfolgsgeschichte der wissenschaftlich konzipierten didaktischen Planungsmodelle von Schulz und Klafki (vgl. Arnold & Zierer, im Druck) belegt, dass Lehrerbildung in der ersten *und* zweiten Phase wissenschaftlich fundierbar ist, was das o.g. Baumert-Gutachten in prägnanter Formulierung als Entwicklungsperspektive vorschlägt.

Ob die heutigen Studierenden primär wissenschaftlich orientierte Nachbesprechungen hinreichend wertschätzen, ist eine empirische Frage, deren Beantwortung derzeit wohl eher ungünstig ausfiele. Die in Schulpraktika erlebbare Ansprache als künftige/r ‚Arbeitskolleg/in' und die interessierte Entgegennahme von Handlungsempfehlungen der Mentorenpersonen entfaltet zumeist eine hohe Attraktivität. Vielleicht hilft unter diesen Bedingungen letztlich nur eine klare Zielvorgabe und Praxis seitens der Hochschulen, die ihren wissenschaftlichen Anspruch nicht zur Disposition und sich zugleich der Aufgabe stellen, Praktikerempfehlungen und Tipps sowie subjektive Theorien wissenschaftlich zu reformulieren.

Literatur

Abs, H. J. (2011). Programme zur Berufseinführung von Lehrpersonen. In E. Terhart, H. Bennewitz & M. Rothland (Hrsg.), *Handbuch der Forschung zum Lehrerberuf* (S. 381–397). Münster: Waxmann.

Adorno, T. W. (1969). Erziehung nach Auschwitz. In T. W. Adorno (Hrsg.), *Kritische Modelle 2* (S. 85–101). Frankfurt a. M.: Suhrkamp.

Arnold, K.-H. (2007). Generalisierungsstrukturen der kategorialen Bildung aus der Perspektive der Lehr-Lernforschung. In B. Koch-Priewe, F. Stübig & K.-H. Arnold (Hrsg.), *Das Potenzial der Allgemeinen Didaktik. Stellungnahmen aus der Perspektive der Bildungstheorie von Wolfgang Klafki* (S. 28–42). Weinheim: Beltz.

Arnold, K.-H. (2009). Unterricht als zentrales Konzept der didaktischen Theoriebildung und der Lehr-Lern-Forschung. In K.-H. Arnold, U. Sandfuchs & J. Wiechmann (Hrsg.), *Handbuch Unterricht* (2., aktual. Aufl., S. 15–22). Bad Heilbrunn: Klinkhardt.

Arnold, K.-H. (2014). Unterrichtsversuche als allgemeindidaktische Lerngelegenheit: Eine vergleichende Curriculumanalyse. In K.-H. Arnold, A. Gröschner &

T. Hascher (Hrsg.), *Schulpraktika in der Lehrerbildung: Theoretische Grundlagen, Konzeptionen, Prozesse und Effekte* (S. 63–86). Münster: Waxmann.

Arnold, K.-H., Hascher, T., Messner, R., Niggli, A., Patry, J.-L. & Rahm, S. (2011). *Empowerment durch Schulpraktika: Perspektiven wechseln in der Lehrerbildung*. Bad Heilbrunn: Klinkhardt.

Arnold, K.-H., Gröschner, A. & Hascher, T. (Hrsg.) (2014). *Schulpraktika in der Lehrerbildung: Theoretische Grundlagen, Konzeptionen, Prozesse und Effekte*. Münster: Waxmann.

Arnold, K.-H. & Lindner-Müller, C. (2012). The German Tradition in General Didactics: Its origins, major concepts, approaches, and perspectives. *Jahrbuch für Allgemeine Didaktik, 2*, 46–64.

Arnold, K.-H. & Lindner-Müller, C. (2014). Planungsmodelle. In K. Zierer (Hrsg.), *Leitfaden Schulpraktikum* (2., überarb. Aufl., S. 34–39). Baltmannsweiler: Schneider Verlag Hohengehren.

Arnold, K.-H. & Lindner-Müller, C. (im Druck). Die Lern- und die Lehrtheoretische Didaktik. Zur Entwicklung und Nutzung des Berliner (Heimann & Schulz) und Hamburger Modells (Schulz) der Unterrichtsplanung. In R. Porsch (Hrsg.), *Einführung in die Allgemeine Didaktik*. Münster: Waxmann.

Arnold, K.-H. & Zierer, K. (im Druck). Vom Wert der Primärliteratur: Zur Publikations- und Rezeptionsgeschichte der Planungsmodelle. In K.-H. Arnold & K. Zierer (Hrsg.), *Die deutsche Didaktik-Tradition: Grundlagentexte zu den großen Modellen der Unterrichtsplanung*. Bad Heilbrunn: Klinkhardt.

Bach, A. (2014). Entwicklung des Praxisbezugs in der Volksschullehrer/innenbildung. In K.-H. Arnold, A. Gröschner & T. Hascher (Hrsg.), *Schulpraktika in der Lehrerbildung: Theoretische Grundlagen, Konzeptionen, Prozesse und Effekte* (S. 45–61). Münster: Waxmann.

Besa, K.-S. & Büdcher, M. (2014). Empirical evidence on field experiences in teacher education: A review of the research base. In K.-H. Arnold, A. Gröschner & T. Hascher (Hrsg.), *Schulpraktika in der Lehrerbildung: Theoretische Grundlagen, Konzeptionen, Prozesse und Effekte* (S. 129–145). Münster: Waxmann.

Bromme, R. (1980). Die alltägliche Unterrichtsvorbereitung von Mathematiklehrern. *Unterrichtswissenschaft, 2*, 142–156.

Bromme, R. (2008). Lehrerexpertise. In W. Schneider, M. Hasselhorn & J. Bengel (Hrsg.), *Handbuch der pädagogischen Psychologie* (S. 159–167). Göttingen: Hogrefe.

Buchberger, F., Buchberger, I. & Wyss, H. (2004). Lehrerbildung in Österreich und der Schweiz. In S. Blömeke, P. Reinhold, G. Tulodziecki & J. Wildt (Hrsg.), *Handbuch Lehrerbildung* (S. 111–127). Bad Heilbrunn: Klinkhardt.

Dieck, M., Dörr, G., Kurcharz, D., Küster, O., Müller, K., Reinhoffer, B. et al. (Hrsg.). (2009). *Kompetenzentwicklung von Lehramtsstudierenden während des Praktikums. Erkenntnisse aus dem Modellversuch Praxisjahr Biberach*. Baltmannsweiler: Schneider Verlag Hohengehren.

Dietrich, F. (2014). *Professionalisierungskrisen im Referendariat. Rekonstruktionen zu Krisen und Krisenbearbeitungen in der zweiten Phase der Lehrerausbildung*. Wiesbaden: Springer.

Dzengel, J., Kunze, K. & Wernet, A. (2012). Vom Verschwinden der Sache im pädagogischen Jargon: Überlegungen zu einem Strukturproblem der Ausbildungskultur in Studienseminaren. *Pädagogische Korrespondenz, 25* (45), 20–44.

Dzengel, J. (2013). Schule spielen – zum Anspruch von Vermittlung praxisrelevanter Inhalte und zu seinen Folgen für die Interaktionskultur der Studienseminare. *Zeitschrift für interpretative Schul- und Unterrichtsforschung, 2* (1), 141–157.

Hascher, T. (2006). Veränderungen im Praktikum – Veränderungen durch das Praktikum: Ein vergleichender Blick auf Praktika in der Ausbildung von SekundarlehrerInnen. In C. Allemann-Ghionda & E. Terhart (Hrsg.), *Kompetenzen und Kompetenzentwicklung von Lehrerinnen und Lehrern: Ausbildung und Beruf* (Zeitschrift für Pädagogik, Beiheft, Bd. 51, S. 130–149). Weinheim: Beltz.

Hascher, T. (2012). Lernfeld Praktikum: Evidenzbasierte Entwicklungen in der Lehrer/innenbildung. *Zeitschrift für Bildungsforschung, 2* (2), 109–129.

Hasselhorn, M. & Gold, A. (2013). *Pädagogische Psychologie. Erfolgreiches Lernen und Lehren* (3., vollst. überarb. u. erw. Aufl.). Stuttgart: Kohlhammer.

Helmke, A. & Jäger, R. S. (Hrsg.) (2002). *Das Projekt MARKUS – Mathematikgesamterhebung Rheinland-Pfalz: Kompetenzen, Unterrichtsmerkmale, Schulkontext.* Landau: Verlag Empirische Pädagogik.

Kemnitz, H. (2004). Lehrerbildung in der DDR. In S. Blömeke, P. Reinhold, G. Tulodziecki & J. Wildt (Hrsg.), *Handbuch Lehrerbildung* (S. 92–110). Bad Heilbrunn: Klinkhardt.

Kleinknecht, M., Bohl, T., Maier, U. & Metz, K. (2011). Aufgaben und Unterrichtsplanung. *Jahrbuch für Allgemeine Didaktik, 1*, 59–75.

Klieme, E. (2006). Empirische Unterrichtsforschung: Aktuelle Entwicklungen, theoretische Grundlagen und fachspezifische Befunde. *Zeitschrift für Pädagogik, 52* (6), 765–773.

KMK (Sekretariat der Ständigen Konferenz der Kultusminister der Länder in der Bundesrepublik Deutschland) (2014). *Standards für die Lehrerbildung: Bildungswissenschaften.* Bonn: KMK.

Koch-Priewe, B. (2000). Zur Aktualität und Relevanz der Allgemeinen Didaktik in der LehrerInnenausbildung. In M. Bayer, F. Bohnsack, B. Koch-Priewe & J. Wildt (Hrsg.), *Lehrerin und Lehrer werden ohne Kompetenz? Professionalisierung durch eine andere Lehrerbildung* (S. 148–170). Bad Heilbrunn: Klinkhardt.

Kreis, A. (2012). *Produktive Unterrichtsbesprechungen: Lernen im Dialog zwischen Mentoren und angehenden Lehrpersonen.* Bern: Haupt.

Kunter, M., Baumert, J., Blum, W., Klusmann, U., Kraus, S. & Neubrand, M. (2011). *Professionelle Kompetenz von Lehrkräften. Ergebnisse des Forschungsprogramms COACTIV.* Münster: Waxmann.

Lehmann, R., Peek, R., Piper, I. & Stritzky, R. von (1995). *Leseverständnis und Lesegewohnheiten deutscher Schüler und Schülerinnen.* Weinheim: Beltz.

Lenhard, H. (2004). Zweite Phase an Studienseminaren und Schulen. In S. Blömeke, P. Reinhold, G. Tulodziecki & J. Wildt (Hrsg.), *Handbuch Lehrerbildung* (S. 275–290). Bad Heilbrunn: Klinkhardt.

Lohmann, V., Seidel, V. & Terhart, E. (2011). Bildungswissenschaften in der universitären Lehrerbildung: Curriculare Strukturen und Verbindlichkeiten. Eine Analyse aktueller Studienordnungen an nordrhein-westfälischen Universitäten. *Lehrerbildung auf dem Prüfstand, 4* (2), 271–302.

Ministerium für Innovation, Wissenschaft, Forschung und Technologie NRW (Hrsg.) (2007). *Ausbildung von Lehrerinnen und Lehrern in Nordrhein-Westfalen. Empfehlungen der Expertenkommission zur Ersten Phase.* Düsseldorf: AQAS.

Meyer, H. (2004). *Was ist guter Unterricht?* Berlin: Cornelsen Scriptor.

Niggli, A. (2005). *Unterrichtsbesprechungen im Mentoring*. Oberentfelden: Sauerländer.

Patry, J.-L. (2014). Theoretische Grundlagen des Theorie-Praxis-Problems in der Lehrer/innenbildung. In K.-H. Arnold, A. Gröschner & T. Hascher (Hrsg.), *Schulpraktika in der Lehrerbildung: Theoretische Grundlagen, Konzeptionen, Prozesse und Effekte* (S. 29–44). Münster: Waxmann.

Roth, H. (1963). Die realistische Wendung in der Pädagogischen Forschung. *Die Deutsche Schule, 55*, 109–119.

Sandfuchs, U. (2004). Geschichte der Lehrerbildung in Deutschland. In S. Blömeke, P. Reinhold, G. Tulodziecki & J. Wildt (Hrsg.), *Handbuch Lehrerbildung* (S. 14–37). Bad Heilbrunn: Klinkhardt.

Schön, D. A. (2007). *The reflective practitioner: How professionals think in action.* Aldershot: Ashgate.

Schubarth, W., Speck, K., Seidel, A. & Große, U. (Hrsg.) (2007). *Endlich Praxis! Die zweite Phase der Lehrerbildung*. Frankfurt a. M.: Lang.

Schüpbach, J. (2007). *Über das Unterrichten reden: Die Unterrichtsnachbesprechung in den Lehrpraktika – eine ‚Nahtstelle' von Theorie und Praxis?* Bern: Haupt.

Schulz, W. (1965). Unterricht – Analyse und Planung. In P. Heimann, G. Otto & W. Schulz (Hrsg.), *Unterricht – Analyse und Planung* (S. 13–47). Hannover: Schroedel.

Terhart, E. (Hrsg.) (1999). *Perspektiven der Lehrerbildung in Deutschland: Abschlussbericht der von der Kultusministerkonferenz eingesetzten Kommission*. Materialband. Weinheim: Beltz.

Walke, J. (2007). *Die Zweite Phase der Lehrerbildung. Ein Überblick über den Stand, Problemlagen und Reformtendenzen. Eine Expertise für den Wissenschaftlichen Beirat des Aktionsprogramms „Neue Wege in der Lehrerbildung" des Stifterverbandes für die Deutsche Wissenschaft/Mercator Stiftung*. Essen: Edition Stifterverband.

Weniger, E. (1929/1975). Theorie und Praxis in der Erziehung. In E. Weniger (Hrsg.), *Ausgewählte Schriften zur geisteswissenschaftlichen Pädagogik* (ausgew. u. mit einer editorischen Notiz versehen v. B. Schonig) (S. 29–45). Weinheim: Beltz.

Wernet, A. & Kreuter, V. (2007). Endlich Praxis! Eine kritische Fallrekonstruktion zum Praxiswunsch in der Lehrerbildung. In W. Schubarth, K. Speck, A. Seidel & U. Große (Hrsg.), *Endlich Praxis! Die zweite Phase der Lehrerbildung* (S. 183–196). Frankfurt a. M.: Lang.

Weyland, U. (2012). *Expertise zu den Praxisphasen in der Lehrerbildung in den Bundesländern*. Hamburg: Landesinstitut für Lehrerbildung und Schulentwicklung (LI).

Wissenschaftsrat (WR) (2001). *Empfehlungen zur künftigen Struktur der Lehrerbildung*. Berlin: Wissenschaftsrat.

Zeichner, K. M. (2014). The turn toward practice and clinical experience in U.S. teacher education. In K.-H. Arnold, A. Gröschner & T. Hascher (Hrsg.), *Schulpraktika in der Lehrerbildung: Theoretische Grundlagen, Konzeptionen, Prozesse und Effekte* (S. 103–126). Münster: Waxmann.

Jean-Luc Patry und Ingrid Roither

Zwischen Theorie und Praxis – Gelungene Unterrichtsbesprechungen aus Sicht von Praxislehrpersonen: Prinzipien und ein prototypisches Beispiel

Zusammenfassung

Praxislehrpersonen[1] nehmen in der Schulpraxis innerhalb des Entwicklungsprozesses von Lehrpersonen eine zentrale Rolle ein. Als Expertinnen und Experten begleiten, beraten und coachen sie Lehramtsstudierende bei diesem Schritt in das berufliche Praxisfeld (Hascher, 2007; von Felten, 2005, S. 9ff.), wobei berufstheoretisches Wissen und berufspraktisches Handeln zusammengeführt werden. Angesichts der Vielfalt an möglichen Vorgangsweisen für die Gestaltung von Unterrichtsbesprechungen, die sich an der jeweiligen Auslegung der Vision guten Unterrichts orientieren, kann davon ausgegangen werden, dass sich Praxislehrpersonen im Hinblick auf ihre Sichtweisen der Gelingensfaktoren für die Besprechung von Unterricht deutlich unterscheiden. Dies soll in einer qualitativen Studie mit zehn Praxislehrpersonen untersucht werden, wobei die Subjektiven Theorien von Praxislehrpersonen über gelungene Unterrichtsbesprechungen identifiziert werden und der Frage nachgegangen wird, wie weit diese handlungswirksam werden – einerseits, wie die situationsunabhängigen subjektiven Theorien und die situationsspezifischen unmittelbar auf die Handlung bezogenen Kognitionen übereinstimmen, andererseits, ob und wie viele situationsspezifische Theorien und Ziele die Praxislehrpersonen in den Unterrichtsbesprechungen verwenden.

1. Theoretische Grundlagen

Unterrichtsbesprechungen können nach vielen Kriterien beurteilt werden. In der vorliegenden Untersuchung geht es um die Beurteilung solcher Besprechungssituationen durch die Praxislehrpersonen, wobei verschiedene Themenbereiche angesprochen werden können. Folgende Qualitätsmerkmale für gelungene Unterrichtsbesprechungssituationen, die als wichtige Hintergrundbereiche für Unterrichtsbesprechungen betrachtet werden, kommen in Frage, wovon zumindest einige in der konkreten Untersuchung aus der Perspektive der Praxislehrpersonen genauer erforscht wurden: Zunächst geht es um das Modell der Unterrichtsbesprechung, auf das die Praxislehrpersonen zurückgreifen, etwa kooperative

1 Lehrpersonen, die im Rahmen von Schulpraktika (Tages- oder Blockpraktika) Studierende bei ihrer Unterrichtserfahrung begleiten und dafür entsprechende Unterrichtsstunden zur Verfügung stellen.

Beratung (Mutzeck, 2002), fachspezifisch-pädagogisches Coaching (West & Staub, 2003), reflexives Praktikum durch Empowerment (Arnold u.a., 2011) oder Mentoring-Modelle (Feiman-Nemser, 2001; Niggli, 2004), etc. Zu berücksichtigen ist auch, dass die Praxislehrperson möglicherweise ein eigenes Modell entwickelt hat oder gar nicht theoriegeleitet vorgeht (Schüpbach, 2007). In der Untersuchung werden Design-Elemente wie Ziele, Rollen, Beziehung, Monitoring, etc., umgesetzt (Dawson, 2014). Der Fokus wurde auf folgende Elemente gerichtet[2]:

- *Inhalt/Strukturierung der Unterrichtsbesprechung:* Wie weit will die Praxislehrperson den Gesprächsverlauf bestimmen, und auf welcher Grundlage werden Wahrnehmungen, Absichten oder Einschätzungen (Kretschmer & Stary, 1998) ausgetauscht?
- *Reflexion/Selbstreflexion in der Unterrichtsbesprechung:* Die Reflexion von Unterrichtshandlungen ist maßgeblich für den eigentlichen Lernfortschritt verantwortlich (reflective practitioner, Schön, 1983).
- *Lernen in der Unterrichtsbesprechung/Kompetenzerwerb:* Wie wird Lernen in der Unterrichtsbesprechung initiiert? Und *welches* Lernen soll initiiert werden? Die Kompetenzorientierung ist derzeit ein Hauptanliegen der Aus- und Weiterbildung von Lehrpersonen und liegt demzufolge in der *PädagogInnenausbildung NEU* (Bundesministerium, 2012) im Fokus von Universitäten und Pädagogischen Hochschulen. Sicherlich sind entsprechende Kompetenzen notwendige Voraussetzungen für eine optimale Unterrichtspraxis der Lehramtsstudierenden. Zu fragen ist allerdings einerseits, welche Kompetenzen es sein sollen (vgl. z.B. Oser & Oelkers, 2001), und andererseits ob diese hinreichend sind?
- *Einbringen von Perspektiven in der Unterrichtsbesprechung:* Das Einbringen von Perspektiven und Handlungsalternativen aber auch methodisch-didaktischen Hinweisen hat in der Unterrichtsbesprechung einen großen Stellenwert (Schüpbach, 2007).
- *Funktion/Aufgaben als Praxislehrperson:* Die Funktionszuschreibungen für Praxislehrpersonen werden standortspezifisch von den Pädagogischen Hochschulen in Österreich festgelegt und weisen auch innerhalb einer Pädagogischen Hochschule Unterschiede auf. Im vorliegenden Zusammenhang interessiert einerseits, inwieweit Praxislehrpersonen zur Selbstwirksamkeit der Studierenden positiv beitragen und dadurch das Gelingen des Einstiegs in das Berufsfeld unterstützen können (Lipowsky, 2003; Niggli, 2004), andererseits ob Praxislehrpersonen eine Vorbildfunktion (Stadelmann, 2006) einzunehmen glauben.
- *Beziehungsebene:* Eine enorme Bedeutung für das Gelingen von Unterrichtsbesprechungen wird im Setting der Schulpraxis der *Beziehungsebene,* d.h. der Qualität der zwischenmenschlichen Zusammenarbeit zugesprochen. Dazu zählen das konstruktive Gesprächsklima in einer offenen und vertrauensvollen Beziehung (Duffield, 2006) ebenso wie die Wertschätzung (Tausch & Tausch, 1998) und die Synthese im reflexiven Gespräch (Feiman-Nemser, 2001; Niggli, 2004). Relevant

2 Es zeigt sich, dass die Elemente-Liste von Dawson (2014) substanziell ergänzt werden muss.

ist auch die Art der Unterstützung, die aus Sicht der Praxislehrpersonen für gelungene Unterrichtsbesprechungen idealtypisch ist, ob diese eher methodisch-didaktisch oder eher als emotionale Hilfestellung erfolgt (Feiman-Nemser, 2001).

- *Feedback/Rückmeldung geben:* In der Schulpraxis werden Ergebnisse eigenen Handelns durch unterschiedliches Feedback wahrgenommen. Feedback nimmt vor allem in der Ausbildungssituation einen großen Stellenwert ein und zeigt sich in verschiedenen Modellen von Unterrichtsbesprechungen (vgl. oben). Von Studierenden wird Feedback vor allem dann als bedeutsam erlebt, wenn sie sich positiv in ihrer Selbstwirksamkeit erleben können (Niggli u.a., 2008) und es durch erfahrene und kompetente Kolleginnen und Kollegen erfolgt (Bauer u.a., 1996).
- *Theorie-Praxis-Bezug/Einbringen von Theorien*: Wie Schüpbach (2007; vgl. auch Niggli u.a., 2008) gezeigt hat, sind Rückmeldungen in Unterrichtsbesprechungen selten theoriegeleitet. Da das Handeln aber theoriegeleitet erfolgen sollte (sonst kann wissenschaftliche Forschung nicht zu einem Fortschritt in der Praxis führen – dies ist aber eines der Ziele der wissenschaftlichen Forschung), gilt es zu klären, welche Rolle Theorie-Praxis-Bezüge in den Subjektiven Theorien von Praxislehrpersonen über gelungene Unterrichtsbesprechungen spielen. Es gilt auch zu klären, ob und wenn ja, wie versucht wird, Wissen und Handeln bzw. Theorie und Praxis konkret zusammenzuführen bzw. inwieweit Ausbildung (Theorie) und Praxis ineinandergreifen und Reflexion schulpraktischer Erfahrungen unter Bezugnahme auf entsprechendes Theoriewissen stattfindet (Niggli, 2004).
- Die *Evaluation und Analyse von Unterricht* zählen zu den wichtigsten Zielen der Unterrichtsbesprechung. Sie sind gemeinsam mit der Reflexion maßgeblich für die Weiterentwicklung (Neuweg, 2004) in einem Entwicklungsprozess und nehmen in verschiedenen Modellen für Unterrichtsbesprechungen häufig eine zentrale Position ein. Im reflexiven Praxisgespräch (Niggli, 2004, S. 7) kommt es zunächst zur Klärung des Vorwissens der Studierenden, bevor die Konfrontation durch das Einbringen zusätzlicher Perspektiven erfolgt.
- *Strukturelle Rahmenbedingungen:* Die Bedeutung der jeweiligen strukturellen Rahmenbedingungen kann ganz unterschiedlich eingeschätzt werden. Dazu zählen zeitliche (etwa Terminvorgaben, Einbettung in den eigenen Stundenplan) oder örtliche/räumliche (zur Verfügung stehende Besprechungsräumlichkeiten) Strukturen ebenso wie organisatorische Vorgaben (etwa Arbeiten in Teams).

Die vorliegende Untersuchung soll Aufschluss darüber geben, wie sich diese Rahmenbedingungen in den Subjektiven Theorien von Praxislehrpersonen abbilden, wie entscheidend sie aus Sicht der Praxislehrpersonen für das Gelingen der Besprechung von Unterricht sind und wie sie im konkreten Handeln umgesetzt werden.

Nach Groeben u.a. (1988) ist eine *Subjektive Theorie* ein relativ überdauerndes (vgl. Dann u.a., 1982, S. 80), komplexes Aggregat oder Netzwerk von Kognitionen der Selbst- und Weltsicht einer konkreten Person über Phänomene, etwa (mögliche) Handlungen. Es geht um Vorstellungen darüber, wie Elemente, die für die

Person relevant sind (wahrgenommene Phänomene, Normen, Ziele, Handlungsoptionen und deren potentielle Wirkungen, etc.; Patry, 2011a) zusammenhängen, wobei die Person zumindest implizit diese Zusammenhänge argumentativ stützen kann. Subjektive Theorien sind gleichsam „innere Bilder", die nicht als Oberflächenphänomene konzeptualisiert sind und deswegen nicht direkt erfragt werden können. Groeben u.a. (1988) haben zur Rekonstruktion der Subjektiven Theorien ein zweischrittiges Verfahren (Dialog-Konsens-Verfahren) vorgeschlagen, bestehend

1) aus einem Interview zur Erfassung der aus Sicht der Person relevanten Elemente und
2) einem Strukturlegungsprozess, in dem die Zusammenhänge ausgedrückt werden (zum genauen Vorgehen vgl. Gastager, 2011).

Das Konzept der Subjektiven Theorien ist für die vorliegenden Fragestellungen deswegen geeignet, weil Subjektive Theorien parallele Funktionen zu wissenschaftlichen Theorien (nach Groeben u.a., 1988: Erklärung, Prognose und Handlungsanleitung; ferner Grundlagen für die Wahrnehmung, Normen und Werte) erfüllen, wobei sich allerdings die Ansprüche bezüglich Überprüfung, Reichweite, Widerspruchsfreiheit etc. deutlich unterscheiden (Furnham, 1988). Wegen dieser Funktionsparallelität können Subjektive Theorien direkt mit den wissenschaftlichen Theorien zum gleichen Themenbereich verglichen werden (vgl. etwa Patry, in press). Dies ist deswegen wichtig, weil es angemessen ist, dass Praxislehrpersonen sich (auch) auf wissenschaftliche Theorien beziehen; dies kann aber nur über die Integration wissenschaftlicher Theorien in das System subjektiver Theorien erfolgen (Patry, 2012). Es wird angenommen, dass die Subjektiven Theorien der Praxislehrpersonen zwar nicht mit den wissenschaftlichen Theorien übereinstimmen, aber doch gewisse Ähnlichkeiten bestehen. Allerdings ist es in der vorliegenden Untersuchung wegen des hohen Aufwandes nicht möglich, diesen Vergleich durchzuführen, obwohl entsprechende Verfahrensweisen grundsätzlich verfügbar wären (Patry, in press).

Wie wissenschaftliche Theorien weisen auch Subjektive Theorien einen gewissen Allgemeinheitsgrad (beschränkte Universalität) auf, d.h. sie gelten nicht bloß für die unmittelbar gegebene idiosynkratische Situation, sondern für ganze Gruppen von Situationen, Handlungsweisen, Zeitpunkte etc. Insofern sie handlungsrelevant sind, ist ihr Geltungsbereich eingeschränkter als jener für wissenschaftliche Theorien, weil es um das *eigene* Handeln geht (und nicht auch um das Handeln anderer Personen). Wegen der Allgemeinheits-Konkretheits-Antinomie (je allgemeiner eine Aussage ist, desto weniger konkret kann sie sein – im Anschluss an Herrmann, 1979) können sie deshalb auch konkreter als diese sein. Dennoch können sie nicht so konkret sein, dass sie unmittelbar in der je gegebenen Situation umgesetzt werden können; zur „Übersetzung" der (Subjektiven) Theorie in konkretes Handeln hat Herbart schon 1802 (S. 126 in der Ausgabe von 1964) das Konzept des *Pädagogischen Taktes* entwickelt, das ein Verbindungsglied zwischen Theorie und Praxis darstellt. Dieses muss also berücksichtigt werden, wenn handlungsleitende

Kognitionen (Subjektive Theorien) und konkretes Handeln etwa von Praxislehrpersonen in Unterrichtsbesprechungen miteinander in Beziehung gesetzt werden sollen, wie es in der vorliegenden Untersuchung angestrebt wird.

Herbart hat allerdings nur rudimentäre Elemente einer Theorie des Taktes angegeben und gar keine Vorstellungen darüber entwickelt, wie der Takt erfasst werden könnte. Erst viel später wurden theoretische Konzeptionen formuliert (etwa Muth, 1962; Nohl, 1967), aber erneut keine Erhebungsmöglichkeiten angegeben. Ein umfassendes Theorienkonzept zum Pädagogischen Takt wurde an anderer Stelle (Patry, 2012) vorgestellt; als Messmethode wurde das Nachträgliche Laute Denken (NLD; Weidle & Wagner, 1982) vorgeschlagen. Dabei geht es um die Kognitionen, die die Praxislehrperson unmittelbar in der Handlungssituation hat, also um ihre ganz konkreten, idiosynkratischen Vorstellungen:

1) Erst wird eine Praxis-Situation per Video aufgenommen,
2) dann wird das Video abgespielt, wobei die Praxislehrperson an bestimmten Zeitpunkten (die entweder von ihr oder von der Interviewerin bzw. dem Interviewer bestimmt werden) unterbricht, und die Lehrperson nach einem bestimmten Schema Auskunft über ihre Kognitionen gibt.

In ersten Untersuchungen (Gruber, 2010; Präauer, 2013) hat sich dieses Verfahren zur Erfassung des Pädagogischen Taktes bewährt.

Die Frage stellt sich dann nach der Vergleichbarkeit der beiden Kognitionen. Man kann dabei ausgehend von der o.a. Allgemeinheits-Konkretheits-Antinomie annehmen, dass die Subjektiven Theorien weniger konkret, dafür allgemeiner als die unmittelbar situationsbezogenen Kognitionen sind, die mittels NLD erfasst wurden. Ein Vergleich ist deswegen nicht unmittelbar möglich, sondern kann nur indirekt über relevante Konzepte erfolgen. Dabei werden die Konzepte *Reflexion und Selbstreflexion*, *Lernen und Kompetenzerwerb* sowie die *Beziehungsebene* als besonders relevant identifiziert, und der Vergleich erfolgt bezogen auf diese.

2. Methode

Stichprobe. Die Untersuchung (Roither, 2014) fand mit Praxislehrpersonen statt, die im Sommersemester des Studienjahres 2013 im vierten Semester in der Lehramtsausbildung (Sekundarstufe I: Hauptschule und Neue Mittelschule) für Englisch im Erstfach an der Pädagogischen Hochschule Salzburg eingesetzt waren. Von den 16 verfügbaren Praxislehrpersonen meldeten sich zehn (neun weiblich, eine männlich) freiwillig. Sie unterrichten selber auch in Hauptschulen und Neuen Mittelschulen. Alle Praxislehrpersonen unterrichten Englisch seit mindestens zwanzig Jahren und sind zu diesem Zeitpunkt seit mindestens zwei Jahren als Praxislehrperson eingesetzt.

Messungen und Vorgehen. Es wurden die folgenden vier Messungen eingesetzt:

- Erste Messung: Videographie. Zu Beginn der Untersuchung wurden für jede teilnehmende Praxislehrperson zwei Unterrichtsbesprechungen im Rahmen von Tagespraktika videografiert. Zu diesen Unterrichtsbesprechungen gab es keine Vorgaben, sondern die Praxislehrpersonen sollten genau so handeln wie immer.
- Zweite Messung: NLD. Diese videografierten Unterrichtsbesprechungen dienten als Grundlage für das Nachträgliche Laute Denken (NLD). Zunächst erfolgte eine Auswahl der dafür zu verwendenden Sequenzen, da es aus Gründen des Aufwandes für die Praxislehrpersonen nicht möglich war, alle Aufnahmen vollständig für das NLD zu verwenden. Die Auswahl erfolgte durch zwei Experten nach folgenden Kriterien: In erster Linie sollte es sich um Sequenzen handeln, die *Irritation und Unklarheit* bei einem der Protagonisten hervorrufen. Daraus wurden jene Sequenzen ausgewählt, in denen die für die Untersuchung relevanten Bereiche *Reflexion und Selbstreflexion, Lernen und Kompetenzerwerb* sowie die *Beziehungsebene* besonders deutlich thematisiert wurden. Die ausgewählten Videosequenzen wurden zunächst von der Praxislehrperson in Erinnerung gerufen, sodann wurden im NLD die *verfolgten Ziele* und *die im Hinblick darauf relevanten Theorien* von den Praxislehrpersonen dargelegt. Die Auswertung der berichteten Kognitionen erfolgte inhaltsanalytisch nach Kategorien wie Anzahl und Antinomie von Zielen und Theorien sowie nach den Kernbereichen Reflexion, Lernen, Beziehung etc. (die Rater-Übereinstimmung war mit einer Ausnahme hoch – Krippendorf alpha >.65, einzig bei der Antinomie der Ziele war alpha =.40).
- Dritte Messung: Leitfadeninterview. Im Hinblick auf die Erfassung der Subjektiven Theorien wurden durch Leitfadeninterviews Sichtweisen der Praxislehrpersonen erfasst, und zwar bezüglich idealtypischer Merkmale gelungener Unterrichtsbesprechungen und inwiefern diese für die Lehrperson handlungsleitend sind. Nach dem Forschungsprogramm Subjektive Theorien FST (Groeben u.a., 1988) dienen diese dazu, die Elemente für das Strukturlegen zu identifizieren. Darüber hinaus wurden die Interviews inhaltsanalytisch im Hinblick auf das Lernen in der Schulpraxis und Kompetenzerwerb, Reflexion und Selbstreflexion sowie die Beziehungsebene ausgewertet. Die Fragen im Leitfadeninterview haben einen Bezug auf die Kriterien gelingender Unterrichtsbesprechung sowie auf die im Theorieteil angesprochenen Bereiche (Reflexion, Lernen und Kompetenzerwerb, Beziehungsebene) und weitere theoretisch relevante Aspekte (Handlungsalternativen, Aufgaben von Praxislehrpersonen, Theorie-Praxis-Bezug, Rahmenbedingungen der Unterrichtsbesprechung, Ausbildungskonzept der Institution, etc.). Die Antworten wurden transkribiert, und darauf aufbauend wurden die Elemente gewählt, die beim Strukturlegen verwendet wurden. Zudem wurden die Aussagen inhaltsanalytisch ausgewertet (Mittelwert der Beobachterübereinstimmung nach Jacobs et al., 2003, beträgt 85,69%), wobei die Daten ausgehend vom Textmaterial systematisch zusammengefasst und Kategorien gebildet wurden; die Häufigkeiten der Nennungen der verschiedenen Kategorien konnten so ebenso erfasst werden.

- Vierte Messung: Strukturlegen. Schließlich wurden die Strukturen der Subjektiven Theorien gelegt, wobei das Salzburger Verfahren (Gastager, 2011) verwendet wurde. Die Auswertung erfolgte nach der Strukturlege-Matrizen-Analyse-Technik (SMA-Technik), die durch die Verwendung von Matrizen eine quantitative Auswertung erlaubt (Patry, 2011b). Durch die Strukturlegung werden die wesentlichen Elemente aus dem Leitfadeninterview (Messung 3) unter der Verwendung spezieller Operatoren zueinander in Relation gesetzt. Im Zuge dessen wurden die Subjektiven Theorien rekonstruiert und prototypische Merkmale gelungener Unterrichtsbesprechungen explizit gemacht. Der Fokus lag dabei auf impliziten Argumentationsstrukturen, die die Elemente miteinander verbinden und welche durch die Praxislehrperson verbalisiert wurden. Bei dieser Methode erfolgt ein Dialog bis zum Konsens; dieses Vorgehen ermöglicht eine kommunikative Validierung (Lechler, 1994), die sicherstellen soll, dass die jeweilige Relation zwischen zwei Elementen durch den Interviewer bzw. die Interviewerin so verstanden worden ist wie vom Praktiker bzw. von der Praktikerin intendiert.

Weitere Details zur Untersuchungsanlage und zur Auswertung sind in Roither (2014) zu finden. Nachfolgend werden die Auswertungen der zweiten und der dritten Messung im Vordergrund dargestellt; weitere Auswertungen sind ebenfalls in Roither (ebd.) sowie in Patry & Roither (2014) zu finden.

3. Darstellung eines Prototyps

Aus den vielen Ergebnissen der Analyse dieses Datenmaterials möchten wir als prototypisches Beispiel einige Ergebnisse einer Praxislehrperson darstellen, um die Beziehung zwischen den drei Bereichen (Beobachtung, Kognitionen zum Handeln, Subjektive Theorie via Leitfadeninterview und durch Strukturlegen) exemplarisch zu analysieren. Zu Beginn wurden die Aussagen der Praxislehrperson den Kernbereichen aus dem Leitfadeninterview (Messung 3) zugeordnet. Diese Zuordnungen wurden den Aussagen des NLD (Nachträgliches Lautes Denken – Messung 2) gegenübergestellt (Abbildung 1).

Die linke Säule der Abbildung 1 zeigt, dass in der prototypischen Sichtweise dieser Praxislehrperson (Leitfadeninterview) zehn Merkmale identifiziert werden können und diese unterschiedlich häufig genannt wurden. Drei Dimensionen fallen dabei besonders stark ins Gewicht. So kommt die Beziehungsebene in 23,5% der Nennungen vor. Die Praxislehrperson zeigt sich hier interessiert am emotionalen Zugang zu den Studierenden. In ihrer prototypischen Sichtweise (NLD) wird diese Thematik etwas weniger häufig angesprochen; die Praxislehrperson hebt dabei hervor, dass sie die Studierenden immer nach ihrer persönlichen Einschätzung fragt, „... *wie sie sich gefühlt haben während der Stunde, wie ihr persönliches Gefühl war.*“ Das Beziehungsklima ist für diese Lehrperson maßgeblich, damit Unterrichtsbesprechungen grundsätzlich gelingen können. Dabei meint sie „...*ein Klima das*

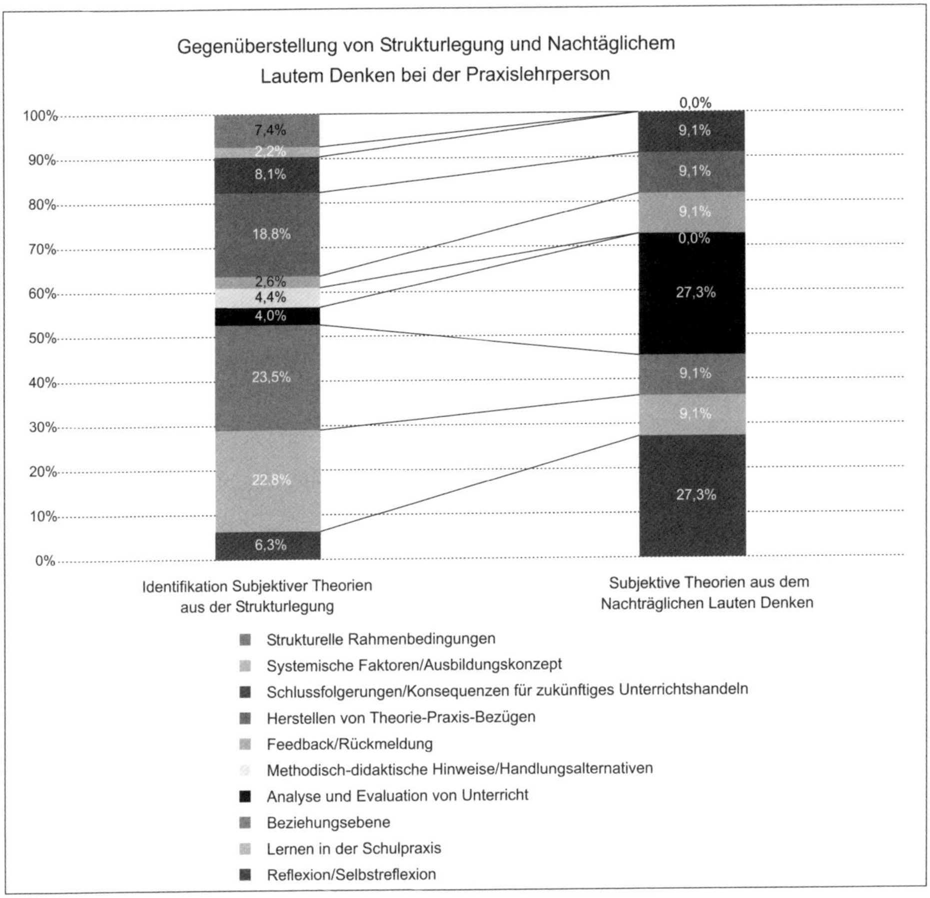

Abbildung 1: Gegenüberstellung der Ergebnisse aus der Strukturlegung und dem Nachträglichen Lauten Denken einer prototypischen Praxislehrperson

stimmig ist, eine Beziehungsebene die funktioniert […] Gesprächsbereitschaft, Lernbereitschaft der Studierenden, Offenheit. Von allen Seiten …".

Auch die Dimension Lernen in der Schulpraxis bzw. Kompetenzerwerb ist aus Sicht dieser Praxislehrperson mit 22,8% relevant. Sie argumentiert hier: „*Und somit gebe ich den Studierenden ja auch nicht nur inhaltliche, fachliche, englische Sachen mit, die mir wichtig erscheinen, sondern auch soziale, pädagogische Kompetenz. Und das ist zugegeben einer meiner Schwerpunkte.*" Für diese Praxislehrperson stehen das Probieren und Austesten im Vordergrund, wenn sie sagt: „*… Ideen von der PH (Pädagogische Hochschule) sind ja auch theoretischer Art und Weise und ich denke mir, die müssen sie ja auch probieren.*" Ebenso steht für diese Lehrperson die Praxisrelevanz im Zentrum. Sie formuliert: „*… ich gebe viel Praxiserfahrung weiter.*"

In der Gegenüberstellung der Aussagen aus der Strukturlegung (allgemeine Subjektive Theorie) und dem Nachträglichen Lauten Denken (Wiedergabe der handlungsleitenden Kognitionen) zeigt sich, dass sich jene Dimensionen, die in der prototypischen Unterrichtsbesprechung bedeutungsvoll sind, auch im NLD zeigen. Zusätzlich zu den erwartbaren Dimensionen, die sich durch die Vorauswahl und damit Charakterisierung der Videosequenzen (Reflexionssequenz, Lernsequenz, Beziehungssequenz) ergeben, bilden sich in der Situation noch weitere Dimensionen ab. Das ist etwa das Herstellen von Theorie-Praxis-Bezügen, wenn die Praxislehrperson subjektives Erfahrungswissen einbringt. Ergänzend thematisiert wird auch die Analyse und Evaluation von Unterricht, die in der idealtypischen Unterrichtsbesprechung mit 4% als weniger bedeutungsvoll eingeschätzt, aber im NLD in allen Sequenzen angesprochen wird und einen Anteil von 27,3% erreicht. Weniger deutlich ausgeprägt gilt dies auch für die Bereiche Feedback und Rückmeldung geben sowie für Schlussfolgerungen bzw. Konsequenzen für zukünftiges Unterrichtshandeln. Die Praxislehrperson sieht hier ihre Rolle darin, „*… beratend, unterstützend, Hilfestellung gebend für darauffolgende Stunden …*" zu sein, damit Unterrichtsbesprechungen gelingen können. In der Situation zeigt sich diese Sichtweise ebenso, wenn die Praxislehrperson ihre Beobachtungen und die Erwartungshaltung für zukünftiges Unterrichtshandeln rückmeldet: „*Das war jetzt, bei der Sequenz, das war jetzt einmal die Feststellung und das war praktisch auch der Auftrag für das nächste Mal, dass wir es, dass wir es hinkriegen viel exakter.*"

In der Tabelle 1 werden Äußerungen aus dem Leitfadeninterview zur idealtypischen Unterrichtsbesprechung der drei Kernbereiche den Aussagen von spezifischen Besprechungssituationen aus dem Nachträglichen Lauten Denken gegenübergestellt.

Die Aussagen zur idealtypischen Unterrichtsbesprechung und die Aussagen vom NLD decken sich im Hinblick auf Reflexion: Sowohl in der idealtypischen als auch in der situationsspezifischen Sichtweise beabsichtigt die Praxislehrperson Unterrichtshandlungen kritisch zu reflektieren. Einerseits geht es um die Evaluation von Unterrichtshandlungen, andererseits um das Reflektieren über den Unterrichtsverlauf. In der idealtypischen Sichtweise werden zusätzlich auch andere Personen miteinbezogen, anders als im NLD, in dem dies nicht ausdrücklich erwähnt wird.

Hinsichtlich eines Lernzuwachses zählt die Praxislehrperson in der idealtypischen Aussage verschiedene Kompetenzen auf. Im NLD spricht sie konkret nur die Planungskompetenz an, wenn sie das Zeitmanagement erwähnt. Im Sinne des Forschenden Lernens (Fichten & Meyer, 2009) sollen die Studierenden aus Sicht dieser Praxislehrperson vorzugsweise „*… probieren können und testen können …*". Dieser Lernansatz zeigt sich bei der Praxislehrperson ebenso im NLD, wenn sie die Studierenden animieren möchte, „*… dass sie sich halt einmal etwas anderes auch trauen.*"

Auch in der Beziehungsebene erwähnt die Praxislehrperson in beiden Aussagen die Gesprächsbereitschaft der Studierenden und beabsichtigt den Aufbau einer entsprechenden Beziehung, um eine Gesprächsbasis für die Unterrichtsbesprechung zu schaffen. Die von ihr im NLD erwähnte Methode mit Kärtchen ermöglicht aus ihrer Sicht eine inhaltliche Mitgestaltung (Partizipation) für alle Beteiligten, indem Gesprächsanlässe von allen Gesprächspartnern eingebracht werden können.

Tabelle 1: Gegenüberstellung von Aussagen einer prototypischen Praxislehrperson

Gegenüberstellung von Aussagen der Praxislehrperson PL_03 zu den drei zentralen Kernbereichen	Aussagen aus dem Leitfadeninterview zu prototypischen, idealtypischen Unterrichtsbesprechungen	Aussagen aus dem NLD zu spezifischen Besprechungssituationen
Reflexion/ Selbstreflexion	PL_03: ZN_64-66: „*Im Großen und Ganzen ist die Stunde so oder so gelaufen“ aus ihrer Sicht, aus meiner Sicht auch aus der Sicht der Dritten, also der zweiten Studierenden.*“ ZN_124-127: „*Für die persönliche Weiterentwicklung. Das glaube ich, nur dann kann ich auch daraus lernen, wenn ich mir nachher überlege, ob das, was ich gemacht habe, gut war. Ich muss es mir vorher überlegen was ich will, ich muss es durchführen und ich muss mir nachher überlegen ob das auch das war was ich will.*“	PL_03: ZN_96-97: „*Ziel war die Studierenden zu einer kritischen Beobachtung der vergangenen Stunde zu bringen. Also das zu, das zu reflektieren …*“ ZN_28-30: *Dass die Studentinnen kritisch betrachten, in beide Richtungen positiv wie auch negativ. Sie artikulieren können über, darüber, was in der vergangenen Stunde passiert ist.*“
Lernen in der Schulpraxis/ Kompetenzerwerb	PL_03: ZN_48-50: „*Und somit gebe ich den Studierenden ja auch nicht nur inhaltliche, fachliche, englische Sachen mit, die mir wichtig erscheinen, sondern auch soziale, pädagogische Kompetenz.*“ ZN_168: „*… dass sie schauen können und probieren können und testen können.*“	PL_03: ZN_55-58: „*Das Ziel war eigentlich, dass der Rahmen, dass die Studierenden die den Rahmen besser einhalten können. Ich meine in der Praxis ist es so, dass es sich manchmal nicht ganz ausgeht, dass man mit einer Stunde fertig wird oder auch ein bisschen zu früh fertig wird.*“ ZN_78-82: „*… ich wollte sie einfach auch dazu, dass sie sich halt einmal etwas anderes auch trauen und dass sie nicht, dass ich nicht böse bin, wenn sie etwas falsch machen und das nicht auch nicht eine Auswirkung auf die Note hat, sondern, dass sie diesen Rahmen nutzen sollen um einfach, ja, einmal auch eben gewohnte Pfade zu verlassen …*“
Beziehungsstützende Dispositionen	PL_03: ZN_20: „*… wie ihr persönliches Gefühl war. Ob sie sich in der Rolle wohlgefühlt haben …*“; ZN_220-221: „*… dass Praxislehrer und Studierende eigentlich im Team arbeiten und nicht gegeneinander das ist mir wichtig.*“ ZN_304: „*… ein Klima das stimmig ist.*“ ZN_306-306: „*… Gesprächsbereitschaft, Lernbereitschaft der Studierenden, Offenheit. Von allen Seiten …*“	PL_03: ZN_26-27: „*Ziel von den, von der Kärtchen Methode war einfach einmal eine Einleitung, dass wir grundsätzlich ins Gespräch kommen über die Stunde.*“ ZN_35-36: „*Also ich wollte einfach eine Gesprächsbereitschaft …*“

Das NLD zeigt, dass die drei Dimensionen Reflexion und Selbstreflexion, Lernen in der Schulpraxis und Kompetenzerwerb sowie Beziehungsebene handlungsleitend für diese Praxislehrperson sind; weitere Dimensionen, nämlich das Herstellen von Theorie-Praxis-Bezügen, Konsequenzen bzw. Schlussfolgerungen für zukünftiges Unterrichtshandeln, Feedback und Rückmeldung geben sowie Analyse und Evaluation von Unterricht zeigen sich bei den Praxislehrpersonen ebenfalls in allen drei Unterrichtssituationen.

4. Ziel- und Theorienvielfalt für die gesamte Stichprobe

Die Ergebnisse zur Ziel- und Theorienvielfalt der Abbildung 2 und Abbildung 3 sollen für alle Untersuchungspersonen gemeinsam wiedergegeben werden. Die Zielvielfalt (Anzahl unterschiedlicher Ziele) in den ausgewählten videografierten Sequenzen, wie sie sich im NLD darstellten, sind für die verschiedenen Praxislehrpersonen in Abbildung 2 zusammengestellt; es zeigt sich, dass neun der zehn Praxislehrpersonen in mindestens einer der Sequenzen mehr als ein Ziel verfolgen; für zwei Praxislehrpersonen ist dies für alle erfassten Sequenzen der Fall. Zielvielfalt spielt also bei den meisten Praxislehrpersonen eine gewisse, bei einigen eine wichtige Rolle. Auch für jene in der Abbildung 1 und Tabelle 1 dargestellte Praxislehrperson, die in der Grafik zur Zielvielfalt (Abbildung 2) an dritter Stelle positioniert ist und für die Beziehungssequenz zwei Ziele formuliert.

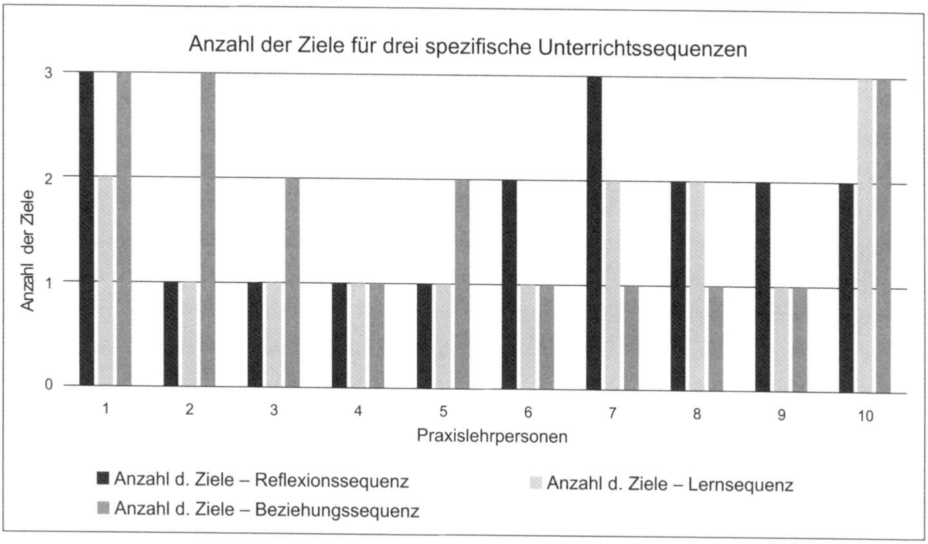

Abbildung 2: Anzahl der Ziele für spezielle Unterrichtssequenzen

Ein ähnliches Bild ergibt sich mit dem Blick auf die Theorienvielfalt (Abbildung 3), d.h. wenn die Praxislehrpersonen Theorien angeben, auf die sie sich bei der Entscheidung stützen, wie sie ihre zuvor formulierten Ziele erreichen können. Neun von zehn Praxislehrpersonen formulieren für die angegebenen Ziele zumindest in einer Sequenz mehrere Theorien – so auch die im vorherigen Abschnitt besprochene Praxislehrperson 3, die in zwei Sequenzen (Reflexions- und Lernsequenz) mehrere Theorien für die Zielerreichung nennt.

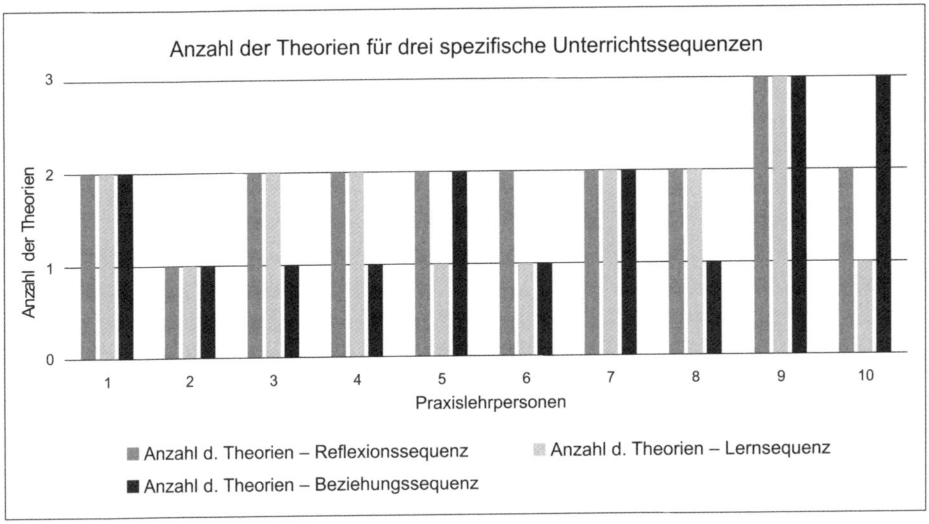

Abbildung 3: Anzahl der Theorien für spezielle Unterrichtssequenzen

Die beiden Abbildungen 2 und 3 zeigen, dass das Handeln bei allen Praxislehrpersonen sehr stark davon abhängt, wie das Umfeld wahrgenommen wird, welche Ziele verfolgt werden und wie sie dies tun (vgl. auch Bromme, 1992). Ihre idealtypischen Sichtweisen und Konzepte sind zwar wichtig (vgl. vorhergehender Abschnitt), genügen zur Erklärung des Handelns aber nicht, sondern es spielen auch die situationsspezifischen Ziele und Theorien eine wichtige Rolle. Vor diesem Hintergrund ist die Frage zu stellen, wie weit es gerechtfertigt ist, das pädagogische Handeln situationsunabhängig zu erfassen. Dem ist zu entgegnen, dass die Subjektiven Theorien, die hier nicht auf bestimmte Situationen bezogen erfasst wurden, durchaus einen Zusammenhang mit dem Handeln aufweisen, es sind also Konzepte auf beiden Abstraktionsebenen (situationsunabhängig und situationsspezifisch) relevant.

5. Diskussion

Die in der Studie beteiligten zehn Praxislehrpersonen sind an unterschiedlichen Praxisstandorten eingesetzt und können auf unterschiedlich lange Erfahrungen in der Begleitung der Schulpraxis von Studierenden zurückgreifen. Demzufolge liegt die Ausbildung, die zur Qualifikation als Praxislehrperson berechtigt, unterschiedlich lange zurück. Diese Faktoren sind wohl u.a. dafür verantwortlich, dass Praxislehrpersonen zwar klare, aber sehr unterschiedliche Konzepte von gelingenden Unterrichtsbesprechungen aufweisen. Dies zeigt sich u.a. in den gelegten Strukturen (Messung 4), deren Analysen hier nicht berichtet werden (vgl. dazu Roither, 2014).

Als bedeutendstes Qualitätsmerkmal aus Sicht der Praxislehrpersonen sowohl auf der Makro-Ebene (Leitfadeninterview) als auch auf der Mikro-Ebene

(Nachträgliches Lautes Denken) wird die Dimension *Reflexion und Selbstreflexion* eingeschätzt. Dabei werden in der Unterrichtsbesprechung Beobachtungen aus Unterrichtssituationen aufgegriffen und in der Retrospektive überdacht. Diese Bedeutung deckt sich auch mit den Erkenntnissen aus anderen Studien (Abel u.a., 2008; Hackl & Neuweg, 2004), in denen *Reflexion und Selbstreflexion* als Motor der beruflichen Weiterentwicklung (Dick, 1999) im Hinblick auf die Professionalisierung (Bastian & Helsper, 2000) betrachtet wird. Hier zeigt sich das Bestreben, ein reflexives Bewusstsein der Studierenden (Schön, 1983) zu entwickeln. Studien zeigen, dass reflexive Bezüge jedoch selten im Sinne Schöns theoriegestützt (Niggli u.a., 2008), sondern vielerorts aus methodisch-didaktischer Sichtweise (Schüpbach, 2007) erfolgen. Hier gilt es deshalb, in der Praktikumsbetreuung einen stärkeren Theoriebezug herzustellen.

Die dargestellten Ergebnisse der zweiten Auswertung zeigen (genauso wie die Ergebnisse der Analysen der Strukturen, die hier nicht berichtet werden konnten), dass die Praxislehrpersonen bei ihrer praktischen Tätigkeit nicht theoriefrei agieren, sondern vielmehr mehrere Theorien verwenden und dabei mehrere Ziele (gleichzeitig oder in verschiedenen Situationen) verfolgen. Wir gehen davon aus, dass diese Kognitionen zu den Theorien und Zielen handlungsleitend sind. Die verwendeten Theorien und Modelle der Unterrichtsbesprechung lassen sich unmittelbar mit den wissenschaftlichen Theorien und Modellen vergleichen; insbesondere kommen die Letzteren nicht in „reiner" Form vor, sondern es gibt eben immer wieder Theorien- und Zielvielfalt. Gleichzeitig sind aber die berichteten Theorien und Modelle im Vergleich *zwischen* den verschiedenen Praxislehrpersonen äußerst unterschiedlich, was angesichts der Heterogenität *innerhalb* der einzelnen Personen nicht verwundert. Dabei ist die hier angesprochene Heterogenität innerhalb der einzelnen Person in dieser Untersuchung noch gar nicht in ihrer ganzen Bandbreite sichtbar geworden, muss man doch aus theoretischen Gründen (Situationsspezifität des sozialen Handelns) annehmen, dass in den Interaktionen mit anderen Praktikantinnen und Praktikanten oder mit anderen Unterrichtsgegenständen zusätzliche Unterschiede zum Ausdruck gekommen wären.

Die *Heterogenität* innerhalb wie auch zwischen den Personen kann durchaus als repräsentativ für Praktikerinnen und Praktiker allgemein angesehen werden, zumindest deuten das auch die Ergebnisse der Erhebungen von Subjektiven Theorien durch Strukturlegen an, wo wir ebenfalls immer wieder Situationsspezifität und Unterschiede zwischen Personen selbst bei der Beurteilung der gleichen Situation gefunden haben (z.B. Purzeller, 2009). Eine Generalisierung der *konkreten* inhaltlichen Ergebnisse auf die Grundgesamtheit der Praxislehrpersonen ist demgegenüber gerade wegen dieser Heterogenität und der kleinen Zahl der untersuchten Personen nicht möglich.

Erkenntnisse dieser Art, von den konkret berücksichtigten Theorien bis zur intrapersonalen Heterogenität, sind bei der Analyse auf der Makro-Ebene, wie sie für die Forschungen in diesem Feld typisch sind, aus methodischen Gründen unmöglich, allein schon weil die intrapersonale Heterogenität als Fehler im messtheoretischen Sinn (mangelnde Testwiederholungsreliabilität) interpretiert wird, den es nach Möglichkeit zu reduzieren gilt. Das Vorgehen unter Verwendung sowohl der situationsunabhängigen Subjektiven Theorien als auch des situationsspezifischen Nachträglichen Lauten Denkens hat sich hier also bewährt. Es handelt sich dabei um eine gegenüber dem traditionellen Ansatz andere Fragestellung: Nicht die Unterschiede *zwischen* den Menschen stehen auf dem Prüfstand, sondern die Unterschiede *innerhalb* der Einzelperson, in diesem Falle in Funktion der Situation.

Wie jede Methode weisen auch die für diese Untersuchung gewählten Vorgehensweisen Nachteile auf. Zunächst ist davon auszugehen, dass jede Befragungs- und Beobachtungssituation mit der Gefahr der sozialen Erwünschtheit konfrontiert ist: Praxislehrpersonen möchten sich vermutlich der Expertin aus der Pädagogischen Hochschule in möglichst günstigem Licht zeigen (Selbstdarstellung, vgl. z.B. Christensen, 1981). Dennoch ist das NLD nach unserem Urteil das derzeit valideste Verfahren, um die aktuellen Kognitionen der Handelnden zu erfassen. Weniger problematisch erscheint uns demgegenüber das mögliche Problem der Beeinflussung späterer Messungen (hier: Leitfadeninterview und Strukturlegen) durch frühere Untersuchungen (hier: Videographie und NLD), weil die Messungen drei und vier für die befragten Personen sehr anspruchsvoll sind und nicht davon ausgegangen werden kann, dass sie während des Interviews oder des Strukturlegens überlegen, welche Kognitionen sie in den durch NLD erfassten Einheiten wiedergegeben haben, zumal diese sehr differenziert und vielfältig waren.

Es handelt sich hier um eine erste Studie in diesem Bereich, und im vorliegenden Bericht ging es primär darum, anhand einzelner Beispiele die Möglichkeiten dieser Vorgangsweise zu illustrieren. Die Erfahrungen mit diesen Methoden und dem Vergleich der erzielten Ergebnisse sind äußerst wertvoll. Allerdings wird es in weiteren Untersuchungen darum gehen, das Vorgehen sowohl bei der Durchführung der Untersuchung als auch bei der Analyse der Daten zu verbessern. Vor allem im Hinblick auf das NLD stellen sich bei der Durchführung mindestens drei Fragen:

- Wie werden die Sequenzen ausgewählt, die dem NLD zugrunde gelegt werden?
- Soll die Praxislehrperson für die gesamte Sequenz antworten, oder sollen diese in kleinere Einheiten aufgeteilt werden?
- Und schließlich: Welche Fragen sollen von der Interviewerin bzw. dem Interviewer beim NLD gestellt werden?

Die Antworten auf diese drei Fragen werden von der Theorie bzw. den Hypothesen abhängen, die untersucht werden sollen. In der vorliegenden Studie wurden diese noch sehr allgemein formuliert; sie können in weiteren Forschungen sehr viel fokussierter konzipiert werden.

Auf der anderen Seite zeigt die Untersuchung, dass die Datenerhebung für die Praxislehrpersonen sehr aufwändig war und die Grenze ihrer Möglichkeiten erreichte und manchmal überschritt. Es wäre wünschbar gewesen, mehr Sequenzen mit NLD zu erfassen, dies war aber praktisch nicht zu realisieren. Die oben genannte Fokussierung der Theorie und der Hypothesen wird also auch berücksichtigen müssen, die Praxislehrpersonen nicht zu überfordern.

Insgesamt eröffnet diese Studie interessante Forschungsperspektiven. Entsprechende Untersuchungen sind geplant und werden demnächst durchgeführt; die hier gewonnenen Erfahrungen sind dafür ausgesprochen wertvoll.

Literatur

Abel, J. et al. (2008). Systematische Beobachtungen als Herausforderung im Schulpraktikum. In C. Kraler & M. Schratz (Hrsg.), *Wissen erwerben, Kompetenzen entwickeln. Modelle zur kompetenzorientierten Lehrerbildung* (S. 35–51). Münster: Waxmann.

Arnold, K-H. et al. (2011). *Empowerment durch Schulpraktika. Perspektiven wechseln in der Lehrerbildung.* Bad Heilbrunn: Julius Klinkhardt.

Bastian, J. & Helsper, W. (2000). Professionalisierung im Lehrberuf – Bilanzierung und Perspektiven. In J. Bastian et al. (Hrsg.), *Professionalisierung im Lehrerberuf. Von der Kritik der Lehrerrolle zur pädagogischen Professionalität* (S. 167–192). Opladen: Leske+Budrich.

Bauer, K.-O. et al. (1996). *Pädagogische Professionalität und Lehrerarbeit. Eine qualitativ empirische Studie über professionelles Handeln und Bewusstsein.* Weinheim: Juventa.

Bromme, R. (1992). *Der Lehrer als Experte. Zur Psychologie des professionellen Wissens.* Bern: Huber.

Bundesministerium für Unterricht, Kunst und Kultur, Bundesministerium für Wirtschaft und Forschung (2012). *Regierungsprojekt „PädagogInnenbildung NEU".* Verfügbar unter: http://www.bmukk.gv.at/medienpool/23489/20121120a_02.pdf [23.12.2012].

Christensen, L. (1981). Positive self-presentation: A parsimonious explanation of subject motives. *The Psychological Record, 31*, 553–571.

Dann, H.-D. et al. (Hrsg.) (1982). *Analyse und Modifikation subjektiver Theorien von Lehrern* (Sonderforschungsbereich 23, Forschungsbericht 43). Konstanz: Universität, Zentrum für Bildungsforschung.

Dawson, P. (2014). Beyond a definition: Toward a framework for designing and specifying mentoring models. *Educational Researcher, 43* (3), 137–145.

Dick, A. (1999). Vom Ausbildungs- zum Reflexionswissen in der LehrerInnenbildung. In U. Dirks & W. Hansmann (Hrsg.), *Reflexive Lehrerbildung. Fallstudien und Konzepte im Kontext berufsspezifischer Kernprobleme* (S. 149–168). Weinheim: Deutscher Studien Verlag.

Duffield, S. (2006). Safety net or free fall. The impact of cooperating teachers. *Teacher Development, 10* (2), 167–178.

Feiman-Nemser, S. (2001). Helping novices learn to teach. Lessons from an exemplary support teacher. *Journal of Teacher Education, 52* (1), 17–30, verfügbar unter: http://www.coe.unt.edu/sites/default/files/134/905/novices.pdf [16.12.2012].

Fichten, W. & Meyer, H. (2009). Forschendes Lernen in der Lehrerbildung – das Oldenburger Modell. In N. Hollenbach & K.-J. Tillmann (Hrsg.), *Die Schule forschend verändern* (S. 119–145). Bad Heilbrunn: Klinkhardt.

Furnham, A. F. (1988). *Lay theories. Everyday understanding of problems in the social sciences.* Oxford: Pergamon.

Gastager, A. (2011). Rekonstruktion von Subjektiven Theorien. In A. Gastager et al. (Hrsg.), *Subjektive Theorien über das eigene Tun in sozialen Handlungsfeldern* (S. 45–59). Innsbruck: Studienverlag.

Groeben, N. et al. (1988). *Das Forschungsprogramm Subjektive Theorien. Eine Einführung in die Psychologie des reflexiven Subjekts.* Darmstadt: Steinkopff.

Gruber, M. (2010). *Der Pädagogische Takt in der Beratung.* Unveröffentlichte Bakkalaureatsarbeit, Fachbereich Erziehungswissenschaft der Universität Salzburg.

Hackl, B. & Neuweg, G. H. (Hrsg.) (2004). *Zur Professionalisierung pädagogischen Handelns.* Münster: LIT.

Hascher, T. (2007). Lernort Praktikum. In A. Gastager et al. (Hrsg.), *Pädagogisches Handeln als Balancing zwischen Theorie und Praxis. Beiträge zur Wirksamkeitsforschung im pädagogisch-psychologischen Kontext* (S. 160–173). Landau: VEP.

Herbart, J. F. (1964). Die ersten Vorlesungen über Pädagogik (1802). In W. Asmus (Hrsg.), *J. F. Herbart, Pädagogische Schriften.* Erster Band: Kleinere Pädagogische Schriften (S. 121–131). Düsseldorf: Helmut Küpper.

Herrmann, T. (1979). *Psychologie als Problem.* Stuttgart: Kohlhammer.

Jacobs, J. et al. (2003). *TIMSS 1999 Video Study Technical Report: Volume 1: Mathematics Study.* Washington DC: National Center for Education Statistics, U.S. Department of Education.

Kretschmer, H. & Stary, J. (1998). *Schulpraktikum. Eine Orientierungshilfe zum Lernen und Lehren.* Berlin: Cornelson Scriptor.

Lechler, P. (1994). Kommunikative Validierung. In G. L. Huber & H. Mandl (Hrsg.), *Verbale Daten. Eine Einführung in die Grundlagen und Methoden der Erhebung und Auswertung* (S. 243–258). Weinheim: Beltz.

Lipowsky, F. (2003). *Wege von der Hochschule in den Beruf. Eine empirische Studie zum beruflichen Erfolg von Lehramtsabsolventen in der Berufseinstiegsphase.* Bad Heilbrunn: Julius Klinkhardt.

Muth, J. (1962). *Pädagogischer Takt. Monographie einer aktuellen Form erzieherischen und didaktischen Handelns.* Heidelberg: Quelle & Meyer.

Mutzeck, W. (2002). *Kooperative Beratung. Grundlagen und Methoden der Beratung und Supervision im Berufsalltag.* Weinheim: Beltz.

Neuweg, G. H. (2004). Figuren der Relationierung von Lehrerwissen und Lehrerkönnen. In B. Hackl & G. H. Neuweg (Hrsg.), *Zur Professionalisierung pädagogischen Handelns. Arbeiten aus der Sektion Lehrerbildung und Lehrerbildungsforschung in der ÖFEB* (S. 1–26). Münster: LIT.

Niggli, A. (2004). *Standard-basiertes 3-Ebenen-Mentoring in der Lehrerinnen- und Lehrerbildung.* Verfügbar unter: http://www.teml.at/sites/sites/Niggli-3-Ebenen-Mentoring-Artikel.pdf [28.08.2011].

Niggli, A. et al. (2008). Wirken – erkennen – sich selbst sein. Validierung unterschiedlicher Interessen von Studierenden und Praxislehrpersonen in Unterrichtsbesprechungen. *Beiträge zur Lehrerbildung, 26* (2), 140–153.

Nohl, H. (1967). *Ausgewählte pädagogische Abhandlungen.* Paderborn: Ferdinand Schöningh.

Oser, F. & Oelkers, J. (Hrsg.) (2001). *Die Wirksamkeit der Lehrerbildungssysteme. Von der Allrounderbildung zur Ausbildung professioneller Standards.* Zürich: Rüegger.

Patry, J.-L. (2011a). Subjektive Theorien und Handeln. In A. Gastager et al. (Hrsg.), *Subjektive Theorien über das eigene Tun in sozialen Handlungsfeldern* (S. 27–41). Innsbruck: StudienVerlag.

Patry, J.-L. (2011b). Vorgehen bei der Analyse des rekonstruierten Materials. Die Strukturbild-Matrizen-Analyse. In A. Gastager et al. (Hrsg.), *Subjektive Theorien über das eigene Tun in sozialen Handlungsfeldern* (S. 85–97). Innsbruck: StudienVerlag.

Patry, J.-L. (2012). Der Pädagogische Takt. In C. Nerowski & S. Rahm (Hrsg.), *Enzyklopädie Erziehungswissenschaft Online.* Weinheim. Verfügbar unter: http://www.erzwissonline.de/.

Patry, J.-L. (in press). *Teaching through research – research through teaching: Comparing scientific and subjective theories.* To be published in Aukstojo Mokslo Kokybe / The Quality of Higher Education (in Lithuanian and English).

Patry, J.-L. & Roither, I. (2014). *From theory to practice in mentoring for school internships in teacher education.* Practice and Research Dialogue Session, EAPRIL Conference 2014 "Where Practice and Research on Learning and Development Meet", 25.11.–28.11.2014. Nicosia, Cyprus.

Präauer, V. (2013). *Der Pädagogische Takt. Ein Versuch der Operationalisierung eines komplexen Konstrukts.* Unveröffentlichte Masterarbeit, Gesellschafts- und Kulturwissenschaftliche Fakultät der Universität Salzburg.

Purzeller, A. (2009). *Unterschiedliches Denken in ähnlichen Situationen? Eine Analyse Subjektiver Theorien von Erziehungspersonen an den beiden Beispielen ‚Mangelnde Zahnhygiene' und ‚Kommunikationsprobleme'.* Unveröffentlichte Masterarbeit, Fachbereich Erziehungswissenschaft, Universität Salzburg.

Roither, I. (2014). *Die Bedeutung Subjektiver Theorien von Praxislehrpersonen in der Unterrichtsbesprechung. Eine explorative Studie im Setting der Schulpraktischen Ausbildung an Hauptschulen und Neuen Mittelschulen im Unterrichtsfach Englisch.* Unveröffentlichte Dissertation, Gesellschafts- und Kulturwissenschaftliche Fakultät der Universität Salzburg.

Schön, D. A. (1983). *The reflective practitioner. How professionals think in action.* New York: Basic Books.

Schüpbach, J. (2007). *Über das Unterrichten reden. Die Unterrichtsnachbesprechung in den Lehrpraktika – Eine Nahtstelle von Theorie und Praktika.* Bern: Haupt.

Stadelmann, M. (2006). *Differenz oder Vermittlung? Eine empirisch-qualitative Studie zum Verhältnis von Theorie und Praxis in der Ausbildung von Lehrkräften für die Primar- und Sekundarstufe I.* Bern: Haupt.

Tausch, R. & Tausch, A.-M. (1998). *Erziehungs-Psychologie: Begegnung von Person zu Person* (11., korr. Aufl.). Göttingen: Hogrefe.

von Felten, R. (2005). *Lernen im reflexiven Praktikum. Eine vergleichende Untersuchung.* Münster: Waxmann.

Weidle, R. & Wagner, A. C. (1982). Die Methode des Lauten Denkens. In G. L. Huber & H. Mandl (Hrsg.), *Verbale Daten. Eine Einführung in die Grundlagen und Methoden der Erhebung und Auswertung* (S. 81–103). Weinheim: Beltz.

West, L. & Staub, F. C. (2003). *Content-Focused Coaching[SM]: Transforming mathematics lessons.* Portsmouth, NH: Heinemann.

Maria Spychiger

Theorie-Praxis-Bezug im Mentoring. Beispiele und pädagogische Interaktionen in Praxisgesprächen

Zusammenfassung

In diesem Beitrag vertreten wir die Annahme, dass sich der Theorie-Praxis-Bezug im Praxisgespräch kristallisiert, im sozialen Bezug zwischen Mentor und Mentee, der berufsbildenden Person und dem oder der Studierenden also. Mit Praxisgespräch sind hier die beiden Typen „Feedback erweiterndes Praxisgespräch" und „Reflexives Praxisgespräch" nach Alois Niggli gemeint (2005, S. 73–106).

Zunächst werden jedoch zwei Themen behandelt, die mit Blick auf das „wirkliche" Thema des Aufsatzes nur Beispiele möglicher Theorie- und Forschungsbezüge sind. Das erste ist die ästhetische Kompetenz und das zweite das musikalische Selbstkonzept. Für die Bedeutung des Praxisgesprächs als Ort des Theorie-Praxis-Bezugs wollen sie aber auch gleichzeitig Impulse für die professionelle Entwicklung im Lehrberuf sein: Die ästhetische Kompetenz bezieht sich ganz primär auf die Gestaltung von Unterricht und damit allgemein auf die zu erwerbenden didaktischen Kompetenzen. Bei den Selbstkonzepten dagegen geht es darum, dass deren Förderung bei den Schülerinnen und Schülern eine Lehrkompetenz im pädagogisch-psychologischen Bereich sein soll, die im Rahmen von Unterricht zu leisten ist, ohne dass sie direkt mit den inhaltlichen Lerngegenständen einer Unterrichtsstunde verbunden ist.

Die beiden Forschungsthemen sind als Abschnitte 1 und 2 lose aneinander gereiht.[1] Erst im dritten Abschnitt werden sie gebündelt und auf einen gemeinsamen Nenner für die Thematik des vorliegenden Buches gebracht, den Theorie-Praxis-Bezug in der Lehrerbildung. Es geht in diesem dritten Abschnitt um die Reflexion von Unterricht und Unterrichtssituationen im Kontext ihrer Besprechung in der Form des Mentorings. Solche Reflexionen beginnen, wenn Studierende des Lehramts im Rückblick auf eine Übungslektion etwa überlegen, ob das Hauptthema der Stunde auch tatsächlich im Zentrum des Geschehens war. Der Reflexion zugeführt bleibt das Geschehene dann nicht einfach stehen. Man lässt Situationen Revue passieren, Erklärungen folgen auf dem Fuß. Diese kann der Mentor oder die Mentorin mit Theorie stark machen.

1 Dass es gerade diese beiden Themen sind, ästhetische Kompetenz und musikalisches Selbstkonzept, hat (unschwer zu erraten) mit den Forschungsschwerpunkten der Autorin zu tun.

Der erste Abschnitt ist der ästhetischen Kompetenz gewidmet, dem didaktischen Thema. Die implizite und einfache These ist, dass Unterrichten ein Gestaltungsprozess ist und deshalb von der Ästhetik gute Ratschläge erhalten kann. Demgegenüber ist das Thema der Selbstkonzepte im zweiten Abschnitt ein psychologisches. Seine Bedeutsamkeit für den Unterricht ist derart hoch, dass es von den Unterrichtswissenschaften aufgenommen werden muss. Lehrpersonen tragen eine hohe Verantwortung für die Selbstkonzeptentwicklung ihrer Schülerinnen und Schüler, sie sollte ihnen so früh wie möglich, bereits in der Berufsausbildung, bewusst gemacht werden.

1. Atmosphäre, Erfahrung, reflexives Bewusstsein: Impulse für die Lehrerbildung aus Theorien der Ästhetik und zur ästhetischen Kompetenz

Die Ästhetik ist die Disziplin, die sich mit Form und Gestaltung und deren Wahrnehmung befasst. Wenn Prozesse des Gestaltens auch im Zentrum didaktischen Tuns liegen, dann können sich hier zwei Disziplinen begegnen. Es werden im Folgenden ästhetische Theorien referiert, um Inspirationen hervorzubringen, zum Teil eher spielerisch, zum Teil gezielt auf den Bereich der Didaktik und des Unterrichtens übertragend. Eine erste ausgewählte Lektüre ist *Gernot Böhme* mit dem Konzept der Atmosphäre, es folgt zweitens, begrifflich grundlegend, *John Dewey* für das Konzept der Erfahrung, dann, kurz gestreift, *Martin Seel* zur Bedeutung von Reflexion und ästhetischem Bewusstsein, und schließlich entwicklungspsychologisch *Michael Parsons* mit einem Stufenmodell der ästhetischen Entwicklung.

1.1 Gernot Böhme: Zuerst ist die Atmosphäre

Bei Gernot Böhme (1995) ist *Atmosphäre* Grundbegriff und zentraler Erkenntnisgegenstand zeitgemäßer Ästhetik, primärer Gegenstand der Wahrnehmung. Es ist das, was in leiblicher Anwesenheit bei Menschen und Dingen bzw. in Räumen erfahren wird – die gemeinsame Wirklichkeit des Wahrnehmenden und des Wahrgenommenen. Künstler seien Gestalter von Atmosphären, der Künstler ein ästhetischer Arbeiter, der weiß, „…wie er durch Raumgestaltung, durch Farben, durch Requisiten Atmosphären erzeugen kann", sagt Böhme (a.a.O., S. 95).

Direkt auf unseren Bereich übertragen wäre *Atmosphäre* der zentrale Gegenstand von Unterricht, und Lehrpersonen *Gestalter* von Atmosphären. Man könnte nun Atmosphäre mit Schul- oder Unterrichtsklima oder gar mit dem umfassenden Bollnow'schen Konzept der pädagogischen Atmosphäre (2001/1968) gleichsetzen, ich möchte aber den Fokus spezifischer auf die *Lern*atmosphäre richten. Denn noch grundlegender entspricht Böhmes Zugang zur Ästhetik einer systemischen Sicht auf Unterricht.

Atmosphäre erfahren
Wenn bei Böhme *Atmosphäre* die gemeinsame Wirklichkeit des Wahrnehmenden und des Wahrgenommenen ist, dann umfasst sie Gegenstand *und* Teilnehmende: Kunstwerk, Aufführung, Improvisation. Nicht nur gehören die Wahrnehmenden zum künstlerischen Ereignis, sondern auch direkt zum künstlerischen Prozess. In unserer Analogie ist es die Einheit von Unterrichtsgegenstand, Lehrenden und Lernenden. Viele sozialwissenschaftliche Grundlagen heutiger konstruktivistischer Didaktik, insbesondere die Auffassung der sozialen Genese von Wissen (vgl. etwa Reinmann-Rothmeier & Mandl, 2001; oder das Mehr-Ebenen-Modell des Unterrichts bei Herzog, 2002), aber auch ältere geisteswissenschaftliche Beiträge wie zum Beispiel Martin Bubers dialogisches Prinzip der Erziehung (Buber, 1965), verbinden sich sehr gut mit Böhmes Konzept der Atmosphäre. Differenzierend unterscheidet Böhme für die Wahrnehmung von Atmosphäre zwei Typen (Böhme, 2001): Zum einen kann man in eine Atmosphäre eintauchen, sie aufnehmen, sich mit ihr verbinden. Man gerät in etwas hinein, eine festliche Stimmung, die konzentrierte Andacht einer Trauerfeier, die aufgeheizte Atmosphäre eines sportlichen Wettbewerbs. Das Phänomen hat etwas zu tun mit dem „gestimmten Raum", den Elisabeth Ströker (1965) beschrieben hat. Böhme nennt dies *Ingression.* Zum anderen kann es sein, dass man als Individuum in einer anderen Stimmung ist und man die vorgefundene Atmosphäre nicht aufnimmt. Die individuelle Verfassung bleibt aufrechterhalten, die Atmosphäre entfaltet ihre Wirkung auf das betreffende Individuum nicht, die Person macht die Erfahrung der *Diskrepanz.*[2]

Der zwischen Ästhetik und Didaktik hergestellte Bezug mag uns an dieser Stelle bestärken, Diskrepanz nicht nur als ein zu überwindendes Problem einzustufen, sondern diese, wie etwa zum Einstieg in Unterrichtsstunden, mit neuen Inhalten zu füllen, als Anreiz in Lehr-Lernprozessen. Diskrepanz kann auch einmal *nicht* überwunden werden, sondern am Schluss eines Prozesses stehen, gültiges Ergebnis sein. Man kann diese Lage weiter denken und sich vorstellen, dass solchermaßen *erfahrene* Diskrepanz dann Gegenstand der bewussten professionellen Reflexion wird.

1.2 John Dewey und Martin Seel: Ästhetische Erfahrung und ästhetisches Bewusstsein

Der Begriff der Erfahrung steht bei John Dewey (1859–1952) im Zentrum. Starke Sinneseindrücke haben die Kraft, Erleben ins Bewusstsein zu schieben und sie aus dem ständigen Strom von Ereignissen zu bewussten Erfahrungen zu machen, so stellt der Autor es in seiner Schrift „Art as Experience" (Dewey, 1980/1934) dar.

2 Diese Diskrepanz ist nicht identisch mit der bekannteren *Differenzerfahrung*, wie Klaus Mollenhauer (1995) sie konzipiert hat.

Die Abbildungen 1a–d sind ein Versuch, diesen Vorgang sehr vereinfachend darzustellen.

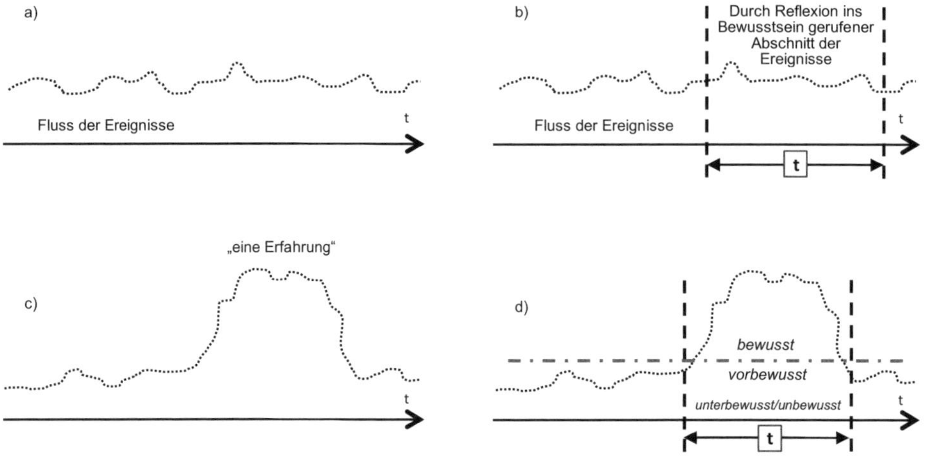

Abbildungen 1a–d: Erfahrung als eine aus dem Fluss der Ereignisse abrufbare Bewusstseinssequenz (vgl. Dewey, 1980/1934; Donald, 2001; für Differenzierungen Spychiger, 2010).

Die Figuren in Abbildung 1 sind bei John Dewey inhaltlich ausgeführt. Reale Erfahrung ist eine zeitlich umgrenzte Einheit mit emotionaler Qualität, umschreibbarem Charakter und einem benennbaren Inhalt. Es sind „... those things of which we say in recalling them, ‚that was an experience‘ (...) – a quarrel with one who was once an intimate, a catastrophe finally averted by a hair's breadth (...), that meal in a Paris restaurant ...“ (Dewey, 1980/1934, S. 36). Eine reale Erfahrung erhält eine Form. Sie wird etwas Gedachtes, Gewusstes, eine Idee, ein Gedanke. Der neu auftretende Aspekt der Form bildet die Brücke von der realen zur ästhetischen Erfahrung. Diese beschreibt Dewey – zeitlich um mehr als ein halbes Jahrhundert vor Böhme – als einen Zustand von Vollständigkeit, Ergriffenheit, Schönheit, Sinn, Bedeutung. Ästhetische Erfahrung enthält eine „intrinsic assurance of worth“, und weist einen „rhythm of surrender and reflection“ auf (Dewey, 1980/1934, S. 145).

Lernpsychologische Assoziationen

Beim Zugang zur Erfahrung als Bewusstseinsphänomen und als Gegenstand der Reflexion ist bedeutsam, dass die Ausstattung des Menschen mit einem Langzeitgedächtnis und der Erinnerungsfähigkeit es ermöglicht, Erfahrung via Reflexion ins Bewusstsein zurück zu holen. Martin Seel (2007) vertieft den Zugang der Reflexion zum Erfahrungsbegriff für den Bereich der Ästhetik und spricht vom *ästhetischen Bewusstsein.* Lernprozesse knüpfen ständig an die Fähigkeit zur Reflexion an und selbstverständlich nutzt die Didaktik die Möglichkeit des Erinnerns systematisch über Reflexionen und Anstöße zum Nachdenken.

Für die Didaktik liegen mit diesem Erfahrungsbegriff aus der Ästhetik auch jenseits eines konstruktivistischen Lernverständnisses viele Anknüpfungspunkte vor. Mit dem „rhythm of surrender and reflection" klingt die *Rhythmisierung* an, welche unter dem Begriff des Funktionsrhythmus ein didaktisches Prinzip ist und die Gestaltung von Unterricht direkt anspricht. Die Reflexion findet sich in vielen Werken der Didaktik, theoretisch ausgearbeitet insbesondere im Unterrichtsmodell von Walter Herzog (2002) als Ebene 4, wo sie mit *bottom-up* als Nachbesinnung oder aber mit *top-down* als Vorbereitung von Unterricht steht. Die vorangegangenen Ebenen handeln (1) von der einzelnen Unterrichtssituation, (2) dem Unterricht als Kommunikationssystem und (3) der sichtbaren Handlung im Sinne der didaktisch gestimmten Lehrer-Schüler-Interaktion. Ebene 4 ist dann in der Tat der Ort didaktischer Erfahrung und didaktischen Bewusstseins. Wenn sich hier das in der Ästhetik beschriebene Sinn- und Bedeutungserleben, die Ergriffenheit, die Besinnung und Besonnenheit und dazu das Element der Werthaftigkeit und der Gewissheit, die „intrinsic assurance of worth" einstellen, wird dies für alle an Unterrichtsprozessen beteiligten Personen, ob Lehrende oder Lernende, ein Maximum sein.

Zur Vertiefung des Themas der *Form* wenden wir uns einem weiteren Autor zu: Michael Parsons. Er hat sich gefragt, wie sich das Empfinden für Form und Stil entwickelt. Er hat sich dazu ein Stufenmodell ausgedacht und empirisch überprüft. Was meine eigenen Forschungsarbeiten betrifft, war das Modell der ästhetischen Entwicklung richtungsweisend für das Seminar „Ästhetische Erfahrung und Entwicklung" (2008), in welchem der Bedarf nach weitergehenden Überlegungen deutlich wurde und erste Forschungsarbeiten zum Thema „Ästhetische Kompetenz" entstanden.

1.3 Michael Parsons' Stufenmodell der ästhetischen Entwicklung

Ähnlich wie bei Lawrence Kohlbergs Modell der moralischen Entwicklung handelt es sich bei Parsons' Stufenmodell nicht um die Stufen der ästhetischen Entwicklung im Sinne einer Entwicklung zum kreativen (Selbst-)Ausdruck, sondern um die Stufen der Entwicklung des ästhetischen *Urteils*. Es umfasst die folgenden aufeinander aufbauenden Stufen (zusammenfassend dargestellt nach Parsons, 1987):

(1) *Favoritism*, deutsch etwa „Bevorzugung, Präferenz". Ein Individuum fühlt sich intuitiv zu einem Gegenstand, einem Kunstwerk hingezogen und bevorzugt das eine vor dem anderen, ohne objektive Kriterien oder gereifte Erfahrungen zur Beurteilung des Werks geltend zu machen oder auch nur zur Verfügung zu haben. Das Urteil ist sicher und unreflektiert, die Person – Parsons sieht auf dieser Stufe ein Vorschulkind – geht davon aus, dass andere derselben Meinung sind. Sie lebt in der Piaget'schen egozentrischen Kognition. (2) *Beauty and Realism.* Über das Gefallen hinaus kommt ein technischer Anspruch ins Spiel. Die Person findet ein Werk

gut, wenn das Abbild der Vorlage möglichst ähnlich ist. (3) *Expressiveness.* Der (intensive) Ausdruck und die mögliche Idee werden zum Maßstab der Beurteilung, die persönliche Erfahrung steht im Zentrum. Eine kritische, objektivierende Diskussion wird hier noch weitgehend abgelehnt, weil sie das emotionale Erleben verändern könnte. (4) *Style and Form.* Auf Stufe 4 weiß die Person – es kann sich unterdessen nicht mehr um ein Kind auf einer vor-operationalen Stufe handeln –, dass Kunst auch im sozialen Kontext entsteht und rezipiert wird. Die Person hat eine ästhetische Bildung durchlaufen und beachtet Stil, Technik, Form, Ausdruck und Inhalt eines Werkes vor diesem Hintergrund. Es entsteht Interesse am Diskurs und der Abstraktion. (5) *Autonomy.* Auf der letzten Stufe verbindet sich dieses Wissen mit selbstständiger Reflexion ästhetischer Normen und ermöglicht ein umfassendes, autonomes Verständnis von künstlerischen Werken und Prozessen.

Das angefangene methodische Spiel darf jedoch nicht bis zum Exzess getrieben werden, weil Vergleiche und Analogien, ähnlich wie Metaphern, immer nur bis zu einem gewissen Grad passen. Manchmal machen sie stattdessen für Unterschiede zwischen dem bekannten und dem zum Vergleich aufgegriffenen Bereich – mit Ivor A. Richards (2005/1936) „Tenor" und „Vehikel" – blind, anstatt dass sie Erkenntnis befördern. Trotzdem ist es mehr als nur unterhaltsam, sich eine Lehrperson und ihre Didaktik auf jeder Parsons-Stufe vorzustellen. Die Bilder sind leicht abrufbar – für Stufe 1, *favoritism*, ist es etwa die Lehrperson, die nach ihren Vorlieben unterrichtet, für Stufe 2, *beauty and realism*, das Streben nach glatt und fehlerlos ablaufendem Unterricht nach Plan, bei Stufe 3, *expressiveness*, die einseitig erlebnisorientierte Lehrperson, die wann immer es geht nach Selbstausdruck strebt, dabei die Maßstäbe aus erziehungswissenschaftlicher Bildung und den theoretischen Diskurs ablehnt, wo diese ihr das Erleben zu gefährden scheinen.

Anspruchsvoller, aber auch ergiebiger, sind die Assoziationen mit Stufe 4, *Stil und Form.* Während psychologische Stufenmodelle aus dem 20. Jahrhundert zur individuellen Autonomie führen wollen, etwa Piaget zum formal-operatorischen Denken, Kohlberg zur postkonventionellen Moral, Oser zu einem unabhängigen Gottesbild, ist bei der ästhetischen Entwicklung zum Erreichen der vierten Stufe zunächst die Kenntnis der wichtigen kulturellen ästhetischen Erzeugnisse und Standards unabdingbar, um auf die Stufe der Autonomie im ästhetischen Urteil zu gelangen. Wenn in unserem Analogieverfahren Stufe 4 ein erstes Zuhause für eine reflektierte Didaktik abgibt, dann muss es zuletzt mit dem Ziel der Autonomie auch noch um das Überschreiten dieser Stufe gehen. Können wir die letzte Stufe oder das Ziel der Didaktik so verstehen, dass es auch im Unterrichten diese Freiheit gibt? Einen Unterricht vielleicht, der Comenius' Prinzip der Lernbarkeit zu transzendieren vermag, der zwar Form und Rhythmus hat, aber womöglich eine postkonventionelle didaktische Stufe erreicht, welche freier ist?

Lehrpersonen gewähren Lernatmosphären

Es ist der Umgang mit Raum und Zeit, Unterrichtsraum und Unterrichtszeit, in welcher sich die Lernhandlungen und die dazu gehörigen sozialen Interaktionen abspielen. Der Fähigkeit zur Gestaltbildung, zum Finden von Formen wird mit dem Faktor Zeit die Dimension der Formveränderung und der Gestaltverwandlung beigefügt (vgl. dazu Deuter, 2010). Damit finden wir uns im Bereich der freien Unterrichtsgestaltung und der Freiheit zur Abweichung von Plänen und Zielen, im Raumgeben für Unerwartetes und der Fehlerfreundlichkeit.

Ästhetische Kompetenz (nach Spychiger & Hechler, 2014) umfasst eine wahrnehmend-urteilende Komponente, verbindende Muster zu erkennen und ihnen Sinn zu geben, und ebenso wichtig eine handelnd-gestaltende Komponente, welche Musterbildung und Sinngebung zum Ausdruck zu bringen vermag. Die Lehrkompetenz „Unterricht gestalten" basiert wesentlich auf diesen Kapazitäten. Das Spiel mit dem Vergleich kann an dieser Stelle abgeschlossen und auf den einfachen Punkt, auf die schlichte Aussage gebracht werden, Didaktik fungiere als funktionale Formgebung in Lernprozessen.

2. Zur Rolle und Position der Selbstkonzepte in Lehr-Lernprozessen

Das Thema dieses zweiten Kapitels, das Selbstkonzept, steht hier in der Überschrift im Plural – *Selbstkonzepte*. Dies hat mit der Entwicklung der Selbstkonzeptforschung hin zur Domänenspezifität zu tun, wie sie seit den Arbeiten von Shavelson, Stanton & Hubner (1976) eingesetzt hat. Wenn ein Selbstkonzept das ist, was ein Mensch über sich denkt, was er sei und was er könne, so ist im gleichen Atemzug zu sagen, dass Menschen unterschiedlich über sich denken, je nachdem, auf welchen Lebensbereich sich diese Gedanken beziehen. Selbstkonzepte können etwa als der bewusste Anteil des Selbst vorgestellt werden (Spychiger, im Druck a).

2.1 Selbstkonzepte der Schülerinnen und Schüler fördern

Selbstkonzepte werden in der pädagogisch-psychologischen Forschung und der Unterrichtswissenschaft wegen ihrer vermittelnden Rolle in Lernprozessen zunehmend beachtet und bereits ab dem Grundschulalter untersucht (Hellmich, 2011). Die Vorstellung eines direkten Bezugs zwischen Lehren und Lernen steht schon lange unter Verdacht und ist etwa von Klaus Holzkamp als Lehr-Lern-Kurzschluss bezeichnet worden (Holzkamp, 1995, S. 391). Stattdessen erfolge das Lernen in *Lernschleifen*, die Lernende durchlaufen, bis sie etwas wissen und können (a.a.O., S. 445). Dieser Gedanke wird weiter unten noch aufgenommen und entwickelt.

Selbstkonzepte entstehen in der sozialen Interaktion

Die Lernschleifen können mit der vermittelnden Instanz des Selbstkonzeptes verbunden werden. Lernprozesse erfolgen dann einerseits als Rückkoppelungsvorgänge mit dem Selbstkonzept des Lerners oder der Lernerin, andererseits aber auch, wie traditionell vorgestellt, als direkte Interaktion oder Feedbackschleife zwischen der Lehrperson und dem oder der Lernenden. Der entscheidende Punkt aber ist der, dass Lehrpersonen mit ihren Rückmeldungen die Entwicklung der Selbstkonzepte der Schülerinnen und Schüler nachhaltig beeinflussen. Selbstkonzepte entwickeln sich in der sozialen Interaktion (Hermans & Gieser, 2012; als *Selbstwirksamkeitserwartung* auch bei Bandura, 1993).

Für den schulischen Kontext gilt, dass die pädagogische Interaktion eine hohe Bedeutung hat: Was Lehrpersonen in Leistungssituationen, aber auch und vielleicht gerade besonders in weiteren selbstrelevanten Situationen sagen, wird vom betreffenden Schüler oder der Schülerin aufgenommen und in ihr Selbstbild integriert. Bei späteren Gelegenheiten kommen diese Inhalte reflexiv ins Spiel und wirken als Moderator des fach- und themenbezogenen Denkens und Verhaltens (Oyserman, Elmore & Smith, 2012). Bei einem Selbstkonzept „Kopfrechnen kann ich gut" kann dies in einer entsprechenden Unterrichtsstunde etwa heißen „Hoffentlich komme ich dran", oder „Ich weiß die Antwort schneller als die anderen", während bei einem Selbstkonzept „Ich kann nicht gut lesen" solche Selbstverbalisationen vielleicht lauten: „Ich passe gut auf, dass ich beim Vorlesen nicht drankomme", oder auch einfach ein Gefühl der Angst, dranzukommen. So beeinflussen Selbstkonzepte bereits die Wahrnehmung von Situationen, indem sie via Motivation die Aufmerksamkeit steuern (Carver & Scheier, 1981).

Zur Erhebung von fachspezifischen Selbstkonzepten sind in verschiedenen Studien Vorgehensweisen zu deren Erhebung entwickelt worden. Im Folgenden soll aus eigener Forschung ein ausgewähltes Messergebnis zum musikalischen Selbstkonzept vorgestellt werden.

2.2 Ein Forschungsergebnis über das musikalische Selbstkonzept

Im Rahmen des Singprojektes „Primacanta" der Stadt Frankfurt am Main wurde der Versuch unternommen, bei Kindern das musikalische Selbstkonzept zu erfragen und in einer längsschnittlichen Untersuchung womöglich etwas über dessen Entwicklung zu erfahren. Kinder schätzten über 4 Messzeitpunkte auf einer vierstufigen Skala von niedriger bis hoher Zustimmung Aussagen ein, wie sie in Abbildung 2 enthalten sind („Ich singe gerne", „Ich kenne viele Lieder", usw.).

Die Auswertung der Fragebögen ergab, dass die Kinder dieser Stichprobe (3. und 4. Schuljahr, Experimental- und Kontrollgruppen) durchschnittlich über positive musikalische Selbstkonzepte verfügen. Sie blieben auch über den Messzeitraum von einem Jahr aufrecht erhalten. Allerdings gibt es dabei einen signifikanten Unterschied zwischen Jungen und Mädchen. Mädchen erzielen durchschnittlich höhere (positivere) Werte für ihre musikalischen Selbstkonzepte als Jungen.

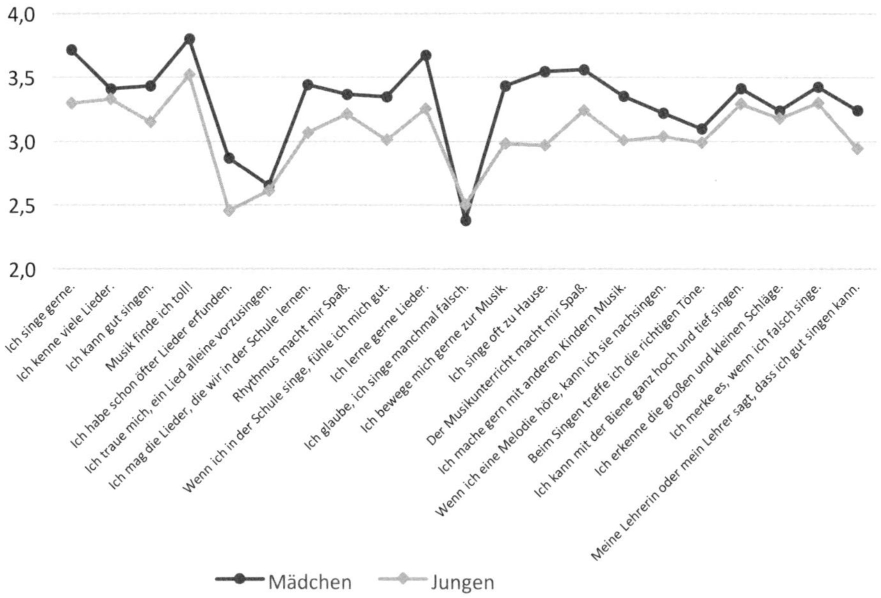
4,0
3,5
3,0
2,5
2,0
Ich singe gerne.
Ich kenne viele Lieder.
Ich kann gut singen.
Musik finde ich toll!
Ich habe schon öfter Lieder erfunden.
Ich traue mich, ein Lied alleine vorzusingen.
Ich mag die Lieder, die wir in der Schule lernen.
Rhythmus macht mir Spaß.
Wenn ich in der Schule singe, fühle ich mich gut.
Ich lerne gerne Lieder.
Ich glaube, ich singe manchmal falsch.
Ich bewege mich gerne zur Musik.
Ich singe oft zu Hause.
Der Musikunterricht macht mir Spaß.
Ich mache gern mit anderen Kindern Musik.
Wenn ich eine Melodie höre, kann ich sie nachsingen.
Beim Singen treffe ich die richtigen Töne.
Ich kann mit der Biene ganz hoch und tief singen.
Ich erkenne die großen und kleinen Schläge.
Ich merke es, wenn ich falsch singe.
Meine Lehrerin oder mein Lehrer sagt, dass ich gut singen kann.
Mädchen
Jungen

Abbildung 2: Mittelwerte der Items des Primacanta-Fragebogens aufgeteilt nach Geschlecht (Mädchen, n=299; Jungen, n=311). Alle Unterschiede mit Ausnahme von Item 6 sind signifikant (t-test, p<.05). Abbildung aus Spychiger & Aktas (2014)[3]

Geschlechterunterschiede im schulischen Musikunterricht wurden in der musikpädagogischen Fachdiskussion bereits festgestellt (Oebelsberger, 2009); der empirische Beleg für die Sachlage könnte aber den Impuls zur Veränderung verstärken. Die Beobachtungen unserer Studie (Spychiger & Aktas, 2014) legen nahe, dass sie mit didaktischen Anpassungen gut beeinflusst werden können. Berichte von Lehrpersonen bestätigen dies, etwa wenn sie sagen, dass Jungen sich darüber Gedanken gemacht haben, was sie mehr anspricht. Z.B. haben sie etwa sehr viel motivierter mitgearbeitet, wenn die Lehrperson eine Stunde mit den Geräuschen einer Lokomotive gestaltet oder neue Bewegungsmöglichkeiten eröffnet habe, die ihre Lebenswelten besser einbeziehen. Zur weiteren Diskussion können auch Befunde zur empfundenen *Selbstnähe* der verschiedenen Schulfächer herangezogen werden, die zum Teil statistisch hoch signifikante Unterschiede zwischen Mädchen und Jungen aufzeigen (Kessels & Hannover, 2004).

3 Der Vollständigkeit halber muss hier angemerkt werden, dass Item 11 „Ich glaube, ich singe manchmal falsch" vom Bewertungsmuster der anderen Items abweicht (vgl. auch a.a.O., Abschnitt 4.1, Tabelle 5). Die Jungen erzielen für dieses Item signifikant höhere Werte als die Mädchen, denken also stärker, dass sie manchmal falsch singen. Die Formulierung mit der Kombination von „Ich glaube" und einer negativen Aussage „Ich singe manchmal falsch" ist aber als solche unglücklich. Wir empfehlen für weitere Verwendungen des Fragebogens, das Item 11 wegzulassen.

2.3 „Selbstkonzepte fördern" als Lehrkompetenz

Lehrpersonen müssen Selbstkonzepte ihrer Schülerinnen und Schüler, zumindest in ihren Konturen, erkennen und diagnostizieren können. Sie benötigen dazu theoretisches, bereits stufenbezogenes Wissen, um die Bedeutung des Konstruktes einschätzen zu können. So kann die Notwendigkeit, zu individualisieren und die Selbstkonzepte der Schülerinnen und Schüler spezifisch fördern und stärken zu können, im Praxisgespräch begründet werden. Der oder die Lehramtsstudierende muss sensibel und handlungsbereit sein, wenn soziale Vergleichsprozesse für ein Kind oder einen Jugendlichen zu oft negativ ausfallen, entmutigend wirken und sie in der möglichen Entwicklung zurückwerfen. Vergleichsprozesse wirken sehr stark auf die Selbstkonzeptentwicklung ein („big-fish-little-pond"-Phänomen, vgl. dazu Marsh, 2005). Lehrpersonen können mit pädagogisch-didaktischem Geschick auch kollektive Selbstkonzepte herbeiführen, oft gibt es so etwas wie das Selbstkonzept einer Schulklasse, alltagspsychologisch etwa als „Wir-Gefühl" bezeichnet.

Zum Beispiel sagte in unserer Studie eine Lehrperson einmal nach einer Stimmbildungsübung: „Bravo, so hoch wie heute sind wir noch nie geflogen". Aber ebenso wichtig wie die Fähigkeit zur Leistungsbestätigung ist die Vermittlung von *Beziehungssicherheit* (Spychiger, 2013a). Es ist damit gemeint, dass Schülerinnen und Schüler Gewissheit über ihre Zugehörigkeit und Partizipationsmöglichkeiten haben, auch dann, wenn sie noch nicht alles richtig machen. Man kann an dieser Stelle noch auf den Theoriebestand der Fehlerkultur und die Praxis des Umgangs mit Fehlern im Unterricht hinweisen (Oser & Spychiger, 2005). Viele Menschen haben ihren Mut zum Selbstausdruck und die Freude am Experimentieren in der Schule verloren, weil sie sich durch Lehreraussagen wie „Soll das tatsächlich eine Orange sein?", „Du hast zwei linke Füße" oder „Sprich lauter!" (wenn etwa eine Unsicherheit Grund des Leise-Sprechens war) haben irritieren und entmutigen lassen. Solche Beispiele kann der Mentor oder die Mentorin im Praxisgespräch ansprechen. Manchmal haben die Lehrpersonen – oder eben der oder die Lehramtsstudierende – es nicht einmal bewusst „so" gemeint, sondern ihre Aussagen oder Fragen ahnungslos ausgesprochen. In vielen Fällen aber wirken sie für die betroffenen Schülerinnen und Schüler lange nach, manchmal ein ganzes Leben, weil sie sich herabgesetzt oder bloßgestellt fühlten.

Diese Lehrkompetenzen sind nicht vorrangig solche der Unterrichtsgestaltung. Vielmehr sind es grundlegende pädagogische Kompetenzen: Geduld haben, Fehler zugestehen, mit Verschiedenheit in den Temperamenten der Kinder umgehen können, Chancen zur Wiederholung geben, Individualisieren, Möglichkeiten der Partizipation schaffen, im richtigen Maß loben und bei Bedarf tadeln, die Klasse führen, usw. (vgl. dazu Terhart, 2009). Es sind nicht nur Fähigkeits-Selbstkonzepte zu befördern, sondern auch die nicht leistungs- und fähigkeitsbezogenen Aspekte des Selbstkonzeptes.

Lernpsychologische Funktion von Selbstkonzepten
Man kann sich bereits die von Holzkamp als *Lernschleifen* vorgestellten Prozesse[4] als Funktion des Selbstkonzeptes vorstellen, wenn man dieses als ursächlich in der Regulation im Lernprozess annimmt. Abbildung 3 versucht, die Position der Selbstkonzepte in Prozessen des Lehrens zu verdeutlichen und grafisch festzuhalten, wie sie Lernprozesse vermitteln. Damit ist deren Entwicklung und Förderung in den Fokus gerückt. Lehrpersonen spielen darin die bereits oben angesprochene wichtige, oft zukunftsbestimmende Rolle.

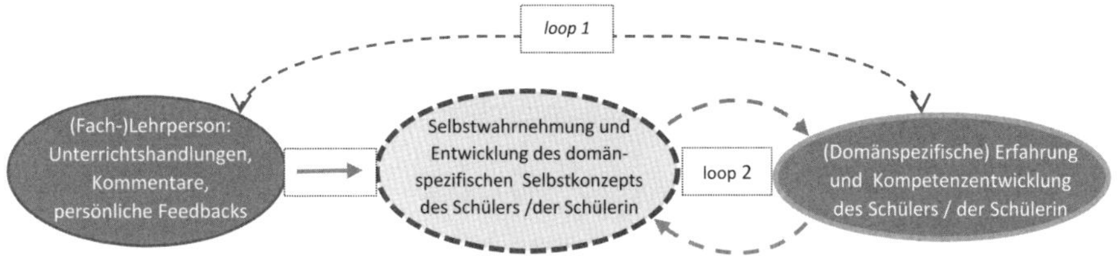

Abbildung 3: Domänspezifische Selbstkonzepte der Schülerinnen und Schüler als vermittelnde Instanzen des Lernens. Beeinflussung der Entwicklung durch Lehrpersonen (→ und loop 1) und die Lernschleife innerhalb des/der Lernenden, loop 2 (vgl. Spychiger, im Druck b).

Selbstkonzepte verändern und formen sich im Umgang mit den aktuellen neuen Inhalten einer Situation und den daran beteiligten Personen. Man kann es sich behelfsweise so vorstellen, dass zwischen der lehrenden und der lernenden Person das (domänspezifische) Selbstkonzept des Schülers liegt (bzw. im Fall des Praxisgesprächs: das Selbstkonzept des Studierenden). Selbstkonzepte sind also nicht unabhängige Steuerinstanzen, sondern fluide, adaptive Strukturen. Der als direkte Verbindung gesetzte Zusammenhang zwischen Lehren und Lernen ist damit nicht nur bildhaft mit der Einfügung von „Schleifen" oder „Mäandern" aufgelöst, sondern mit einem psychologischen Konstrukt theoretisch angereichert. Abbildung 3 versucht diese Komplexitätsstufe zu erfassen und soll gleichzeitig die Rolle der Lehrperson in der Genese musikalischer Selbstkonzepte aufzeigen.

3. Theorie-Praxis-Bezug im Praxisgespräch

Vielleicht wäre es nicht einmal nötig gewesen, die zwei Forschungsgebiete mit ihren Inhalten und Ausschnitten aus ihren Ergebnissen so weitgehend vorzustellen. Es geht schließlich mit deren Synthese, oder vielleicht nur ihrem illustrierenden Charakter, um die folgenden eigentlich schlichten Fragen und Aussagen: Wie kommen

4 Anstelle der Holzkamp'schen Lernschleifen passt auch der bildhafte Begriff des *mäandrierenden Lernens* (Friedli Deuter, 2013).

theoretische Bestände und empirische Ergebnisse zu den Lehramtsstudierenden, und wie werden sie in ihrem professionellen Denken und Handeln wirksam? Wie können wir darüber wenigstens ein Stück weit Gewissheit haben? Es sei im Folgenden postuliert und ausgeführt, dass das Praxisgespräch der Ort ist, an welchem dieser Transfer par excellence erfolgen kann.

3.1 Professionelle Entwicklung in der Mentoringbeziehung (Mentor-Mentee-Verhältnis)

Das Praxisgespräch zwischen Mentor und dem Lehramtsstudierenden erfolgt zeitlich nach Unterrichtsübungen und psychologisch im Rahmen der Mentoringbeziehung, welche man sich als positives pädagogisches Verhältnis vorstellt.

Professionalität auf 3 Ebenen oder Wegen ansprechen
Mit dem Modell des 3-Ebenen-Mentorings hat Niggli (2005) für Mentorinnen und Mentoren eine Struktur der Rückmeldemöglichkeiten und zur Reflexion vorgegeben, innerhalb derer ich im Folgenden das inhaltliche Thema aus Abschnitt 2 aufgreife, die Verantwortung hinsichtlich der Selbstkonzeptentwicklung der Schülerinnen und Schüler. Es handelt sich um eine vergleichsweise komplexe Rückmeldethematik:

Wenn Mentoren Situationen aus einer Übungslektion ansprechen, zum Beispiel den Umstand, dass die Einübung eines Tanzes als Arbeit in der Sozialform des Kreises nicht wie erwünscht gelang und in einem Auseinanderfallen des Kreises, enttäuschten Gesichtern und dem Satz des Lehramtsstudierenden „Du hast wohl zwei linke Füße" endete, dann kann das Feedback des Mentoren an den Mentee alle drei Ebenen ansprechen. Die Sozialform ist organisatorisch anspruchsvoll und wird die Ebene 1 „skills" betreffen, wogegen die möglicherweise herabsetzend wirkende Rückmeldung an den einzelnen Schüler Gelegenheit bietet, auf die Bedeutung selbstkonzeptgenerierender Äußerungen zu sprechen zu kommen und damit auf die Ebene 2 „Theoretisches Hintergrundwissen" zu gelangen. In der Reflexion dieser Bedeutsamkeit bewegen sich Mentor und Mentee aber auch schon auf der Ebene 3; es wird das professionelle Selbst angesprochen, die Ebene der Werthaltungen und der Selbstreflexion. Dass dieses Selbst hier *im Dialog* auf die Bühne des Lernens des oder der Mentee tritt, spricht für die Sicht, dass es sich in der Interaktion entwickelt. Das Selbst ist ein „dialogical self" (Hermans & Gieser, 2012).

Ein Beispiel
Theorievermittlung zum musikalischen Selbstkonzept kann man sich etwa an eine Situation in einem Praxisgespräch gebunden vorstellen. Zum Beispiel mag eine Mentee sich konkret zurückerinnern, dass sie in der Unterrichtsstunde, die eben besprochen wird, einer Musikstunde, gesagt hat: „Philippe, du kannst das Lied gut, du weißt beide Strophen auswendig, willst du heute die zweite Stimme alleine singen?"

Der Mentor oder die Mentorin erinnert sich, wie der Junge die Lehrerin dann noch unsicher anschaute. Aber sie sagte gleich darauf – „… und deine Stimme klingt schön!" Philippe hat dann die Stimme wirklich alleine gesungen, und es war eine gelungene Stunde. Die erinnerte Sequenz enthält eine Lehreraussage, welche potenziell in das Selbstkonzept, es ist in diesem Fall das musikalische, des angesprochenen Schülers einfließt.

Hier kann ein Gespräch in der Mentoringbeziehung einsetzen, in welchem gemeinsam über die Bedeutsamkeit von fachspezifischen Selbstkonzepten, über fördernde und hindernde Lehreräußerungen, ggf. über Erfahrungen und über einschlägige Lektüren oder Studien reflektiert wird.

Situationsbezogene professionelle Entwicklung und das Moment der Ansteckung
Die Rückmeldung über Unterrichtssituationen wird zur Situation und zum Ort, an welchem der Mentor oder die Mentorin Theorie einbringen und diese mit der Erfahrung des Mentee verbinden kann. Es entsteht dabei die triadische Situation von Lehrperson, Schüler und Lerninhalt, wie sie schon das didaktische Dreieck im Sinn hat, in seiner traditionellen Anlage und insbesondere mit Kansanen (2003) in der reformulierten Anlage, wo die zentrale Beziehung diejenige zwischen Lernendem und Lerninhalt ist. An dieser Stelle möchte ich aber auf die Position des Mentors fokussieren und dabei den Faktor der *Ansteckung* ins Spiel bringen.

Man kann sich vorstellen, dass in der sozialen Interaktion nebst allem Austausch von Wissen auch ein dynamischer Faktor wirkt, der in der Pädagogik erstaunlich wenig diskutiert und fast gänzlich der Philosophie überlassen wurde: das Phänomen der *Begeisterung* für eine Sache. Zweifellos spielt sie in Lernprozessen eine wichtige Rolle. Menschen erinnern sich oft auch noch in hohem Alter, dass sie Bildungsbegegnungen hatten, in welchen jemand, oft eine Lehrperson, von ihrer Sache begeistert war und sie angesteckt hat. Was hier schwer in Worte zu fassen ist, schließt gut an die Thematik der Atmosphäre an.

3.2 Enthusiasmus, Begeisterung – wo kommt er her, woher kommt *der Geist*?

Für Praxisgespräche gilt generell die Rahmenbedingung der Atmosphäre wie sie in Abschnitt 1 beschrieben ist. Die soziale Interaktion, die sich in dieser Atmosphäre ebenso ereignet wie sie diese erzeugt, ist eine pädagogische, denn die Kommunikation erfolgt zwischen ungleichen Partnern. Dabei hat der Mentor die Verantwortung, den oder die Mentee Kraft seiner Erfahrung und Expertise zu fördern.

Übernahme der Berufsrolle
Es sei hypothetisiert, dass die zunehmende Übernahme der Berufsrolle mit der Modellwirkung des Mentors zu tun hat, und dass beim Mentor seinerseits die theoretischen Kenntnisse über das Unterrichten und deren Vermittlung in der

Mentoringsituation ein entscheidendes Element seiner Begeisterung für die Sache und die Beteiligten ist.

Der Begriff „Begeisterung“ wird inflationär verwendet, gerade auch in pädagogischen Kontexten. Lernen und lehren soll begeistern, und damit ist der Rede noch längst nicht genug, es wird kräftig eingeheizt. Metaphern zirkulieren, die es mit dem Feuer zu tun haben (Wömmel, 2014), etwa „die Initialzündung“ oder „der zündende Moment“, „der springende Funke“ u.ä., weitergehend „das Feuer im andern auslösen“, dann „Feuer und Flamme für etwas sein“ oder „für etwas brennen“.[5]

Die Aufarbeitung des Konzepts, wie sie kürzlich von Kristin Wömmel (2014) geleistet wurde, zeigt vorerst, dass der altgriechische Begriff in Kontexten gänzlich anderer Vorstellungen und Verortungen von „Geist“ entstanden und verwendet wurde. Der enthusiasmierte Mensch – *ἐνθουσιασμός* – heißt wörtlich übersetzt „der von Gott erfüllte“. Der Geist, von welchem ein Mensch im Zustand der Begeisterung erfüllt ist, kommt von Gott, er wurde be-geistert. Wir verwenden auch etwa die Wendung „ansteckende Begeisterung“, eine Tautologie, wenn dieser Geist von außen kommt. Tatsächlich ist das Element der Ansteckung konstitutiv für den Enthusiasmus auch im modernen Gebrauch des Begriffes. Jedoch denken wir heute nicht mehr, dass diese Ansteckung von einer jenseitigen Welt bzw. deren Geistern oder Göttern kommt, sondern stellen uns vor, dass Ansteckung von einem Menschen und aus einer (diesseitigen) Atmosphäre kommt.

Theorie im Praxisgespräch als Moment der Begeisterung

Im Praxisgespräch würde der Geist dann wesentlich vom Mentor ausgehen,[6] wenn dieser wie hier gefordert und angenommen das Praxisgespräch nutzt, um dem oder der Studierenden gut überlegte Rückmeldungen zu geben und dabei unbedingt theoretisches und empirisches Wissen beizubringen. Die Vorschläge für weiteres Handeln erfolgen so oft wie möglich explizit im Rückbezug auf dieses Wissen. Nun aber kann man sich vorstellen, dabei sich weiter von einem Kausalmodell der Wissensgenese ebenso wie der Begeisterung entfernend, dass dieser Prozess allgemein und in der Mentoringsituation spezifisch *interaktiv* läuft – der Geist entsteht im Dialog, wird quasi aus der Flasche gelockt.[7]

Beim Sprechen ist es oft so, dass man Vieles immer erst begreift, oder neu oder anders begreift, wenn man es ausgesprochen hat. Für diese Art Begeisterung oder

---

5 Der Gebrauch von Sprachbildern für das Lehren und Lernen kann bereits auf einen Corpus pädagogischer Metaphern zurückgreifen, mit Treml (2004) etwa auf die Wachstums-, Weg- und Baumetapher. Eine besondere Stullung hat die Lichtmetapher, von welcher die Feuermetapher sozusagen die leidenschaftliche Variante darstellt.

6 Vielleicht könnte man treffender den Begriff *Begeistung* konstruieren, wenn die Ansteckung nicht mehr von Geistern oder Göttern ausgeht, sondern sich zwischen zwei menschlichen Organismen ereignet. Das fiktive sprachliche Ergebnis zeigt aber lediglich, dass eine andere Lebensauffassung und -wirklichkeit hinter dem ursprünglichen Ausdruck steht.

7 An dieser Stelle möchte ich vier Personen für ihr Mitdenken an diesem Aufsatz danken: Peter Mall konkret für dieses Geist-aus-der-Flasche Bild und hilfreiche redaktionelle Hinweise, Kristin Wömmel für Diskussionen und ihre wissenschaftliche Arbeit über Enthusiasmus, Julia Jung und Michael Meininger für die spontane Lektüre, Verarbeitung und Rückmeldung auf eine erste Fassung dieses Aufsatzes.

‚Begeistung' gibt es mit Blick auf die sie tragende Atmosphäre den Begriff der Enthusiasmierung. Eine Atmosphäre ist dann enthusiasmiert, wenn der Geist fließt, unabhängig davon, von wem er ausgegangen ist. Trotz der Distanzierung zur Vorstellung einer externalen Quelle des Geistes und damit zum theologischen Stadium der Wissenschaftsentwicklung[8] bleibt ein metaphysisches Element an dem beschriebenen Vorgang hängen. Es sei hier nur angesprochen, nicht aufgelöst.

Der Assoziation von der Feuermetapher als Bild des Enthusiasmus oder der Leidenschaft bis hin zum Burn-out muss an dieser Stelle auch noch kurz Platz eingeräumt werden. Das Ausgebranntsein ist sozusagen die Gefahr und die Kehr- oder Schattenseite der Begeisterung in der beruflichen Arbeit – die Verausgabung. Für den Beruf brennen bedeutet hingegen nicht zwangsläufig auszubrennen. Das Gegenteil ist der Fall, wenn es sich um ein interaktives, reziprokes Phänomen handelt, was uns zum letzten, aber zentralen Gedanken führt:

3.3 Reziprozität im Praxisgespräch

Wenn in antiken Vorstellungen die Kraft und das Licht jeweils von außen, von einer anderen Welt, von Gott oder den Göttern kam, drehte sich dies im Zuge der Aufklärung zur diesseitigen Welt und zur Innenwelt der Person. Auch die fortgeschrittenen psychologischen Theorien des 20. Jahrhunderts tendierten dahin, dass Interesse und Motivation von innen kommen, wenn immer möglich *intrinsisch* sein sollen[9]. Der Volksmund vertritt ebenfalls deutlich diese Auffassung, wenn von „hellen Köpfen" die Rede ist, jemandem „ein Licht aufgeht" oder inspirierte Menschen „von innen leuchten". Aber man muss sich die – nach wie vor begehrte, nützliche – Kraft der Begeisterung nicht entweder als von außen oder aber von innen kommend vorstellen, sondern als etwas, das aus der Dynamik einer Beziehung entsteht: Menschen be-geistern sich gegenseitig. Den Aspekt der Gegenseitigkeit im Mentor-Mentee Verhältnis möchte ich noch herausschälen, weil die Kommunikation in der Mentoringbeziehung ja eine asymmetrische ist; auch Niggli (2000) beschreibt an mancher Stelle die Ungleichheit der Partner in der Mentoringbeziehung. Dies schließt aber keinesfalls den Aspekt der Gegen- oder Wechselseitigkeit aus.

Geben, Weitergeben, Zurückgeben

Ein Erstes ist, dass der entstehende Geist, als den man gelingende Lernprozesse etwas pathetisch auch bezeichnen kann und für welchen ich zu Beginn des Abschnitts die Frage gestellt habe, woher er denn komme, mit dem Geben zu tun hat. In einer sozialen Interaktion macht jemand eine Gabe. Der Mentor mag seine Reflexion, seinen Eindruck über den Gegenstand der Besprechung – Unterrichtsinhalte, aber

8 Nach dem Dreistadiengesetz der Entwicklung des Denkens nach Auguste Comte (1798–1857), s. Dreitzel, 1967.

9 „Begeisterung" (oder „Enthusiasmus") als gesteigerte Form von Interesse und Motivation wurden nicht zum Gegenstand von Theorie (Wömmel, 2014).

auch Schülerinnen und Schüler und insbesondere die Handlungen und die Person des Mentee selbst – an diesen geben, und dabei sein Wissen weitergeben. Der Moment dieser Gabe kann fruchtbar werden, wenn sie auf Resonanz stößt, vom Mentee an- und aufgenommen wird. Bereits diese Annahme kann vom Mentor als Wechselseitigkeit erlebt werden, vielmehr noch, wenn der Mentee weiter darauf eingeht, antwortet, neue Handlungspläne entwirft und diese ggf. später ausführt. Eine solche Anlage der Reziprozität würde dem Charakter des Tauschs und damit dem ersten Typus der Reziprozität nach Christian Stegbauer (2011) entsprechen, es handelt sich um *direkte Reziprozität.* Der eine Interaktionspartner gibt etwas, der andere gibt etwas zurück. Im ursprünglichen Sinn handelt es sich um den Austausch von vorteilhaften Gütern. Direkte Reziprozität ist situationsbezogen und -gebunden.

Vertrauen, Anerkennung, wechselseitige Unterstützung

Eine zweite Form der Reziprozität (a.a.O.), die *indirekte Reziprozität*, ist auf Langfristigkeit angelegt. Sie ist über Personen und/oder Situationen generalisiert.[10] Die Resonanz beim anderen wird als Wahrgenommensein erfahren, als Erkannt- und Anerkanntsein (deutlich im englischen Begriff *re-cognition*). Der Mentee wird die Rückmeldungen und Reflexionen des Mentors als hilfreich erleben, wenn sie ihn unterstützen und ihm in einer nächsten Situation nützen. Auf diese Weise entsteht Vertrauen in der Mentoringbeziehung, insbesondere wenn der Mentee dazu auch wiederholt erfahren hat, dass der Rahmen des Feedbacks und der Reflexion ein geschützter ist, Selbstwertschädigungen weitgehend ausgeschlossen sind. Auch diese psychologischen Faktoren, die als einflussreiche Rahmenbedingungen des Lernens und der Entwicklung wirken, sind nicht einseitig. Selbst die Erfahrung des Unterstütztseins wird nicht eine einseitige sein: Sie wirken auf den Mentor zurück, indem er sein Tun als sinnvoll erfährt. Die Reaktion des Mentee fungiert als Belohnung und Stärkung und unterstützt damit auch den Mentor in einem generalisierten Sinn.

Kompetenzentwicklung

Schließlich ist festzuhalten, dass die gelungene pädagogische Beziehung und die Begeisterung im Mentoring, so wertvoll sie *sui generis* sind, nie ohne die Anbindung an die Kompetenzentwicklung der Mentees gedacht sind. Es sind in diesem Verhältnis Lernergebnisse beabsichtigt, die auch Gegenstand der Beurteilung und des Studienerfolgs der Mentees sind (und wobei manchmal auch die Dozierenden evaluiert werden). Der Begriff der Kompetenz bzw. Kompetenzentwicklung impliziert in der aktuell gängigen Verwendung, dass diese Ergebnisse sich keinesfalls nur in Wissen, sondern in Handlung oder Praxis übersetzen lassen und sichtbar werden müssen.

---

10 Stegbauer behandelt explizit das Generationenverhältnis, in welchem sich Reziprozität wesentlich generalisiert. Gesellschaftlich kennen wir das Phänomen als Generationenvertrag, individuell selbstverständlich in familiären Beziehungen – aber eben und gerade auch in pädagogischen Beziehungen. Die generalisierte Reziprozität im Generationenverhältnis ist in jedem Bereich ein kostbares Gut, bei Lehrenden im persönlichen Bereich auch über die Pensionierung hinaus.

Wie diese Übersetzungen sich vollziehen, bleibt in ähnlicher Weise geheimnisvoll wie wir nie ganz wissen werden, wie sie initiiert werden. Wir glauben aber, dass Theorie dabei eine Rolle spielt, auch wenn Niggli richtigerweise vor der Illusion gewarnt hat, es gebe eine direkte Verbindung dazu – „Handeln ist nicht anwenden von wissenschaftlichen Theorien" (Niggli, 2005, S. 12). Ich habe versucht, einen Blick auf das Praxisgespräch zu werfen und dabei dem einen oder anderen Phänomen nachzuhängen, insbesondere dem Punkt, dass Wissen und Selbstprozesse aus der sozialen Interaktion hervorgehen.

4. Zusammenfassung und Schlussfolgerungen

Das vorgelegte Kapitel hat viele offene Enden. Umso nötiger ist es, den Versuch zu machen, die etwas eilig verfassten Gedanken zusammenfassend aufzulisten und mögliche Anschlüsse aufzuzeigen.

1. Zur These des Praxisgesprächs als Ort des Theorie-Praxis-Bezugs in der Lehrerbildung:

Diese Feststellung muss weiter untersucht und mit Beispielen ausgeführt werden. Die Beziehung zwischen Mentor und Mentee wird als Ort und Situation gesehen, wo Berufsausbildung zentral erfolgt, weil hier mit dem situationsbezogenen Theoriebezug die Fähigkeitsbereiche des Unterrichtens, insbesondere aber das professionelle Selbst des oder der Mentee höchst wirksam angesprochen werden kann. Der mögliche Irrtum, wissenschaftlich-theoretisches Wissen sei auch schon Handlungswissen, ist mit Niggli (a.a.O.) bereits erkannt. Aber theoretisches Wissen ist Reflexionswissen, Erklärungswissen, Verstehenswissen, und wirkt als solches konstitutiv in einem professionellen Selbst. Es ist Bestandteil beruflicher Identität. Von ihm gehen Motivation, Interesse und Begeisterung für den Beruf aus.

2. Die Rolle des Selbstkonzepts im Lernverhältnis:

Das Beispiel des musikalischen Selbstkonzepts der Schülerinnen und Schüler und der in Abbildung 3 dargestellten lernpsychologischen Situation gilt auch in der Übertragung auf das Lehrverhältnis in der Mentoringbeziehung: Die Lernprozesse der Lehramtsstudierenden werden durch die eigenen domänspezifischen Selbstkonzepte gelenkt. Die Lehramtsstudierenden sollen um diese Konzepte und Zusammenhänge wissen. Der Mentor oder die Mentorin spielen bei der Entwicklung des beruflichen Selbstkonzeptes der Mentees eine Rolle, und es gilt gleichermaßen, dass das Verhältnis zwischen selbstkonzeptgesteuertem Lernen (loop 2) und „direktem" Lehr-Lernverhältnis (loop 1) im pädagogischen Bezug geklärt werden muss.

3. Unterrichten als Gestalten von Lernatmosphären:

Die Gestaltung von Unterricht bleibt eine Grundkompetenz des Lehrens, die Anforderung steigt lediglich noch stärker, wenn die Lernformen derart vielfältig werden wie sie aktuell sind, und die Kleinschritt-Praxis des Einübens, auch wenn sie offenbar weltweit praktiziert wurde, keinesfalls mehr die dominante und anerkannte Methode erfolgreichen Lernens ist (vgl. dazu Niggli, 2000, S. 21, im Rückbezug auf Adicks Darstellungen). Die Lehrkompetenz als Gestaltung von Lernatmosphären zu definieren gibt viel Freiraum, ohne dass sie die Verantwortung des Lehrenden vermindert. Dieser Blick auf die Didaktik ist ein systemischer und dialogischer, wie er im vorliegenden Beitrag auch für die Entwicklung des Wissens und des Selbst eingenommen wird.

4. Gestaltung darf nicht zum Selbstzweck werden:
Die vielfältigen Möglichkeiten der Unterrichtsgestaltung – durch die Ästhetik beraten und die medialen Möglichkeiten potenziert – dürfen nicht zum Selbstzweck werden. Wie etwa Zoltán Kodály für das Musiklernen bemerkt hat: die Methode muss zur Musik, nicht im Kreis herum nur wieder zur Methode selbst führen. Die Didaktik muss im Dienste der Lernprozesse über den aufgegriffenen oder angebotenen Sozialformen – Teamarbeiten, Fishbowl, Worldcafé, Online-Tutorials, Gruppenpuzzle, Gruppenrallye, etc. – stehen. All die vielen Lernformen und -möglichkeiten, die es gibt und die u.a. Niggli (2000) als Lernarrangements beschrieben und ausgeführt hat, wirken nicht von selbst, sondern in der sozialen Interaktion der Beteiligten, für die wiederum die Lehrperson zuständig ist.

5. Reziprozität
Lehrpersonen gestalten Lernatmosphären, sie sind Vermittelnde von oder Begleitende in Lernerlebnissen. Sie teilen ihre Welt mit den Lernenden. Die wechselseitige Wahrnehmung und Anerkennung ist dazu eine bedingende Grundlage. Im französischen Sprachgebrauch impliziert das Wort „reconnaissance" einen Aspekt, der im deutschen Begriff des Erkennens und Anerkennens und im englischen „recognizing" weniger präsent ist, denjenigen der Dankbarkeit (Ricoeur, 2006; Spychiger, 2013a). Wenn man Anerkennung selbst erlebt und mit einem Mentor geteilt hat, ist man dafür dankbar und gibt zu gegebener Zeit dafür gerne etwas zurück. Es ist zwar nicht die gleiche Dankbarkeit, wie der frühere Mensch sie gegenüber den Göttern hatte, dafür ist man aber doch froh, dass nicht immer der ganze Geist aus einem selbst herauskommen muss. Man realisiert zunehmend, dass dieser laufend aus der sozialen Interaktion hervorgeht.

Im deutschen „erkennen" kommt noch eine weitere Seite der Anerkennung zur Geltung, wenn man wahrnehmungspsychologisch auf den Aspekt des Unterscheidens fokussiert und dann die kognitive Bewertung „Ja, es ist etwas", „Es ist etwas von Bedeutung" mit dem alten Terminus „fürwahrnehmen", „fürwahrhalten" verbindet. Vielleicht will der vorliegende Beitrag nicht mehr sagen, als dass da etwas ist: etwas, dem wir nachgehen und dem noch weiter nachzugehen ist, schwer zu fassen, das aber trotzdem lohnt, weil wir es in besonderen Zeiten, dann, als die Empfänglichkeit erhöht war, schon für-wahr-genommen haben.

Literatur

Bandura, A. (1993). Perceived Self-Efficacy in Cognitive Development and Functioning. *Educational Psychologist, 28* (2), 117–148.

Böhme, G. (1995). *Atmosphäre.* Frankfurt a. M.: Suhrkamp.

Böhme, G. (2001). *Aisthetik, Vorlesungen über Ästhetik als allgemeine Wahrnehmungslehre.* München: Fink.

Bollnow, O. F. von (2001). *Die pädagogische Atmosphäre. Untersuchungen über die gefühlsmäßigen zwischenmenschlichen Voraussetzungen der Erziehung.* Essen: Die Blaue Eule. Erstausgabe 1968.

Buber, M. (1965). Ich und Du (ID). In M. Buber, *Das dialogische Prinzip.* Heidelberg: Verlag Lambert Schneider.

Carver, C. S. & Scheier, Michael F. (1981). *Attention and self-regulation. A control theory approach to human behavior.* New York: Springer.

Deuter, M. (2010). *Polaritätsverhältnisse in der Improvisation. Systematik einer musikalisch-psychologischen Benennung der musiktherapeutischen Improvisation.* Wiesbaden: Reichert Verlag.

Dewey, J. (1980). *Art as Experience.* New York: Perigee Books. Erstausabe 1934.

Donald, M. (2001). *A Mind so Rare: The Evolution of Human Consciousness.* New York: W. W. Norton & Company.

Dreitzel, H. P. (1967). Comte, Auguste. Das Drei-Stadien-Gesetz. In H. P. Dreitzel, *Sozialer Wandel. Zivilisation und Fortschritt als Kategorien der soziologischen Theorie.* Neuwied: Luchterhand.

Friedli Deuter, B. (2013). *Lernräume. Kinder lernen und lehren in heterogenen Gruppen.* Bern: Haupt.

Hargreaves, D. J. (1982). The development of aesthetic reactions to music. *Psychology of Music,* Special Issue, 51–54.

Hellmich, F. (Hrsg.) (2011). *Selbstkonzepte im Grundschulalter. Modelle, empirische Ergebnisse, pädagogische Konsequenzen.* Stuttgart: Kohlhammer.

Hermans, H. & Gieser, T. (2012). *Handbook of Dialogical Self Theory.* Cambridge: Cambridge University Press.

Herzog, W. (2002). *Zeitgemäße Erziehung. Die Konstruktion pädagogischer Wirklichkeit.* Weilerswist: Velbrück Wissenschaft.

Holzkamp, K. (1995). *Lernen. Subjektwissenschaftliche Grundlegung.* Frankfurt: Campus.

Kansanen, P. (2003). Studying – the realistic bridge between instruction and learning. An Attempt to a Conceptual Whole of the Teaching-Studying-Learning Process. *Educational Studies, 29* (2/3), 222–232.

Kessels, U. & Hannover, B. (2004). Empfundene „Selbstnähe" als Mediator zwischen Fähigkeitsselbstkonzept und Leistungskurswahlintentionen. *Zeitschrift für Entwicklungspsychologie und Pädagogische Psychologie, 36* (3), 130–138.

Marsh, H. W. (2005). Gasteditorial: Big-Fish-Little-Pond Effect on Academic Self-Concept. *Zeitschrift für Pädagogische Psychologie, 19* (3), 119–127.

Mollenhauer, K. (1990). Ästhetische Bildung zwischen Kritik und Selbstgewissheit. *Zeitschrift für Pädagogik*, 36, 481–494.

Niggli, A. (2000). *Lernarrangements erfolgreich planen. Didaktische Anregungen zur Gestaltung offener Unterrichtsformen.* Aarau: Sauerländer.

Niggli, A. (2005). *Unterrichtsbesprechungen im Mentoring.* Oberentfelden: Sauerländer.

Oebelsberger, M. (2009). Singen ist Mädchensache. In T. Schweiger & T. Hascher (Hrsg.), *Geschlecht, Bildung und Kunst* (S. 70–90). Wiesbaden: Springer.

Oser, F. & Spychiger, M. (2005). *Lernen ist schmerzhaft. Zur Theorie des Negativen Wissens und zur Praxis der Fehlerkultur.* Weinheim: Beltz.

Oyserman, D., Elmore, K. and Smith, G. (2012). Self, self-concept, and identity. In M. R. Leary and J. P. Tangney (Eds.), *Handbook of Self and Identity*, 2nd edition (pp. 69–104). New York: Guilford Press.

Parsons, M. J. (1987). *How We Understand Art.* New York: Cambridge University.

Reinmann-Rothmeier, G. & Mandl, H. (2001). Unterrichten und Lernumgebungen gestalten. In A. Krapp & B. Weidenmann (Hrsg.), *Pädagogische Psychologie. Ein Lehrbuch* (S. 601–646). Weinheim: Beltz PVU.

Richards, I. A. (1983). Die Metapher. In A. Haverkamp (Hrsg.), *Theorie der Metapher* (S. 31–52). Darmstadt: Wissenschaftliche Buchgesellschaft. Erstausgabe 1936.

Ricoeur, P. (2006). *Wege der Anerkennung. Erkennen, Wiedererkennen, Anerkanntsein.* Frankfurt a. M.: Suhrkamp.

Seel, M. (2007). *Die Macht des Erscheinens.* Frankfurt a. M.: Suhrkamp.

Shavelson, R. J., Hubner, J. J. & Stanton, G. C. (1976). Self-concept: Validation of construct interpretations. *Review of Educational Research, 46,* 407–441.

Spychiger, M. (2010). Fehler als Erfahrung. Zur Rolle von Koordination und Diskoordination in bewussten Prozessen. In O. Neumaier (Hrsg.), *Was aus Fehlern zu lernen ist in Alltag, Wissenschaft und Kunst* (S. 31–54). Wien: Lit Verlag.

Spychiger, M. (2013a). Fehlerkultur als Beziehungssicherheit. In T. Hake (Hrsg.), *Von der Herausforderung, die Lösung (noch) nicht zu kennen. Entwicklungskonzepte für Menschen und Organisationen in Zeiten rapiden Wandels* (S. 139–161). Heidelberg: Carl-Auer Verlag.

Spychiger, M. (2013b). Das musikalische Selbstkonzept. Wer ich bin und was ich kann in der Musik. *Üben & Musizieren, Zeitschrift für Instrumentalpädagogik und musikalisches Lernen, 30* (6), 18–21.

Spychiger, M. (im Druck a). Musical identity and musical self-concept. Erscheint in: D. J. Hargreaves, R. MacDonald & D. Miell (Eds.), *The Oxford Handbook on Musical Identity.* Oxford: Oxford UP.

Spychiger, M. (im Druck b). Lernpsychologische Perspektiven für eine grundschulspezifische Musikdidaktik. In: M. Fuchs (Hrsg.) (in Vorb.), *Musikdidaktik Grundschule.* Esslingen: Helbling Verlag.

Spychiger, M. & Aktas, U. (2014). *Primacanta – Jedem Kind seine Stimme. Eine Intervention in 3. und 4. Klassen.* Schlussbericht über die wissenschaftliche Begleitung (nicht veröffentlicht). Frankfurt am Main: Hochschule für Musik und Darstellende Kunst.

Spychiger, M. & Hechler, J. (2014): Musikalität, Intelligenz und Persönlichkeit. Alte und neue Integrationsversuche. In W. Gruhn & A. Seither-Preisler (Hrsg.), *Der musikalische Mensch. Evolution, Biologie und Pädagogik musikalischer Begabung* (S. 23–68). Hildesheim: Olms.

Ströker, E. (1965). *Philosophische Untersuchungen zum Raum.* Frankfurt a. M: Klostermann.

Terhart, E. (2009). *Didaktik. Eine Einführung.* Stuttgart: Reclam.

Treml, A. K. (2004). *Allgemeine Pädagogik. Grundlagen, Handlungsfelder und Perspektiven der Erziehung.* Stuttgart: Kohlhammer.

Wömmel, K. (2014). *Enthusiasmus. Untersuchung eines mehrdimensionalen Konstrukts im Umfeld musikalischer Bildung.* Dissertation, Hochschule für Musik und Darstellende Kunst Frankfurt am Main, Fachbereich 2.

Christian Wandeler und Frederick Nelson

Eine Landkarte zur reflexiven Praxis für Mentoren und Mentees

Zusammenfassung

In den 1980er-Jahren wurde „reflexive Praxis“ zum anzustrebenden Ideal für Lehrerausbildung. Von Lehrerausbildenden wurde erwartet, eine Grundausbildung für Lehrer anzubieten sowie die Fähigkeit zur Reflexion und zu kontinuierlichem Lernen zu entwickeln. Alois Niggli ist einer der Forscher-Praktiker, welche die Herausforderung angenommen haben und auch über die persönliche Reflexion der Praxis hinweg an der nächsten Ebene der kollektiven Reflexionsprozesse und -strukturen gearbeitet hat, wie z.B. die wissenschaftliche Forschung, Praktikernetzwerke, oder die Gestaltung von Zertifikatskursen für Mentoren. Er entwickelte Strukturen und Prozesse, welche die Verbindung der theoretischen und praktischen Ausbildung an der Universität mit den Praxiserfahrungen in der Schule erleichtern, und erforschte Mentoring als dritten Raum, um Theorie und Praxis zu verbinden. Niggli (2006) konzeptualisiert Mentoring als gemeinsame Reflexion, bei der angehende Lehrpersonen, Mentoren in der Praxis und Mentoren an der Universität einen dritten Raum für die Integration von Theorie und Praxis schaffen. Die Ziele des vorliegenden Beitrags sind die Heuristik von Nelson und Sadler (2013) für das Verständnis von Orientierungen und Komponenten der Reflexion in den Kontext des Mentoring und den deutschsprachigen Raum einzuführen, daraus eine Landkarte für Reflexion im Kontext des Mentoring zu entwickeln und den praktischen Nutzens dieser Landkarte für die Zusammenarbeit zwischen verschiedenen Mentoren und angehenden Lehrpersonen im Hinblick auf die Integration von theoretischen und praktischen Lernerfahrungen und der Entwicklung der Reflexionsfähigkeit aller Akteure aufzuzeigen.

1. Einleitung

> „Ein Leben ohne Selbsterforschung ist nicht lebenswert.“
> Socrates, Apology 38a.

Diese Einstellung kann man auf den Lehrerberuf anwenden; Unterrichtspraxis, die nicht Gegenstand von sinnvoller Reflexion ist, kann weder zur persönlichen Weiterentwicklung noch zu jener des Fachgebietes beitragen. Für die Unterrichtsforschung und -praxis formulierte Dewey als Erster eine brauchbare Beschreibung reflexiven Denkens als „aktiv anhaltende und sorgfältige Prüfung aller Überzeugungen oder vermeintlichen Formen des Wissens" (1933, S. 9). Dieser Prozess wird auf ein beobachtetes Problem angewendet und eine mögliche Lösung geprüft. Schön (1983) förderte dieses Ziel mit den Ansätzen der „reflection-in-action" (Nachdenken im und durch Handeln) und „reflection-on-action" (Nachdenken über Handeln außerhalb der Handlung), wobei das Konstrukt des reflektiven Praktikers zu einem weitverbreiteten Element des konzeptionellen Rahmens in Lehramtsstudiengängen wurde.

Mentoring kann ein bedeutsamer Prozess für die Entwicklung von Reflexionsfähigkeit sein. Niggli (2006) unterscheidet drei Funktionen von Mentorinnen und Mentoren: "local guides" (Erleichterung der Sozialisation im Arbeitsfeld), "educational companion" (pädagogische Begleitung durch Personen, welche bei auftretenden Problemen Unterstützung anbieten und berufliche Reflexivität fördern) sowie "agents of change" (Moderatorinnen und Moderatoren von Netzwerken zum Austausch zwischen Novizen, Arbeits- oder Synergiegruppen). Diese drei Funktionen spiegeln auch die Bedürfnisse von angehenden Lehrpersonen beim Einstieg in die Berufstätigkeit wider. Um den unterschiedlichen Ansprüchen in diesem komplexen Umfeld gerecht zu werden, hat sich die Zusammenarbeit von verschiedenen Mentoren aus den unterschiedlichen Lernorten als fruchtbar erwiesen (Moroni, Gut, Niggli & Bertschy, 2014).

In diesem Kapitel diskutieren wir zuerst kurz die Rolle von Mentoring in der Zusammenarbeit zwischen den Lernorten und geben eine deutsche Einführung in die Heuristik von Nelson und Sadler (2013), welche das Verständnis von Orientierungen und Komponenten der Reflexion erleichtern kann. Diese theoretische Heuristik haben wir adaptiert und wenden sie spezifisch auf den Kontext des Mentoring in der Lehrerbildung an. Daraus resultiert die Landkarte der reflexiven Praxis für Mentoren und Mentees. Abschließend diskutieren wir Parallelen zwischen Nigglis Arbeiten und der Landkarte sowie den praktischen Nutzens einer Landkarte für die Zusammenarbeit zwischen verschiedenen Mentoren und angehenden Lehrpersonen im Hinblick auf die Integration von theoretischen und praktischen Lernerfahrungen und der Entwicklung der Reflexionsfähigkeit aller Akteure.

2. Die Theorie-Praxis-Lücke und Sozialisation bei Praxiseintritt

Das Unterrichtshandwerk ist komplex und Rückmeldungen über die Angemessenheit einer Handlung erweisen sich nicht zwingend als hilfreich für das Handeln. Professionelles Wissen alleine garantiert noch keinen Erfolg im Klassenzimmer, da professionelles Handeln nicht einfach durch eine deduktive Anwendung des erworbenen Fachwissens charakterisiert werden kann (Niggli, 2001). Niggli beschreibt, dass es Junglehrpersonen oft schwer fällt, diese komplexe Situation zu akzeptieren, und dass sie zu Recht in ihrer Grundausbildung erwarten, Sicherheit und Kompetenz im Umgang mit den praktischen Anforderungen zu erwerben. Es ist jedoch nicht unbedingt so, dass Junglehrpersonen zwingendermaßen die Praxis bevorzugen. Gewisse Studien berichten, dass Junglehrpersonen Theorie und Praxis gleichermassen schätzen (Allen & Wright, 2014) und sich das Interesse an der Reflexion sowie die Theoriedistanz je nach Ausbildungsinstitution unterschiedlich entwickelt (Niggli, 2004). Die mangelnde Verbindung zwischen Universitätskursen und Praktikum wurde von Darling-Hammond (2009) als Achillesferse der Lehrerbildung bezeichnet. Niggli schlägt vor, Lernen wenn immer möglich reflexiv und situiert zu arrangieren (2001, S. 244). Es gibt Institutionen, wo die Lehrerbildung als Meister-Lehrling-Lernsituation in der Praxis situiert ist, und erst als Reaktion auf auftretende praktische Fragestellungen theoretische Konzepte durch theoretische Kurse eingeführt werden (Roth, Mavin & Dekker, 2014).

Eine zusätzliche Problematik der Anwendung und Reflexion von theoretischem Wissen von Junglehrpersonen ist die Konfrontation mit der bestehenden Kultur beim Eintritt in die Praxis. Sie haben in der Regel wenig Unterstützung, die in der Grundausbildung erworbenen Kenntnisse mit den praktischen Erfahrungen zu verbinden. Die kulturelle Sozialisation durch erfahrene Lehrer und Administratoren, welche zum Teil einer Umschulung gleichkommt und bis zum expliziten Hinterfragen des Wertes der Grundausbildung reichen kann, wurde als das Phänomen der „Konstanzer Wanne“ bezeichnet (vgl. Koch, 1972, Tanner, 1993). Eine solche Assimilation an „die Berufsrealität“ mag wohl für den jeweiligen Kontext adaptiv sein und auch das Bedürfnis der Junglehrpersonen nach Sicherheit und Bewältigung der Praxis befriedigen, jedoch ist die Qualität dieser Praktiken unklar. Diese Praktiken können dem in der Ausbildungsinstitution Vermittelten diametral entgegenlaufen. So werden die Investitionen in die Grundausbildung nicht optimal genutzt. Die aktive Reflektion von Berufseinstellungen während der Grundausbildung sowie die Thematisierung der Diskrepanz zwischen Realität und Ideal können helfen, diesen Praxisschock zu dämpfen (Tanner, 1993).

Es besteht auch die Gefahr, dass das Berufsfeld neue Entwicklungen, welche den Junglehrpersonen bekannt sind, nicht optimal aufnimmt. Gerade die kontinuierlichen Entwicklungen in Pädagogik, Psychologie, Neurowissenschaften, Technologie usw. stellen laufend neue Anforderungen an alle Lehrpersonen. Die Fähigkeit und Einstellung, neues Wissen und Technologien in die eigene Unterrichtspraxis zu integrieren und zu reflektieren, sind folglich nicht nur für Junglehrpersonen, sondern für Lehrpersonen allgemein relevant. Das Anerkennen und Schätzen von Wissen der Junglehrpersonen wäre zudem auch ein Anknüpfungspunkt, um die Ko-Konstruktion in der Beziehung zwischen Mentor und Junglehrperson zu stärken (vgl. Niggli, 2005; Staub, 2004), die Entwicklung der professionellen Identität und Selbstwirksamkeit der Junglehrpersonen zu unterstützen, und Junglehrpersonen als Ressource und Inspiration für routinierte Lehrpersonen zu nutzen („Was kann mein Mentee mir beibringen?“).

3. Der dritte Raum als Brücke zwischen Theorie und Praxis

Die handlungsorientierten Bedürfnisse von Junglehrpersonen, der Graben zwischen Theorie und Praxis und die laufenden Entwicklungen im Bildungsbereich sind Indikatoren, dass in der Lehrerbildung allgemein zwischen den Lernorten geteiltes Wissen und Reflexionsfähigkeit aller Akteure von grosser Bedeutung sind. Hybride Räume oder *third spaces* (Zeichner, 2010) bringen akademisches Wissen, das Wissen von Praktikern und das Wissen von Gemeinschaften in einer weniger hierarchischen Weise zusammen. Die Schaffung hybrider Räume oder *third spaces* sind auch eine Möglichkeit für Hochschulen und die Praxis, ihre Bemühungen, die Theorie und Praxis auf Ebenen der Struktur, der Kommunikation und der Lernprozesse zu koordinieren (Moroni et al., 2014). Auf der strukturellen Ebene bedeutet dies eine Änderung von einem Platzierungsmodell zu einem Partnerschaftsmodell. Die Zusammenarbeit wird intensiver und formell strukturiert; und beide Partner nehmen die Verantwortung für die Ausbildung der Junglehrpersonen wahr. Auf der Kommunikationsebene wird dieser dritte Raum von einem nicht-hierarchischen Verständnis von Forschung und Praxis als Ko-Konstrukteure von Wissen und Können gekennzeichnet (Niggli, 2005; Staub, 2004). Auf der Ebene der Lernprozesse, in denen die beruflichen Kompetenzen entwickelt werden, können die speziell auf Überbrückung von Theorie und Praxis ausgerichteten Lerntheorien verwendet werden. Moroni et al. (2014) diskutieren z.B. situierte Kognition (Lave & Wenger, 1991), die Schaffung authentischer Lernumgebungen (Kreis & Staub, 2012) oder kognitive Flexibilität (Spiro, Feltovich, Jacobson & Coulson, 1991).

3.1 Mentoren als Vertreter von verschiedenen Perspektiven im dritten Raum

Moroni et al. (2014) verstehen Lehrerausbildung als Problemlösungszyklus, bei dem erziehungswissenschaftliches Wissen, praktisches Wissen und praktische Erfahrungen (die Weisheit der Praxis, Shulman, 1986) und Gespräche über diese Elemente nach und nach integriert werden. Der systematische Aufbau von Kompetenzen durch die Verwendung mehrerer unterschiedlicher Perspektiven ist in der Theorie der kognitiven Flexibilität verwurzelt. Um die Ergiebigkeit des dritten Raumes zu erhöhen, hat Niggli für die Mentoren in der Praxis eine Fortbildung zum Thema Mentoring bei der Unterrichtsdifferenzierung veranstaltet. Für die Integration der Perspektiven haben Moroni et al. (2014) einen klar strukturierten Prozess der Zusammenarbeit von Mentoren im dritten Raum entwickelt. Die erste Perspektive ist die Planung einer Unterrichtsstunde mit der Lehrperson an der Universität. Die zweite Perspektive ist die Anpassung der geplanten Unterrichtsstunde an den jeweiligen Kontext mit der Praxislehrperson in diesem Bereich. Die dritte Perspektive ist eine Nachbesprechung der Unterrichtseinheit zwischen allen dreien. Diese Diskussion wird durch die Studierenden geleitet. Eine vierte Perspektive der Reflexion ist ein schriftlicher Bericht der Studierenden nach der gesamten Praxiserfahrung mit Reflexionen über Vorkommnisse und wie die gewonnenen Erkenntnisse auch auf andere Situationen angewendet werden können. Die Personifizierung von verschiedenen Perspektiven durch verschiedene Mentoren und Orte macht nicht nur praktisch Sinn, sondern sollte auch die kognitive Verarbeitung durch die Studierenden erleichtern. Die Integration der verschiedenen Perspektiven wird dann in gemeinsamen Treffen erleichtert, wo die verschiedenen Perspektiven und ihre Personifizierung durch die Mentoren physisch zusammengebracht werden und interagieren. Die Leitung dieser Interaktion durch die Studierenden ist eine elegante Gestaltung der Lernumgebung, da es ihre kognitive Integrationsarbeit der Perspektiven nicht nur physisch repräsentiert, sondern auch explizit ihre persönliche Gestaltungsmöglichkeit und Verantwortung für ihre professionelle Entwicklung symbolisiert.

3.2 Herausforderungen im dritten Raum

Die Zusammenarbeit zwischen den Institutionen im dritten Raum hängt davon ab, wie gut die beteiligten Menschen die drei Ebenen (Struktur, Kommunikation und Lernprozess) nutzen, um eine Lernumgebung zu kreieren. Eine Struktur wie Nigglis Standard-basiertes 3-Stufen-Mentoring in der Lehrerausbildung (2004) kann diese Kommunikation und das Lernen erleichtern. Moroni et al. (2014) sehen eine erste Herausforderung auf der Kommunikationsebene in der Installation von geeigneten Übersetzungsmechanismen zwischen den unterschiedlichen Wissenslogiken – vor allem wenn der Schwerpunkt stark auf der Kooperation zwischen den Lernorten liegt und die Studierenden eine wichtige Rolle bei der Führung des Prozesses übernehmen. Eine zweite Herausforderung, scheint uns, hängt mit der Frage zusammen, ob und warum Akteure Reflexion als wichtig erachten. Die Schaffung einer Gewohnheit zu reflektieren und die Entwicklung einer beruflichen Identität als reflektierende Praktiker ist kaum ohne eine nachhaltige Motivation zur Reflexion vorzustellen. Eine dritte Herausforderung ist, dass die Operationalisierung und Umsetzung der Reflexion nicht immer klar ist[1].

Wir möchten ein praktisches Werkzeug vorschlagen, um diesen Herausforderungen auf den drei Ebenen Struktur, Kommunikation und Lernprozesse zu begegnen: eine Landkarte der reflexiven Praxis für Mentoren und Mentees. Diese Landkarte bietet eine theoretisch abgeleitete Struktur zur Reflexion. Der praktische Nutzen der theoretischen Struktur wird durch eine visuelle Darbietung verstärkt. Die

1 Niggli (2005, S. 97) hat hierzu einen Reflexionszirkel mit 5 Schritten vorgeschlagen: 1. Relevante Ereignisse bestimmen, 2. Beschreiben, was vorliegt und wer daran beteiligt ist, 3. die Gedanken in der Situation explizit machen, also darstellen, warum man glaubt, so gehandelt zu haben, 4. Kombinieren: die verschiedenen Ansichten und Deutungen integrieren, 5. eine Synthese und neue Sicht auf das relevante Ereignis schaffen.

Struktur und Visualisierung erleichtert Mentees und den Mentoren der verschiedenen Lernorte die Kommunikation über die reflektierten Inhalte, die verschiedenen Wissenslogiken und über den Reflexionsprozess an sich. Diese Meta-Reflexion beschleunigt die Entwicklung der Reflexionsfähigkeit, und hilft auch den Nutzen von Reflexion zu verdeutlichen.

4. Eine Landkarte der reflexiven Praxis für Mentoren und Mentees

Die Landkarte ist eine Adaptation der Heuristik von Nelson und Sadler (2013), welche basierend auf einer kritischen Durchsicht der Literatur über Reflexion in der Lehrerausbildung zwei grundlegende Dimensionen identifizierte. Die erste Dimension, theoretische Orientierungen zur Reflexion, betont die philosophischen Grundlagen für die Reflexion und umfasst die Schriften von Dewey (1933), Schön (1983, 1987), Smyth (1989) und Van Manen (1977). Diese Arbeiten konzentrieren sich auf die theoretischen Wurzeln der Reflexion, ihren Wert, Zweck und ihre Komplexität. Die zweite Dimension, Komponenten der Reflexion, beschreibt bestimmte in der Lehrerbildung verwendete Lernstrategien für die Entwicklung der Reflexion von angehenden Lehrpersonen (Hatton & Smith, 1995; Jay & Johnson, 2002; Pultorak, 1993). Die Heuristik ist eine Kombination dieser beiden Dimensionen und beschreibt, wie reflektierende Aktivitäten in der Lehrerbildung eine Manifestation der zugrunde liegenden philosophischen Orientierungen zur Reflexion sind. Wir haben die Heuristik auf den Kontext des Mentorings in der Lehrerbildung angewendet und adaptiert. Die resultierende Landkarte der reflexiven Praxis für Mentoren und Mentees ist in Tabelle 1 dargestellt. Die Reihen repräsentieren die Orientierungen und die Spalten die Komponenten. In den Zellen haben wir Beispiele und Beschreibungen aufgeführt, um die Landkarte zu erläutern.

Tabelle 1: Eine Landkarte der reflexiven Praxis für Mentoren und Mentees, mit Beispielen

Dimension 1/ Dimension 2	Stimulus Was ist Ursache für Reflexion?	Inhalt Was wird reflektiert?	Prozess Wie wird reflektiert?	Intention Warum wird reflektiert?
Technisch	Unterrichtsepisode Niggli beschreibt dies als "concrete and visible performance of one's actions" (2004, S. 3).	Wie war ich? Reflexion der Mentees basiert auf Vergleich zwischen der eigenen wahrgenommenen Leistung und einem extern vom Mentor und Mentee festgelegten Standard.	Beobachtungsprotokolle mit ausdrücklichen Checklisten von Fähigkeiten und Leistungsniveaus vom Mentor ausgefüllt und im Gespräch mitgeteilt.	Mentees sind Empfänger; hören aufmerksam zu und akzeptieren Feedback vom Mentor als Autorität. Zweck des Mentoring ist Entwicklung von technischen Fertigkeiten, nach offiziellen, als wirksam definierten Standards.
Reflection-in- and on-action	Praktische Erfahrung in einem beruflichen Praktikum.	Überprüfung des vorhandenen Wissens und Expertise der Mentees, die unbewussten Kenntnisse werden bewusst gemacht.	Modellierung und Coaching, Dialoge zwischen dem Mentor und Mentee, Erkenntnisse aus des Mentors eigenem Repertoire an Fachkompetenz.	Aktivere Rolle von Mentee als in der technischen Ausrichtung, Eintritt in einen Kreislauf der Problemstellung und Reframing der Praxis-Probleme. Mentee beteiligt in der Selbstbeobachtung und Auswertung anstatt sich auf den Mentor als alleinige Quelle bzgl. Leistungsrückmeldungen zu verlassen.
Abwägend	Wechselwirkung mit Schwabs Gemeinplätzen (Fach, Studenten, Lehrpersonen, Milieu)	Eigene Entscheidungen über Unterricht, Lehrplan, Studenten, Schule, Kontext; Berücksichtigung von mehreren Wissensquellen	Vorausschauend, retrospektiv; einzeln oder kollaborativ.	Sinnvolles Schülerlernen; wirksame Entscheidungsfindung & persönliches Urteil
Persönlich	Unterschiedliche Kontexte aus dem Leben von Mentees oder Mentoren	Eigene persönliche und berufliche Überzeugungen und Einstellungen von Mentor und Mentee; interne Quellen von Wissen, Berücksichtigung von Beruf und Familie	Introspektiv, individuell, autobiographisch, persönliche Theorien, Mitteilen von Lebensgeschichten	Persönliche Entwicklung, Entwicklung der beruflichen und persönlichen Identität
Kritisch	Alles, was in der Gesellschaft geschieht in Bezug auf Schulbildung, Erfahrungen von Lehrern und Schülern, oder in Bezug auf bedeutende Schriften	Schulen als politische Strukturen; Fragen von Macht, Ungerechtigkeit & Privilegien in der Gesellschaft	Nach außen gerichtete Diskussion, bedeutende Schriften mit lokalen Kontexten in Verbindung bringen, Aktionspläne formulieren, Mentoren bieten realistische Perspektiven auf die Intentionen der Mentees.	Aktionspläne, welche die Verbesserung der Situation der Benachteiligten anstreben, politisches Engagement.

4.1 Erste Dimension – Theoretische Orientierungen zur Reflexion

Die erste Dimension der Heuristik beschreibt Orientierungen zur Reflexion. Orientierungen sind laut Van Manen (1977) Weltanschauungen und Lehren. Für diese Heuristik wurde Vallis (1997) Klassifizierung von fünf verschiedenen Typen von Reflexion auf die Lehrerausbildung angepasst (vgl. Abb. 1). Wichtige Punkte sind, dass die Typen nicht hierarchisch, nicht immer trennscharf sind, und Personen oft zwischen verschiedenen Orientierungen hin und her wechseln, jedoch nicht unbedingt alle Orientierungen nutzen.

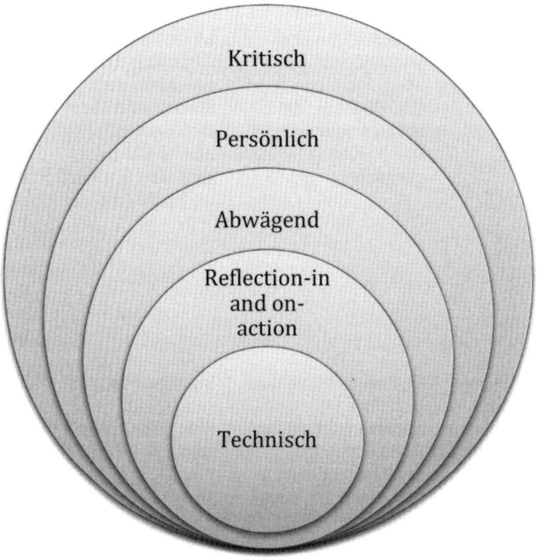

Abbildung 1: Die Orientierungen von Reflexion (Dimension 1 der Landkarte) adaptiert von Nelson und Sadler (2013)

Technische Reflexion

Lehrer beginnen die Reflexion über ihre Praxis unter Berücksichtigung ihrer Leistung in einer bestimmten Unterrichtseinheit. Häufig unter Berücksichtigung dieser Fragen: Was lief gut? Was ist nicht gut gegangen? Was würde ich beim nächsten Mal anders tun? Die Leistung wird oft mit einem externen Standard verglichen und berücksichtigt beobachtbare Lehrerverhaltensweisen (z.B. Anzahl offener Fragen oder Vergleich von verbalen Interaktionen mit Schülern nach Geschlecht). Diese Ebene der Reflexion wird als technisch charakterisiert, mit einem Hauptaugenmerk auf der effektiven Unterrichtspraxis und einem externen Referenzrahmen (z.B. Danielson, 2007).

Reflection-in- and on-action
Ein komplexerer Ansatz zur Reflexion geht auf eine Reihe von Strategien zurück, welche Schön (1983, 1987) als ein Repertoire der beruflichen Praxis beschreibt. Eine Methode zur Entwicklung dieses Repertoires ist die Reflexion durch Interaktion mit Coaches in einem reflektierenden Praktikum. Um die Entwicklung zu begünstigen, wird in diesem Kontext die Komplexität der echten Situation reduziert. Der Dialog mit Trainern in einem reflektierenden Praktikum dient dazu, das in einer Unterrichtsepisode enthaltene implizite Wissen explizit zu machen.

Abwägende Reflexion
Mit zunehmender Komplexität des reflexiven Denkens über Unterricht und Lehrplan bewegen sich Lehrpersonen von externen Referenzkriterien für den Erfolg hin zu einer kritischen Betrachtung von verschiedenen Perspektiven und Wissensquellen. Das Verständnis der Interaktion zwischen Unterrichtsinhalt, Studenten, Lehrern, und dem Milieu des Lernens (Schwab, 1973) bieten einen Leitrahmen für Reflexion.

Persönliche Reflexion
Die bisherigen Orientierungen konzentrieren sich auf die berufliche Entwicklung der Lehrpersonen ohne ausdrückliche Aufmerksamkeit auf die persönlichen Aspekte ihres Lebens. Techniken wie Achtsamkeit (Meikeljon et al., 2012) und Autobiografie (Davis, 1996) bieten Lehrpersonen Möglichkeiten, ihre eigenen Einstellungen, Überzeugungen, Hoffnungen und Bedenken zu prüfen. Reflexion in diesem Modus hat häufig einen introspektiven Charakter.

Kritische Reflexion
Diese Reflexionsebene betont den Unterricht als eine Möglichkeit, Fragen der Ungerechtigkeit und Unterdrückung in der Gesellschaft anzugehen. Die Schulen werden als Strukturen betrachtet, welche häufig die dominante Kultur verstärken. Kritische Reflexion konzentriert sich auf moralische und ethische Aspekte des Unterrichts und kultiviert das Bewusstsein für die am stärksten benachteiligten Lernenden.

4.2 Zweite Dimension – Komponenten der Reflexion

Orientierungen zur Reflexion werden in der Regel eher in den theoretischen Kontexten der Ausbildung (z.B. Hochschule) thematisiert als in der aktuellen Praxis im Klassenzimmer. Damit eine Heuristik, welche den praktischen Nutzen von Reflexion für die Lehrerbildung unterstreicht, tatsächlich von praktischem Nutzen ist, muss eine praktische Dimension einbezogen werden. Im nächsten Abschnitt untersuchen wir die zweite Dimension: Komponenten der Reflexion, die veranschaulicht, wie Reflexion in der Lehrerausbildung erleichtert werden kann.

In dieser Dimension leiten vier Fragen die Gestaltung von Lernerfahrungen zur Entwicklung von Reflexion: Was ist die Ursache für die Reflexion (Stimulus)? Was wird reflektiert (Inhalt)? Wie wird reflektiert (Prozess)? Warum wird reflektiert (Intention)? Diese Komponenten der Reflexion entnahmen Nelson und Sadler aus einer Synthese der Arbeiten von Grimmett, MacKinnon, Erickson und Riecken (1990) und Calderhead (1989) über die wesentlichen Fragen und Konzepte, welche die reflektierende Praxis in der Lehrerausbildung anleiten (vgl. Abb. 2).

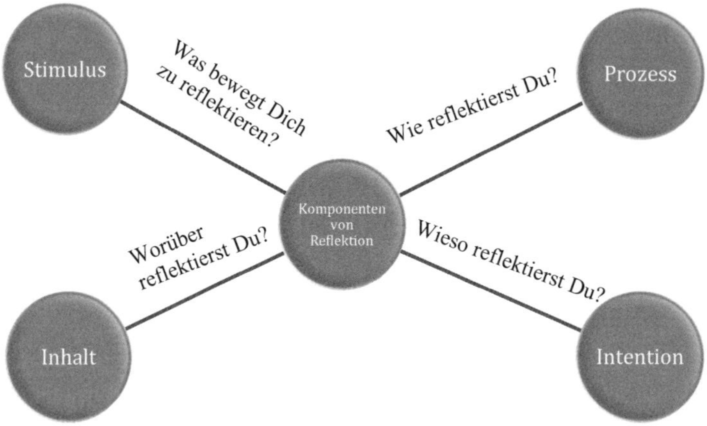

Abbildung 2: Die Komponenten von Reflexion (Dimension 2 der Landkarte) adaptiert von Nelson und Sadler (2013)

Stimulus

Eine Episode der Reflexion wird oft durch ein Ereignis in der Praxis ausgelöst, z.B.: ein Problem, welches eine Lösung verlangt (Dewey, 1933). Laut Schön (1987) wird Reflexion angeregt, wenn eine Spannung zwischen einem Ereignis und dem impliziten Fachwissen besteht. Dieser Impuls regt Praktizierende an, ihr praktisches Knowhow ausdrücklich zu berücksichtigen und es durch Reflexion bewusster zu machen. Während der Impuls für Reflexion in Lehramtsstudiengängen häufig eine Unterrichtseinheit ist, gibt es viele Erfahrungen, die Reflexion auslösen. Dazu gehören Lesen, Beobachtung und Gespräche, vor allem mit einem Mentor.

Inhalt

Diese Komponente besteht aus dem Inhalt der Reflexion; das Denken und die Gefühle des Praktizierenden, während einem Akt der Reflexion. Dieser Inhalt kann die Form von Einträgen in einem Tagebuch oder Antworten auf sorgfältig konstruierten Prompts annehmen. Weitere Inhalte der Reflexion können z.B. in einem Kommentar zu einem Lehrvideo oder dem Dialog zwischen angehender Lehrperson und Mentor enthalten sein.

Prozess

Die Prozesskomponente beschreibt die von einem Lehrer getroffenen Aktionen, um einige Fragen der Praxis zu analysieren. Schön (1983) sieht diesen Prozess als einen Zyklus der Problemstellung, Problem Reframing und Experimentieren. Dieser Zyklus wird durch eine explizite Auswahl an Strukturen für die Sinnfindung gefördert. Der typischste Reflexionsprozess beinhaltet eine Form des Schreibens, oft angeregt durch von Mentoren bereitgestellten Prompts. Tägliche oder wöchentliche Tagebucheinträge sind ein weiteres Verfahren, das häufig verwendet wird, vor allem in Praktika, wo die angehende Lehrperson aufgefordert wird, ihre Leistung im Unterricht zu reflektieren. Verfahren zur Reflexion beinhalten Einzelarbeit, wie z.B. Tagebuch führen oder kooperative Formen, wie z.B.: kollektive Betrachtung und Kritik an einer Mikrounterrichtssequenz, Nigglis Reflexionszirkel (2005), oder Mentoring an sich als Rahmen, wo Reflexion angeregt wird.

Intention

Diese abschließende praktische Komponente beinhaltet den tieferen Zweck, den Sinn des Aktes der Reflexion. Diese Intention leitet, informiert, oder wandelt die Praxis (Grimmett et al., 1990) und hängt eng mit den Orientierungen zusammen. Letztendlich sollte das Ergebnis der Reflexion die Entwicklung neuer Fähigkeiten, Einstellungen, Überzeugungen und Emotionen sein, welche dazu führen, dass Lehrpersonen entlang eines Kontinuums pädagogisches Denken entwickeln (LaBoskey, 1993).

5. Vergleich der Landkarte mit dem Standard-basierten 3-Stufen-Mentoring

Um die Möglichkeiten der Anwendung der Landkarte zur reflexiven Praxis für das Mentoring aufzuzeigen, diskutieren wir die Landkarte in Hinblick auf ein in Praxis und Theorie erprobtes Mentoringmodell: Nigglis Standard-basiertem 3-Stufen-Mentoring in der Lehrerausbildung (2004). Niggli unterscheidet im Standard-basierten 3-Stufen-Mentoring drei verschiedene Handlungsebenen: (a) praktisches Tun/Fähigkeiten, (b) wissenschaftliche und praktische Hintergrundtheorie, (c) professionelles Selbst. Neben diesen drei Ebenen gibt es 3 entsprechende Gesprächstypen: (aa) Feedback-Gespräch, (bb) Reflexives Praxisgespräch und (cc) Orientierungsgespräch, das auf „beliefs“ und die Person selbst („Ich als Lehrperson“) fokussieren. Dabei ist jede Handlungsebene einem Gesprächstyp oder einer Gesprächsphase zugeordnet.

Die Parallelen zur Landkarte sind beträchtlich. So lassen sich die drei Handlungsebenen des Standard-basierten 3-Stufen-Mentoring den verschiedenen Orientierungen der Reflexion zuordnen, wobei die Landkarte mit der kritischen Orientierung (Thematisieren von Fragen der Ungerechtigkeit und Unterdrückung in der Gesellschaft) noch eine weitere Orientierung abdeckt (vgl. Tab. 2). Die

Orientierungen auf der Landkarte sind in derselben Reihenfolge angeordnet. Diese Parallelen in der Anordnung mögen ein Indiz sein für eine unterliegende Ordnung von zunehmender Komplexität oder Maturität der Orientierung. Wir sehen die Orientierungen, wie Niggli, jedoch nicht unbedingt als eine fixe oder gar hierarchische Reihenfolge, sondern als unterschiedliche Blickwinkel und Einstellungen, die Akteure einnehmen können, um der Komplexität der Realität gerecht zu werden. Die Gesprächsmodelle im Standard-basierten 3-Stufen-Mentoring wiederum sind drei unterschiedliche Prozesse, welche mit bestimmten Stimuli, Inhalten oder Intentionen zusammenhängen und relativ fix mit einer Orientierung verbunden sind. Die Landkarte benennt verschiedene Komponenten der Orientierung (Stimuli, Inhalt, Prozess und Intention) und artikuliert dadurch die Grundelemente der Gesprächsmodelle explizit.

Tabelle 2: Vergleich zwischen den Handlungsebenen des Standard-basierten 3-Stufen-Mentoring und den Orientierungen in der Heuristik der Reflexion

Standard-basiertes 3-Stufen-Mentoring	*Heuristik der Orientierungen von Reflexion*
Praktisches Tun, Fähigkeiten (Feedbackgespräch)	Technische Reflexion
Wissenschaftliche und praktische Hintergrundtheorie (Reflexives Praxisgespräch)	Reflection-in- and on-action Abwägende Reflexion
Professionelles Selbst und beliefs (Orientierungsgespräch)	Persönliche Reflexion
	Kritische Reflexion

6. Praktischer Nutzen der Landkarte im 3-Stufen-Mentoring

Nigglis Gesprächsmodelle strukturieren als zusammenhängende Sequenz das Mentoring klar und leiten die Akteure interessanterweise quasi unweigerlich durch verschiedene Orientierungen. So ist das Feedbackgespräch Ausdruck einer technischen Orientierung, das reflexive Praxisgespräch begünstigt eine reflexive und abwägende Orientierung, und beim Orientierungsgespräch liegt der Fokus auf den persönlichen Überzeugungen. Neben der Orientierung führt die Landkarte den Akteuren auch die Komponenten vor Augen und sie können daher Stimuli, Inhalte, Prozesse oder Intentionen bewusster auswählen und variieren. Zum Beispiel können Mentees je nach Intention Photos aus dem Unterricht als visuelle Stimuli nutzen und dann auf einen bestimmten Inhalt fokussieren, als Prozess ein Gespräch mit einer Mentorin wählen, und dann mit ihr in einer technischen, reflexiven, abwägenden, persönlichen oder kritischen Orientierung diskutieren.

Die einfache Struktur des 3-Stufen-Mentoring ist für die Lehrerbildung sehr anwendungsfreundlich. Die Landkarte hingegen schlüsselt die Elemente der Reflexion auf und bietet so ein Werkzeug, um präzise über Reflexion zu diskutieren und den der Reflexionsfähigkeit zugrundeliegenden Lernprozess explizit zu machen. Man hat eine klarere Idee davon, wo man sich in Bezug auf die Reflexive Praxis gerade befindet. Dies sollte auch helfen den Reflexionsprozess besser zu verstehen und die Selbststeuerung einzuleiten. Die Landkarte könnte daher im 3-Stufen-Mentoring als Ergänzung genutzt werden, um den Ablauf des 3-Stufen-Mentoring generell und spezifisch auch den zugrundeliegenden Prozess und Sinn von Reflexion bewusster zu machen. Die Landkarte kann während eines ersten Zyklus durch die 3 Stufen als begleitende Orientierungshilfe dienen. Danach im weiteren Mentoring oder der selbstgesteuerten Reflexion kann sie helfen, die Reflexion zu steuern. Akteure können gemeinsam oder alleine systematisch zwischen den Orientierungen wechseln und durch das Verständnis der Komponenten durchdacht eine größere Vielfalt an Stimuli, Inhalten, Prozessen und Intentionen nutzen. Die Differenzierung von Orientierungen und die Komponenten können die Kommunikation zwischen verschiedenen Mentoren und Lernorten erleichtern und die verschiedenen Gesprächsmodelle verbinden. Die Landkarte würde es auch Mentees erlauben, zusätzlich noch mehr Verantwortung für die Steuerung und Gestaltung von Mentoringsitzungen zu übernehmen.

7. Von Reflexion im Mentoring zur lebenslangen selbstgesteuerten reflexiven Praxis

Wie eingehend diskutiert, wollen angehende Lehrpersonen von ihren Mentoren oft wissen, was funktioniert und was nicht, und sind in der Regel weniger interessiert wie und weshalb etwas funktioniert. Diese Einstellung mag, neben der Dringlichkeit von praktischen Lösungen, unter anderem auch von ihrer eigenen Lerngeschichte stammen. Denn es erinnert an den Fokus von Schülerinnen und Schülern, DIE richtige Antwort wissen zu wollen, was meist eine reduktionistische und pragmatische Reaktion auf die Ansprüche der schulischen Lernumwelt ist. Wir meinen, dass die Balance zwischen lehrer- und schülerzentriertem Unterricht in der Interaktion zwischen verschiedenen Mentoren und Mentees beginnt. Unterschiedliche Lehr- und Lernkonzeptionen und Verständnisse von Wissenschaft, aber auch das situationsangemessene pädagogisch-didaktische Handeln sollten in diesen kooperativen Beziehungen im dritten Raum explizit als kontinuierlicher Lernprozess modelliert werden. Dabei würde eine Landkarte zur reflexiven Praxis schon eingangs einen umfassenden Blick auf das Terrain offen legen und helfen, die abstrakten Dimensionen des Terrains bewusster und konkreter zu machen. Man muss nicht schon zu Beginn jeden Winkel auskundschaften und darf sich durchaus in den pragmatischeren Ebenen der technischen Orientierung bewegen. Die Landkarte genehmigt den Mentees jedoch schon von Anfang an ein Gefühl für den weiteren Horizont und die Grundlage für zukünftige Selbststeuerung der reflexiven Praxis. Das Bewusstsein um diese Landkarte hilft den Mentoren und Mentees, die Mentoring-Beziehung, Aktivitäten, Strukturen, und Prozesse geplanter zu navigieren und sie ganz gezielt für verschiedene Zwecke zu nutzen. Diese Zwecke sollten über die oft naiven Anliegen der Verbesserung der technischen Aspekte der Praxis hinausgehen und auch die komplexeren Aspekte der persönlichen und beruflichen Identität ansprechen, wie dies z.B. im reflexiven Praxisgespräch oder Coaching geschieht.

Die Landkarte dient auch als authentisches Verfahren zum „Explizit-Machen" von theoretisch-fundierten Überzeugungen und praktischen Weisheiten durch gemeinsame Reflexion im Sinne der Ko-Konstruktion. Zum Beispiel bietet die Zusammenarbeit zwischen Praxis und Hochschule den Mentoren verschiedenste unterschiedliche Stimuli, welche in den verschiedenen Orientierungen genutzt werden können. Die Landkarte ist dabei ein Hilfsmittel für die Zusammenarbeit und Kommunikation zwischen den Mentees und den Mentoren der verschiedenen Lernorte im Hinblick auf die Integration von theoretischen und praktischen Lernerfahrungen und der Entwicklung der Reflexionsfähigkeit aller Akteure. Ein Ziel des Mentoringprozesses sollte auch die Bildung von Selbststeuerung sein, wozu die Landkarte von Nutzen sein kann. Sie bietet eine gemeinsame Sprache und Rahmen für Metareflexion. Reflexion geschieht nicht nur bei den Mentees, sondern auch bei den Mentoren, wird von beiden geplant und auch verbessert. Man könnte daher auch die Beziehung zwischen den Mentees und Mentoren als Sextanten (ein doppelt reflektierendes Navigationsinstrument, um den Winkel zwischen zwei beliebigen sichtbaren Objekten zu messen) sehen. Die Reflexion zwischen den Akteuren hilft ihnen, sich selbst und den Stand ihrer reflexiven Praxis zu positionieren, den Lernprozess gezielt zu steuern, und die Landkarte und die Untiefen des Theorie-Praxis-Grabens erfolgreich zu erkunden. Durch die Landkarte und die Mentoringbeziehung als Sextant können Weggesellschaften der reflexiven Praxis entstehen, welche die Landkarte nicht nur nutzen, sondern erweitern, verfeinern und verbessern. Letztlich bietet Mentoring nicht nur einen Raum für kritische Freunde (Niggli, 2001), sondern auch Raum für die Entwicklung von oft lebenslangen Beziehungen, die Gewinne für beide, die Mentees und die Mentoren, ermöglichen. Durch reflexive Praxis bis hin zur kritischen Orientierung werden Mentorinnen und Mentees zu kritischeren Professionals und ihre Schülerinnen und Schüler hoffentlich zu kritischeren Bürgern: und damit zu den ultimativen Gewinnern von gelungenem Mentoring.

Literatur

Allen, J. M. & Wright, S. E. (2014). Integrating theory and practice in the pre-service teacher education practicum. *Teachers & Teaching, 20* (2), 136–151.

Bieda, K. N., Sela, H. & Chazan, D. (2014). "You Are Learning Well My Dear". Shifts in Novice Teachers' Talk About Teaching During Their Internship. *Journal of Teacher Education, 66* (2), 150–169.

Calderhead, J. (1989). Reflective Teaching and Teacher Education. *Teaching and Teacher Education, 5* (1), 43–51.

Danielson, C. (2007). *Enhancing professional practice: A framework for teaching.* Alexandria, VA: ASCD.

Darling-Hammond, L. (2009). *The flat world and education: how America's commitment to equity will determine our Nation's Future*. NY: Teachers College.
Davis, N. T. (1996). Looking in the mirror: Teachers' use of autobiography and action research to improve practice. *Research in Science Education*, *26* (1), 23–32.
Dewey, J. (1933). *How we think: A restatement of the relation of reflective thinking to the educational process*. Lexington, MA: Heath.
Grimmett, P. P., Erickson, G. L., Mackinnon, A. A. & Riecken, T. J. (1990). Reflective practice in teacher education. In R. T. Clift, W. R. Houston & M. C. Pugach (Eds.), *Encouraging reflective practice in education: An analysis of issues and programs* (pp. 20–38). New York: Teachers College Press.
Hatton, N. & Smith, D. (1995). Reflection in teacher education: Towards definition and implementation. *Teaching and Teacher Education*, *11* (1), 33–49.
Jay, J. K. & Johnson, K. L. (2002). Capturing complexity: A typology of reflective practice for teacher education. *Teaching and Teacher Education*, *18* (1), 73–85.
Koch, J.-J. (1972). *Lehrer-Studium und Beruf. Einstellungswandel in den beiden Phasen der Ausbildung*. Ulm: Süddeutsche Verlagsgesellschaft.
Kreis, A. & Staub, F. C. (2012). Lernen zukünftiger Lehrpersonen im Kontext von Unterrichtsbesprechungen im Praktikum – multiple Indikatoren für ein schwer zu fassendes Phänomen. In M. Gläser-Zikuda, T. Seidel, C. Rohlfs, A. Gröschner & S. Ziegelbauer (Hrsg.), *Mixed Methods in der empirischen Bildungsforschung* (S. 209–226). Münster: Waxmann.
Lave, J. & Wenger, E. (1991). *Situated Learning: Legitimate Peripheral Participation*. New York: Cambridge University Press.
Meiklejohn, J., Phillips, C., Freedman, M. L., Griffin, M. L., Biegel, G., Roach, A., Frank, J., Burke, C., Pinger, L., Soloway, G., Isberg, R., Sibinga, E., Grossman, R. & Saltzman, A. (2012). Integrating mindfulness training into K-12 education: Fostering the resilience of teachers and students. *Mindfulness*, *3* (4), 291–307.
Moroni, S., Gut, R., Niggli, A. & Bertschy, B. (2014). Verbindung von Theorie und Praxis bei der Begleitung von Praxisphasen in der Lehrerbildung. *Lehrerbildung auf dem Prüfstand*, *1*, 5–27.
Nelson, F. L. & Sadler, T. (2013). A third space for reflection by teacher educators: A heuristic for understanding orientations to and components of reflection. *Reflective Practice*, *14* (1), 43–57.
Niggli, A. (2001). Ein Mentoring-Programm mit Coaching-Anteilen für die Ausbildung von Lehrpersonen. *Beiträge zur Lehrerbildung*, *19* (2), 244–250.
Niggli, A. (2004). *Standard-based 3-Level-Mentoring*. Presentation at 29th Annual Conference (ATEE). Teacher Education between Theory and Practice. University of Agrigento, Italy, October 23–October 27.
Niggli, A. (2004). Welche Komponenten reflexiver beruflicher Entwicklung interessieren angehende Lehrerinnen und Lehrer? – Faktorenstruktur eines Fragebogens und erste empirische Ergebnisse. *Schweizerische Zeitschrift für Bildungswissenschaft*, *26* (1), 343–364.
Niggli, A. (2005). *Unterrichtsbesprechungen im Mentoring*. Oberentfelden: Sauerländer.
Niggli, A. (2006). Beratungs- und Reflexionsansätze im Mentoring der Berufseingangsphase von Lehrerinnen und Lehrern. *Beiträge zur Lehrerbildung*, *24* (1), 120–127.
Pultorak, E. G. (1993). Facilitating reflective thought in novice teachers. *Journal of Teacher Education*, *44* (4), 288–295.

Roth, W. M., Mavin, T. & Dekker S. (2014). The theory-practice gap: epistemology, identity, and Education. *Education + Training, 56* (6), 521–536.

Schön, D. A. (1983). *The reflective practitioner: How professionals think in action* (Vol. 5126). New York: Basic books.

Schön, D. A. (1987). *Educating the reflective practitioner: Toward a new design for teaching and learning in the professions*. San Francisco, CA: Jossey-Bass.

Schwab, J. J. (1973). The practical 3: Translation into curriculum. *The School Review, 81* (4), 501–522.

Shulman, L. S. (1986). Those who understand: Knowledge growth in teaching. *Educational Researcher, 15* (2), 4–14.

Smyth, J. (1989). Developing and sustaining critical reflection in teacher education. *Journal of Teacher Education, 40* (2), 2–9.

Sprio, R. J., Feltovich, P. J., Jacobson, M. J. & Coulson, R. L. (1991). Cognitive flexibility, constructivism and hypertext: Random access instruction for advanced knowledge acquisition in ill-structured domains. *Educational Technology, 31* (5), 24–33.

Staub, F. C. (2004). Fachspezifisch-Pädagogisches Coaching: Ein Beispiel zur Entwicklung von Lehrerfortbildung und Unterrichtskompetenz als Kooperation. *Zeitschrift für Erziehungswissenschaft, 7* (Beiheft 3), 113–141.

Staub, F. C. & Niggli, A. (2012). Coaching und Mentoring in der LehrerInnenbildung – ein Zertifikatskurs. *Journal für LehrerInnenbildung, 12* (3), 39–45.

Valli, L. (1997). Listening to other voices: A description of teacher reflection in the United States. *Peabody Journal of Education, 72*, 67–88.

Van Manen, M. (1977). Linking ways of knowing with ways of being practical. *Curriculum Inquiry, 6* (3), 205–228.

Zeichner, K. (2010). Rethinking the connections between campus courses and field experiences in college- and university-based teacher education. *Journal of Teacher Education, 61* (1–2), 89–99.

Rico Cathomas

Das Projekt „Schritte in die Mehrsprachigkeit“: Ein (geglückter) Versuch, die theoretischen Grundlagen einer integrierenden Mehrsprachendidaktik aus der Praxis und für die Praxis zu entwickeln

Zusammenfassung

Lange dachte man, das gleichzeitige Erlernen von mehreren Sprachen würde ein Kind überfordern. Aus dieser Angst heraus wurde in der Schule darauf geachtet, die verschiedenen Sprachen fein säuberlich voneinander zu trennen. Neuere Forschungen deuten aber darauf hin, dass das Gehirn beim Erlernen einer Zweit- oder Drittsprache immer auch auf das Vorwissen in der Erstsprache zurückgreift. Dabei zeigt sich immer mehr, dass ein systematischer Umgang mit Sprachen dem Sprachenlernen dienlich ist. Als didaktisch-methodische Folge daraus sollten im Curriculum Zeitgefäße zur Verfügung gestellt werden, die bereits in jungen Jahren den geordneten Umgang mit der Sprachenvielfalt ermöglichen, wie dies im Entwicklungsprojekt „Schritte in die Mehrsprachigkeit“ in den ladinischen Kindergärten und Grundschulen Südtirols der Fall ist. In diesem Projekt erwerben die involvierten Kindergarten-Lehrpersonen in einem mehrjährigen Weiterbildungsangebot die theoretischen Grundlagen für den gleichzeitigen Gebrauch von drei Sprachen und kreieren dabei Lernarrangements und Unterrichtsmaterialien, die sie für ihren integrierten Mehrsprachenunterricht verwenden.

1. Einleitung

Die sinnvolle Verschränkung von theoretischem, wissenschaftlichem Wissen und praktischem Können ist immer noch ein schwieriges, anspruchsvolles Unterfangen. Daher ist es wichtig, Projekte so zu planen, dass ein gegenseitiges Vertrauen, eine gegenseitige positive Interdependenz entstehen kann, von der schließlich beide Seiten profitieren können. Dieser Vertrauensaufbau braucht aber günstige Rahmenbedingung wie Zeit, Flexibilität bei gleichzeitiger Planungssicherheit und ein verlässliches Netzwerk von Entscheidungsträgern, die das Projekt mittragen und die entsprechenden personellen und finanziellen Ressourcen garantieren. Dies alles war im Projekt „Schritte in die Mehrsprachigkeit“ an den ladinischen Kindergärten und Grundschulen Südtirols gegeben. Nach 10 Jahren Projektarbeit werden nachfolgend die gemachten Erfahrungen zum gleichzeitigen Erwerb von 3 Sprachen präsentiert.

2. Entwicklung einer Arbeitsdefinition und Kennzeichen der IMD

In den vielschichtigen Bestrebungen, Mehrsprachigkeit als wesentliches Ziel der vorschulischen und schulischen Bildung in ein Gesamtcurriculum zu etablieren, schält sich nach und nach das Konzept der so genannten integrierenden Mehrsprachendidaktik (IMD) heraus.

2.1 Der Begriff „Integrierende“

Der Begriff „integrierende“ oder „integrierte“ leitet sich vom lateinischen Wort „integrare“ ab, was mit „vereinigen“, „ergänzen“ oder „wiederherstellen“ übersetzt werden kann. Etwas wird miteinbezogen, zusammengeführt oder in Einklang gebracht (Wahrig, 2008, S. 775). Mit ‚integrierende‘ wird der aktive und konstruktive Prozess der Lernenden und Lehrenden betont, Neues mit bereits bestehenden Strukturen zu verbinden bzw. (sprachliches) Vorwissen als Basis für den Aufbau neuen Wissens bewusst und systematisch zu gebrauchen. So kann für den Erwerb einer neuen Sprache immer auf das bereits vorhandene sprachliche Vorwissen zurückgegriffen werden.

2.1.1 „When do I become a bier?“ Von den falschen zu den guten Freunden

Nach Ansicht der integrierten Mehrsprachendidaktik wurden und werden im Unterricht bevorzugt die Probleme und nicht die Chancen eines mehrsprachigen Repertoires thematisiert (Brohy, 2009; Cathomas, 2006). Dabei weiß man, dass mit dem Erwerben der Erstsprache auch die Grundlage für das Lernen weiterer Sprachen gelegt wird (Hutterli et al., 2008; Gelmi & Saxalber, 1992). Das Hinweisen auf und das Beherrschen von „falschen Freunden“ war wichtiger als das Finden der „guten Freunde“; also jenes sprachliche Vorwissen, das als Grundlage für das Entschlüsseln und Aufbauen von neuem Sprachenwissen dienen kann (Langner, 2008). Der Satz „When do I become a beer?“ ist, zumal im entsprechenden Kontext (an der Bar), trotz des Fehlers („become“) praxistauglich und erfüllt die primäre kommunikative Funktion, nämlich ein Bier zu bekommen. Dem verhältnismäßig kleinen Nachteil, dass in einigen Äußerungen putzige Fehler wie „become a bier“ passieren, steht ein großer Vorteil gegenüber. Für neue Fremdsprachen nutzen wir unbewusst Strategien des Sprachenlernens, die wir uns bei früheren Lernerfahrungen angeeignet haben. Wir transferieren also bereits erworbenes Wissen in die neue Lernsituation. Solche Transfers helfen Lernenden, einen unbekannten fremdsprachlichen Text schneller zu entschlüsseln (Hufeisen, 2005).

2.1.2 „Vom Nebeneinander zum Miteinander"

War man während Jahrzehnten bemüht, Erst- von Zweit- oder Fremdsprachenunterricht zu trennen und das Fachspezifische und nicht das Fächerübergreifende zu betonen, so zeigen sich in jüngerer Zeit zusehends die mannigfaltigen Gemeinsamkeiten und Parallelitäten bei Lernabläufen. Auf der methodischen Organisationsebene ist daher zu fragen, welche bereits bestehenden Gefäße des Unterrichts für das Sprachenlernen besser genutzt werden könnten (Krumm, 2004). Methodisch hat die IMD zur Folge, dass an Stelle der strikten Sprachtrennung das Prinzip der Sprachordnung tritt. Die integrierende Mehrsprachendidaktik proklamiert zumindest in gewissen Phasen des Unterrichts den gleichzeitigen Gebrauch verschiedener Sprachen. Rita Gelmi weist zu Recht darauf hin, dass der integrale Sprachenunterricht ein planerisches Umdenken erfordert und einer Koordination der Stundentafel in Richtung fächerübergreifendes und vernetztes Lernen bedarf (Gelmi, 1992).

2.2 Mehrsprachigkeit

Nach und nach setzt sich die Überzeugung durch, dass Mehrsprachigkeit nicht eine unabänderliche Notwendigkeit für Immigranten und sprachliche Minderheiten oder ein Privileg für die gesellschaftlichen Eliten, sondern eine Bildungschance für alle darstellt (Gage & Berliner, 1996). Eine stetig steigende Zahl von Grundlagenpapieren und Konzepten, politischen und wissenschaftlichen Artikeln, gestützt auf neuere neurologische, psychologische, pädagogische und linguistische Erkenntnisse plädieren für eine grundsätzliche Erziehung zu Mehrsprachigkeit (Cenoz & Genesee, 1998; Hufeisen & Neuer, 2003; Le Pape Racine, 2009; Metry, et al., 2009). Im Einklang mit der europäischen Sprachenpolitik und dem *Gemeinsamen Europäischen Referenzrahmen* (Rat für kulturelle Zusammenarbeit, 2001) verfolgt etwa die Erziehungsdirektorenkonferenz der Schweiz (EDK) als Ziel für das schulische Fremdsprachenlernen die Erziehung zur funktionalen Mehrsprachigkeit (EDK, 2004; Egli Cuenat, 2007). Auch in den neuen Richtlinien des Landes Südtirol wird für die ladinischen Kindergärten und Grundschulen Mehrsprachigkeit explizit als anzustrebendes Bildungsziel ausgewiesen (Autonome Provinz Bozen-Südtirol, 2009; Ladinisches Bildungs- und Kulturressort, 2013). Die fortschreitende Globalisierung lässt zunehmend sichtbar werden, was eigentlich schon immer vorhanden war, nämlich die soziolinguistische Normalität der Mehrsprachigkeit (Nelde, 1997).

2.2.1 „Innere Mehrsprachigkeit": Wir alle sind mehrsprachig

Nebst dieser Mehrsprachigkeit, die aus Sprachkontaktsituationen mit anderen Sprachen und Kulturen entsteht, gibt es auch die so genannte „innere Mehrsprachigkeit". Für das Konzept einer integrierenden Mehrsprachigkeitsdidaktik (IMD) ist diese Unterscheidung von großer Bedeutung. Sie besagt nämlich, dass wir alle auf Mehrsprachigkeit ausgelegt sind: „Der Mensch ist grundsätzlich mehrsprachig, auch in der einen, der deutschen oder italienischen, der französischen oder englischen Sprache, in jeder Sprache. Wir beherrschen in und mit unserer Muttersprache mehrere Sprachen, das gilt für jeden Menschen, denn jeder hat eine Muttersprache. Wo wir unsere Sprache haben, bewegen wir uns wie in einer reich ausgestatteten, vielfältig organisierten, lebendigen Stadt ... Das heisst auch: Sprache ist nichts – im Wortsinn – ‚Einfaches', sie ist vielmehr gegliederte Vielfalt; Sprache, das ist niemals ein Singular, immer ein Plural. Wer in der Sprache lebt, lebt zugleich in vielen Sprachen" (Sitta, 1994, S. 15). Mehrsprachigkeit, als Erweiterung von Zweisprachigkeit, vereint als Begriff all jene facettenreichen Momente, in denen mehr als zwei Sprachvarietäten kontextangemessen verwendet oder beherrscht werden, wo jemand als mehrsprachig wahrgenommen wird, oder sich selbst als mehrsprachig fühlt (Skutnabb-Kangas, 1995).

2.2.2 Funktionale Mehrsprachigkeit als Bildungsziel

Die Sichtweise, Mehrsprachigkeit als die Fähigkeit und Fertigkeit eines angemessenen Gebrauchs verschiedener Sprachen in verschiedenen Domänen zu sehen, hat sich in den letzten Jahren unter dem Begriff der funktionalen Mehrsprachigkeit zusehends etabliert. Vorschulische und schulische Mehrsprachigkeit – um die es nachfolgend vorrangig geht – ist jene funktionale Ausprägung von Mehrsprachigkeit, die benötigt wird, um den mehrsprachigen Anforderungen der Sprachdomänen Kindergarten und Grundschule zu genügen (Sieber, 2006). Auch die Bemühungen um vorschulische und schulische Sprachförderung orientieren sich mehrheitlich am Ziel der funktionalen Mehrsprachigkeit und nicht am Mythos einer perfekten, alle Lebensbereiche umfassenden Zwei- oder Mehrsprachigkeitskompetenz. Dieser Mythos führte und führt zu einem lernhemmenden Perfektionswahn, mit demotivierenden Folgen, sowohl für Lehrende wie Lernende (Hinrichs, 2013). Primäres sprachliches Ziel vorschulischer und schulischer Maßnahmen sollte demnach sein, Schülerinnen und Schülern die mehrsprachige Bewältigung der Domänen Kindergarten und Schulen zu ermöglichen. Dazu bedarf es aber auch geeigneter didaktisch-methodischer Maßnahmen.

2.3 Didaktik: „Guter Unterricht ist guter Sprachenunterricht"

Während funktionale Zwei- und Mehrsprachigkeit als zu erreichende oder erwünschte Lernziele formuliert werden können, hat die Didaktik den ebenso komplexen wie anspruchsvollen Auftrag, das Sprachenlernen und Lehren so vorzubereiten, durchzuführen und nachzubereiten, dass alle Lernenden so wirkungsvoll wie möglich nicht nur ihre Erstsprache, sondern auch weitere Sprachen und Lerninhalte so angenehm wie möglich und in so kurzer Zeit wie nötig erwerben: „Zusammenfassend lässt sich sagen: Die Allgemeine Didaktik befasst sich mit dem Zusammenhang, der zwischen Lehrprozessen und Lernprozessen besteht, egal wo diese stattfinden und welcher Art sie sind“ (Wiater, 2006b, S. 21). Erfolgreiche Lehrpersonen ermöglichen und aktivieren durch ihr Wissen und Können Lernprozesse. Sie sind Expertinnen und Experten fürs Lehren und Lernen. Diese Expertise ist sowohl praktischer wie auch theoretischer Natur. Didaktik besteht demnach aus „Theorien“ („Welt des Denkens“) und „Praktiken“ („Welt des Tuns“) des Lernens und Lehrens. Aus dem gelungenen Zusammenspiel von theoretischen Überlegungen und dem praktischen Tun entsteht das professionelle Handlungs- und Gestaltungsfeld der Lehrperson. Ein Teilbereich dieses Gestaltungsfeldes des Lehrens und Lernens wird als „Methodik“ bezeichnet. Die Methodik beschäftigt sich speziell mit dem „Wie?“ des Lehrens und Lernens (Meyer, 1987). Wird also speziell danach gefragt, *wie* das Sprachenlehren und -lernen dargeboten oder organisiert werden soll, um so effizient wie möglich zu lernen, befinden wir uns im Teilbereich der ‚Sprachendidaktik‘, genannt Methoden des (Fremd-)Sprachenlernens. In einem engeren Sinne wird die IMD sehr oft primär als methodische Reorganisation des Sprachenunterrichts verstanden, die es ermöglicht, gleichzeitig zwei oder mehrere Sprachen zu unterrichten, also zu Lernen und Lehren.

Die beste linguistische Ausbildung und methodische Organisation nützt indes wenig, wenn die Lernenden verängstigt oder nicht motiviert sind zu lernen, wenn Langeweile herrscht, oder die Lehrperson ihre Klasse nicht führen kann. Die fundamentalen Kennzeichen von gutem Sprachenunterricht unterscheiden sich – außer natürlich in der fachlichen Kompetenz – nicht von den allgemeinen Kennzeichen guten Unterrichts (Dubs, 2009; Helmke, 2012; Meyer, 2007). Gute Sprachenlehrer fordern ihre Schülerinnen und Schüler dauernd, über- oder unterfordern sie indes kaum (wie beispielsweise gute Mathematiklehrer oder Sportlehrer auch). Gute Sprachenlehrer sind engagierte, begeisterte Modelle und Vorbilder für ihr Fach (wie beispielsweise gute Mathematiklehrer oder Sportlehrer auch). Sie besitzen eine hohe Glaubwürdigkeit und machen bzw. leben selber vor, was sie predigen (Roth, 2011). Sie sehen ihren Unterricht immer auch aus der Perspektive der Lernenden und arbeiten am Aufbau einer ausgeprägten Feedbackkultur (Hattie, 2013). Die integrierende Mehrsprachendidaktik (IMD) versucht also auch all jene Möglichkeiten optimaler zu nutzen, die grundsätzlich helfen, wirksamer zu lernen. Guter Sprachenunterricht ist primär guter Unterricht. Die Gütekriterien stellen daher eine fundamentale Bedingung für das Gelingen jeden Unterrichts dar und sind somit auch Eckpfeiler einer lernwirksamen integrierenden Mehrsprachendidaktik (Cathomas & Carigiet, 2002).

2.4 Arbeitsdefinition IMD

Die integrale Mehrsprachendidaktik (IMD) im *engeren Sinne* umfasst verschiedene linguistische und methodische Zugänge und Organisationsformen, die das Gemeinsame an Sprachen bzw. am Sprachenlehren und -lernen betonen, einen systematischen, geordneten, interdisziplinären und komparativen Mehrsprachenunterricht anbieten und den Aufbau von Sprachlernstrategien ermöglichen. Sie berücksichtigt auch Elemente einer intra- und interkulturellen Pädagogik.

Im *weiteren Sinne* umfasst die integrierte Mehrsprachendidaktik auch allgemeine Prinzipien des wirkungsvollen Lehrens und Lernens (von Sprachen).

Primäres Ziel ist die Entwicklung einer funktionalen Mehrsprachigkeit. Zudem leistet die IMD einen Beitrag zur Schulentwicklung, respektive zur Optimierung des (Sprachen-)Unterrichts. Sprachpolitisch wird die (curriculare und gesellschaftliche) Etablierung der Mehrsprachigkeit als Mehrwert angestrebt.

2.5 Kennzeichen der IMD

Das umfassende Konzept einer IMD beinhaltet also eine Vielzahl von Facetten und Zugängen. Operationalisiert man in einem nächsten Schritt diese allgemeine Definition der IMD, dann lassen sich vier Hauptzugänge mit den entsprechenden Kennzeichen herausarbeiten:

1. Linguistischer Zugang: Von den falschen zu den guten Freunden
2. Methodischer Zugang: Vom Nebeneinander zum Miteinander des Sprachenlernens
3. Didaktischer Zugang: Guter Unterricht ist auch guter Sprachenunterricht
4. Sprach- und bildungspolitischer Zugang: Zielebene mit der curricularen und gesellschaftlichen Etablierung der funktionalen Mehrsprachigkeit

Tabelle 1: Überblick zu den Kennzeichen einer integrierenden Mehrsprachigkeitsdidaktik

1.	**Linguistischer Zugang: „Von den falschen zu den guten Freunden"**
1.1	Ausgehen vom und Betonen des Gemeinsamen der Sprachen. *(Transfer vs. Interferenzen)*
1.2	Systematisiertes Vergleichen der Sprachen.
1.3	Systematisiertes Nachdenken über die Gemeinsamkeiten und Unterschiede zwischen den Sprachen *(Metalinguistik).*
1.4	Nutzen der natürlichen, inneren Mehrsprachigkeit. *(Dialekte, Register, Slangs usw.)*
1.5	Sprachliches *Vorwissen* gezielter *nutzen und schätzen.* *(Lernende dort sprachlich abholen, wo sie sind).*
1.6	*Einüben von Sprachlernstrategien.*
2.	**Methodischer Zugang: „Vom Nebeneinander zum Miteinander des Sprachenlernens"**
2.1	Partielle Aufhebung des Prinzips der Sprachtrennung.
2.2	Einführung des Prinzips der Sprachordnung.
2.3	Gleichzeitiger, geordneter Gebrauch der Sprachen.
2.4	Curriculare Synergien nutzen *(sprach- und fächerübergreifend).*
2.5	Verschränkung von Sach- und Sprachenunterricht *(CLIL usw.).*
3.	**Didaktischer Zugang: „Guter Unterricht ist auch guter Sprachenunterricht"**
3.1	Neurologie des (Sprachen-)Lernens berücksichtigen. *(Plastizität, Use-it-or-lose-it-Prinzip, explizit-implizit, Modelllernen).*
3.2	Psychologie des (Sprachen-)Lernens berücksichtigen. (*Emotionen, Über- bzw. Unterforderungen, Erwartungen, Haltungen, Vertrauen, Selbstkonzept, usw.)*
3.3	Gütekriterien wirkungsvoller Didaktik berücksichtigen. *(z.B. Klassenführung, Engagement, Konkretisierung, Visualisierungen, Zusammenhänge herstellen, Adaptivität, forderndes Klima, ausgebaute Feedbackkultur)*
3.4	Entwicklung und Implementierung einer allgemeinen, gemeinsamen Sprachendidaktik.
4.	**Sprach- und bildungspolitischer Zugang: Zielebene mit der curricularen und gesellschaftlichen Etablierung der funktionalen Mehrsprachigkeit**
4.1	Funktionale Mehrsprachigkeit als sprach- und bildungspolitisches Ziel.
4.2	Aufbau eines fundierten Argumentariums zu Mehrsprachigkeit.
4.3	Förderung der intra- und interkulturellen Kompetenz.
4.4	Curriculare Etablierung der funktionalen Mehrsprachigkeit.
4.5	Etablierung einer Mehrsprachigkeitsdidaktik.
4.6	Entwicklung von integralen mehrsprachigen Lehrmitteln.
4.7	Etablierung von mehrsprachigen, integraleren Ausbildungsgängen.
4.8	Funktionale Mehrsprachigkeit als bedeutsamer Teil des Profils der Institution nach außen tragen *(Marketing).*
4.9	Etablierung von Evaluationsmöglichkeiten von Mehrsprachigkeit.

3. Das Projekt „Schritte in die Mehrsprachigkeit" – Ein Praxisbeispiel für IMD

3.1 Einleitung

An den ladinischen Kindergärten und Schulen Südtirols läuft seit 2004 ein Projekt zur Einführung der integrierten Mehrsprachendidaktik in den drei Sprachen Italienisch, Deutsch und Ladinisch (ab der 4. Grundschulklasse auch Englisch). In enger Zusammenarbeit mit dem Ladinischen Pädagogischen Institut, dem Ladinischen Schulamt, den Direktionen und Inspektoraten und insbesondere der Lehrerschaft des Grödner- und des Gadertals ist es dem Autoren vergönnt, das integrale Mehrsprachigkeitsprojekt Südtirols als wissenschaftlicher und didaktisch-methodischer Leiter zu begleiten.

Der nachfolgende Praxisteil berichtet über das Projekt, genannt „Schritte in die Mehrsprachigkeit", in dem versucht wurde, wesentliche Elemente der im Theorieteil vorgestellten Prinzipien einer integrierenden Mehrsprachendidaktik (IMD) in die ladinische Kindergartenpraxis zu transferieren.

3.2 Ausgangslage

Das Projekt der integralen Sprachendidaktik profitiert von den soziolinguistischen Realitäten des Grödner- und Gadertals, zwei ursprünglich ladinischsprachige Täler Südtirols (siehe Abb. 1). Die Dolomitenladiner sind eine kleine neolateinische Sprachgruppe von ungefähr 35.000 Personen, ungefähr 21.000 davon leben in den Dolomitentälern Gröden und Gadertal. Allerdings ist (und war) die ladinische Sprachgruppe massivem Druck seitens der großen Nachbarsprachen Deutsch und Italienisch ausgesetzt. Dieser Assimilationsdruck führte u.a. dazu, dass die ladinische Sprachminderheit fast durchgängig mehrsprachig geworden ist und sich im ladinischen Teil Südtirols ein spezielles mehrsprachiges Schulmodell entwickelt hat.

3.2.1 Die aktuelle ladinische Schulsituation

Das so genannte paritätische Schulmodell hat sich im Verlaufe der letzten 50 Jahre entwickelt und unterdessen etabliert (Verra, 2006). Dieses eigens für Gröden und das Gadertal konzipierte Modell sieht, neben der ladinischen Muttersprache, auch eine gleichmäßige Verteilung der deutschen und italienischen Sprache vor. Paritätisch meint, dass grundsätzlich Deutsch und Italienisch je zur Hälfte als Unterrichtssprache verwendet werden. Ladinisch findet als Verständigungs- und Erklärungssprache Gebrauch. Zudem wird es in der Grundschule auch im Ausmaß von zwei Wochenstunden als Fach unterrichtet. Der Erwerb der Schriftsprache wird

Abbildung 1: Geografische Lage der Ladinischen Täler Südtirols (Quelle: Ladinische Kindergartendirektion)

neuerdings in allen drei Landessprachen durchgeführt. Hierfür wurde in den letzten Jahren eigens spezielles mehrsprachiges didaktisches Material entwickelt (Ladinisches Bildungs- und Kulturressort, 2010). So lernt ein Kind zum Beispiel den Buchstaben S durch Wörter wie „surëdl", „Sonne", „sole", ab der vierten Klasse auch durch „sun" kennen. Ab der vierten Klasse wird Englisch als Unterrichtsfach eingeführt. Curricular verankert wurde unterdessen auch eine integrale Sprachstunde, in welcher explizit gleichzeitig und systematisch in und an allen vier Sprachen gearbeitet wird. Auch auf der Mittel- und Oberschule sind die Sprachen Deutsch und Italienisch gleichmäßig auf die Fächer verteilt. Der Ladinischunterricht in der Oberschule wurde von einer auf zwei Wochenstunden erhöht (Näheres zum Ladinischen Schulmodell siehe u.a. bei Rifesser, 1995, 2006; Verra, 2004, 2006).

3.2.2 Der ladinische Kindergarten

Spätestens ab dem Kindergartenalter kommt jedes Kind in den beiden ladinischen Tälern Südtirols in Kontakt mit allen drei Landessprachen, da in allen ladinischen Kindergärten sowohl Ladinisch als auch Deutsch und Italienisch gesprochen wird. Bei Bewahrung der grundsätzlichen primären Verwendung der ladinischen Sprache werden spielerische Tätigkeiten in den beiden anderen Landessprachen durchgeführt. In den Kindergärten im Grödnertal zum Beispiel wechseln sich die drei Sprachen wöchentlich ab, so werden die didaktischen Angebote eine Woche lang in ladinischer Sprache, dann auch jeweils in deutscher und italienischer Sprache gehalten. Besondere Beachtung findet dabei die Arbeit an der dreisprachigen phonologischen Bewusstheit, die als zentrale Grundlage für den mehrsprachigen Erwerb der

Schriftsprache in der Grundschule gesehen wird (Ladinisches Bildungs- und Kulturressort, 2014).

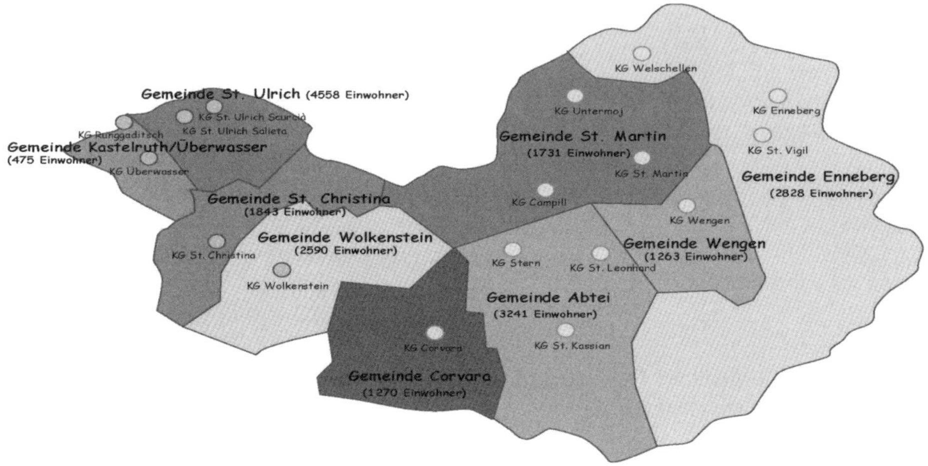

Abbildung 2: Die im Projekt involvierten ladinischen Kindergärten Südtirols (Quelle: Ladinische Kindergartendirektion)

Sechs der 17 ladinischen Kindergärten liegen in Gröden in den Gemeinden Wolkenstein, St. Christina, Sankt Ulrich und Kastelruth/Überwasser, die restlichen 11 im Gadertal (siehe Abb. 2). Durchschnittlich sind ca. 750 Kinder in 35 Abteilungen eingeschrieben: Diese Abteilungen sind explizit nicht nach Sprachen getrennt, sondern werden, sofern möglich, sprachlich ausgewogen zusammengestellt. Betreut werden die Kinder von rund 100 Kindergärtnerinnen, pädagogischen Mitarbeiterinnen und Betreuerinnen für Behinderte. Das gesamte pädagogische Personal muss dreisprachig und im Besitze des offiziellen Nachweises über die Kenntnis der ladinischen Sprache sein. Der Besuch für Kinder zwischen 3 und 6 Jahren ist freiwillig und kostenpflichtig.

3.3 Konkretes Vorgehen

Mit Beginn des Schuljahres 2004 wurden erstmals Vertreter des ladinischen Schulamtes, der Kindergarten- und Schulinspektorate und -direktionen zu einer Weiterbildung im Bereich der IMD eingeladen. In ständigem Austausch mit diesen Gremien wurden nach und nach die Projektziele festgelegt, die Projektschwerpunkte gewählt (siehe Tabelle 1) und die konkrete Arbeitsform geplant.

3.3.1 Festlegung der Projektziele

Optimierung des Sprachenlehrens- und -lernens

Mit der Umsetzung des Projektes der integrierenden Mehrsprachendidaktik (IMD) soll ein Beitrag dazu geleistet werden, die Wirksamkeit des Sprachenlernens im Kindergarten zu verbessern, die vorhandenen Lernsynergien optimal zu nutzen und das sprachliche Selbstbewusstsein der Kinder und der Kindergarten-Lehrpersonen zu erhöhen. Mehrsprachigkeit sollte nicht als Bedrohung wahrgenommen werden, sondern als Bereicherung und Mehrwert.

Bewusstmachung der Praxis

Bis zur Einführung der integrierten Mehrsprachendidaktik war der alltägliche Umgang mit der sprachlichen Vielfalt kaum bewusst und theoriegeleitet reflektiert worden. Dies zu tun war ein bedeutendes Ziel des Projektes. Ein wichtiger Bestandteil war dabei die Praxisnähe, auf die ein besonderes Augenmerk gelegt werden sollte. Die Kindergärtnerinnen werden aus ihrer Praxis heraus in die IMD eingeführt.

Systematisierung der Praxis

Dem Projekt liegt die Annahme zugrunde, dass bereits drei- bis sechsjährige Kinder gleichzeitig und erfolgreich mehrere Sprachen lernen können, sofern ihnen die entsprechenden methodisch-didaktischen Hilfestellungen geboten werden. Im Mittelpunkt steht die Überwindung der strikten Trennung zwischen den Sprachen. An der Stelle der Sprachtrennung wurde zumindest während der gelenkten Aktivitäten das Prinzip der Sprachordnung eingeführt.

Entwicklung von integralen mehrsprachigen Lehrmitteln

Um der Einführung der IMD die bestmögliche Wirksamkeit zu verschaffen, werden die erarbeiteten Unterrichtseinheiten gesammelt, überarbeitet und allen Kindergärtnerinnen so zeitnah wie möglich kostenlos zur Verfügung gestellt. Diese Materialienmappe wird laufend ergänzt und überarbeitet.

Mehrsprachigkeit als sichtbares Profil

Der ladinische Kindergarten soll sich als mehrsprachige Institution profilieren. Bei den schriftlichen Mitteilungen werden alle drei Landessprachen verwendet. Bei der Dokumentation der pädagogischen Arbeit soll die Dreisprachigkeit berücksichtigt werden. Bei der Ausstattung der Kindergärten mit didaktischen Materialien soll die Dreisprachigkeit ebenso berücksichtigt werden (Kinderbücher, Spiele, Medien jeglicher Art usw.). Der Kindergarten soll dreisprachig beschriftet werden. Einige ladinische Kindergärtnerinnen sollen zu Expertinnen für Mehrsprachigkeit ausgebildet werden.

3.3.2 Auswahl von 6 Kennzeichen der IMD

Da in einem solchen Projekt nicht alle Facetten einer Mehrsprachigkeitsdidaktik berücksichtigt werden können, wurden gemeinsam sechs Kennzeichen der integrierenden Mehrsprachendidaktik (IMD) ausgewählt. Diese galten als Orientierungs- und Richtwerte bei der praktischen Realisierung des Projektes (vgl. Tabelle 1):

1. Sprachliches *Vorwissen* gezielter *nutzen und schätzen (Lernende dort sprachlich abholen, wo sie sind).*
2. Partielle Aufhebung des Prinzips der Sprachtrennung.
3. Einführung des Prinzips der Sprachordnung.
4. Gleichzeitiger, geordneter Gebrauch der Sprachen.
5. Gütekriterien wirkungsvoller Didaktik berücksichtigen.
6. Systematisiertes Vergleichen der Sprachen (Metalinguistik).

3.3.3 Planung der Arbeitsform: Verbindung von Praxis und Theorien

Das hier vorgestellte Projekt „Schritte in die Mehrsprachigkeit" versucht, die theoretischen Grundlagen einer IMD so aufzubereiten, dass diese praxiskompatibel werden. Umgekehrt sollte die Praxis auch für die Vorteile einer systematischen Reflexion sensibilisiert werden, denn so, „wie die Theorie ohne Praxis leer ist, ist umgekehrt die Praxis ohne Theorie blind" (E. Kant). So wurden parallel zu den individuellen Praxisbesuchen und dem individuellen Coaching durch den Projektleiter die gemeinsamen Theorieeinheiten abgehalten. In diesen wurde direkt auf den beobachteten praktischen Alltag der Kindergärtnerinnen Bezug genommen. Ihre oft lediglich implizite Unterrichtspraxis wurde in einen theoretischen Zusammenhang gestellt und auf diese Weise, im Rahmen eines gegenseitigen Dialogs, bewusster gemacht und externalisiert. Gleichzeitig wurde das vorhandene Wissen erweitert, neues angeeignet und das Neue unmittelbar wieder in die Unterrichtspraxis eingebracht. Auf diese Weise floss das Gelernte durch sogenanntes „learning by doing" umgehend wieder in den praktischen Alltag ein und ließ sich so internalisieren, also zu implizitem Können umwandeln. Es leuchtet ein, dass auf diese Weise das automatisierte Unterrichtsverhalten der Kindergärtnerinnen Schritt um Schritt erweitert wird. Das Projekt verbindet ‚Bottom-up'- und ‚Top-down'-Verfahren. Einzelbeobachtungen im praktischen Unterricht wurden theoretisch bereits vor- und aufbereiteten Strukturen zugeordnet. Daraus wiederum wurden verallgemeinerbare Prinzipien abgeleitet. Das konkrete Vorgehen lässt sich am anschaulichsten anhand der nachfolgend abgebildeten Wissensspirale, entnommen der Publikation von Alois Niggli: „Unterrichtsbesprechungen im Mentoring", darstellen (Niggli, 2005, S. 96):

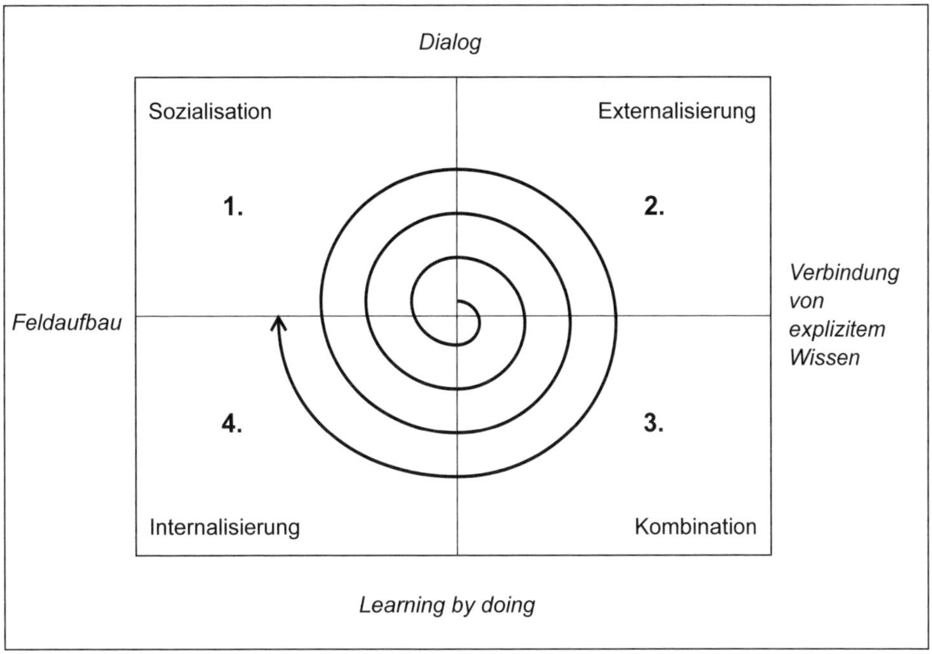

1. Beobachtung, Besprechung und Wertschätzung des aktuellen, praktischen Alltags
2. Bewusstmachung und Systematisierung des impliziten Könnens/Wissens
3. Anreicherung des subjektiven mit wissenschaftlichem Wissen
4. Praktisches, systematisches Anwenden des neuen Wissens und Aufbau neuen Könnens

Abbildung 3: Wissensspirale als Grundlage des Coachings in Anlehnung an Nonaka und Tackeuchi, 1997 (vgl. Niggli, 2005, S. 96)

Um die angestrebte enge Verzahnung von Praxis und Theorie zu gewährleisten, folgt das Projekt einem standardisierten Ablauf:

Tabelle 2: Projektschritte bei der Verzahnung von Praxis und Theorie

Projektteil	**Milestones**	**Bezüge zur Wissensspirale**
1. PRAXISBESUCHE I (Coaching)	Den guten Momenten des Unterrichts eine Sprache geben	Analyse und Valorisierung des Ist-Zustandes Beobachtung und Wertschätzung des aktuellen praktischen ‚Alltags'
2. THEORIEBLOCK I (Kursnachmittag 4 Std.)	„Der Sprachgarten" Methodische Arbeit an der Sprachordnung	Vom Können zum Wissen Bewusstmachung und Systematisierung des impliziten Wissens/Könnens
3. THEORIEBLOCK II (Kursnachmittag 4 Std.)	„Der Sprachgarten" Methodische Arbeit an der Sprachordnung, Kennzeichen guten Unterrichts erkennen	Systematisierung der Praxis Anreicherung des subjektiven Wissens und Könnens mit neuem Wissen und Können
4. VERSCHRIFTLICHUNG (Coaching)	Erarbeitung von Lerneinheiten	Praktisches, systematisches Anwenden des neuen Wissens und Könnens
5. PRAXISBESUCHE II (Coaching)	Videoanalyse Nachbesprechung	Praktisches, systematisches Anwenden des neuen Wissens und Könnens
6. NACHBEREITUNG (Coaching)	Überarbeitung der Lerneinheiten	Praktisches, systematisches Anwenden des neuen Wissens und Könnens
7. THEORIEBLOCK III/IV (Kursnachmittage 8 Std.)	Abgabe der definitiven Lerneinheiten	Verfeinerung des Wissens, Anreicherung des subjektiven Wissens und Könnens mit neuem Wissen und Können
8. ERSTELLEN VON UNTERRICHTS-MATERIALIEN (Coaching)	CD, Praxismappen für Kindergärtnerinnen	Wertschätzung des aktuellen praktischen ‚Alltags'
9. ÖFFENTLICHKEITS-ARBEIT	Powerpointpräsentation für Kindergärtnerinnen Flyer für Kindergärten Film zur IMD Infoabende für Eltern und Interessierte	Wertschätzung des aktuellen praktischen ‚Alltags'
7. THEORIEBLOCK	„Der Sprachgarten" Methodische Arbeit an der Sprachordnung, Kennzeichen guten Unterrichts erkennen	Alle 2–3 Jahre Wiederholungen zur IMD (Besprechung der praktischen Erfahrungen mit IMD) Verfeinerung des Wissens, Anreicherung des subjektiven Wissens und Könnens mit neuem Wissen und Können
10. EVALUATIONEN	Publikationen Qualitativ, Quantitativ Quer- und längsschnittliche Erhebungen	Regelmäßige Rückmeldungen der Kindergärtnerinnen Erste Fragebogenerhebung durch Kindergartendirektion Für 2015–17 sind wissenschaftliche Sprachstandsmessungen in allen drei Sprachen (Deutsch, Italienisch, Ladinisch) geplant.
11. PRÄSENTATIONEN	Feedbacks für Kindergärtnerinnen Eltern Kindergarten- und Schulbehörden	Wertschätzung des aktuellen praktischen ‚Alltags'

3.3.4 Den guten Momenten des Unterrichts eine Sprache geben

In einem ersten Schritt ging es um den Besuch der Kindergärten, beziehungsweise um das Beobachten des Kindergartenalltags. Im Fokus dieser ersten Begegnungen standen all jene Tätigkeiten, die den Kindergarten, meiner Ansicht nach, zu einem der wirkungsvollsten und ganzheitlichsten Lernorte macht. Die Augen zu öffnen, gerade auch für jene praktischen Momente, die bereits ausgezeichnet laufen, ist ein wichtiges Ziel dieses Projektes. Es geht auch darum, der eigenen Praxis eine Sprache zu geben, sein praktisches Tun zu verbalisieren und theoretisch zu begründen. Viele Kindergärtnerinnen und Erzieherinnen unterrichten seit Jahren und verfügen über einen enormen pädagogischen, aber auch methodisch-didaktischen Wissensschatz (genauer müsste man viel eher von einem „Könnensschatz“ sprechen). Fragt man sie aber beispielsweise, was gut gelaufen sei, haben sie oft Mühe, dies zu artikulieren. Zwar haben sie ein Gefühl dafür, wann eine Einheit gut oder weniger gut gelaufen ist, es fällt ihnen jedoch oftmals äußerst schwer, dieses Gefühl in Worte zu fassen.

3.3.5 Coaching und Visionierung der Lerneinheiten

Hier nun setzte der zweite Teil des „Wissens- und Könnensaufbaus“ an. Vorgängig und parallel zu den theoretischen Blöcken wurden alle am Projekt beteiligten Kindergärten je zweimal hospitiert. Die besuchten Lehr-Lerneinheiten wurden videografiert, in einem rund einstündigen Gespräch nachbereitet und im Hinblick auf ihre Lernwirksamkeit analysiert und ausgewertet. Nebst dieser Selbst- und Fremdevaluation wurde insbesondere auch auf die Verknüpfung der Praxis mit den in der Theorie erworbenen Kenntnissen geachtet. Folgende Leitfragen dienten der strukturierten Nachbereitung:

- Was ist gut gelaufen?
- Warum ist was gut gelaufen?
- Was ist weniger gut gelaufen und warum?
- Wo waren die Kinder besonders aktiv?
- Welche Bezüge können zur Theorie hergestellt werden?
- Wo wurde besonders (guter) integraler Sprachunterricht betrieben?
- Theoriegeleitete Argumente für eine IMD?

Zusammenfassend kann festgestellt werden, dass die Erzieherinnen viel Engagement gezeigt haben und auch die Kinder vom mehrsprachigen Unterricht meistens sehr angetan waren. Problematischer wurde es speziell dort, wo die methodische Variation fehlte, etwa, wenn in allen drei Sprachen nacheinander genau dasselbe gemacht wurde. Besonders ließ sich feststellen, dass die gesichteten Probleme nichts mit der IMD als solche zu tun hatten, sondern von allgemein didaktischer, pädagogischer Natur waren. So hatten einige Erzieherinnen besonders mit der Gruppenführung zu kämpfen (daher wurde auch auf die Kennzeichen von gutem Unterricht sehr viel Gewicht gelegt). Umgekehrt dürfen die ausgezeichneten gestalterischen Fähigkeiten, insbesondere im Bereitstellen von attraktiven Hilfsmitteln und Lernmaterialien, besonders hervorgehoben werden.

3.3.6 Methodische Arbeit an der Sprachordnung

Zu Beginn des Projekts zeigte sich, dass die Idee der strikten Sprachtrennung tief in den Köpfen der Beteiligten verankert war. Dies nicht zuletzt auch deshalb, weil das Prinzip der Sprachentrennung eine sehr lange Tradition aufweist und auch die Kindergärtnerinnen größtenteils nach der Methode „eine Person, eine Sprache" sprachlich sozialisiert wurden (Grosjean, 1982). Diese Trennung zielt aber eigentlich nicht darauf ab, die Sprachen voneinander abzukapseln, sondern soll vielmehr bewirken, dass die lernende Person die Sprachen nicht beliebig vermischt und eine verlässliche Ordnung vorfindet. Treffender ist es daher, von Sprachordnung anstatt von Sprachtrennung zu sprechen. An dieser Sprachordnung wurde sehr intensiv gearbeitet.

„Ich spreche rot": Sprachfarben als primäre Ordnungshilfe

Analog zu den geltenden Farben des Europäischen Sprachenportfolios Südtirols wurden in allen ladinischen Kindergärten und Grundschulen verbindliche Sprachfarben festgelegt (Autonome Provinz Bozen-Südtirol, 2004). Die deutsche Sprache wird seither immer mit der Farbe rot gekennzeichnet, die italienische Sprache mit der gelben und die ladinische Sprache immer mit der grünen Farbe symbolisiert. Ab der vierten Klasse wird auch Englisch unterrichtet. Für die englische Sprache steht die blaue Farbe. Die Farben helfen, nicht nur die verwendeten Sprachen zu veranschaulichen, sondern dienen primär den Kindergärtnerinnen als methodische Ordnungshilfe. Neben den Sprachenfarben werden weitere Mittel systematisch als Ordnungshilfen eingesetzt:

a) Sprachfarben: Eine Farbe stellt immer dieselbe Sprache dar.
b) Sprachpuppen mit entsprechenden Namen. So wird mit Kasperle immer Deutsch, mit Giovanni Italienisch und mit Genoveffa Ladinisch gesprochen.
c) Verkleidungsmethode: Kleidungsstücke, welche sich die Schüler anziehen, zeigen an, welche Sprache verwendet werden soll. Durch das Anziehen der Kleidungsstücke versetzen sich die Kinder in die Rolle eines Sprechers einer bestimmten Sprache.
d) Sprachecken: Je einer Ecke des Schulzimmers ist eine Sprache zugeordnet, mit welcher und über welche gesprochen werden muss.
e) Sprachfarbwürfel: Die Kinder müssen immer in jener Sprache antworten bzw. eine Tätigkeit ausführen, deren Farbe gewürfelt wurde.

3.3.7 Reflexionstisch und Ecke der Sprachdetektive: Über Sprache(n) nachdenken

Der Reflexionstisch stellt den Ort dar, wo über Sprache(n) nachgedacht wird. Diese Reflexion erfolgt jeweils in einer der am besten beherrschten Sprachen. Allmählich sollen die Kinder jedoch die Fähigkeit erlangen, diese Reflexionsarbeit in allen drei Sprachen zu bewältigen. Konkret wurden die Kinder etwa angehalten, Fragen zu beantworten wie „*Tönen die Wörter ganz gleich oder ganz anders?*“, oder „*Sehen die Wörter ganz gleich oder ganz anders aus?*“. Den Kindern wurden auf Zettel gezeichnete oder/und aufgeschriebene Wörter wie „*la man, la mano, die Hand*“, „*l'elafont, l'elefant, l'elefante, der Elefant*“ oder „*cësa, ciasa, casa, Haus, house*“ gezeigt. Dabei sollten ähnlich tönende oder aussehende Wörter näher beieinander, weniger ähnlich tönende oder aussehende Wörter weiter auseinander angeordnet werden. Die Dreisprachigkeit der Ladinischen Kindergärten und Schule hat gerade im Hinblick auf die integrierende Mehrsprachendidaktik einen großen Vorteil: Man kann die eigene Sprache nicht nur mit einer, sondern gleich mit zwei anderen Sprachen vergleichen. Ein Ziel der integrativen Sprachendidaktik sollte daher auch sein, diesen bei Mehrsprachigen quasi natürlich vorhandenen Sprachfundus bewusst zu machen und systematisch zum Sprachenlernen zu nutzen. Um diese Fähigkeit zu fördern wurden, u.a. auch Unterrichtseinheiten zur phonologischen Bewusstheit entwickelt (Ladinisches Bildungs- und Kulturressort, 2014).

3.3.8 Erarbeitung von dreisprachigen Lehr-Lernmaterialien

Im Verlaufe der letzten 10 Projektjahre wurden sehr vielfältige mehrsprachige Unterrichtsmaterialien entwickelt. Das Projekt hat einen Materialienboom ausgelöst, da sowohl alle ladinischen Studierenden der Freien Universität Bozen an Projekten zur Realisierung von ladinischen Materialen mitarbeiten als auch die ladinische Kindergartendirektion und das ladinische Schulamt namhafte personelle und finanzielle Mittel zur Verfügung stellen. Beispielsweise wurden rund 100 Unterrichtseinheiten zum mehrsprachigen Unterricht für den Kindergarten und die Grundstufe hergestellt und den Kindergärtnerinnen kostenlos zur Verfügung gestellt (Istitut Pedagogich ladin & R. Cathomas, 2009; Ladinisches Bildungs- und Kulturressort & R. Cathomas, 2013, 2014).

Zurzeit arbeitet die ladinische Abteilung der Freien Universität an der Realisierung einer didaktisierten dreisprachigen Schulgrammatik und an der Konzeptualisierung eines dreisprachigen Wörterbuches für die Grundschulstufe – dies auf ausdrücklichen Wunsch der Lehrpersonen.

3.3.9 Evaluation der ladinischen Kindergärten

Im Auftrag des ladinischen Schulamts wurde schließlich im Herbst 2014 ein Projekt zur wissenschaftlichen Evaluation der mehrsprachigen Kompetenz der Kinder der ladinischen Kindergärten initiiert. Zudem soll abschließend erhoben werden, wie die Kindergarten-Lehrpersonen die Weiterbildungen erlebt haben bzw. inwieweit die angestrebte Verschränkung von Praxis und Theorie gelungen sei. Die Publikation ist für 2017 geplant.

4. Erstes Fazit

Obwohl die abschließenden wissenschaftlichen Evaluationen noch ausstehen, darf das Projekt „Schritte in die Mehrsprachigkeit" als ein geglückter Versuch der Verschränkung von Theorie und Praxis bezeichnet werden. Die anfängliche Skepsis ist überwunden. Wesentliche Prinzipien einer integralen Mehrsprachigkeit haben sich unterdessen in den ladinischen Kindergärten flächendeckend etabliert. So wird konsequent mit den Sprachenfarben oder anderen Ordnungshilfen gearbeitet. Bei der Erstellung von neuen Unterrichtseinheiten wird immer auch an den mehrsprachigen Unterricht gedacht. Die Mehrsprachigkeit wird unterdessen gar als das Wahrzeichen der ladinischen Kindergärten verwendet. Eine integrale Sprachstunde, in welcher alle drei Sprachen gleichzeitig verwendet werden, wurde offiziell im ladinischen Stundenplan curricular verankert und an der Freien Universität Bozen werden obligatorische Kurse zur integralen Mehrsprachigkeitsdidaktik angeboten.

Folgende Faktoren mögen – stichwortartig – zum Gelingen des Projektes beigetragen haben:

- **Ein breites, supportives Umfeld:** Schuldirektoren und Inspektorinnen mit einem hohen Maß an Commitment, genügend finanzielle Mittel, kompetente und motivierte Mitarbeiterinnen.
- **Zeit, Ausdauer und Persistenz:** Arbeit in und an kleinen Schritten, der Entfaltung des Projekts genügend Zeit lassen. Bei Problemen nicht aufgeben.
- **Gleichzeitiges „Top-down"- und „Bottom-up"-Verfahren:** Abwechselnd von konkreten Beispielen oder klaren verständlichen Theorievorgaben ausgehen. Praxis und Theorie ganz bewusst und explizit miteinander in Beziehung setzen.
- **Gegenseitiges Vertrauen und hoher Grad an Wertschätzung**
- Ernstnehmen der Praxisarbeit; kein Überbetonen der wissenschaftlichen Theorie, kein Ausbeuten der Praxis, sondern Nützliches rasch an die Praxis zurückgeben (daher bspw. die rasche **Entwicklung von sicht- und brauchbaren Produkten** wie Mappen mit einer Vielzahl von „pfannenfertigen" Unterrichtseinheiten, Informationsflyer oder gemeinsame PowerPoint-Präsentationen für Elternabende.

Literatur

Autonome Provinz Bozen-Südtirol (2004). *Europäisches Sprachenportfolio für die Südtiroler Schulen. Grundschulstufe*. Bozen.

Autonome Provinz Bozen-Südtirol (2009). *Rahmenrichtlinien des Landes für die ladinischen Grund- und Mittelschulen*. Bozen.

Brohy, C. (2003). Bilingualer Unterricht und Immersion in der Schweiz. In B. Hufeisen & G. Neuner (Hrsg.), *Mehrsprachigkeitskonzept – Tertiärsprachenlernen – Deutsch nach Englisch* (S. 133–155). Strasbourg: Counsil of Europe Pubishing.

Brohy, C. (2009). Integrierte (Sprachen-)Didaktik und ganzheitliches Curriculum – ein Atelierbericht. In A. Metry, E. Steiner & T. Ritz (Hrsg.), *Fremdsprachenlernen in der Schule* (S. 181–193). Bern: hep verlag ag.

Cathomas, R. (2005). *Schule und Zweisprachigkeit. Immersiver Unterricht: Internationaler Forschungsstand und eine empirische Untersuchung am Beispiel des rätoromanisch-deutschen Schulmodells*. Münster: Waxmann.

Cathomas, R. (2006). Auf dem Wege zu einer integralen (Mehr-)Sprachendidaktik. In W. Wiater & Videsott (Hrsg.), *Schule in mehrsprachigen Regionen Europas. School Systems in Multilingual Regions of Europe* (S. 137–152). Frankfurt/M.: Peter Lang.

Cathomas, R. & Carigiet, W. (2002). *Einführung in eine allgemeine Sprachendidaktik. Der sprachdidaktische Würfel*. Aarau: Bildung Sauerländer.

Cenoz, J. & Genesee, F. (Hrsg.) (1998). *Beyond Bilingualism. Multilingualism and Multilingual Education* (Vol. 110). Clevedon: Multilingual Matters.

Dubs, R. (2009). *Lehrerverhalten. Ein Beitrag zur Interaktion von Lehrenden und Lernenden im Unterricht*. Stuttgart: Franz Steiner Verlag.

EDK (1994). *Gründung der Arbeitsgemeinschaft zur Förderung des mehrsprachigen Unterrichts in der Schweiz*. Bern: Schweizerische Konferenz der kantonalen Erziehungsdirektoren.

EDK (1995). *Erklärung der EDK zur Förderung des zweisprachigen Unterrichts in der Schweiz (1). Sachunterricht in einer Fremdsprache: zweisprachiger Unterricht als geeignetes Mittel zum Sprachenlernen an unseren Schulen (2)*. Bern: Schweizerische Konferenz der kantonalen Erziehungsdirektoren.

EDK (1998). *Sprachenkonzept Schweiz*. Bern: Schweizerische Konferenz der kantonalen Erziehungsdirektoren.

Egli Cuenat, M. (2007). Fremdsprachen in der Volksschule aus der Sicht der EDK: Gezielte und koordinierte Erziehung zu Mehrsprachigkeit. *PH-Akzente, 1* (Fremdsprachen in der Primarschule), 3–6.

Europarat (Rat für kulturelle Zusammenarbeit) (Hrsg.) (2001). *Gemeinsamer Europäischer Referenzrahmen für Sprachen: lernen, lehren, beurteilen*. Berlin: Langenscheidt.

Gage, N. & Berliner, D. C. (1996). *Pädagogische Psychologie*. Weinheim: Belz/Psychologie Verlags Union.

Gelmi, R. & Saxalber, A. (Hrsg.) (1992). *Integrierte Sprachdidaktik. Muttersprache – Zweitsprache. Theoretische Beiträge*. Bozen: Schriftenreihe des Päd. Institutes Bozen.

Grosjean F. (1982). Life with two Languages. An Introduction to Bilingualism. Cambridge; London: Harvard University Press.

Hattie, J. (2013). *Lernen sichtbar machen*. Baltmannsweiler: Schneider Verlag Hohengehren.

Helmke, A. (2012). *Unterrichtsqualität und Lehrerprofessionalität. Diagnose, Evaluation und Verbesserung des Unterrichts.* Seelze: Klett-Kallmeyer.

Hufeisen, B. (2005). Fit für Babel. *Gehirn@Geist. Das Magazin für Psychologie und Hirnforschung,* 28–33.

Hufeisen, B. & Neuner, G. (2003). *Mehrsprachigkeitskonzept – Tertiärsprachenlernen – Deutsch nach Englisch.* Strasbourg: Counsil of Europe Publishing.

Hutterli, S., Stotz, D. & Zappatore, D. (2008). *Do you parlez andere lingue? Fremdsprachen lernen in der Schule.* Zürich: Verlag Pestalozzianum.

Istitut Pedagogich Ladin & Cathomas, R. (2009). *Material didatich por l'educaziun linguistica integrada (1.-3. tlassa). Materiale didattico per l'educazione linguistica integrata (1.-3. classe). Unterrichtsmaterial für die integrierende Mehrsprachendidaktik (1.-3. Kl.).* Bozen: Athesia.

Krumm, H.-J. (2004). Von der additiven zur curricularen Mehrsprachigkeit. In K.-R. Bausch, F. Königs & H.-J. Krumm (Hrsg.), *Mehrsprachigkeit im Fokus.* Tübingen: Günter Narr Verlag.

Ladinisches Bildungs- und Kulturressort (2010). *Alfabeiter plurilingual. Material für die mehrsprachige Alphabetisierung.* Bozen: Druckerei der Autonomen Provinz Bozen-Südtirol.

Ladinisches Bildungs- und Kulturressort (2013). *Indicaziuns Provenziales por les Scolines Ladines. Rahmenrichtlinien des Landes für die Ladinischen Kindergärten. Indicazioni Provinciali per le Scuole dell'Infanzia Ladine Departimënt Educazion y Cultura Ladina.* Balsan/Bozen/Bolzano: Tezzele by Esperia.

Ladinisches Bildungs- und Kulturressort & Cathomas, R. (2013). *Vari tl plurilinguism. Material didatich por la promozium dl plurilinguism tles scolines ladines. Schritte in die Mehrsprachigkeit. Didaktisches Material zur Förderung der Mehrsprachigkeit in den ladinischen Kindergärten. Passi verso il plurilinguismo. Materiale didattico per promuovere nelle scuole dell'infanzia ladine.* Bozen: Athesia.

Ladinisches Bildungs- und Kulturressort & Cathomas, R. (2014). *Material didatich por l'educaziun linguistica integrada (4.-5. tlassa). Materiale didattico per l'educazione linguistica integrata (4.-5. classe). Unterrichtsmaterial für die integrierende Mehrsprachendidaktik (4.-5. Kl.).* Bozen: Ferrari-Auer.

Ladinisches Bildungs- und Kulturressort (2014). *Quaky. Spielsammlung für die Förderung der phonologischen Bewusstheit in drei Sprachen.* Bozen: Druckerei der Autonomen Provinz Bozen-Südtirol.

Langner, M. (2008). Einstimmig für Mehrstimmigkeit. Plädoyer für eine Neuorientierung des Fremdsprachenunterrichts in Europa. *BDVInfo (Zeitschrift des Bulgarischen Deutschlehrerverbandes)* (1/2008), 4–12.

Le Pape Racine, C. (2007). Integrierte Sprachendidaktik – Immersion und das Paradoxe an ihrem Erfolg. *Beiträge zur Lehrerbildung. Fremdsprachendidaktik: Konzepte – Umsetzungen – Fragen – Erfahrungs- und Fallberichte* (2), 156–168.

Le Pape Racine, C. (2009). Mut zur Mehrsprachigkeit in der Schule. Weshalb schon in der Primarschule zwei Fremdsprachen unterrichtet werden sollten. In A. Metry, E. Steiner & T. Ritz (Hrsg.), *Fremdsprachenlernen in der Schule* (S. 35–55). Bern: hep verlag ag.

Manno, G. (2009). Französisch nach Englisch. Überlegungen zur Tertiärsprachendidaktik. In A. Metry, E. Steiner & T. Ritz (Hrsg.), *Fremdsprachenlernen in der Schule* (S. 129–144). Bern: hep verlag ag.

Meyer, H. (1987). *UnterrichtsMethoden I: Theorieband.* Frankfurt/M.: Cornelsen.

Meyer, H. (2007). *Was ist guter Unterricht?* Frankfurt/M.: Cornelsen Scriptor.
Nelde, H. P. (1997). Language Conflict. In F. Coulmas (Hrsg.), *The Handbook of Sociolinguistics* (S. 405–420). Oxford, Cambridge: Blackwell.
Neuner, G. (2003). Mehrsprachigkeit und Tertiärsprachendidaktik. In B. Hufeisen & G. Neuner (Hrsg.), *Mehrsprachigkeitskonzept – Tertiärsprachenlernen – Deutsch nach Englisch* (S. 13–33). Strasbourg: Counsil of Europe Pubishing.
Niggli, A. (2005). *Unterrichtsbesprechung im Mentoring*. Oberentfelden: Sauerländer.
Rifesser, T. (1995). Drei Sprachen unter einem Dach. Aufbau und Struktur der ladinischen Schule. In Institut Pedaggogich Ladin (Hrsg.), *Schule und Sprachen. Mehrsprachige Schulmodelle in Europa* (S. 113–129). Merano BZ: Alpha & Beta.
Rifesser, T. (2006). Das ladinische Schulmodell im Vergleich zum deutschen und italienischen in Südtirol. In W. Wiater & G. Videsott (Hrsg.), *Schulen in mehrsprachigen Regionen Europas. School Systems in Multilingual Regions of Europe* (S. 237–253). Frankfurt/M.: Peter Lang.
Roth, G. (2011). *Bildung braucht Persönlichkeit. Wie Lernen gelingt*. Stuttgart: Klett-Cotta.
Saxalber-Tetter, A. (2008). Integrierte Sprachdidaktik in LehrerInnenbildung und Schulentwicklung. *Österreichisches Kompetenzzentrum für Deutschdidaktik. Austrian Educational Competence Centre (AECC) Deutsch. Die ersten beiden Jahre. Bilanz 2006–2007*, 40–44.
Sieber, P. (2006). Funktionale Mehrsprachigkeit statt perfekte Zweisprachigkeit. Orientierungspunkte für die Förderung der Sprachfähigkeiten in der Schule. *Neue Zürcher Zeitung NZZ* (20.06.2006)
Sitta, H. (1994). Im Dialekt leben. In F. Lanthaler (Hrsg.), *Dialekt und Mehrsprachigkeit. Beiträge eines internationalen Symposiums* (S. 13–27). Bozen: Alpha & Beta.
Skutnabb-Kangas, T. (1995). Multilinguism and the Education of Minority Children. In O. Garcia & C. Baker (Eds.), *Policy and Practice in Bilingual Education: A Reader Extending the Foundations*. Clevedon: Multilingual Matters.
Verra, R. (2004). *Ladinisch – Paritätisch – Mehrsprachig. Aspekte der Mehrsprachigkeit in der ladinischen Schule*. Bozen: Landesdruckerei.
Verra, R. (2006). Die ladinische Schule und ihre Mehrsprachigkeit. In W. Wiater & G. Videsott (Hrsg.), *Schulen in mehrsprachigen Regionen Europas. School Systems in Multilingual Regions of Europe* (S. 225–237). Frankfurt/M.: Peter Lang.
Wiater, W. (Hrsg.) (2006). *Didaktik der Mehrsprachigkeit. Theoriegrundlagen und Praxismodelle*. München: Verlag Ernst Vögel.

Fritz Oser

Das Stop-and-change-Modell moralerzieherischer Wirksamkeit oder: Man kann moralisch nicht nicht handeln

Zusammenfassung

Erzieherische Kompetenzen von Eltern und Lehrpersonen können nicht allein theoretisch und *top down* bestimmt werden. Es ist vielmehr nötig, ethnographisch festzustellen, wie diese Personen immer schon erzieherisch handeln, um anschließend genau dieses Handeln zu reflektieren, zu messen und zu verbessern. In unserer Darstellung fragen wir, welche Kompetenzen Eltern und Erzieher haben bzw. wie sie spontan reagieren, wenn Kinder einander schlagen, wenn sie Unrecht tun, einander Gegenstände wegnehmen etc. Diese spontane Form der moralischen Wirkung ist kaum je gelungen modelliert worden. Wir stellen das sogenannte Stop-and-change-Modell der Moralerziehung vor, ein Modell, das – vermutlich wegen der Möglichkeit, es falsch anzuwenden – kaum je ins Blickfeld pädagogischer Reflexion geraten ist. Wir vergleichen dieses Modell mit dem Erziehungsmodell des großen Moral- und Entwicklungspsychologen Lawrence Kohlberg. Es werden die Gefahren solchen Handelns erörtert, und es wird gezeigt, dass moralische Erziehung immer nur dort notwendig ist, wo ein negatives moralisches Ereignis stattfindet. Schließlich wird auf den notwendigen Schutz der Lernenden im Falle des „Stop" etwa durch die Praktizierung pädagogischer Zu-Mutung hingewiesen. Alles in allem werden – in diesem Modell – nicht durch Lehr-Lerninszenierungen neuer Inhalte, sondern durch das Aufgreifen vorhandener Situationen moralische Werte entwickelt. Diese schon vorhandenen Szenen sind in szenische Lerngelegenheiten umzudeuten.

1. Eingreifen als Erziehungsakt

Alois Niggli hat sich nicht zuletzt auch mit der Frage befasst, wie Lernen inszeniert wird (2013). Während er dieses eher mit Fokus auf Unterrichtsinhalte erfolgreich umgesetzt und plausibel dargestellt hat, möchte ich hier der Frage nachgehen, welche Bedingungen vom Schüler/von der Schülerin allgemein für den Unterricht und für zu vermeidende Unterrichtsstörungen erfüllt werden müssten. Dazu gehört das Faktum, dass Schüler und Schülerinnen bezüglich der Lernkultur moralisch verantwortlich handeln lernen sollen. Gute Bedingungen für das Lernen herzustellen ist nicht bloß Aufgabe der Lehrkräfte, es geht stets auch um einen Zustand, bei dem Lernende für das Lernen der Anderen in dem Sinne Verantwortung übernehmen, als keine Behinderung stattfindet oder anders gesagt, nicht das Verstehen, Analysieren, Thematisieren des Lernstoffs und auch nicht die sozialen Interaktionen oder allgemein der Lernfortschritt behindert werden. Dazu gehören auch der Respekt (nicht Zynismus) und die Verantwortung (nicht der Egoismus) für das, was geistig, sozial und real produziert wird. Es geht um eine Art Selbstdisziplin, die so gesehen eine implizite wechselseitige moralische Verantwortung der Schülerschaft darstellt.

Eine sehr heikle und immer wieder umstrittene Aufgabe der Lehrperson besteht darin, Bedingungen zu schaffen, um genau die Erreichung dieses Ziels zu ermöglichen. Man kann davon sprechen, dass dies eine Art doppelte sozial-moralische Kompetenz darstellt, nämlich sozial-moralisch zu handeln und dafür zu sorgen, dass die Schüler und Schülerinnen sozial-moralisch handeln, also selber in die Verantwortung treten. Beides kann nur unter schwierigen Gegebenheiten erworben, sichtbar gemacht und kritisch analysiert werden.

Dazu ein Beispiel: Ein Schüler der 4. Klasse fällt dahingehend auf, dass er laut ist, „Sprüche klopft", die anderen zum Lachen bringt oder aber andere beschämt und lauthals lacht, wenn sie Fehler machen, was andere wiederum zum zynischen Lachen „zwingt". Sein Gehabe ist derart, dass Ermahnungen notwendig werden, die aber meist nicht oder nur für kurze Zeit fruchten. Wenn sich ihm die Lehrerin mit strengen Worten zuwendet, verdreht er mit einer Unschuldsmiene die Augen, sodass dies wiederum bei den anderen ein Grinsen oder lautes Lachen erzeugt, was ihm sichtlich Spaß macht, er also offensichtlich im Mittelpunkt stehen will. Selbst wenn der Lehrerin der Kragen platzt, und sie einmal überlauf reagiert, führt das nur dazu, dass er sich als der große Star fühlt. – Eines Tages, bei der ersten wiederholten Zuschaustellung seiner Störungsmacht, unterbricht die Lehrerin den Unterricht, erteilt eine Übungsaufgabe und nimmt den Knaben vor die Türe. Hier bringt sie zum Ausdruck, dass sie mit ihm reden müsse, und sie sagt ihm klar, dass sie mit seinem Gehabe nicht einverstanden sei, dass sie beantragen möchte, dass er in eine andere Klasse gehe, dass sie enttäuscht sei von ihm und dass sie von ihm etwas ganz anderes erwartet hatte. Und, erstaunlicherweise, reagiert der Knabe ganz anders als vor der Klasse. Zwar setzt er sich zur Wehr, indem er beteuert, dass er es nicht böse meine, aber schließlich sieht er ein, dass dies alles nicht so geht, und er verspricht eine Veränderung a) des Auslach-Verhaltens, und b) des lauten Unterbrechens durch Aufmerksamkeitssuche. Das Gespräch ist so angelegt, dass die Ernsthaftigkeit der Situation deutlich eine letzte Chance vor einem Bruch darstellt.

Was hier geschieht, wiederholt sich im Kontext von Familie, Schule, Gruppe, überall, wo geführte Kommunikation als Grundlage des Zusammenlebens stattfindet, kurz in Situationen der Erziehung.

1. Ein Verhalten wird unterbrochen (oder verneint).
2. Es folgt eine Diskussion, die dahingehend asymmetrisch ist, als eine Person überzeugt werden soll, dass das, was sie getan hat, falsch ist.
3. Es wird eine neue Norm gesetzt und diese wird begründet.

4. Es wird eine Verhaltensveränderung entsprechend dieser neuen Norm geplant und als eingehalten erwartet (und hier werden manchmal auch weitere Fälle erzählt, verarbeitet oder künstlerisch dargestellt).

Man kann nun aufschreien und sagen, das sei ja alles manipulative Erziehung, da geschehe so etwas wie verfeinerte Indoktrination; das alles, so könnte man auch sagen, sei politisch inkorrekt, und vor allem steht der Vorwurf im Raum, dass es kommunikationspragmatisch nicht zulässig sei. Da müsse man doch viel feiner handeln und z.B. mit „Ich-Botschaften" (Schulz von Thun, 1978) die Spannung zwischen gewolltem Verhalten und unzulässiger Störung abfedern.

Eigenartig aber ist, dass dieser Ablauf ubiquitär ist. Jeden Tag geschieht er zwischen Müttern/Vätern und ihren Kindern, zwischen Lehrkräften und Schülern/Schülerinnen, zwischen Berufsausbildenden und ihren Lernenden. Überall, wo das Gefälle nicht bloß ein im Sinne der Wissenstransmission zu Vermittelndes ist, sondern zusätzlich zu Unterricht erwünschtes Verhalten mit im Visier steht, läuft es mit unterschiedlich feinen Akzentuierungen in je ähnlicher Weise ab. Dort, wo Kinder sich streiten, wo sie schlagen, wo sie einander auslachen, wo sie stören, notwendige Dinge wegnehmen, klauen, Unrecht tun, dort erfordert die Situation oft in der Tat einen Unterbruch und eine geführte Auseinandersetzung mit der Übertretung, besonders auch wenn diese nicht erkannt und nicht genannt worden war, also gar kein internes Bewusstsein davon besteht. Diese Ubiquität macht darauf aufmerksam, dass Lehrerbildung nebst fachlicher, fachdidaktischer und erziehungswissenschaftlicher Bildung (Shulman, 1987) auch Ausbildung zur Entwicklung moralischer Kompetenzen bei Schülern und Schülerinnen unterschiedlichen Alters (vgl. z.B. Berkowitz, 2014; Narvaez, 2013) leisten muss. Das klassische Modell besteht darin, dass durch Dilemmadiskussionen eine je höhere Stufe des moralischen Urteils erreicht wird (vgl. Oser & Althof, 1992). Dieses in den 70er-Jahren entwickelte Modell wird heute noch intensiv angestrebt (siehe etwa Hemmerling, Scharlipp & Lind, 2009). Längst schon aber ist dieses Modell ausdifferenziert worden. Ein gutes Muster wäre etwa das Vierkomponentenmodell von Rest (1981), bei dem Aspekte der moralischen Sensibilität, des moralischen Handelns und der moralischen Motivation das Urteil begleiten.

2. Ein negativer Anfang: Das Prozessmodell

Was wir vorstellen, ist ein Prozessmodell des Aufbaus von moralischem Handeln, sofern dieses in eine erzieherische Kleingemeinschaft eingebaut ist. Es ist also der Anfang allen sozial und moralisch gewünschten Verhaltens die Übertretung dieses Verhaltens und die entrüstete und Einhalt gebietende Reaktion der Erziehenden darauf (vgl. Tugendhat, 1984). Es folgt eine versuchte Überzeugungsarbeit, dass dieses Verhalten falsch sei und ein anderes gewünscht werde. Dieser Überzeugungsvorgang hat zwei Charakteristika: Einmal ist es ein Diskurs, der einseitig gefordert und einseitig geführt wird (was Kinder wissen, wenn man ihnen etwa sagt, dass jetzt miteinander gesprochen werden müsse), und zweitens ist es ein Klarmachen, warum es so nicht geht, ein wenn auch unvollständiger Begründungsprozess. Mit diesem realistischen und unvollständigen Diskurs geht immer eine Normsetzung einher; diese Norm ist manchmal einfach gefordert, manchmal als Alternative erarbeitet. Schließlich wird das dieser Norm entsprechende alternative Handeln geplant, überwacht und unterstützt (vgl. Garz et al., 1999).

Die Aufgabe der Erziehungswissenschaft ist es, solche Abläufe zu beobachten, sie zu erfassen, qualitativ zu beurteilen und sie, wenn ihre Wirkung begründbar ist, zu modellieren bzw. kontrolliert zu stimulieren. Es ist nicht gemeint, dass dieser phasenmäßige Verlauf, weil er so abläuft, auch so ablaufen müsse. Wir haben aber die Aufgabe, ihn ethnographisch zu erkunden, ihn nachzubilden, auf Gefahren aufmerksam zu machen und seine Wirkung für das gesellschaftliche Wohl zu messen.

3. Eine Abhebung von diesem Verlauf

1972 haben Kohlberg und Mayer ein Papier verfasst, das in einschlägiger Weise die Kritik an der traditionellen Moralerziehung deutlich machte. Sie unterscheiden darin drei Ansätze, deren erste zwei in der deutschen Erziehungswissenschaft immer schon intensiv diskutiert worden sind, nämlich den Transmissionsansatz und den Maturationsansatz, die beide viele Vertreter und viele unterschiedlichste philosophische Rechtfertigungsstränge aufweisen. Den dritten, neuen Ansatz bezeichnen sie als „Entwicklung als Ziel der Erziehung", dessen Merkmal nicht eine Wissensvermittlung (erster Ansatz) und keine Weckung schon vorhanden geglaubter menschlich moralischer Fähigkeiten (zweiter Ansatz) betrifft, sondern eine höhere Entwicklungsstufe auf einer vorgegebenen Entwicklungsskala anvisiert, die je reversibler, komplexer und adaptiver ist. Der Weg dazu sind die erwähnten klassischen Dilemma-Diskussionen, durch welche kognitiv moralische Ungleichgewichte zustande kommen, welche eine Stufentransformation ermöglichen. Es ist erstaunlich, wie weit dieses Top-down-Modell von der Realität des täglichen Kampfes von Lehrerinnen und Lehrern um Verantwortung und Moralität bei den Schülern entfernt ist. Kohlberg selber hat sich auch diesem Ansatz gegenüber sehr kritisch verhalten. Er hat dies in aller Klarheit auf zweierlei Art ausgesprochen. Erstens lehnt er es ab, dass direkt von der Psychologie zur Praxis geschritten werde.

> „What I have described really is a straight movement from developmental psychology and philosophy to practice, what I call one-way street model. A psychologist takes a theory, developed and tested by pure developmental psychology research, and then starts to apply the theory and makes prescriptions from the theory to classroom practice, and then evaluates the effect by summative rather than formative research: I had never really felt that that was a viable way of relating research to practice in moral education." (Kohlberg, 1985, S. 33).

Der Glaube, dass quasi von einer abstrakten Idee, wie immer wirksam sie sein mag, zu unterrichtlichem Handeln geschlossen werden könne, wird hier als ein wissenschaftlicher „false belief“ gekennzeichnet. Wir finden eine ähnliche Aussage bei Niggli, wenn er meint: „Praxis ist auch durch Theorie nicht bestimmbar. Theorie ist abstrakt. Praxis ist konkret. Dies gilt auch dann, wenn Theorieebenen mit einem geringen Abstand zur Praxis formuliert werden.“ (2013, S. 117). Also müsste man auch die direkte Ableitung von einer Theorie der Stufenentwicklung hin zur Dilemmatadiskussion in gleicher Weise kritisch hinterfragen.

Und genau dies tut Kohlberg zweitens an andere Stelle. Er sagt:

> “Our research results indicated the operation was a success in the sense that it showed that ordinary classroom teachers, or at least half of them, reproduced the Blatt effect without being collaboratively trained and motivated psychology graduate students. However, while the intervention operation was a success, the patient died; that is, we went back a year later and found that not a single teacher continued to do moral discussion after the commitment to the research had ended. In other words, it didn’t speak enough to the teachers’ and students’ needs, even though it did lead to a one-third stage change” (1985, S. 33; zitiert auch bei Oser, 2015).

Kohlberg entwickelte auf der Plattform dieses Denkens einen neuen horizontalen Ansatz, den er Just Community Approach nannte. Es ist hier nicht der Ort, dessen Implikationen zu beschreiben (siehe Oser, 2014). Hingegen macht es Sinn, einen Vergleich zwischen dem oben beschriebenen Stop-and-change-Modell und diesem Just Community Approach zu bedenken. Und so sehr Kohlbergs eigene Kritik bezüglich des Tods des Patienten richtig war und so sehr sein „one street model“ überzeugt, hat er selber vermutlich nicht gesehen, dass er genau im Just-Community-Modell dieses Stop-and-change-Konzept zur Anwendung brachte. Denn in der Just Community kommen alle Beteiligten der Schule meist nach einem negativen Ereignis, dass alle angeht und alle beschäftigt, zusammen um dieses zu erörtern, Lösungen zu finden, neue entsprechende Normen zu setzen und deren Einhaltung zu planen, also um moralisch zu lernen. Das heißt, dass auch hier Unterbruch des Unterrichts geschieht. Es wird Überzeugungsarbeit jener Schüler und Schülerinnen, die die Community-Versammlung leiten, geleistet, es werden Diskurse durch Wertbildung und Bewusstmachung von negativen Folgen der jeweils unerwünschten Handlungen geführt, und es wird somit in der Tat intensive inhaltliche Arbeit geleistet. Der einzige Unterschied ist, dass hier eher Symmetrie der Diskursteilnehmer gegeben ist, wobei Sicherungen gegen bösartige Handlungsweisen oder gegen neue negative z.B. rachsüchtige Handlung eingebaut sind. Kohlberg aber hat dieses Modell der Just Community eher dazu verwendet, um eine sinnvollere Form des Konzeptes „Entwicklung als Ziel der Erziehung“ zu realisieren. Es ging ihm also darum, durch den organisierten, realistischen und unbedingt notwendigen öffentlichen Diskurs in der Schulgemeinschaft höhere Stufen des moralischen Urteils und natürlich auch eine höhere Form der Gruppenmoral bzw. der Gruppennormen (vgl. Power, 1978) zu erreichen. Das, was das Stop-and-change-Modell ausmacht, nämlich einen subtilen Wertewandel, eine Art Konversion durch neue Normen, wurde nicht gesehen, oder es wurde gar abgelehnt.

4. Der Ringkampf um das Richtige

Folgendes Ereignis, das ein Mann so erzählt, als ob es gestern passiert sei, macht dieses ganz andere Transformationsmodell, das innerhalb einer Stufe statthat, deutlich (das Beispiel ist entnommen aus Oser, 2015):

> In an interview a 65 year old man tells us an event from the time when he was a third grader. His teacher was vice principal of the school, and she often had to leave the class for official tasks, meetings, etc. So she always asked another kid to sit at her desk and supervise the others by noting their behavior and giving them strokes for each bad act on the blackboard. One day it was his turn, and he noted all the kids on the blackboard and made one bar after the other. Some kids had more than 10 strokes. After a while another third grader asked him if he would rub out his strokes for 20 cents each. And he did. Many of the students did the same, and at the end he earned a lot of money. Only three students did not do the same, and so the teacher punished them. When the boy came home, he told the story to his mother showing her proudly the money he had earned. But mother was immediately afraid. She told him with high indignation: You cannot do this, it is bribery. There then followed a strong exchange during which the son tried to convince the mother that she was wrong. But she explained and explained to him with much worry that his action was immoral and bad. After a long struggle she asked him to take the money back, and she herself accompanied him on this difficult task. The teacher in the school understood immediately and she helped to clear the matter up but also to give positive feedback to the boy recognizing his courage to change.

In dieser Erzählung zeigen sich die vier oben erwähnten Phasen deutlicher denn je. Nach dem Unterbruch versucht die Mutter ihren Sohn zu überzeugen, dass das so nicht geht. Er wehrt sich und meint, dass seine Mutter nichts von der wirklichen Welt verstehe. Sie aber gibt nicht nach, setzt konsequent einen anderen Wert und versucht – mit dem Knaben mitgehend und ihn beschützend – diese andere wertvollere Norm durchzusetzen. Die Mutter leistet Überzeugungs-, Begründungs- und Forderungsarbeit. Sie macht etwas bewusst, was vorher nicht bewusst oder nicht genügend bewusst war.

5. Voraussetzungen

In diesem Beispiel wird deutlich: Das Stop-and-change-Modell ist voraussetzungsreich und äußerst zerbrechlich. In seinem Buch „The beautiful risk of education“ (2014, S. 128/129) zeigt Biesta, dass bei solch erzieherischen Prozessen immer drei Dimensionen zusammen wirken, nämlich a) die Ausstattung mit einer Kompetenz durch Qualifikation (Wissen, Dispositionen, Skills), b) die Sozialisation in Vorhandenes, Erwartetes, das mit Werten, die andere geschaffen haben, befrachtet ist, und c) die, wie er sagt, Subjectification, wo wir ein Teil des Bestehenden werden und Identität entwickeln. Und die Spannung zwischen Freiheitseinschränkung und Freiheitsgewinnung durch solche Prozesse ist weder umgehbar noch aufhebbar. Deshalb müssen die wichtigsten Voraussetzungen genannt werden.

Die erste kann man als Basisvertrauen bezeichnen. Das Kind weiß, dass die erwachsene Person, hier die Mutter, es unbedingt akzeptiert, und der Kampf um das Richtige kann diese Basis in keiner Weise tangieren, in Frage stellen oder gar zerstören. Dort, wo das Basisvertrauen zerstört ist, kann die prozessuale Dynamik im Stop-and-change-Modell nicht aufrechterhalten werden (vgl. Buber, 1953/1969). – Die zweite Voraussetzung ist Zu-Mutung. Die Mutter mutet dem Kind zu, dass es sich verändert und einen anderen Weg gehen wird. Es ist eine Art Präsupposition von sozialer und moralischer Fähigkeit. Es ist eine umgeformte, gelebte, starke Annahme, dass das Kind einen anderen Wert, eine andere Norm in Zukunft einhalten wird (Zu-Mutung, vgl. Oser, 2008). Die dritte Voraussetzung ist der absolute Schutz. Da ist nicht eine Spur von Zynismus (nach innen) oder von Bloßstellen (nach außen). Diese Schutzfunktion ermöglicht erst Transformation des Urteils, denn der wesentliche Prozess der Annäherung der neuen Überzeugung an ein kulturelles Gut bleibt nach innen gerichtet und wird von zerstörenden äußeren Einflüssen vorerst bewahrt.

6. Gefahren des Scheiterns

Damit wird deutlich, dass im Ablauf dieses Stop-and-change-Modells vieles falsch gemacht werden kann, dass Gefahren lauern: Erstens kann der Unterbruch zu heftig sein, so sein, dass Menschen bloßgestellt und damit verletzt werden. Zweitens kann es sein, dass nach dem Unterbruch kein Diskurs geführt wird, kein Widerspruch zugelassen ist und auch kein Ungehorsam geduldet wird. Drittens kann die Überzeugungsarbeit ohne Begründung, d.h. nicht überzeugend sein (Kinder merken, wenn sie manipuliert werden) usw. Viertens kann die unterrichtende oder erziehende Person einfach nur „Ordnung und Ruhe“ schaffen und sich nicht des Wertwandels „Andere nicht schädigen“ annehmen. Man reguliert, anstatt die Situation zu Lernzwecken zu „gebrauchen“. Die neue Norm kann, fünftens, überfordern, weil sie nur für moralische Helden, nicht aber für moralische Laien durchführbar ist. In diesem Sinne ist das obige Beispiel an jener Stelle prototypisch, wo die Mutter mit dem Jungen zusammen in die Schule geht und seine moralische Last auf diese Weise mitträgt. All diese und ähnliche Gefahren sind im Erziehungs- und Unterrichtsprozess allgegenwärtig. Sie sind nicht stop-and-change-spezifisch. Aber sie kommen hier leichter an die Oberfläche.

7. Drei Modelle in einem

Oben haben wir die drei Erziehungsmodelle, wie sie Kohlberg & Mayer (1972) zugespitzt unterschieden haben, den romantischen Ansatz mit Maturations- und Laissez-faire-Elementen, den kulturellen Transmissionsansatz mit Indoktrinations- und Engführungselementen, und den von Kohlberg präferierten progressiven Ansatz, der durch Stimulierung des kognitiven Ungleichgewichts zu einer höheren sozial-moralischen Stufe der Entwicklung führt, vorgestellt. Der erste Ansatz setzt voraus, dass im Sinne Platons oder in anderer Weise bei Rousseau der Mensch gut ist und dieses Gute nur „erweckt“ wird oder erweckt werden soll. Der zweite Ansatz geht davon aus, dass der Mensch vorerst schlecht ist und durch Sozialisation zum Menschsein geführt werden soll. Elemente von John Locke oder von Durkheim schimmern durch, wobei im besten Falle diese postulierte Sozialisation ein Zum-Glück-Führen sein sollte, dies weil es ein Anderswerden beinhaltet. Der dritte Ansatz ist ein Top-down-Modell, bei dem psychologische Theorien in Handlungsweisen der kognitiven Desäquilibration umgewandelt werden. Sofern dieses in der Just Community zum Einsatz kommt, ist es eine Mischung von *bottom-up* und *top-down*, eine eigentümliche Adaptationsleistung.

Wenn wir aber die obigen beiden Beispiele ins Auge fassen und uns die Frage stellen, wie sich in ihnen die drei Modelle voneinander unterscheiden, steigt die eigenartige Feststellung auf, dass in der Jetztzeit, wo oft auch verschiedene politische Ideologien nebeneinander Platz haben, alle drei deutlich vorkommen. Wenn eine Lehrerin in strengem Tone sagt „Ich möchte nicht, dass du die Anna schlägst“, so ist das eindeutige Transmission, eben durchgeführter Stopp. Wenn ein Schulleiter annimmt, dass die beschlossene Regel von allen eingehalten wird, so ist dies praktizierte Zu-Mutung, dass alle letztlich vernünftig handeln und die gemeinsam getroffene Entscheidung als vernünftig ansehen. Wenn Schüler/Schülerinnen und Lehrpersonen miteinander ringen und auch bei asymmetrischen Dialogen und normsetzenden Forderungen miteinander reden, ist dies immer desäquilibrierend und deshalb progressiv. Eine konfligierende pädagogische Situation ist nie neutral, nie kommunikativ sauber, nie normtolerant und nie leicht zu lösen. Wer Stopp sagt und fordert, dass einem Tun ein Ende bereitet wird, hat immer schmutzige Hände. Aber nur so wird sozial und moralisch gelernt.

8. Situationen aufgreifen statt Situationen schaffen

Man muss nochmals den Titel des Buches von Alois Niggli „Didaktische Inszenierung binnendifferenzierter Lernumgebungen“ in Betracht ziehen und die Frage stellen, ob er auch für Situationen des sozial-moralischen Lernens, also für eigentliche erzieherische Situationen gilt. Es gibt vermutlich einen Unterschied: Während bei sachkundlichen, sprachlich und geschichtlich orientierten Wissensinhalten der Akzent tatsächlich auf dem Wort „Inszenierung“ liegt, müsste beim Stop-and-change-Modell eher davon gesprochen werden, dass eine Situation, die schon vorhanden ist, fruchtbar aufgegriffen wird; wie die oben beschriebenen ist ihre außerordentliche Fülle immer schon da. Das Element der Adaptivität (vgl. Beck et al., 2008) ist mit voraussetzungsloser Härte stets mitgefordert, dies weil nie zwei kommunikativ konfligierende Situationen gleich sind. Die Binnendifferenzierung hingegen ist schon deswegen in außerordentlicher Weise notwendig, weil Lernende unterschiedliche Sensibilitäten bezüglich Gerechtigkeitserfordernissen mitbringen. Das Stop-and-change-Modell entspricht einem erzieherischen Szenarium, das sich stets selber herstellt und selber wieder auflöst. Wenn die Bewusstwerdung und Verarbeitung ungerechter Zustände, der Wertewandel, der Wandel hin zur Akzeptanz einer anderen Norm einmal abgeschlossen ist und eine neue Situation der erlebten Ungerechtigkeit oder ein neuer Konflikt zwischen zwei Interessen, die mit unterschiedlichen Mitteln erstrebt werden, auftreten, dann sind zwar ähnliche Elemente gegeben, aber das Gefühl einer notwendigen Überwindung von Widerständen hin zu etwas Neuem muss adaptiv je neu angefasst und bearbeitet werden.

9. Erzieherische Eingriffe sind verantwortete Eingriffe

Das Stop-and-change-Modell ist aber kein Selbstläufer und das Konzept der Selbstregulierung findet hier keinen Platz. Die Voraussetzung ist immer, dass eine leitende Figur, die sich für die Situation verantwortlich fühlt, oder die de facto verantwortlich ist, eingreift. Dieser Eingriff ist dergestalt, dass jemand Verantwortung übernimmt für die Koordination der Interessen anderer und dabei einen Einfluss hin zu einer „besseren“, „friedlicheren“, „gerechteren“ Lösung will. (Obwohl wir das Modell als erzieherisches deklarieren, kann es in Betrieben, Arbeitsgruppen, politischen Konfliktfeldern auftreten. Es bedeutet dort etwas anderes als Erziehung. Es setzt dort moralischen Mut voraus, und auch, dass jemand ein Tägliches, eine Routine, einen Zustand unter- oder durchbricht, dann ein Verfahren mit Überzeugungsleistungen in Gang bringt, eine neue Norm vorstellt oder entwickelt und ein entsprechendes Verhalten plant).

Das Modell, das in den Erziehungswissenschaften eher – vermutlich beeinflusst von psychologischen Kommunikationstheorien und ihrem Gutfühl-Schwulst – mit einer gewissen Verachtung bestraft wird, basiert auf einer weiteren oft nicht gesehenen Voraussetzung, nämlich dass alle Moral nur durch Unmoral entsteht. Wenn die erziehende Person eingreift, dann hat sie das Gefühl, dass etwas unrichtig, oder jemand ungerecht, oder wenn es in den sozialen Bereich fällt, unhöflich, nicht-kooperativ etc. ist. Und sie greift mit der Absicht ein, dieses zu stoppen und mit Überzeugungsarbeit und Begründungseifer ein gesellschaftlich erwartetes Verhalten zu erzeugen. Ob dieses das Richtige ist und wie das Richtige festgestellt werden kann, ist in der Handlungsnot nicht mehr zu leisten. Wenn ein Kind das andere Kind schlägt, muss man eingreifen. Es geht nicht anders. Am Anfang steht so die Entrüstung über einen Zustand, ein Verhalten, ein Verfahren, die als ungerecht, zynisch, gewalttätig gesehen werden (Tugendhat, 1984). Der Anfang ist das Negative.

In einer kleinen Pilotstudie haben wir Lehrerinnen, Mütter, Väter gefragt, wie sie in zwei Situationen handeln würden. Die erste Situation lautet:

a) Frau Meier ist Mutter von zwei kleinen Kindern, Franz 5-jährig, Irina 4-jährig. Beide gehen in den Kindergarten und sie bringen manchmal ihre Freunde mit nach Hause. Eines Tages sieht die Mutter, wie beide, Irina und ihre Freundin, das gleiche Spielzeug wollen und sich darum streiten. Plötzlich schlagen sie aufeinander ein, schreien, und es wird heftig und ernst.
   Was würden Sie als Vater/Mutter in dieser Situation tun? Welches sind die Schritte?
   Zwei Antwort-Beispiele:
      Erstes Antwort-Beispiel:
      1. Schritt: „*Die Kinder trennen, damit sie sich nicht verletzen.*"
      2. Schritt: „*Auf Augenhöhe den Kindern sagen, dass sie sich nicht gegenseitig verletzen dürfen, nachfragen, warum sie sich streiten.*"
      3. Schritt: „*Wenn keine Einigung über das Spielzeug erzielt werden kann, das Spielzeug weggeben.*"
      4. Schritt: „*Gemeinsam etwas anderes suchen und mit den Kindern spielen.*"

      Zweites Antwort-Beispiel:
      1. Schritt: „*Spielzeug wegnehmen. Aufeinanderschlagen unterbinden. Streit schlichten!!!*"
      2. Schritt: „*Gespräch, wie das Problem zu lösen wäre, z.B. …*"
      3. Schritt: „*Pause nach 15 Minuten.*"
      4. Schritt: „*Sonst alternativ anderes Spielzeug anbieten …*"

b) Sie sind Lehrkraft an der Berufsschule. Sie sehen, dass einer Ihrer Schüler, der 17-jährige etwas ungeschickte Franz, stets gehänselt, ausgelacht und auch mit Zynismus bedacht wird. In einer Situation, in der Sie eine Frage stellen und Franz drannehmen, lachen alle anderen Schüler und Schülerinnen schallend, aber auch gehässig und abschätzig, dies obwohl die Antwort richtig und solide war. Es ist ein richtiges Auslachen.

Welche Schritte würden Sie vornehmen?

Erstes Antwort-Beispiel:

1. Schritt: „*Stopp.*“
2. Schritt: „*Gesprächsrunde. Sache auf den Punkt bringen.*“
3. Schritt: „*Beratungslehrer in die Klasse holen.*“
4. Schritt: „*Außerschulische Beratung zu Hilfe holen.*“

Zweites Antwort-Beispiel:

1. Schritt: „*Franz für seine Antwort loben.*“
2. Schritt: „*Die anderen Schüler ignorieren.*“
3. Schritt: „*Mir zuhause überlegen, wie ich das Thema in einem Sozialprojekt behandle.*“
4. Schritt: „*Sozialprojekt in der Klasse starten.*“

Dieser kleine Ausschnitt aus der Pilotstudie macht Folgendes deutlich:

Bei allen Antworten wird erstens sichtbar, dass man unterbricht, eingreift und sich gegen das Tun der Kinder oder Schüler und Schülerinnen wehrt. Es folgen Schritte der Überzeugungsarbeit, der alternativen Lösungen, der Umsetzung eines neuen erwünschten Zustandes. – Zweitens wird deutlich, dass bei Lehrkräften der Jugendlichen eine größere Varianz der Handlungsvorschläge besteht als bei den Erziehenden der Kleinkinder. Die Vorschläge – nach der Unterbrechung – reichen von Hilfe holen, Sozialprojekte organisieren, strafen und lächerlich machen der Auslachenden an der Tafel (Retribution), wegschicken von Franz unter einem Vorwand, um mit der Klasse „zu Boden reden“ etc. Drittens finden wir Erziehende und Lehrpersonen, die direkt bewusst machen, was nicht sein soll, und wir finden solche, die eher über Umwege (z.B. Verstärkungsprozesse) auf Einsicht hoffen. Der wichtigste Punkt aber ist: Es geschieht immer und überall eine direkte oder indirekte Moralisierung der Situation. Lehrkräfte brauchen oft als Redewendung: „So geht das nicht.“ Über diesen Prozess haben wir an anderer Stelle berichtet (siehe Oser & Heinzer, 2010, Sense of Necessity). Wir zeigen dort, dass die Eingriffe der Lehrenden von ihnen in den meisten Fällen gewollt und verantwortet werden.

10. Über Forschung und Anwendung

Die Idee der Validierung des Stop-and-change-Modells ist bedeutungsvoll. Wir müssen über Unterrichts- und Familienbeobachtung, über Analyse von Empfehlungen zur Herstellung von Disziplin die Ubiquität des Modells feststellen und eine präzisere Modellierung vornehmen. Wir wollen auf dem Hintergrund gelungener Stopp-Situationen und misslungener Stopp-Situationen eine Messung und Benchmarks erzieherischer Qualität entwickeln. Es ist notwendig, die subtile Verstrickung der Lehrkräfte- und Erzieher-Entscheidungen mit moralischen Erfordernissen, die sie als beliefs (Reusser et al., 2011; Oser & Blömeke, 2012) oder als verinnerlichte gesellschaftliche Standards mitbringen, zu analysieren. Schließlich sollte es möglich sein, substantielle Interventionsprogramme experimentell kontrolliert durchzuführen und evaluativ zu überprüfen, ob bestimmte Inszenierungen weniger zum Scheitern schulischer Interaktionen im Sozialbereich vorgreifen. (Wenn, wie die Schweizerische Nationalfondsstudie Burnout (Stress im Schulzimmer) von 2014 zeigt, von jenem Viertel der Lehrpersonen, die unter diesem Phänomen leidet, in den meisten Fällen dies auf disziplinarische Schwierigkeiten zurückzuführen ist, so könnte dies ein Hinweis auf die Bedeutung neuer notwendiger Kompetenzen in dieser Hinsicht darstellen.)

11. Vergessene Erziehungswelten

An dieser Stelle ist noch einmal darauf hinzuweisen, dass Erziehung ein Geschehen ist, das immer schon stattfindet und das nicht durch Erziehungstheorien ohne Bodenhaftung abgelöst werden kann. Wenn Wittgenstein meint, dass man die Bedeutung der Sprache nur verstehen kann, wenn man hinsieht, wie Menschen Sprache gebrauchen, gilt das noch mehr für Erziehung. Wir müssen hinsehen, was Mütter und Väter mit Kindern, Ausbildner und Ausbildnerinnen mit Lehrlingen, Forschungsleiter mit Studierenden, die zum ersten Mal an der Forschung teilnehmen, tun. Die Ubiquität des erzieherischen oder auch lehrenden Handelns zwingt uns zu sehen, was abläuft und dieses in den Kontext einer möglichen Reflexion und möglicher theoretischer Erinnerungen oder Verbesserungen zu stellen. Kompetenzen können nicht aus den Wissensbeständen eines wie auch immer gearteten Faches herauskristallisiert werden. Sie müssen, wie wir es hier getan haben, *bottom up* und *top down* entwickelt, modelliert und gemessen werden (vgl. dazu Oser, 2013). Zum ersten Mal ist dieser Prozess systematisch in den beiden Großprogrammen Ascot (2012–2015) und KokoHs (2011–2014), wo es um die Herausbildung von Kompetenzen von Berufstätigen oder Universitätsabgängern geht, geschehen. Die dort angestrebten Kompetenzen wurden in einer Analyse dessen, was die Praxis benötigt und dessen, was normativ begründbar ist, in den Kontext von Wissen, Überzeugungen und Ableitungen so gestellt, dass sie neue Ausbildungstargets bilden.

In diesem Aufsatz haben wir versucht, in einem ganz kleinen Bereich das Gleiche zu tun. Es geht darum, dass man das Handlungswissen mit theoretischem Lehr-Lernverfahren in einen lernträchtigen Zusammenhang bringt; dabei ist der Ausgangspunkt der, was Lehrende immer schon tun, wenn sie an einem Erfolg der Lernenden interessiert sind.

Literatur

ASCOT. *Technologieorientierte Kompetenzmessung in der beruflichen Bildung.* ascot-vet.net/de/

Beck, E. et al. (2008). *Adaptive Lehrkompetenz. Analyse und Struktur, Veränderung und Wirkung handlungssteuernden Lehrerwissens.* Münster: Waxmann.

Berkowitz, M. (2014). *Character and opportunity.* http://www.brookings.edu/research/papers/-morality-before-performance-berkowitz

Biesta, J. J. (2014). *The beautiful risk of education.* Boulder: Paradigm.

Buber, M. (1953). *Reden über Erziehung.* Heidelberg: Lambert Schneider.

Garz, D., Oser, F. & Althof, W. (Hrsg.) (1999). *Moralisches Urteil und moralisches Handeln.* Frankfurt: Suhrkamp.

Hemmerling, K., Scharlipp, M. & Lind, G. (2009). Die Konstanzer Methode der Dilemma-Diskussion für die Bildungsarbeit mit Risikogruppen. In K. Mayer & H. Schildknecht (Hrsg.), *Handbuch Dissozialität, Delinquenz und Kriminalität – Grundlagen und Methoden der professionellen Arbeit mit Menschen mit abweichendem Verhalten.* Zürich: Schulthess Juristische Medien.

Kohlberg, L. (1985). The just community approach to moral education in theory and practice. In M. W. Berkowitz & F. Oser (Eds.). *Moral education: Theory and application* (pp. 27–88). Hillsdale: L. Erlbaum.

Kohlberg, L. & Mayer, R. (1972). Development as the aim of education. *Harvard Educational Review, 42,* 449–96.

KoKoHs. www.kompetenzen-im-hochschulsektor.de/

Narvaez, D. & Lapsley, D. K. (Eds.) (2004). *Moral Development, Self, and Identity.* Cambridge: Psychology Press.

Nationalfondsstudie (2014). *Stress im Schulzimmer.* www.nzz.ch/schweiz/stress-im-schulzimmer-1.18411885.

Niggli, A. (2013). *Didaktische Inszenierung binnendifferenzierter Lernumgebungen.* Bad Heilbrunn: Klinkhardt.

Oser, F. (2013). I know how to do it, but I can't do it. In S. Blömeke, O. Zlatkin-Troitschanskaia, C. Kuhn & J. Fege (Eds.), *Modeling and Measuring Competencies in Higher Education* (pp. 45–60). Rotterdam: Sense Publishers.

Oser, F. (2014). Toward a theory of the Just Communtity approach: Effects of collective moral, civic and social education. In: L. Nucci, D. Narvaez & T. Kettenauer (Eds.), *Handbook of moral and character education* (pp. 198–222). New York: Routledge.

Oser, F. (2015). Moral change is not a birthday journey: The stop and change model of moral education. In D. Garz, E. Novak & B. Zizek, *Kohlberg revisited.* Rotterdam: Sense, in press.

Oser, F. & Althof, W. (1992). *Moralische Selbstbestimmung. Modelle der Entwicklung und Erziehung im Wertebereich.* Ein Lehrbuch. Stuttgart: Klett-Cotta.

Oser, F., Bauder, T., Salzmann, P. & Heinzer, S. (Hrsg.) (2013). *Ohne Kompetenz keine Qualität. Entwickeln und Einschätzen von Kompetenzprofilen bei Lehrpersonen und Berufsbildungsverantwortlichen.* Bad Heilbrunn: Klinkhardt.

Oser, F. & Blömeke, S. (2012). Überzeugungen von Lehrpersonen. *Zeitschrift für Pädagogik, 58,* 4, 415–422.

Oser F. & Heinzer, S. (2010). "Sense of necessity". Modeling the concept of pedagogical necessity as quality criteria for teachers' professionalism (orig. German). *Lehrerbildung auf dem Prüfstand. Sonderheft,* 148–167.

Power F. C. (1979). *The moral atmosphere of a Just Community high school: a four-Year longitudinal study*. Doctoral dissertation. Cambridge: Harvard Graduate Shool of Eduation.

Rest, J. R. (1983), Morality. In J. H. Flavell & E. M. Markman (Eds.), *Cognitive Development. Handbook of Child Psychology* (S. 556–629). New York: Wiley.

Reusser, K., Pauli, C. & Elmer, A. (2011). Berufsbezogene Überzeugungen von Lehrerinnen und Lehrern. In E. Terhart, H. Bennewitz & M. Rothland (Hrsg.): *Handbuch der Forschung zu Lehrerberuf* (S. 478–495). Münster: Waxmann.

Shavelson, R. J. (2013). On an approach to testing and modelling competence. *Educational Psychology, 48* (2), 73–86.

Shulman, L. S. (1987). Knowledge and Teaching: Foundations of the New Reform. *Harvard Educational Review, 57* (1), 1–22.

Schulz von Thun, F. (1981). *Miteinander reden 1 – Störungen und Klärungen. Allgemeine Psychologie der Kommunikation.* Reinbek: Rowohlt.

Tugendhat, E. (1984). *Probleme der Ethik.* Stuttgart: Philipp Reclam.

Sandra Moroni und Hanna Dumont

Empirische Erkenntnisse über elterliche Hausaufgabenhilfe – nutzbar für die Beratung von Eltern durch Lehrkräfte?

Zusammenfassung

Hausaufgaben sind aus dem Schulalltag nicht wegzudenken. Trotzdem wird regelmäßig über ihren Sinn und Unsinn debattiert. Im Hinblick auf die elterliche Hausaufgabenhilfe werden insbesondere drei Aspekte immer wieder kritisch diskutiert: Unter welchen Bedingungen ist elterliche Hausaufgabenhilfe wirksam? Wird durch die elterliche Hausaufgabenhilfe die Chancenungleichheit zwischen Schülerinnen und Schülern verstärkt? Welche Bedingungen führen zu Streit wegen Hausaufgaben zwischen Eltern und ihrem Kind? Der vorliegende Beitrag widmet sich diesen drei Fragestellungen, indem aktuelle empirische Erkenntnisse zu den drei Fragen dargestellt werden. Vor diesem Hintergrund wird darüber hinaus diskutiert, ob und wenn ja, wie die dargestellten empirischen Erkenntnisse für die Beratung von Eltern durch Lehrkräfte bezüglich Hausaufgabenhilfe genutzt werden können.

1. Einführung

Hausaufgaben – verstanden als Aufgaben, die Lehrkräfte auf der Basis didaktischer und/oder pädagogischer Ziele erteilen und die von den Schülerinnen und Schülern außerhalb der Unterrichtszeit zu erledigen sind (Cooper, 1989) – bilden einen festen Bestandteil sowohl des Schul- als auch des Familienalltages von Heranwachsenden. Mit den Hausaufgaben wird der Lernprozess der Schülerinnen und Schüler in die häusliche Umgebung verlagert, wodurch Eltern unmittelbar mit der schulischen Entwicklung ihres Kindes konfrontiert werden. Vor diesem Hintergrund überrascht es nicht, dass die Unterstützung bei den Hausaufgaben zu den üblichsten und häufigsten Formen des elterlichen Engagements für die Schule gehört und weit verbreitet ist (Gerber & Wild, 2009; Wild & Gerber, 2007). Ziel von Eltern ist dabei nicht zuletzt, durch die Hausaufgabenhilfe die Schulleistungen ihres Kindes positiv beeinflussen zu können (Becker & Kohler, 1988).

Die Sinnhaftigkeit elterlicher Hausaufgabenhilfe wird jedoch teilweise auch in Frage gestellt, wobei insbesondere drei Aspekte immer wieder kritisch diskutiert werden. Erstens wissen viele Eltern und Lehrkräfte nicht, ob und wenn ja, unter welchen Bedingungen elterliche Hausaufgabenhilfe tatsächlich sinnvoll ist und zu einer besseren schulischen Entwicklung von Schülerinnen und Schülern führt. Zweitens wird häufig angeführt, dass elterliche Hausaufgabenhilfe eine Chancenungleichheit zwischen Schülerinnen und Schülern zur Folge haben kann, da sozial privilegierte und gut gebildete Eltern ihren Kindern besser bei den Hausaufgaben helfen könnten. Drittens wird von verschiedenen Seiten die hohe Belastung des Elternhauses durch die Hausaufgaben thematisiert, da Hausaufgaben häufig ein Anlass für Streit zwischen Eltern und Kindern sind. Der vorliegende Beitrag nimmt Bezug auf diese drei praxisrelevanten Fragen bzw. Kritikpunkte gegenüber elterlicher Hausaufgabenhilfe, nämlich ihrer Wirksamkeit, der Verstärkung der Chancenungleichheit und der hohen Belastung des Elternhauses durch Streit wegen Hausaufgaben, und stellt aktuelle empirische Erkenntnisse zu diesen Fragen dar. Darauf aufbauend geht er der Frage nach, ob und wenn ja, wie diese empirischen Erkenntnisse für die Beratung von Eltern durch Lehrkräfte bezüglich Hausaufgabenhilfe genutzt werden können.

2. Unter welchen Bedingungen ist elterliche Hausaufgabenhilfe wirksam?

Eltern stellen sich häufig die Frage, ob sie ihrem Kind – im Sinne eines „Je-mehr-desto-besser-Ansatzes" – häufiger und/oder länger bei den Hausaufgaben helfen sollten. In der Literatur zur elterlichen Hausaufgabenhilfe wurde bereits vor einiger Zeit die Überlegung angestellt, dass es weniger entscheidend ist, wie lange oder wie häufig Eltern ihrem Kind bei den Hausaufgaben helfen, sondern es vielmehr auf die Art und Weise, wie sie ihr Kind dabei unterstützen, ankommt (Pomerantz, Moorman & Litwack, 2007). In einer Studie von Moroni, Dumont, Trautwein, Niggli und Baeriswyl (in Druck), in der 1.685 Schülerinnen und Schüler der sechsten Jahrgangsstufe im Kanton Freiburg, Schweiz, befragt wurden, wurde erstmals empirisch untersucht, ob die Quantität oder die Qualität elterlicher Hausaufgabenhilfe bedeutsamer für die Lern- und Leistungsentwicklung von Schülerinnen und Schülern ist. Dabei zeigte sich, dass tatsächlich Qualität vor Quantität geht: Im Hinblick auf die Quantität, also das Ausmaß oder die Dauer der elterlichen Hausaufgabenhilfe, konnten keine konsistenten Zusammenhänge mit den schulischen Leistungen von Kindern gefunden werden. Bezüglich der Qualität der elterlichen Hausaufgabenhilfe wurde hingegen festgestellt, dass Schülerinnen und Schüler, die von einem höheren Ausmaß an Autonomieunterstützung und/oder von einem geringeren Ausmaß an Einmischung/Kontrolle berichteten, bessere schulische Leistungen zeigten als Schülerinnen und Schüler, die von einem geringeren Ausmaß an Unterstützung und/oder von einem höheren Ausmaß an Einmischung/Kontrolle berichteten. Dieses Ergebnis wird von verschiedenen anderen Studien gestützt, welche nachweisen konnten, dass elterliche Hausaufgabenhilfe, die sich durch Autonomieunterstützung, Strukturgebung und/oder emotionale Unterstützung auszeichnet, mit besseren schulischen Leistungen des Kindes einhergeht (Cooper, Lindsay & Nye, 2000; Dumont, Trautwein & Lüdtke, 2012; Knollmann & Wild, 2007; Niggli, Trautwein, Schnyder, Lüdtke & Neumann, 2007), während elterliche Hausaufgabenhilfe, die durch Einmischung, Kontrolle und/oder negative Emotionen gekennzeichnet ist, zu schlechteren schulischen Leistungen des Kindes führt (Dumont, Trautwein & Lüdtke, 2012; Niggli et al., 2007; Pomerantz, Wang & Ng, 2005). Diese Ergebnisse stehen im Einklang mit theoretischen Postulaten der Lern- und Motivationspsychologie, insbesondere der Selbstbestimmungstheorie von Deci und Ryan (1985, 1987), wonach autonomieunterstützendes, strukturgebendes und emotional unterstützendes Verhalten von Eltern die Bedürfnisse von Kindern nach Autonomie- und Kompetenzerleben sowie sozialer Eingebundenheit befriedigt, während kontrollierend-einmischendes Verhalten diesen Bedürfnissen entgegenwirkt. Vor dem Hintergrund dieser theoretischen und empirischen Erkenntnisse lässt sich demnach schlussfolgern, dass elterliche Hilfe bei den Hausaufgaben sinnvoll sein kann, wenn sie durch emotionale Anteilnahme, Autonomieunterstützung und Strukturgebung gekennzeichnet ist. Gleichzeitig scheint elterliches Engagement bei den Hausaufgaben wenig sinnvoll zu sein, wenn es auf eine kontrollierende und einmischende Art erfolgt.

Aufgrund bisheriger Forschungserkenntnisse muss allerdings davon ausgegangen werden, dass in der Mehrheit der Familien „ein Nebeneinander von ungünstigen und pädagogisch sinnvollen Strategien […] existiert" (Exeler & Wild, 2003, S. 15). D.h. Eltern können sowohl ein hohes Ausmaß an emotionaler Anteilnahme und Unterstützung sowie Strukturgebung bei der Hausaufgabenhilfe zeigen, aber sich auch kontrollierend und einmischend verhalten. Ungeklärt ist jedoch, ob in allen Familien solch ein Nebeneinander von günstigen und weniger günstigen Strategien der Hausaufgabenhilfe existiert, oder ob es auch Familien gibt, die durchgängig sinnvoll oder durchgängig weniger sinnvolle Verhaltensweisen zeigen. Vor diesem Hintergrund untersuchte eine Studie von Moroni, Dumont und Trautwein (revise & resubmit), inwiefern sich Familien hinsichtlich der praktizierten Hausaufgabenhilfe unterscheiden und ob sich „Typen" elterlicher Hausaufgabenhilfe finden lassen. Auf der Basis von Fragebogenangaben von 3.880 Schülerinnen und Schülern der fünften und sechsten Klasse in Baden-Württemberg und Sachsen konnten die Autoren drei Typen elterlicher Hausaufgabenhilfe ermitteln. Dabei zeichnete sich Typ I durch ein hohes Ausmaß an emotionaler Anteilnahme und Unterstützung sowie Strukturgebung und durch ein geringes Ausmaß an Einmischung/Kontrolle, Typ II durch durchschnittliche Werte und Typ III durch niedrige Werte auf allen drei Dimensionen aus. Da Kinder aus Familien des Typs I signifikant bessere Schulleistungen zeigten als Kinder aus Familien der anderen beiden Typen, wurde Typ I als „Adäquate" bezeichnet. Eltern des Typs II wurden als „Ambivalente" und Eltern des Typs III als „Unbeteiligte" beschrieben. Der Typ „Ambivalente" kann darauf hindeuten, dass positive Zusammenhänge zwischen emotionaler Anteilnahme und Unterstützung sowie Strukturgebung und den Schulleistungen des Kindes durch einen negativen Zusammenhang zwischen Einmischung/Kontrolle und den Schulleistungen des Kindes nivelliert werden können.

Trotz dieser gefundenen Unterschiede zwischen Familien muss jedoch betont werden, dass es sich bei der elterlichen Hausaufgabenhilfe vermutlich nicht um zeitstabile Verhaltensweisen handelt. So ist nicht davon auszugehen, dass Eltern über die gesamte Schullaufbahn ihres Kindes auf die gleiche Art und Weise bei den Hausaufgaben helfen. Vielmehr gibt es Hinweise darauf, dass Eltern ihre Unterstützung bei den Hausaufgaben an die Schulleistungen des Kindes adaptieren. So konnten beispielsweise Niggli et al. (2007) zeigen, dass sich Eltern mehr bei den Hausaufgaben einmischten und diese kontrollierten, wenn die Schulleistungen ihres Kindes nicht ihren Erwartungen entsprachen. In der Tat handelt es sich beim Zusammenhang zwischen der elterlichen Hausaufgabenhilfe und den Schulleistungen des Kindes aller Wahrscheinlichkeit nach um eine reziproke Beziehung. Im Rahmen einer Studie mit 2.830 Schülerinnen und Schülern der fünften und siebten Jahrgangsstufe konnten Dumont, Trautwein, Nagy und Nagengast (2014) zeigen, dass eine adäquate elterliche Hausaufgabenhilfe zu besseren schulischen Leistungen von Kindern führte, gute schulische Leistung jedoch auch adäquatere Strategien der elterlichen Hausaufgabenhilfe nach sich zogen In ähnlicher Weise führten einmischende und kontrollierende Formen der elterlichen Hausaufgabenhilfe zu schlechteren schulischen Leistungen, waren jedoch häufig auch Reaktionen auf schlechte Leistungen von Kindern. Obwohl demnach die Qualität elterlicher Hausaufgabenhilfe nicht alleine auf Seiten der Eltern zu lokalisieren ist, stellt sich dennoch die Frage, ob Kinder aus privilegierteren Elternhäusern von einer adäquateren elterlichen Hausaufgabenhilfe profitieren. Dieser Frage soll im folgenden Abschnitt nachgegangen werden.

3. Wird durch die elterliche Hausaufgabenhilfe die Chancenungleichheit zwischen Schülerinnen und Schülern verstärkt?

Der Familie kommt für die schulische Entwicklung des Kindes eine tragende Rolle zu (Coleman et al., 1966; McLoyd, 1998; OECD, 2001; Sirin, 2005). Eltern stellen je nach ihren vorhandenen Ressourcen ihrem Kind eine entsprechende Lern- und Entwicklungsumwelt zur Verfügung. Im Hinblick auf die elterliche Hausaufgabenhilfe könnte man demnach einen Zusammenhang mit der familiären Herkunft erwarten. Die Forschungslage dazu war lange Zeit relativ dünn und inkonsistent (Cooper et al., 2000; Englund, Luckner, Whaley & Egeland, 2004; Hyde, Else-Quest, Alibali, Knuth & Romberg, 2006; Wild & Gerber, 2007), für den deutschsprachigen Raum liegen jedoch aus den letzten Jahren eine Reihe von Studien vor, die den Zusammenhang zwischen der familiären Herkunft und der Qualität elterlicher Hausaufgabenhilfe genauer betrachteten. In einer Schweizer Studie von Niggli et al. (2007) berichteten Schülerinnen und Schüler, denen eine größere Anzahl an Büchern im Elternhaus zur Verfügung stand, von einem höheren Ausmaß an lernförderlicher elterlicher Unterstützung bei den Hausaufgaben, während Schülerinnen und Schüler, deren Eltern einen niedrigeren Bildungsabschluss erreichten, von mehr Einmischung und Kontrolle berichteten. Auch Dumont, Trautwein,

Lüdtke et al. (2012) konnten für die Schweiz einen positiven Zusammenhang zwischen der Anzahl Bücher im Elternhaus sowie dem Bildungsabschluss der Eltern und dem Ausmaß an lernförderlicher elterlicher Unterstützung bei den Hausaufgaben feststellen. Darüber hinaus beobachteten sie, dass Schülerinnen und Schüler mit Migrationshintergrund weniger Unterstützung, gleichzeitig aber auch weniger Einmischung von ihren Eltern bei der Bearbeitung ihrer Hausaufgaben erfuhren. In zwei Studien, die in Deutschland durchgeführt wurden, fand die Autorengruppe jedoch keine nennenswerten Zusammenhänge mit der familiären Herkunft (Dumont, Trautwein & Lüdtke, 2012; Dumont et al., 2014). In einer weiteren, soeben veröffentlichten Schweizer Studie von Moroni, Dumont und Baeriswyl (2014) berichteten Schülerinnen und Schüler mit Migrationshintergrund von einem geringeren Ausmaß an Autonomieunterstützung und von einem höheren Ausmaß an Einmischung. Zudem gaben Schülerinnen und Schüler, deren Eltern einen niedrigeren beruflichen Status hatten, ein geringeres Ausmaß an Autonomieunterstützung an, als Schülerinnen und Schüler, deren Eltern einen höheren beruflichen Status aufwiesen. Somit lässt sich insgesamt festhalten, dass der Zusammenhang zwischen familiärer Herkunft und elterlicher Hausaufgabenhilfe je nach betrachteter Dimension und je nach lokalem Kontext unterschiedlich ausfällt, insgesamt jedoch nicht besonders stark zu sein scheint.

Um die Frage zu beantworten, ob die elterliche Hausaufgabenhilfe die Chancenungleichheit zwischen Schülerinnen und Schülern verstärkt, geben die oben zitierten Studien jedoch nur bedingt Auskunft. Inwiefern die elterliche Hausaufgabenhilfe tatsächlich den Zusammenhang zwischen familiärer Herkunft und schulischem Erfolg von Kindern mediiert, untersuchten Dumont und Kollegen (Dumont, Trautwein & Lüdtke, 2012; Dumont, Trautwein, Lüdtke et al., 2012). Auf der Basis von drei Studien aus Deutschland und der Schweiz konnten sie keine empirischen Belege für die Annahme finden, dass Kinder aus privilegierten Elternhäusern durch die Art und Weise der elterlichen Hausaufgabenhilfe Vorteile im schulischen Lernen haben. Die Autoren begründen diesen Befund damit, dass Kinder aus privilegierteren Elternhäusern zwar teilweise von einer adäquateren elterlichen Hausaufgabenhilfe berichten als Kinder aus weniger privilegierten Elternhäusern, gleichzeitig aber auch mehr Einmischung und Kontrolle von ihren Eltern erfahren. Demnach wäre denkbar, dass sich adäquate und nicht adäquate Strategien elterlicher Hausaufgabenhilfe gegenseitig aufheben, sodass insgesamt privilegiertere Kinder hinsichtlich ihrer Schulleistungen durch die elterliche Hausaufgabenhilfe keine Vorteile gegenüber weniger privilegierten Kindern haben.

Insofern kann auf der Basis der bisherigen empirischen Erkenntnisse von keiner substantiellen Benachteiligung von Kindern aus sozial weniger privilegierten Elternhäusern durch die von ihren Eltern praktizierte Hausaufgabenhilfe gesprochen werden. Dabei muss jedoch darauf hingewiesen werden, dass die Studien ausschließlich die emotionale Qualität des elterlichen Hausaufgabenverhaltens fokussierten und keine Aussagen über den kognitiven Anregungsgehalt der elterlichen Hausaufgabenhilfe machen können.

4. Welche Bedingungen führen zu Streit wegen Hausaufgaben zwischen Eltern und Kindern?

Hausaufgaben werden häufig als Quelle von Ärger und Streit zwischen Eltern und Kindern beschrieben (Neuenschwander et al., 2005; Schwemmer, 1980; Wild, 2004). Gerade während der Phase der Adoleszenz gehören Hausaufgaben zu den häufigsten Konfliktpunkten zwischen Eltern und ihrem Kind (Smetana, 1989). Dabei streiten Eltern in der Regel mit ihrem Kind nicht darüber, ob, sondern vor allem wann es die Hausaufgaben erledigen soll (Forsberg, 2007). Während also in vielen Familien die Hausaufgaben von endlosen Diskussionen und Streit zwischen Eltern und Kindern begleitet sind, verläuft die Erledigung der Hausaufgaben in anderen Familien jedoch relativ problemlos (Wingard & Forsberg, 2009). Zu der Frage, welche Faktoren Streit wegen Hausaufgaben zwischen Eltern und ihrem Kind begünstigen, liegen bislang erst zwei empirische Studien vor. In einer Studie von Neuenschwander et al. (2005) konnte gezeigt werden, dass es zu mehr Streit wegen Hausaufgaben kommt, wenn das Kind einen niedrigen Notendurchschnitt in den Hauptfächern hat, wenn die Eltern weniger zufrieden mit der Schule sind, wenn die Eltern bei schulischem Misserfolg ihres Kindes auf dessen mangelnde Fähigkeiten und fehlendes Interesse schließen und/oder wenn die Eltern bei ihren Erwartungen und Reaktionen auf die Leistungen des Kindes fokussieren. Auf der Basis von Fragebogenangaben von 1.751 Schülerinnen und Schülern der fünften und sechsten Klasse sowie deren Eltern in Baden-Württemberg und Sachsen untersuchten Moroni, Dumont und Trautwein (revise & resubmit) eine Reihe von Merkmalen des familiären Kontextes und Merkmalen des Kindes als Auslöser für Streit wegen Hausaufgaben. Bei Betrachtung der Merkmale des familiären Kontextes zeigte sich, dass Eltern, die über mehr Zeit für die schulischen Aktivitäten des Kindes verfügten und/oder die ihre eigenen Fähigkeiten höher einschätzten, von weniger Streit wegen Hausaufgaben berichteten. Zu weniger Streit wegen Hausaufgaben kam es auch dann, wenn Kinder ihre Eltern bei der Hausaufgabenhilfe als emotional anteilnehmend und unterstützend und wenig einmischend und kontrollierend wahrnahmen. Im Hinblick auf die Merkmale des Kindes zeigten sich insbesondere die Schulleistungen des Kindes als bedeutsam dafür, ob es zu Streit wegen Hausaufgaben zwischen Eltern und ihrem Kind kommt: Eltern von Schülerinnen und Schülern mit einem schlechteren Notendurchschnitt in den Fächern Deutsch und Mathematik und Eltern, die den Leistungsstand ihres Kindes als niedriger bewerteten, berichteten von signifikant mehr Streit wegen Hausaufgaben mit ihrem Kind. Dabei zeigten sich bei simultaner Betrachtung der Merkmale des Kindes mit den Merkmalen des familiären Kontexts die Schulleistungen am bedeutsamsten für die Vorhersage von Streit wegen Hausaufgaben.

Trotz des noch dünnen empirischen Kenntnisstands finden sich also Hinweise darauf, dass Streit wegen Hausaufgaben zwischen Eltern und ihrem Kind nicht gezwungenermaßen vorprogrammiert ist, sondern insbesondere dann mit höherer Wahrscheinlichkeit auftritt, wenn die Eltern mit den schulischen Leistungen ihres

Kindes nicht zufrieden sind. Da bei schlechten schulischen Leistungen Eltern in der Regel ihre Hausaufgabenhilfe intensivieren, indem sie die Einmischung und Kontrolle erhöhen, was wiederum zu schlechteren schulischen Leistungen des Kindes führen kann, kann sich bei der elterlichen Hausaufgabenhilfe schnell ein Teufelskreis einstellen.

5. Lassen sich die empirischen Erkenntnisse über elterliche Hausaufgabenhilfe für die Beratung von Eltern durch Lehrkräfte nutzbar machen?

Der vorliegende Beitrag ging drei in der öffentlichen Diskussion häufig diskutierten Fragen bezüglich elterlicher Hausaufgabenhilfe nach, nämlich, 1) ob elterliche Hausaufgabenhilfe wirksam ist, 2) ob elterliche Hausaufgabenhilfe die Chancenungleichheit zwischen Schülerinnen und Schülern unterschiedlicher familiärer Herkunft verstärkt und 3) unter welchen Bedingungen es zu Streit wegen Hausaufgaben zwischen Eltern und Kindern kommt. Zusammenfassend kann festgehalten werden, dass die bisherige Forschung zur elterlichen Hausaufgabenhilfe Hinweise darauf gibt, dass elterliche Hausaufgabenhilfe, die durch emotionale Anteilnahme, Autonomieunterstützung und Strukturgebung gekennzeichnet ist, tatsächlich bessere schulische Leistungen des Kindes zur Folge haben kann. Gleichzeitig scheint ein hohes Maß an Einmischung und Kontrolle durch Eltern während der Hausaufgabenbearbeitung eher hinderlich für die Lern- und Leistungsentwicklung von Kindern zu sein. Des Weiteren deuten die bisherigen empirischen Befunde darauf hin, dass je nach lokalem Kontext einzelne Aspekte der familiären Herkunft zwar in der Tat mit der Qualität elterlicher Hausaufgabenhilfe zusammenhängen, es bislang jedoch kaum empirische Hinweise darauf gibt, dass sich dadurch Chancenungleichheiten zwischen Kindern unterschiedlicher familiärer Herkunft vergrößern. Darüber hinaus gibt es erste empirische Hinweise darauf, dass es insbesondere dann zu Streit wegen Hausaufgaben zwischen Eltern und ihrem Kind kommt, wenn die Schulleistungen des Kindes nicht den Erwartungen der Eltern entsprechen.

Inwiefern lassen sich diese empirischen Erkenntnisse für eine Beratung von Eltern durch Lehrkräfte nutzbar machen? Lassen sich überhaupt Schlussfolgerungen für eine verbesserte Hausaufgabenhilfe von Eltern ziehen? Eine direkte Ableitung von Konsequenzen für die (Beratungs-)Praxis ist mit verschiedenen Schwierigkeiten verbunden. Die elterliche Hausaufgabenhilfe stellt lediglich einen kleinen Ausschnitt eines komplexen Hausaufgabenprozesses dar. Der gesamte Hausaufgabenprozess setzt sich aus der Vergabe, der Erledigung und der Betreuung von Hausaufgaben zusammen. Hausaufgaben werden von Lehrkräften vergeben, wobei die Lehrkräfte mit den Hausaufgaben zum Beispiel unterschiedliche Ziele verfolgen können. Auch die Qualität der Hausaufgaben selber kann sich stark unterscheiden. Die Schülerinnen und Schüler wiederum können die Hausaufgaben mehr oder weniger sorgfältig erledigen, wobei davon auszugehen ist, dass sich die elterliche Hausaufgabenhilfe je nach Art und Weise, wie das Kind die Hausaufgaben erledigt, unterscheidet. Die Strategien, auf welche Eltern bei der Hausaufgabenbetreuung ihres Kindes zurückgreifen, stellen ebenfalls lediglich einen kleinen Ausschnitt des elterlichen Verhaltens dar. So ist davon auszugehen, dass die Hausaufgabenhilfe durch andere Faktoren wie beispielsweise den Erziehungsstil der Eltern, das Familienklima oder die Einstellung der Eltern gegenüber der Schule beeinflusst werden kann und vor dem Hintergrund der generellen Beziehungsqualität zwischen Eltern und Kind betrachtet werden muss.

Dementsprechend stellt sich die berechtigte Frage, ob man durch das Ableiten von Konsequenzen für die Beratung von Lehrkräften der Komplexität des Hausaufgabenprozesses insgesamt und der elterlichen Hausaufgabenhilfe im Speziellen gerecht wird. Trotz dieser Komplexität lassen sich auf Basis der bisherigen empirischen Studien wichtige Erkenntnisse über die elterliche Hausaufgabenhilfe gewinnen, die durchaus in die Praxis übermittelt werden können bzw. sollten. Dies legen auch Befunde aus Interventionsstudien wie beispielsweise das LiFuS-Programm (Lesen in Familie und Schule) von Niggli und Kollegen (Villiger, Niggli & Wandeler, 2010) nahe, die zeigen konnten, dass durch gezielte Elterntrainings weniger sinnvolle Strategien der elterlichen Hausaufgabenhilfe gesenkt und pädagogisch sinnvolle Strategien der elterlichen Hausaufgabenhilfe gefördert werden können (Wandeler, Niggli, Trautwein & Villiger, 2013). Demnach soll im Folgenden auf der Basis der hier dargestellten empirischen Forschungserkenntnisse der Versuch unternommen werden, mögliche Konsequenzen für die Beratung von Eltern durch Lehrkräfte abzuleiten. Die Beratung von Eltern stellt allerdings lediglich eine mögliche Form der Veränderung des komplexen Hausaufgabenprozesses dar. So wären auch andere Formen wie beispielsweise die Aus- und Weiterbildung von Lehrkräften (vgl. Niggli & Moroni, 2009), die Integration von Hausaufgaben in den schulischen Kontext (z.B. im Rahmen von Ganztagsschulen) oder Motivationstrainings für Schülerinnen und Schüler mögliche Ansatzpunkte, die diskutiert werden könnten.

Im Hinblick auf die Beratung von Eltern durch Lehrkräfte geben die hier dargestellten empirischen Befunde Hinweise darauf, dass Lehrkräfte thematisieren sollten, dass bei der elterlichen Hausaufgabenhilfe Qualität vor Quantität geht. Dabei sollte erläutert werden, dass von einer adäquaten elterlichen Hausaufgabenhilfe gesprochen werden kann, wenn sich diese durch ein hohes Maß an emotionaler Anteilnahme und Unterstützung sowie Strukturgebung und durch ein geringes Maß an Einmischung und Kontrolle auszeichnet. Unterstützend für Eltern könnte zudem sein, wenn Lehrkräfte die Eltern dahingehend informieren, wie diese bei allfälligen Schwierigkeiten des Kindes beim Erledigen der Hausaufgaben vorgehen können. Dass es z.B. wenig hilfreich ist, die Kontrolle zu erhöhen, sondern es vielmehr auf „Hilfe zur Selbsthilfe“ ankommt. Darüber hinaus wäre es wichtig, Eltern zu erklären, dass sie sich nicht direkt an der Bearbeitung der Hausaufgaben beteiligen sollten. Denn von den Eltern erledigte Hausaufgaben geben den Lehrkräften das irreführende Signal, dass das Kind den Unterrichtsstoff verstanden hat. Zudem wäre es wünschenswert, wenn Hausaufgaben nicht lediglich global an einem Elternabend abgehandelt würden, sondern dass Lehrkräfte Eltern individuell hinsichtlich ihrer Hausaufgabenhilfe beraten. Während beispielsweise den einen Eltern aufgezeigt werden könnte, dass es mit negativen Konsequenzen für die schulische Entwicklung ihres Kindes verbunden sein kann, wenn sie ihr Kind überhaupt nicht bei den Hausaufgaben begleiten, könnte bei anderen Eltern eher im Vordergrund stehen, dass sie bei nicht erwartungsgemäßen Schulleistungen des Kindes nicht mit Druck und/oder Strafe reagieren, sondern beispielsweise mit dem Kind nach Ursachen suchen und Lösungsmöglichkeiten erarbeiten sollten. Schließlich sind Hausaufgaben nicht lediglich ein Mittel zur Verbesserung der Schulleistungen des Kindes, sondern auch eine Chance, ihr Kind in seinem Lern- und Entwicklungsprozess zu begleiten und zu unterstützen.

Der vorliegende Beitrag zeigt exemplarisch, wie empirische Forschung zu Hausaufgaben für die (Beratungs-)Praxis nutzbar gemacht werden kann. Zukünftige Studien an der Schnittstelle zur Praxis sollten versuchen, die Komplexität des Hausaufgabenprozesses umfassender abzudecken, sodass sich gesicherte und präzisere Implikationen für die Praxis aus empirischen Erkenntnissen ableiten lassen.

Literatur

Becker, G. E. & Kohler, B. (1988). *Hausaufgaben. Kritisch sehen und die Praxis sinnvoll gestalten*. Weinheim und Basel: Beltz Verlag.

Coleman, J. S., Campbell, E. Q., Hobson, C. J., McPartland, J., Mood, A. M. & Weinfeld, D. (1966). *Equality of educational opportunity*. Washington, DC: US Government Printing Office.

Cooper, H. (1989). *Homework*. White Plains, NY: Longman.

Cooper, H., Lindsay, J. J. & Nye, B. (2000). Homework in the home: How student, family, and parenting-style differences relate to the homework process. *Contemporary Educational Psychology, 25*, 464–487. doi: 10.1006/ceps.1999.1036

Deci, E. L. & Ryan, R. M. (1985). *Intrinsic motivation and self-determination in human behavior*. New York: Plenum Press.

Deci, E. L. & Ryan, R. M. (1987). The support of autonomy and the control of behavior. *Journal of Personality and Social Psychology, 53*, 1024–1037. doi: 10.1037//0022-3514.53.6.1024

Dumont, H., Trautwein, U. & Lüdtke, O. (2012). Familiärer Hintergrund und die Qualität elterlicher Hausaufgabenhilfe. *Psychologie in Erziehung und Unterricht, 59*, 109–121.

Dumont, H., Trautwein, U., Lüdtke, O., Neumann, M., Niggli, A. & Schnyder, I. (2012). Does parental homework involvement mediate the relationship between family background and educational outcomes? *Contemporary Educational Psychology, 37*, 55–69. doi: 10.1016/j.cedpsych.2011.09.004

Dumont, H., Trautwein, U., Nagy, G. & Nagengast, B. (2014). Quality of parental homework involvement: Predictors and reciprocal relations with academic functioning in the reading domain. *Journal of Educational Psychology, 106*, 144–161.

Englund, M. M., Luckner, A. E., Whaley, G. J. L. & Egeland, B. (2004). Children's achievement in early elementary school: Longitudinal effects of parental involvement, expectations, and quality of assistence. *Journal of Educational Psychology, 96* (4), 723–730. doi: 10.1037/0022-0663.96.4.723

Exeler, J. & Wild, E. (2003). Die Rolle des Elternhauses für die Förderung selbstbestimmten Lernens. *Unterrichtswissenschaft, 31* (1), 6–22.

Forsberg, L. (2007). Homework as serious family business: power and subjectivity in negotiations about school assignments in Swedisch families. *British Journal of Sociology of Education, 28* (2), 209–222.

Gerber, J. & Wild, E. (2009). Mit wem wird wie zuhause gelernt? Die Hausaufgabenpraxis im Fach Deutsch. *Unterrichtswissenschaft, 37* (3), 216–233.

Hyde, J. S., Else-Quest, N. M., Alibali, M. W., Knuth, E. & Romberg, T. (2006). Mathematics in the home: Homework practices and mother–child interactions doing mathematics. *Journal of Mathematical Behavior, 25*, 136–152. doi: 10.1016/j.jmathb.2006.02.003

Knollmann, M. & Wild, E. (2007). Quality of parental support and students' emotions during homework: Moderating effects of students motivational orientations. *European Journal of Psychology of Education, 2 2*(1), 63–76. doi: 10.1007/BF03173689

Krumm, V. (2001). Elternhaus und Schule. In D. H. Rost (Hrsg.), *Handwörterbuch Pädagogische Psychologie* (S. 108–115). Weinheim: Beltz.

McLoyd, V. C. (1998). Socioeconomic disadvantage and child development. *American Psychologist, 53* (2), 185–204.

Moroni, S., Dumont, H. & Trautwein, U. (revise & resubmit). Keine Hausaufgaben ohne Streit? Eine empirische Untersuchung zu Prädiktoren von Streit wegen Hausaufgaben. *Psychologie in Erziehung und Unterricht.*

Moroni, S., Dumont, H. & Trautwein, U. (revise & resubmit). Typen elterlicher Hausaufgabenhilfe und ihr Zusammenhang mit der familialen Sozialisation. *Zeitschrift für Entwicklungspsychologie und Pädagogische Psychologie.*

Moroni, S., Dumont, H., Trautwein, U., Niggli, A. & Baeriswyl, F. (im Druck). The Need to Distinguish between Quantity and Quality in Parental Involvement Research. *The Jorunal of Educational Research.*

Moroni, S. Dumont, H. & Baeriswyl, F. (2014). Wer hat, dem wird gegeben? Was Lehrpersonen über den Zusammenhang zwischen familiärem Hintergrund und elterlicher Hausaufgabenhilfe wissen sollten. *Beiträge zur Lehrerbildung, 32* (3), S. 458–474.

Neuenschwander, M., Balmer, T., Gasser, A., Goltz, S., Hirt, U., Ryser, U. & Wartenweiler, H. (2005). *Schule und Familie – was sie zum Schulerfolg beitragen.* Bern: Haupt.

Niggli, A. & Moroni, S. (2009). *Hausaufgaben: geben, erledigen, betreuen.* Freiburg: Lehrmittelverlag.

Niggli, A., Trautwein, U., Schnyder, I., Lüdtke, O. & Neumann, M. (2007). Elterliche Unterstützung kann hilfreich sein, aber Einmischung schadet: Familiärer Hintergrund, elterliches Hausaufgabenengagement und Leistungsentwicklung. *Psychologie in Erziehung und Unterricht, 54* (1), 1–14.

OECD (2001). *Knowledge and skills for life: First results from PISA 2000.* Paris: Organisation for Economic Co-Operation and Development.

Pomerantz, E. M., Moorman, E. A. & Litwack, S. D. (2007). The how, whom and why of parents' involvement in children's academic lives: More is not always better. *Review of Educational Research, 77* (3), 373–410. doi: 10.3102/003465430305567

Pomerantz, E. M., Wang, Q. & Ng, F. F.-Y. (2005). Mothers' affect in the homework context: The importance of staying positive. *Developmental Psychology, 41*(2), 414–427. doi: 10.1037/0012-1649.41.2.414

Schwemmer, H. (1980). *Was Hausaufgaben anrichten. Von der Fragwürdigkeit eines durch Jahrhunderte verewigten Tabus in der Hausaufgabenschule unserer Zeit.* Paderborn, München, Wien, Zürich: Ferdinand Schöningh.

Sirin, S. R. (2005). Socioeconomic status and academic achievement: A meta-analytic review of research. *Review of Educational Research, 75*, 417–453. doi: 10.3102/00346543075003417

Smetana, J. G. (1989). Adolescents' and Parents' Reasoning about Actual Family Conflict. *Child Development, 60* (5), 1052–1067.

Villiger, C., Niggli, A. & Wandeler, C. (2010). Fördern statt Einmischen: Evaluation eines Kurzzeit-Elterntrainings zur Betreuung von Lesehausaufgaben. *Psychologie in Erziehung und Unterricht, 4*, 257–272.

Wandeler, C., Niggli, A., Trautwein, U. & Villiger, C. (2013). Hausaufgabenbetreuung als Begleitmassnahme schulischer Leseförderung: Präventive Effekte eines Elternkurses. *Psychologie in Erziehung und Unterricht, 60* (4), 253–266.

Wild, E. (2004). Häusliches Lernen – Forschungsdesiderate und Forschungsperspektiven. *Zeitschrift für Erziehungswissenschaft, Beiheft 3*, 37–64.

Wild, E. & Gerber, J. (2007). Charakteristika und Determinanten der Hausaufgabenpraxis in Deutschland von der vierten zur siebten Klassenstufe. *Zeitschrift für Erziehungswissenschaft, 10* (3), 356–380. doi: 10.1007/s11618-007-0041-8

Wingard, L. & Forsberg, L. (2009). Parent involvement in children's homework in American and Swedisch dual-earner families. *Journal of Pragmatics, 41*, 1576–1595. doi: 10.1016/j.pragma.2007.09.010

Franz Baeriswyl und Christian Wandeler

Gibt es systembedingte Anpassungen der Notengebung bei einer Veränderung eines Übertrittsverfahrens in die Sekundarstufe I?[1]

1. Einleitung

Eine Mutter berichtete von einem Gespräch mit einem jungen Gymnasiallehrer anlässlich eines im Januar 2015 erlebten Elternabends. Es ging um die eher knappen Leistungen ihrer Tochter im Fach Geografie. Auf die Anregung der Mutter, der Klasse jeweils vor der Prüfung die relevanten Lernziele abzugeben, damit sich die Schülerinnen und Schüler (SuS) gezielt vorbereiten könnten, antwortete er: „Sicher nicht. Ich verrate doch nicht, was ich prüfen werde. Gymnasiasten müssen selber in der Lage sein herauszufinden, was wichtig oder weniger wichtig war."

Die schulische Leistungsbeurteilung und die Notengebung ist seit Jahrzehnten ein besonders intensiv beforschtes Gebiet der Schulpädagogik und der Erziehungswissenschaften (vgl. Tent, 1969; Ingenkamp, 1969; Ziegenspeck, 1978). Ebenso intensiv war die Verarbeitung der Forschung in Lehrbüchern und Curricula (vgl. Stritzke, Harles & Wenzel, 1982; Bartnitzky & Christiani, 1987; Bartnitsky, 1989; Kleber, 1992; Schwark, Weiss & Regelein, 1986), so dass nicht von einer mangelnden Dissemination von Forschungsergebnissen für die Praxis gesprochen werden kann.

Angehende Lehrpersonen werden denn auch an Pädagogischen Hochschulen und Universitäten in schulischer Leistungsbeurteilung ausgebildet. Gemeinhin findet man in jeder Kompetenzbeschreibung einer Lehrerinnen- und Lehrerbildungsstätte, dass sie Junglehrpersonen zur Diagnose und Beurteilung und Bewertung von Schülerleistungen befähigen (KMK, Standards für die Lehrerbildung, 2004; Universität Freiburg/Schweiz: Kompetenzenprofil für die Gymnasiallehrerbildung). Die Lehrperson soll fähig sein, das schulische Leistungspotenzial eines jeden Kindes zu erkennen und es möglichst entsprechend zu fördern. Der entsprechende Förderauftrag findet sich als genuiner Bildungsauftrag in jedem Schulgesetz.

In der Literatur für die Lehrerinnen- und Lehrerbildung werden aber auch Reformen der Leistungsbeurteilung gefordert und entsprechende Erneuerungen vorgestellt (vgl. Sacher & Winter, 2011; von Saldern, 2011; Klieme et al., 2010; Hoffmeister, 2007; Bohl, 2003; Grunder & Bohl, 2001). Bezüglich des Theorie-Praxis-Problems eröffnet sich bei der schulischen Leistungsbeurteilung, wie kaum in

1 Diese Forschungsarbeit wurde vom Amt für deutschsprachigen Unterricht (DoA) der Direktion für Erziehung, Kultur & Sport des Kantons Freiburg/Schweiz unterstützt.

einem anderen Inhaltsbereich, das Problem der direkten Forderungen der Bildungspolitik. So wurde gleichzeitig zu den forschungsbasierten Innovationsansprüchen in Schweizer Kantonen per Volksabstimmung die Wiedereinführung von Schulzeugnissen mit Ziffernoten ab den ersten Primarschuljahren durchgesetzt (Kanton Genf; Zug; Appenzell; Solothurn usw.). In derselben Zeitspanne nahm die Anzahl wissenschaftlicher Untersuchungen zu primären und sekundären Herkunftseffekten bei der Leistungsbeurteilung und insbesondere bei Übertrittsentscheidungen in die gegliederte Sekundarstufe I zu (vgl. Becker & Schulze, 2013; Quenzel & Hurrelmann, 2010; Deissner, 2013; Maaz, Baumert & Gresch, 2010). Ein ernst zu nehmendes Dilemma besteht einerseits im Wissen um die Ungenauigkeit der Ziffernote als Beurteilungsinstrument und andererseits in dem Ruf der Öffentlichkeit nach Wiedereinführung der Ziffernoten auf allen Schulstufen. Die gegenwärtige Entwicklungsarbeit des Gewerbeverbandes Schweiz bietet ein eindrückliches Bild für dieses Dilemma: Einerseits lassen sie wissenschaftlich fundiert, in Zusammenarbeit mit der EDK (Schweizerische Konferenz der kantonalen Erziehungsdirektoren) basierend auf der Kompetenzorientierung des neuen Lehrplans 21 (gemeinsamer Basislehrplan aller Deutschschweizer Kantone), für die am häufigsten gewählten Berufe ein kompetenzorientiertes Anforderungsprofil erstellen. Danach kann der oder die interessierte Jugendliche seinen oder ihren Leistungsstand anhand eines differenzierten Profils einschätzen. Diese Entwicklung entspricht durchaus den wissenschaftlichen Forderungen an eine „reformierte Leistungsbeurteilung" (Winter, 2011). Andererseits forderte zur selben Zeit der Gewerbeverband des Kantons Aargau in der Stellungnahme zum Lehrplan 21: „Es ist deshalb bei dessen Überarbeitung sicherzustellen, dass die Leistungsziele objektiv gemessen werden können, damit Schulnoten wieder vergleichbar und aussagekräftig werden" (http://soaktuell.ch).

Von Lehrerbildungsstätten wird erwartet, dass junge Lehrpersonen auf den Umgang mit solchen Diskrepanzen zwischen wissenschaftlich-theoretischen Anforderungen und alltagswissenschaftlichen Überzeugungen und Erwartungen vorbereitet werden. Die wissenschaftliche Ausbildung angehender Lehrpersonen in der Beurteilung und Bewertung schulischer Leistungen konkurriert so mit der Praxissozialisation, d.h. mit der Beurteilungskultur der Schule, in der sie später unterrichten und den impliziten und expliziten schulpolitischen Forderungen. Im vorliegenden Beitrag wird dieser Herausforderung anhand einer quasiexperimentellen Situation in Deutschfreiburg nachgegangen. So stellt sich die Frage, ob die Lehrpersonen vor dem Übertritt in die Sekundarstufe I ihre Notengebung aufgrund einer systembedingten Veränderung des Verfahrens angepasst haben oder nicht.

2. Historischer Exkurs: Forschungsarbeiten zur Notengebung

Diskussionen um die Problematik der Ziffernoten sind zudem nicht neu. In den siebziger und achtziger Jahren des letzten Jahrhunderts wurden sie mit den damals neu aufkommenden statistischen Methoden für die Sozialwissenschaften akribisch genau untersucht. Aus zeitlicher Distanz muss festgestellt werden, dass die Kritiken an der Notengebung durchaus gerechtfertigt waren (vgl. Tent, 1969; Ingenkamp, 1971; Biermann, 1976; Ziegenspeck, 1978; Fend, 1974). Die Unzulänglichkeiten zeigten sich bei allen klassischen Gütekriterien von Tests, bezüglich der Objektivität, der Reliabilität und der Inhalts- und Prognose-Validität (vgl. Ingenkamp, 1971). Das Ungenügen der Gütekriterien bezog sich nicht nur auf die Beurteilung von Aufsätzen, sondern auch auf die scheinbar genau beurteilbaren Mathematikleistungen. Ingenkamp (1976; 1981) sichtete die damals einschlägigen Forschungsergebnisse aus den USA, England und Deutschland und kam zum Schluss: „… aber in die Zensurengebung fliessen vor allem auch Intelligenz, sozioökonomischer Status und Persönlichkeitsmerkmale der Schüler ein, zu einem geringeren Grad auch die Interessen und das Alter der Schüler" (1976, S. 90). „Wenn wir die Ergebnisse der hier nur z. T. anführbaren Untersuchungen überblicken, so kann nicht einmal behauptet werden, dass mit den traditionellen Prüfungs- und Zensierungsverfahren eine objektive, zuverlässige und gültige Erfassung des Schülerverhaltens im Leistungsbereich möglich sei, geschweige denn im nicht-kognitiven Bereich. *Die üblichen Verfahren können die der Zensur bisher übertragenen Aufgaben nur höchst unzureichend erfüllen und reichen für die neuen Aufgaben der pädagogischen Diagnostik überhaupt nicht mehr aus.*" (1976, S. 91; Hervorhebung im Original) Ebenso befand Ingenkamp den Prognosewert der Zensuren bei Übertritten, zur Vorhersage des Abiturzeugnisses oder jener des Abiturs zur Vorhersage des Studienerfolges mit .25 – .30 („parameterfreie Korrelationskoeffizienten") als zu niedrig. „*Für langfristige Prognosen ist die Zensur in ihrer gegenwärtigen Form ungeeignet.*" (Ingenkamp, 1971, S. 93; Hervorhebung im Original) Die Ursache dieses Übels verortete er in der ungenügenden Beachtung der testmethodischen Gütekriterien, der Objektivität, Reliabilität und Validität. Von einem Verzicht auf die Ziffernote hielt er aber auch nicht viel. „Wichtiger scheint uns, dass gelernt wird, *die Grenzen quantitativer Aussagen* zu sehen. Wenn wir lernen, dass jedes diagnostische Verfahren einen Messfehler hat und nur *eine Wahrscheinlichkeitsaussage* liefert, dann erst wird die affektive Überschätzung oder Ablehnung von Ziffern einer sachgerechten Anwendung weichen. Dann erst werden die Versuche aufhören, die Rangdaten unserer Zensuren mit mathematischen Operationen zu ‚veredeln', für die die Anwendungsvoraussetzungen gar nicht gegeben sind und bei denen immer wieder übersehen wird, dass man die Fehler bei der Feststellung nicht ausschaltet wenn man die Kennzeichnung des mangelhaft Festgestellten manipuliert." (S. 94) Damit hielt er bereits fest, dass Schulleistung nicht *gemessen*, sondern bloß *festgestellt* oder so ungenau *erfasst* werden kann, dass Noten nicht als Messresultate verarbeitet und interpretiert werden dürfen. Lösungen sah Ingenkamp im Einsatz von geeichten Schulleistungstests. Weiter propagierte er, eine pädagogisch-diagnostische Verfahrensvielfalt und die Gleichsetzung von pädagogischer Diagnostik mit Zensurengebung zu vermeiden. „Es ist nicht nur notwendig, dass sich Erziehungswissenschaftler, Psychologen und Soziologen theoretisch und methodisch mit der pädagogischen Diagnostik beschäftigen und praktikable Verfahren entwickeln, sondern dass auch in der Lehrerbildung diese Aufgaben ein viel grösseres Schwergewicht erhalten." (S. 96)

Ingenkamps Kritik und seine Forderungen wurden von Lehrerbildnern aufgenommen. So widmete Aebli in seinem Werk „Grundlagen des Lehrens" (1987) einen Buchteil mit vier Kapiteln dem Prüfen und Benoten (vgl. Baeriswyl & Kovatsch, 2006). Systematisch legte er die Bedeutung der klassischen Gütekriterien für Tests dar und übertrug sie auf die schulische Beurteilung. Bei der Behandlung des Benotens zeigte Aebli eine Lösung auf, wie die Forderung nach inhaltsvaliden Prüfungen im Klassenzimmer mit der Benotung in Einklang zu bringen ist: „Schulnoten darf man nicht gemäss einer im Voraus festgelegten Skala, die eine lineare Abhängigkeit von Fehlerzahl und Noten annimmt, festsetzen. Wir brauchen ein gedankliches Modell, das sichert, dass die Durchschnittsnoten in einer grösseren Zahl von Prüflingen von Jahr zu Jahr gleich bleiben und welches auch den extremen Leistungen eine klare Bedeutung gibt. Das ist nur möglich, wenn man Noten auf eine wohlumschriebene Bezugsgruppe bezieht. ... Die Altersgruppe soll die einzige Bezugsgruppe sein." (Aebli, 1978[11], S. 363; 371) Damit baute er sein Notenmodell auf der Gauß'schen Normalverteilung auf. Die Punkteverteilung sollte an einer repräsentativen Stichprobe von Klassen erhoben werden. Danach erhalten 5% die beste Note 6 (sehr gut), 10% eine 5.5, 20% eine 5 (gut), 30% eine 4.5, 20% eine 4 (genügend), 10% eine 3.5 (ungenügend) und 5% eine 3 (ungenügend). Die Leistungsverteilung der einzelnen Klasse wird mit dieser Stichprobenverteilung verglichen und daran gemessen. So können in einer leistungsstarken Klasse mehr als 5% eine sehr gute und allenfalls niemand eine ungenügende Note erhalten. Bei einer leistungsschwachen Klasse würden allenfalls mehr als 15% ungenügende Noten vergeben. So löste Aebli das Dilemma einer normalverteilungsorientierten Benotung. Aeblis Anliegen zur Beurteilung schulischer Leistungen war mannigfaltig: Er wollte dem Notenwert eine mehr oder weniger normalverteilte Grundlage zuordnen, so dass eine Note einen verlässlichen Informationswert erhält. Danach wäre die häufigste Note eine 4.5 (30%). Er rang damit um eine gerechte Benotung im Sinn einer vergleichbaren Benotung, deren Verteilung auf einer großen Stichprobe beruht. Aeblis Anliegen kann heute weitgehend so interpretiert werden, dass er sich um eine Beurteilung nach Kompetenzstufen bemühte, wie sie mit der Skalierung der PISA-Aufgaben und Standardisierung der PISA-Testergebnisse verwirklicht worden sind. PISA-Testergebnisse deklarieren jedoch lediglich, wie viele Prozente der SuS eine der fünf Kompetenzstufen erreicht haben. Als Mitteilungsform bedeutet das für die Leistungsverteilungen pro Land oder Schule, SuS so zu fördern, dass sie eine höhere Kompetenzstufe erreichen. Diese Denkweise widerspricht der Forderung nach einer normalverteilten Notengebung, die unabhängig vom absoluten durchschnittlichen Leistungsstand einer Klasse einen bestimmten Prozentsatz von ungenügenden Leistungen definiert.

Ähnlich wie Aebli war Flammer um die möglichst objektive Aussagekraft der Ziffernote als Rangreihe besorgt (Flammer, 1971; Flammer, Perrig-Chiello & Rüegg, 1983). Flammer forderte in erster Linie eine Funktionsentflechtung der Note:

> „Das ist unsere zentrale Kritik an der gegenwärtigen Schulnotenpraxis, nämlich dass die meisten von uns versuchen, der Schulnote eine solche Menge von verschiedenen Funktionen zuzuordnen, dass sie keine Funktion mehr richtig erfüllen kann. Sie muss durch diese Ansprüche hoffnungslos verzerrt werden; niemand mehr kann sie ernst nehmen, und doch nehmen sie (fast) alle sehr ernst, zu ernst, weil sie durch die vielen zugeordneten Funktionen so wichtig geworden ist. Es ergibt sich ein verhängnisvolles Paradoxon: Je mehr Funktionen der Schulnote zugeordnet werden, desto bedeutsamer wird sie – aber auch desto wertloser!" (Flammer, Perrig-Chiello & Rüegg, 1983, S. 15).

Als multiple Funktionen und Beurteilungsgegenstände der Schulnote nannten sie:
- den Notendurchschnitt während einer Schulperiode
- den Leistungsstand am Ende eines Schuljahres
- den Leistungsfortschritt
- die geschätzte Leistungsfähigkeit oder/und
- Fleiß, Anstrengung.

Tatsächlich stellte Flammer (1971) in einer Befragung von Lehrpersonen der Primarstufe all diese Zuschreibungen fest. Dazu kamen noch die Funktionen der Ermutigung und der voraussichtlichen Leistung im nächsten Jahr, der Prognosefunktion. Flammer, Perrig-Chiello & Rüegg (1983) stellen nicht nur an die Schulprüfungen, sondern auch an die Noten die Anforderung, dass sie den Gütekriterien der klassischen Testtheorie genügen. Demnach sollten Noten objektiv, reliabel und valide sein. Ihre Literaturanalyse zeigte denn auch, dass Schulnoten diese Ansprüche nie erfüllen konnten. So schlugen sie vor: „Eine Verbesserung der Reliabilität wäre demnach zu erreichen, indem ein grösserer Konsens zwischen den Lehrern erzielt würde in Bezug auf das, **was** zu benoten ist und **wie** die Skala zu handhaben ist" (Flammer, Perrig-Chiello & Rüegg, 1983, S. 21; Hervorhebung im Original). Bezüglich der Validität kamen sie zur Erkenntnis und Forderung, „... dass die Noten eine hohe kurzfristige Validität haben sollten, dass an sie aber keine Forderung nach langfristiger Validität gestellt werden sollte." (S. 23) Dazu kamen sie zur Einsicht: „Natürlich ist die ungenügende Validität der Schulnote nicht nur eine logisch-technische Konsequenz aus der ungenügenden Definition, sondern auch eine Folge von ‚Fehlern' der Wahrnehmung und Beurteilung der SuS und ihres Verhaltens. Wahrnehmen und Beurteilen sind komplexe psychologische Vorgänge, die im Zusammenhang stehen mit der Persönlichkeitsstruktur des Beurteilers und seinen Erfahrungen, aber auch mit seiner sozialen Situation und seiner Beziehung zum Beurteilten." (Flammer, Perrig-Chiello & Rüegg, 1983, S. 23).

Im Folgenden entwickeln sie Thesen im Sinne von neuen Forderungen an die Funktion der Noten: Als einzige Funktion sahen sie „die Dokumentation der summativen Evaluation zuhanden des Promotionsentscheides" (S. 27). So sollten nach ihnen Noten „nur das Leistungsniveau, das Schüler am Ende der betreffenden

Unterrichtsperiode erreicht hat" (S. 29), dokumentieren und Schulzeugnisse seien nur am Ende des Schuljahres, anlässlich des Promotionsentscheides (S. 31) zu rechtfertigen. Nach dieser Forderung zur massiven Funktionseinschränkung folgte jene nach einem „gemeinsamen Code" (S. 36), um das Bewertungsergebnis mitzuteilen. Rein technisch betrachtet ist der Code die Ziffernote, aber die Bezugsnorm, worauf sich die Ziffer bezieht, ist unklar. So befragte Flammer (1971) Gymnasial- und Primarlehrpersonen nach der Note für einen durchschnittlichen Schüler in einer durchschnittlichen Klasse. Dazu erhielt er Angaben zum „idealen" Notendurchschnitt zwischen 3.9 und 5.0. Daraus folgerten sie: „Offensichtlich ist eine präzise Definition der Notenskala nötig und die Bereitschaft aller Beteiligten, sich daran zu halten (Flammer, Perrig-Chiello & Rüegg, 1983, S. 39). Ähnlich wie Aebli eine zuverlässige Notenverteilung forderte, erhoben Flammer, Perrig-Chiello & Rüegg (1983) in allen Kantonen der Schweiz die Noten der beiden Jahre vor dem Übertritt in die Sekundarschule. So konnten sie für jeden Kanton eine empirische Notenverteilung mit dem Median und Quartilabständen erarbeiten, die den Lehrpersonen als Referenznorm für ihre Notengebung dienen sollte – sie schufen eine kantonale Referenznorm für die Notenverteilung. Aus dem Gesamt entwickelten sie eine „Schweizerische Referenznorm für Schulzeugnisnoten" (vgl. Abb. 1):

Verglichen mit Aeblis theoretischer Notenverteilung, wies Flammers empirische Verteilung weniger 6er (sehr gut), dafür 5% mehr 5.5er und 5% mehr 5er (gut) auf.

Schweizerische Referenznorm für Schulzeugnisnoten

Notenhäufigkeiten der Fächer Rechnen und Sprache schriftlich
in den beiden letzten Klassen vor dem Uebertritt in die Sekundarstufe
(alle Kantone)

Note	Anteil in %	Summierte %
6.0	3.29	3.29
5.5	15.45	18.74
5.0	25.49	44.23
4.5	23.94	68.17
4.0	17.69	85.86
3.5	8.95	94.81
3.0	3.97	98.78
2.5	0.92	99.70
2.0	0.27	99.97
1.5	0.03	100.00
1.0	0.00	100.00

Abb. 1: aus Flammer, Perrig-Chiello & Rüegg, 1983, S. 165

Der Median lag sowohl bei Aebli wie bei Flammer in der Note 4.5, obwohl die empirische Verteilung 6% weniger 4.5er und 2% weniger 4er aufwies. Aeblis Annahme von insgesamt 15% ungenügenden Noten kam der empirischen Feststellung von 14% sehr nahe. Aebli setzte also eine leicht „strengere" Notenverteilung an, indem er von einer angepassteren „Normalverteilung" ausging als Flammer beobachten konnte.

Gemeinsames Merkmal von Aeblis und Flammers Postulaten war, dass beide eine soziale Bezugsnorm der Notenverteilung zu Grunde legten. Noten hätten so einem Prozentrang entsprochen. Flammer kümmerte sich sehr stark um eine Funktionsentflechtung der Noten und forderte eine Trennung von Aspekten der Motivation und Förderung (formative Beurteilung) von einer strikten Lernstandsbestätigung am Ende des Schuljahres. So forderte er auch, dass die Zeugnisnote am Ende des Schuljahres nicht auf einem genauen Durchschnitt der Prüfungsleistungen während des Jahres beruhen, sondern das ungefähre Leistungsniveau des Schülers, der Schülerin zum Zeitpunkt der Notenvergabe ausdrücken sollte (Flammer, Perrig-Chiello & Rüegg, 1983). Damit verlegte er das Augenmerk von der technischen Messgenauigkeit auf die „Lehrperson als Messinstrument", die Schülerleistungen dank ihrer Professionalität zuverlässig einschätzen kann.

3. Freiburger Studien zur Beurteilung und Notengebung

Flammers Postulate zur Entflechtung der den Schulnoten zugeschriebenen Funktionen löste in Deutschfreiburg eine intensive Lehrerfortbildung aus. Dabei stellte sich heraus, dass Veränderungen der Notengebung Begleitmaßnahmen erforderten. So wurden die Notenzeugnisse und das Übertrittsverfahren von der Primarschule in die Sekundarstufe I grundlegend überarbeitet. Die ersten zwei Primarschuljahre wurden von Noten befreit und erhielten Rückmeldungen über das Erreichen der Lernziele. Ab der dritten Klasse wurden die Leistungen im ersten Semester des Schuljahres mit einer Lernprozessbeurteilung (pro Fach: „kommt bei der Erarbeitung der Lernziele gut voran"; „hat bei der Erarbeitung der Lernziele Schwierigkeiten"; „hat bei der Erarbeitung der Lernziele große Schwierigkeiten") im Zeugnis festgehalten. Am Ende des zweitens Semesters erfolgte eine Lernstandsbeurteilung mit den vier Abstufungen „hat die Lernziele sehr gut erreicht; hat die Lernziele gut erreicht; hat die Lernziele erreicht; hat die Lernziele teilweise erreicht". Zudem wurde für jedes Fach eine globale Ziffernote gegeben. Die Lehrpersonen wurden dabei explizit angewiesen, diese nicht exakt nach dem arithmetischen Mittel der Prüfungsnoten zu vergeben, sondern die Leistungsstärke holistisch, möglichst auf den Lehrplan bezogen, einzuschätzen. Mit dieser Zeugnis- und Notenreform wurde auch bildungspolitisch das pädagogische Bestreben von einer Überwindung der sozialnormorientierten hin zu einer kriteriumsnormorientierten Beurteilung bestärkt.

Das Übertrittsverfahren von der Primarschule in die Sekundarstufe I wurde im Zuge dieser Beurteilungsreform ebenfalls neu konzipiert, indem von einem mehrkriterialen quantifizierten zu einem dynamischem Verfahren gewechselt wurde (vgl. nachfolgendes Kapitel).

Die zentrale Datenerfassung und -auswertung zum Übertrittsverfahren von der Primarschule in die Sekundarstufe I ermöglichte Studien zur Bedeutung der Notengebung, der Lehrer- und Elternempfehlung und zur obligatorischen Vergleichsprüfung. Zudem wurde der Einfluss der sozialen Herkunft und von Klassenkompositionseffekten auf die Übertrittsentscheidung untersucht.

Baeriswyl, Wandeler, Trautwein & Oswald (2006) überprüften, ob das Deutschfreiburger Übertrittsmodell die Effekte des sozialen Hintergrunds bei Übertrittsentscheidungen reduziere. Regressionsanalytische Analysen zeigten, dass die Prüfungsleistung, die Lehrer- und die Elternempfehlung einzige signifikante Prädiktoren des Übertrittsentscheides waren. Die Zeugnisnoten sowie das Geschlecht und die sozialen Hintergrundvariablen waren in der Lehrerempfehlung und der Prüfungsleistung mediiert. Ditton, Krüsken & Schauenberg (2005) wiesen in einer vergleichbaren Studie höhere soziale Hintergrundeffekte auf die Elternempfehlung nach. In Deutschfreiburg waren diese Effekte gleich stark. Dies wurde von Baeriswyl et al. (2006) auf das regulierende Gespräch zwischen Lehrperson und Eltern zurückgeführt. Es erwies sich als scheinbar wirkungsvolles Element, um den Einfluss des sozialen Hintergrundes auf die Elternempfehlung abzuschwächen. Baeriswyl, Wandeler & Christ (2008) untersuchten die Konstanz von Lehrerempfehlungen beim Schulübertritt während sieben Jahren. Die Modellierung der Lehrerempfehlung erwies sich über die verschiedenen Jahrgänge hinweg nicht als statistisch signifikant unterschiedlich. Zudem zeigte sich, dass die Lernstandsbeurteilungen im Vergleich zu den eher formativen Lernprozessbeurteilungen die Lehrerempfehlungen stärker beeinflussten.

In der Untersuchung von Baeriswyl et al. (2010) stand die prognostische Gültigkeit von Noten und schulischen Testleistungen am Ende der 6. Klasse auf die Zeugnisnoten der 9. Klasse der Sekundarstufe I im Zentrum. Für die beiden Fächer Deutsch und Mathematik erwiesen sich der Vergleichstest beim Übertrittsverfahren, gefolgt von der Lernstandsbeurteilung als Faktoren mit der mächtigsten Prädiktionskraft auf die Zeugnisnoten am Ende der 9. Klasse. Als mögliche Erklärung für dieses eher erwartungswidrige Ergebnis wurde der von Trautwein & Baeriswyl (2007) an demselben Datensatz nachgewiesene recht starke Referenzgruppeneffekt herangezogen. Trotz großer Leistungsunterschiede zwischen den Klassen fand sich ein über die Klassen hinweg ähnlicher Notendurchschnitt. Der Referenzgruppeneffekt wird nachfolgend vertieft dargestellt. Maaz, Baeriswyl & Trautwein (2011) analysierten in einer Expertise Herkunftseffekte und ihre Wirkung auf die Notengebung und Übertrittsentscheide. Sie konnten aufzeigen, dass die Leistungsbewertung in Form von Schulnoten nicht ausschließlich leistungsrelevanten Kriterien folgte. Das Geschlecht der SuS, ihr sozialer Hintergrund sowie die Klassenstärke beeinflussten die Notengebung maßgeblich. Der größte Teil der sozialen Hintergrundeffekte auf die Noten waren primäre Effekte (direkte Effekte des sozialen Hintergrundes auf die Leistungsfähigkeit). Sekundäre Effekte des sozialen Hintergrundes (ein Einfluss des sozialen Hintergrundes bei vergleichbarer Leistung) waren eher schwach ausgeprägt. Hingegen konnten keine Indizien für die Berücksichtigung der Anstrengungsbereitschaft und von motivationalen Faktoren gefunden werden. Ebenso waren Persönlichkeitsmerkmale der Lehrperson unerheblich für ihre Notengebung. Baeriswyl (2013) analysierte die primären und sekundären Herkunftseffekte und stellte fest, dass beim multikriterialen Übertrittsverfahren die sekundären Herkunftseffekte sehr tief ausfielen. Unter Verwendung vergleichbarer Leistungsfähigkeiten in einem standardisierten Vergleichstest und Lehrer- und Elternempfehlungen war der Zuweisungsentscheid nicht noch zusätzlich durch die soziale Herkunft beeinflusst. Gleichzeitig wurde festgestellt, dass sich Eltern und Schülerinnen und Schüler des sozialen Herkunftseffektes bewusst sind, das Verfahren jedoch trotzdem als „gerecht" einstuften. Baeriswyl, Wandeler & Biewer (2013) und Biewer, Baeriswyl & Wandeler (2013) führten Studien zum Gerechtigkeitserleben der Schülerinnen und Schüler und der Eltern zum Übertrittsverfahren und zur Notengebung durch. Dabei zeigte sich, dass die Notengebung der Lehrpersonen von ca. 90% der Eltern und 92% der SuS als „gerecht" eingestuft wurde. Biewer (2015) schließt eine Dissertation zur Gerechtigkeitswahrnehmung von Eltern und SuS beim Übertrittsverfahren ab. Trautwein & Baeriswyl (2007) untersuchten den Referenzgruppeneffekt bei der Lehrerempfehlung und seine Wirkung auf den Übertrittsentscheid. Es stellte sich heraus, dass die mittlere Klassenstärke einen großen Einfluss auf die Notengebung hat und diese die Lehrerempfehlung mediiert. Bei vergleichbaren Leistungsfähigkeiten erhalten SuS in leistungsstarken Klassen relativ schlechtere Noten als in leistungsschwächeren Klassen. Der Referenzgruppeneffekt wirkte zweifach, mediiert über die Noten und direkt auf den Übertrittsentscheid. Durchschnittliche SuS erhalten in leistungsstarken Klassen tendenziell tiefere und in leistungsschwächeren Klassen tendenziell höhere Empfehlungen.

4. Von der Frage der Beurteilungsgenauigkeit zur Beurteilungsgerechtigkeit

Die PISA-Studien haben das Augenmerk weg von der Genauigkeit der Leistungsmessung hin zur sozialen Gerechtigkeit und zur gerechten Teilhabe am Bildungsangebot gelenkt (vgl. Baumert et al., 2002; Baumert et al., 2000; Ditton, 2007; Ehmke et al., 2004; Ramseier & Brühwiler, 2003). Die Entstehung sozialer Ungleichheiten wird meist im Bereich unterschiedlicher Frühförderung, bzw. beim Schuleintritt und bei den Übergängen im strukturierten Schulsystem verortet. Stamm (2010) untersuchte die Wirkung vorschulischer Förderprogramme für Drei- bis Fünfjährige und schrieb ihnen mögliche positive Auswirkungen zu. Sie betonte insbesondere, dass während des Schulverlaufs viele und wesentliche Hindernisse zu bewältigen sind, an denen sich soziale Herkunftseffekte auswirken können. Damit verwies sie auf schulische Übergänge, welche die soziale Selektion verstärken können.

Um die Beurteilung schulischer Leistung als Einflussfaktor auf Entstehung und Vergrößerung sozialer Disparitäten zu verstehen, ist die Differenzierung zwischen primären und sekundären Herkunftseffekten hilfreich. Primäre Herkunftseffekte bezeichnen effektive Leistungsunterschiede, die aufgrund von Förderungsfaktoren in bildungsfernen Familien entstehen. Bei objektiven Schulleistungstests wird stets eine positive Korrelation zwischen sozioökonomischem Niveau der Eltern und der Leistung der Kinder festgestellt (Maaz, Baumert & Trautwein, 2010). Als sekundäre Herkunftseffekte bezeichnet man schichtspezifische Einflüsse bei Übertritten und bei der Leistungsbeurteilung, die festgestellt werden bei Kindern mit vergleichbaren Leistungsfähigkeiten (vgl. Maaz & Nagy, 2010; Maaz, Baumert & Trautwein, 2010; Maaz, Baeriswyl & Trautwein, 2013; Ditton, 2013). Maaz, Baumert & Trautwein (2010) fassten die Forschung zu Orten und Zeitpunkten der Genese sozialer Ungleichheiten im schulischen System zusammen. Von den vier untersuchten Bereichen zeigten sich bei den Übergängen eindeutig folgende nachweisbare Effekte: Effekte innerhalb der Bildungsinstitution als unterschiedliche effektive Nutzung des Bildungsangebots, zwischen den Bildungsinstitutionen in Form von institutionellen Ausdifferenzierungen von Bildungsprogrammen und außerhalb des Bildungssystems in der Familie, Nachbarschaft oder Region konnten nicht schlüssig nachgewiesen werden. Empirische Nachweise des primären Herkunftseffektes auf die Schulleistung waren mannigfach feststellbar (vgl. Maaz & Nagy, 2010). Weniger häufig wurde der sekundäre Herkunftseffekt in der Leistungsbeurteilung, Benotung nachgewiesen. Maaz & Nagy (2010) konnten aufzeigen, dass der sozioökonomische Hintergrund bei vergleichbaren Leistungen in Leistungstests für Deutsch, Mathematik und Naturwissenschaften zusätzlich die entsprechenden Noten beeinflusste. Beide Herkunftseffekte wirkten sich auf die Benotung, die Vergabe der Schullaufbahnempfehlung und das Übergangsverhalten, den Übertrittsentscheid aus. Bei der Benotung wirkte sich der primäre stärker aus als der sekundäre. Bei der Vergabe der Schullaufbahnempfehlung waren beide Einflussgrößen ähnlich stark und bei der Übertrittsentscheidung trat der sekundäre markanter hervor als der primäre.

Weil sich die Wirkung der primären Herkunftseffekte dem Einflussbereich der Schule weitgehend entziehen, d.h. der familiären Förderung, Anregung, den Kontextbedingungen zugeschrieben werden müssen, ist das Augenmerk auf die sekundären Effekte zu richten. Diese entstehen und wirken innerhalb des Schulsystems. Maaz & Nagy (2010) stellten im Vergleich zum primären (41% des gesamten Herkunftseffektes) einen größeren sekundären Effekt (59% des gesamten Herkunftseffektes) fest. „Weil dieser gegen das Leistungsprinzip verstößt, steht er auch in verschärfter Kritik“ (Maaz & Nagy, 2010, S. 176). Sie unterschieden direkte sekundäre von indirekten sekundären Herkunftseffekten. Die direkten sekundären Effekte sind auf soziale Einflüsse bei der Notenvergabe und auf die Schulgangsempfehlungen der Lehrperson zurückzuführen. Diesen Anteil berechneten sie als die Hälfte des gesamten sekundären Effektes. „Damit deutet sich an, dass eine substanzielle Reduzierung unerwünschter sozialer Disparitäten beim Übergang in die Sekundarstufe I nur dann gelingen kann, wenn sekundäre sozialschichtabhängige Verzerrungen ausgeschaltet werden" (Maaz & Nagy, 2010, S. 176). Die indirekten sekundären Herkunftseffekte sind auf Bildungsambitionen und Kosten-Nutzen-Erwägungen der Eltern zurückzuführen und sind wie die primären innerhalb der schulischen Beurteilung kaum steuerbar. Als weiteres zentrales Element für die schulische Beurteilung und bei Schulgangsempfehlungen ist der Referenzgruppeneffekt zu betrachten (Trautwein & Baeriswyl, 2007). Lehrpersonen richten dabei ihr Urteil auf die durchschnittliche Leistungsfähigkeit der Klasse aus und tragen damit zu einer weiteren Form von sozialen Disparitäten bei.

5. Der Referenzgruppeneffekt bei der Notengebung

Ursprünglich wurde der Referenzgruppeneffekt als Wirkung von gruppeninternen Leistungsvergleichen auf das Selbstkonzept eines Individuums bezeichnet (Marsh, 1987). Dieses Phänomen wird auch als „Big-Fish-Little-Pond-Effekt" (BFLP-Effekt) bezeichnet. Dieses Phänomen beschreibt die Abhängigkeit des Selbstkonzepts vom Leistungsniveau der jeweiligen Referenzgruppe bzw. der Schulklasse (Trautwein & Baeriswyl, 2007, S. 121). Trautwein et al. (2006) konnten zeigen, dass der BFLP-Effekt auch bei der Notengebung von Lehrpersonen nachgewiesen werden kann. Bei vergleichbaren Leistungsfähigkeiten erhält ein Kind in einer leistungsstarken Klasse weniger gute Noten als in einer leistungsschwachen Klasse. Trautwein & Baeriswyl (2007) wiesen diesen Effekt auf die Notengebung und auf die Erteilung einer Schullaufbahnempfehlung der Lehrperson nach, was den Zuweisungsentscheid beim Übertritt in die Sekundarstufe I maßgeblich beeinflusste. Es ist wahrscheinlich, dass sich die Lehrperson bei der Leistungsbeurteilung sozialnormorientiert von der Leistungsstärke der Klasse beeinflussen lässt. Diese Bezugsnormorientierung haben Ingenkamp (1969) und Rheinberg (2001) mannigfach beschrieben. Je nach Anspruch an die Funktion einer Schulnote ist der BFLP-Effekt unterschiedlich zu gewichten. Erwartet man von der Note eine Mitteilung über die Leistungsfähigkeit eines Kindes im Vergleich zur Klasse, mag er eine Orientierungsfunktion haben. Beim Einsatz von Schulnoten für einen Zuweisungsentscheid in eine weiterführende Schule erwartet man hingegen insofern eine gewisse Gerechtigkeit, dass Kinder nach vergleichbaren Leistungsfähigkeiten gruppiert werden. Nach dem meritokratischen Prinzip sollten Merkmale des sozialen Hintergrundes und der Klassenzusammensetzung möglichst keinen Einfluss auf den Zuweisungsentscheid haben. Der Referenzgruppeneffekt bei der Leistungsbeurteilung erweist sich als ein ähnlich ungelöstes Problem wie der sekundäre Herkunftseffekt.

Trautwein & Baeriswyl (2007) konnten bei einer Gesamterhebung der 6. Primarklassen beim Übertrittsverfahren in die Sekundarstufe I in Deutschfreiburg feststellen, dass bei vergleichbaren Leistungen im standardisierten, curricularen Leistungstest Schülerinnen und Schüler aus durchschnittlich leistungsstarken Klassen weniger gute Noten und eine Zuweisungsempfehlung in eine leistungstiefere Abteilung erhielten als Schülerinnen und Schüler aus leistungsschwächeren Klassen.

Herkunftseffekte und Referenzgruppeneffekte bei der schulischen Leistungsbeurteilung stören den Gerechtigkeitsanspruch eines Schulsystems. Dies, obwohl angenommen werden kann, dass durch den Referenzgruppeneffekt Kinder mittlerer Leistungsstärke in einer schwachen Klasse hinsichtlich eines Zuweisungsentscheides für eine weiterführende Schule profitieren. Symmetrisch dazu werden Kinder derselben Leistungsstärke in einer leistungsstarken Klasse zu Verlierern. Nachfolgend soll untersucht werden, ob und inwiefern sich der Referenzgruppeneffekt aufgrund einer Verordnungsveränderung zur Gewichtung der Schulnoten beim Übertrittsverfahren verändert.

6. Das Deutschfreiburger Übertrittsverfahren von der Primar- in die Orientierungsschule

Im Kanton Freiburg treten nach der 6. Primarklasse alle Schülerinnen und Schüler in die dreigliedrige Orientierungsschule über. Die Abteilung mit den höchsten Leistungsansprüchen ist die progymnasiale Abteilung (Abteilung A) und zählt ca. 30–35% der Schülerschaft. Die Abteilung B, die allgemeine Sekundarabteilung, entspricht mittleren Leistungsansprüchen. Sie umfasst ca. 45–50% der Schülerschaft. Rund 25%–30% werden der Realabteilung, Abteilung C mit Grundanforderungen, zugewiesen. Diese Angaben gelten für Deutschfreiburg. Der französischsprachige Kantonsteil weist einen wesentlich höheren Anteil im Progymnasium auf und einen wesentlich tieferen in der Realabteilung. Im Folgenden wird nur das Übertrittsverfahren in Deutschfreiburg beachtet.

Das mehrkriteriale Übertrittsverfahren berücksichtigt für den Zuweisungsentscheid zu einer der Abteilungen vier Elemente: die globale Empfehlung der Primarlehrperson für den Übertritt in eine der drei Abteilungen, die entsprechende Empfehlung der Eltern, die Zeugnisnoten des ersten Semesters des sechsten Primarschuljahres und das Ergebnis einer standardisierten Vergleichsprüfung in Deutsch und Mathematik. Die Primarlehrpersonen sind verpflichtet, am Ende des Semesters ein Elterngespräch durchzuführen, bei dem auch die Lehrerempfehlung eröffnet wird. Nach diesem Gespräch geben die Eltern ihre Empfehlung schriftlich ab. Begleitend zu den vier Entscheidungselementen hat die Lehrperson einen Beurteilungsbogen zum Lern- und Arbeitsverhalten sowie zur Einschätzung der kognitiven Fähigkeiten und der Motivation abzugeben. Über den definitiven Zuweisungsentscheid befindet der Schuldirektor oder die Schuldirektorin der Orientierungsschule. Dieses mehrkriteriale Verfahren wurde 1989 eingeführt und bis heute beibehalten. 2012 wurde lediglich eine Systemveränderung vorgenommen, welche nur die Gewichtung der Grundelemente betraf. Nachfolgend werden die Charakteristika des „alten“ Verfahrens bis 2011 und des „neuen Verfahrens“ ab 2012 dargestellt.

6.1 Das „alte" Übertrittsverfahren

Von 1989 bis 2011 wurden von den vier Elementen nur die Lehrerempfehlung und das Ergebnis der Vergleichsprüfung quantifiziert. Bei vollständiger Übereinstimmung der beiden Elemente (z.B. Lehrerempfehlung Abteilung B und Prüfungsergebnis im Prozentrangbereich zwischen 45 und 75) führte dies zu einer direkten Zuweisung. Bei Nicht-Übereinstimmung zwischen Lehrerempfehlung und Prüfungsleistung wurde der Entscheid unter Berücksichtigung der Elternempfehlung und Interpretation der Zeugnisnoten mit der Primarlehrperson getroffen. Bei offenen Fällen hat der Schuldirektor der Orientierungsschule den Zuweisungsentscheid nach einem gemeinsamen Gespräch mit der Primarlehrperson und den Eltern aufgrund der Dokumentenanalyse (Elternempfehlung, Zeugnisnoten und Beurteilungsbogen) gefällt. Das Übertrittsverfahren beruhte auf einem dynamischen Entscheidungsmodell, das eingeschränkt auf zwei quantifizierten Elementen und überdies auf einer qualitativen Datenanalyse und direkter Kommunikation der Entscheidungsbeteiligten beruhte. Insbesondere wurden die Noten als eine Mitentscheidungsgrundlage abgegeben, die mit der Lehrperson im direkten Gespräch interpretiert wurden.

6.2 Das „neue" Übertrittsverfahren

Die neuen Bestimmungen wurden beim Übertritt 2012 erstmals angewendet. Aus formalen und rechtlichen Gründen wurde bildungspolitisch verlangt, dass die Elternempfehlung und die Noten für den Zuweisungsentscheid gleichwertig mitverrechnet werden. Jedes der vier Elemente wird mit 25% gewichtet. Aus den Noten in Deutsch, Mathematik, Französisch und Mensch und Umwelt wird das „Element Noten" bestimmt. Das Element entsteht nicht aus einem arithmetischen Durchschnittswert aller Noten, sondern aus einer Kombination der absoluten Fachnotenwerte. So entspricht eine 6 (sehr gut) und 5.5 einem Abteilung-A–Wert, eine 5 (gut) einem Abteilung-B–Wert und eine 4.5 und tiefer einem Abteilung-C–Wert. Drei übereinstimmende Werte ergeben die entsprechende „Noten-Empfehlung", die zu 25% für den definitiven Zuweisungsentscheid berücksichtigt wird. Stimmen drei der vier Elemente überein, wird eine direkte Zuweisung ausgesprochen. Bei Nicht-Übereinstimmung wird dem Schuldirektor empfohlen, den Zuweisungsentscheid nach einem Gespräch mit den Eltern und der Primarlehrperson zu fällen.

Der Unterschied zwischen dem alten und dem neuen Verfahren ab 2012 liegt in der Quantifizierung der Noten und der Elternempfehlung. Bis 2012 wurden die Noten bloß mit dokumentarischem Wert in den Zuweisungsentscheid aufgenommen, nachdem sie mit der notengebenden Lehrperson interpretiert worden sind.

7. Fragestellungen der vorliegenden Studie

Maaz, Baumert & Trautwein (2010) schrieben Übergängen im Bildungssystem ein besonderes „Potenzial" zur Genese von sozialen Disparitäten zu. Seit den Arbeiten von Bourdieu & Passeron (1971) gilt die Institution Schule selbst als eine maßgebliche Ursache für Reproduktion sozialer Ungleichheiten. Die dabei wirkenden Mechanismen sahen Maaz, Baumert & Trautwein (2010, S. 39) in einer Wechselwirkung zwischen Statusmerkmalen und der Nutzung schulischer Ressourcen. Dabei orteten sie drei wissenschaftliche Argumentationsstränge der Genese sozialer Disparitäten: erstens in der Erwartungs-, Belohnungs- und Bewertungsstruktur der Bildungsinstitution selber; zweitens in der Nicht-Übereinstimmung zwischen dem sozialen und kulturellen Habitus der unteren Sozialschichten und schulischen Verhaltensnormen und drittens im Anwachsen der Kompetenzunterschiede während der Schullaufbahn (S. 39).

Die vorliegende Studie fokussiert den Interaktionsbereich zwischen einer institutionellen Vorgabe des Schulsystems und dem Beurteilungs- und Bewertungsverhalten der Lehrpersonen beim Übergang von der Primarschule in die Sekundarstufe I. Dabei werden drei Fragen untersucht.

Erstens: Hat sich die Verteilung der Schulnoten mit dem neuen System verändert? Noten und Lehrerempfehlungen sind für den Übertritt in die Sekundarstufe I entscheidende institutionell getroffene Schülerbeurteilungen (Maaz & Nagy, 2010). Mit der neuen Gewichtung der Zuweisungselemente beim deutschfreiburgischen Übertrittsverfahren, namentlich des quantifizierten Einbezugs der Zeugnisnoten für den Zuweisungsentscheid, muss davon ausgegangen werden, dass die Lehrpersonen wiederum vermehrt einer sozialnormorientierten Notengebung zuneigen. Die bildungspolitischen Zielvorgaben sind annähernde Quotenvorgaben für die drei Abteilungen der Sekundarstufe I. Dies könnte die Lehrpersonen dazu verleiten, ihre Klasse als Einheit einer den Abteilungen entsprechenden Verteilung zu betrachten. Da der Referenzgruppeneffekt vorwiegend auf einer sozialnormorientierten Leistungsbewertung beruht, wäre als Folge eine Vergrößerung dieses Effektes zu erwarten gewesen.

Zweitens wurde demnach die mögliche Veränderung des Referenzgruppeneffektes bei der Benotung untersucht.

Drittens stellte sich die Frage nach dem Einfluss des sozialen Hintergrundes auf die Benotung. Insbesondere sollte eine mögliche Veränderung des primären und des sekundären Herkunftseffektes untersucht werden. Hier stellen sich zwei Forschungsfragen: Wie stark wirken primäre und sekundäre Herkunftseffekte generell auf die Notengebung und zweitens, ist diesbezüglich mit dem Systemwechsel eine Veränderung feststellbar? Maaz & Nagy (2010) berichteten differenzielle Wirkungen der primären und sekundären Herkunftseffekte auf die Notengebung, die Lehrerempfehlung und auf den Zuweisungsentscheid. Dabei war die Wirkung des sekundären Effektes auf die Notengebung und den Zuweisungsentscheid bedeutsamer als auf die Lehrerempfehlung. In der vorliegenden Untersuchung wurde einzig auf die Notengebung fokussiert.

Während der letzten zwanzig Jahre wurden in Deutschfreiburg große Anstrengungen unternommen, die Schülerbeurteilung und die Notengebung auf die Sach- und Kriteriumsnorm auszurichten und die Sozialnormorientierung der Lehrpersonen zu reduzieren. Sekundäre Herkunftseffekte und der Referenzgruppeneffekt sind vor allem auf die Sozialnormorientierung zurückzuführen und unterliegen maßgeblich dem Einflussbereich der Lehrperson (Maaz & Nagy, 2010). Eine systembedingte Umorientierung der Lehrerschaft von einer kriteriumsnormorientierten hin zu einer sozialnormorientierten Leistungsbeurteilung würde den aktuellen Bestrebungen nach einer kompetenzorientierten Beurteilung (dem für die gesamte Deutschschweiz geltenden neuen Lehrplan 21 entsprechend) zuwider laufen.

8. Methode

8.1 Stichprobe

Zwei Jahrgänge (2009 und 2010) des alten Verfahrens und zwei Übertrittsjahrgänge des neuen Verfahrens (2012 und 2013) wurden genauer untersucht. Weil 2011 die neuen Regelungen bereits bekannt, aber noch nicht in Kraft gesetzt waren, wurde dieser Übertrittsjahrgang von der Untersuchung ausgeschlossen. Dazu wurden je alle Schülerinnen und Schüler, alle Eltern und die Primarlehrpersonen mit einem ausführlichen Fragebogen befragt. Für die vorliegende Fragestellung war nur die Notengebung bedeutsam.

Tabelle 1 zeigt die Anzahl der Schülerinnen und Schüler (SuS) und Klassen der Untersuchung.

Tabelle 1: Statistische Angaben zu den untersuchten Übertrittsjahrgängen

	Altes Verfahren		Neues Verfahren		Gesamt
	2009	2010	2012	2013	Total
Anzahl SuS	824	861	769	819	
Weiblich	418	436	387	412	1.653
Männlich	406	425	382	407	1.620
je Verfahren		1.685		1.580	3.265
Anzahl Klassen	49	49	47	48	193

8.2 Verwendete Masse

Das Geschlecht der Schülerinnen und Schüler wurde von den Lehrpersonen in den offiziellen Dokumenten angegeben und mit 0 (weiblich) und 1 (männlich) kodiert.

Als Sprache wurde die zu Hause gesprochene Sprache erhoben und mit der Unterrichtssprache verglichen. Die Übereinstimmung der Unterrichtssprache mit der Familiensprache wurde mit 1 (deutsch) kodiert. Wird zu Hause nicht deutsch gesprochen, wurde dies mit 0 (nicht deutsch) kodiert.

Sozioökonomischer Status der Eltern (ISEI). Zur Feststellung des soziökonomischen Status wurden die Berufsangaben der Schülerinnen und Schüler und jene der Eltern verwendet. Als Indikator des sozioökonomischen Status wurde der Internationale Sozioökonomische Index (ISEI), den Ganzeboom et al. (1992) entwickelt haben, verwendet. Die internationale Standardklassifikation der Berufe 2008 (ISCO-08) diente der Ermittlung des ISEI-Wertes. Dabei wurde der höchste sozioökonomische Index der Mutter bzw. des Vaters gewählt, um den ISCO-08-Code zu ermittelt, um diesen anschließend anhand des Conversion-Tools nach Ganzeboom & Treiman (2010) in die entsprechenden ISEI-Werte zu übertragen.

Prüfungsleistung. Als Vergleichsprüfung legen alle Schülerinnen und Schüler eines Jahrganges eine eintägige Prüfung in Deutsch (Texte schaffen, Textverständnis, Rechtschreiben) und in Mathematik (Grundoperationen, Textaufgaben und Sachrechnen, Geometrie) ab. Die Prüfungsaufgaben werden von Lehrpersonen der Sekundarstufe I und der Primarschule, die mit ihrer Klasse nicht am Übertrittsverfahren teilnehmen, erarbeitet. Die Aufgaben müssen dem Lehrplan und den obligatorischen Lehrmitteln entsprechen. Deutsch und Mathematik wurden mit je 50 Punkten bewertet. Weil die Mittelwerte der Prüfungsergebnisse von einem Jahr zum anderen nicht vollständig vergleichbar sind, wurden die Werte pro Jahr z-standardisiert.

Mittlere Prüfungswerte. Zur Feststellung der Leistungsstärke einer Klasse wurden die Prüfungswerte (z-Werte) pro Jahr und pro Klasse aggregiert.

Mittlere ISEI-Werte. Zur Ermittlung der mittleren ISEI-Werte einer Klasse wurden die ISEI-08-Werte pro Jahr und pro Klasse aggregiert.

Notendurchschnitt. Die im theoretischen Teil diskutierte differenzierte Beurteilung und Bewertung nach Lernprozess und Lernstand wurde ab dem Jahr 2000 aufgegeben. Seitdem werden die SuS ab der zweiten Klasse pro Semester nach der Notenskala 6 (sehr gut), 5 (gut), 4 (genügend) und 3 (ungenügend) bewertet. Im Zeugnis sind zudem halbe Notenpunkte zugelassen. Für das Übertrittsverfahren werden die Zeugnisnoten des ersten Semesters der 6. Klasse festgehalten. Um einen adäquaten Vergleich zwischen der Prüfungsleistung in Deutsch und Mathematik und den Schulnoten zu erreichen, wurde der Durchschnitt aus den beiden Zeugnisnoten Deutsch: Hör- und Textverständnis und Deutsch: schriftlicher und mündlicher Ausdruck zur Note Deutsch gemittelt. Diese wurde danach mit der

Zeugnisnote Mathematik gemittelt. Die übrigen Noten wurden für die vorliegende Studie nicht verwendet.

8.3 Statistische Analysen

Für die deskriptiven Analysen wurde SPSS, Version 21, verwendet. Die Regressionsanalysen wurden mit Mplus, Version 6.12, berechnet (Muthèn & Muthèn, 1998–2011). Dabei wurde die Mehrebenenstruktur der Daten berücksichtigt und für die Klassenzugehörigkeit kontrolliert, durch die Prozedur „type = complex" für die Modelle mit nur Schülervariablen und die Prozedur „type = two level" für Modelle mit Schüler- und Klassenebenen-Variablen.

9. Ergebnisse

9.1 Deskriptive Befunde

81.9% der Schülerinnen und Schüler berichteten, in der Familie deutsch zu sprechen, wohingegen 18.1% nach eigenen Angaben in der Regel eine andere Sprache als die Unterrichtssprache verwendeten. Die größten Gruppen der Nicht-deutsch-Sprechenden waren Französisch mit 4.1%, Albanisch mit 4.2% und südslavische Sprachen mit 1.3% der gesamten Stichprobe.

Der Vergleich der mittleren ISEI-Werte zeigte einen signifikant tieferen Wert für die Gruppe der Nicht-deutsch-Sprechenden (52.98 > 48.46) bei einer einfaktoriellen Varianzanalyse ($F = 31.72$; (df 1; 3018; $p < .01$)). Bei einer Aufschlüsselung nach den einzelnen Sprachgruppen ergaben multiple Mittelwertvergleiche drei Gruppierungen: Hochdeutsch und Französisch-Sprechende mit signifikant höheren ISEI-Werten als die Gruppe der Schweizerdeutsch-, Italienisch-, Rätoromanisch-, Türkisch-, Englisch-, Skandinavische Sprachen-Sprechenden und der tiefsten Gruppe der Portugiesisch-, Albanisch-, Südslavische Sprachen-Sprechenden. Fremdsprachigkeit ist demnach kein allgemeines Indiz für einen tieferen sozioökonomischen Status. Aufgrund der Stichprobengröße wurde auf eine Aufteilung der Fremdsprachigen nach sozialem Hintergrund verzichtet.

Insgesamt konnten von 191 (von insgesamt 193) Lehrpersonen ihr Alter, die Unterrichtserfahrung und die Anzahl begleiteter Übertrittsverfahren ermittelt werden. Tabelle 2 zeigt die deskriptiven Befunde zu den Lehrpersonen, die am alten und neuen Verfahren teilgenommen haben.

Tabelle 2: Anzahl, Alter und Unterrichtserfahrung der Lehrpersonen beim alten und neuen Verfahren

		N	MW	S	SE	Min.	Max.
Alter der Lehrperson	alt	97	37.90	10.62	1.08	21	60
	neu	94	39.56	11.03	1.14	24	62
	Gesamt	191	38.72	10.83	0.78	21	62
Anzahl Jahre Unterrichtserfahrung	alt	97	14.81	10.85	1.10	1	42
	neu	96	16.91	11.90	1.21	1	41
	Gesamt	193	15.85	11.40	0.82	1	42
Anzahl begleitete Übertrittsverfahren	alt	96	5.79	5.56	0.57	1	25
	neu	93	6.58	6.31	0.66	1	28
	Gesamt	189	6.18	5.94	0.43	1	28

Einfaktorielle Varianzanalysen zeigten, dass sich bezüglich des Alters, der Unterrichtserfahrung und der Anzahl begleiteter Übertrittsverfahren zwischen dem alten und neuen Verfahren keine signifikanten Unterschiede festgestellt werden konnten. Auch bezüglich des Geschlechts ergaben sich keine Unterschiede zwischen dem alten und neuen Verfahren. Beim alten Verfahren waren 67 Lehrpersonen weiblich und 32 männlich, beim neuen waren 69 weiblich und 28 männlich.

9.2 Resultate zur Verteilung der Noten

Zur Überprüfung der Notenverteilung wurden die Notenabstufungen, wie sie beim Übertrittsverfahren verwendet werden, berücksichtigt. Gruppe A entspricht den Noten 6 und 5.5; B der Note 5 und C den Noten 4.5 und tiefer. Tabelle 3 zeigt die prozentualen Anteile der Noten pro Gruppe.

Tabelle 3: Häufigkeiten der Notenvergaben beim alten und neuen Verfahren (Angaben in Prozent)

	Mathematik		Deutsch		Französisch		Mensch und Umwelt	
Verfahren:	alt	neu	alt	neu	alt	neu	alt	neu
Noten-Gruppe								
A (6; 5.5)	36.6	35.5	29.8	32.1	45.8	48.0	51.9	54.70
B (5.0)	32.9	30.8	34.2	39.4 *	29.7	29.5	27.0	26.30
C (≤4.5)	30.5	33.7	36.0	28.5*	24.6	22.5	21.1	19.0

*) Signifikante Unterschiede zwischen dem alten und neuen Verfahren ($p < .05$)

Die Verteilungen wurden mit SPSS, Kreuztabellen auf Gleichverteilung überprüft. Einzig für Deutsch zeigte der Chi-Quadrat-Test (Chi-Quadrat-Wert = 20,3 $p < .01$) nach Pearson einen signifikanten Wert. Der Z-Test für Spaltenvergleiche zeigte, dass sich die Notengruppen B und C zwischen altem und neuem Verfahren signifikant voneinander unterschieden. Beim neuen Verfahren wurde in Deutsch die Note 5 häufiger gegeben als im alten Verfahren und weniger häufig die tieferen Noten 4.5 und tiefer. Für Mathematik, Französisch und Mensch und Umwelt unterscheiden sich die Notenverteilungen zwischen dem alten und neuen Verfahren nicht. Auffallend ist die relativ milde Benotung allgemein und insbesondere beim Fach Mensch und Umwelt. Hier erhielten die Hälfte der SuS eine 5.5 oder 6.

9.3 Korrelative Zusammenhänge

Mit der zweiten und dritten Fragestellung wurde eine allfällige Veränderung der Einflussgröße des sozialen Hintergrundes und des Referenzgruppeneffektes auf die Notengebung untersucht. Die Tabelle 4 zeigt die Korrelationskoeffizienten zwischen den dabei untersuchten Variablen. Im oberen Teil der Tabelle sind die Korrelationskoeffizienten zum alten Verfahren und im unteren Bereich jene des neuen Verfahrens dargestellt.

Tabelle 4: Korrelationen der Variablen beim alten und neuen Verfahren

					alt			
		Note Dt/ Math	Ge-schlecht	Sprache	ISEI	ZPrue-fung	ZPruef_ Klasse	ISEI_ Klasse
	Note Dt/Math	--	*-0.12*	*0.17*	*0.31*	*0.88*	*-0.37*	*-0.21*
	Geschlecht	-0.08	--	*0.0*	*0.06*	*-0.1*	--	--
	Sprache	0.2	-0.01	--	*0.09*	*0.19*	--	--
neu	ISEI	0.3	-0.01	0.1		*0.31*	--	--
	ZPruefung	0.87	-0.08	0.19	0.27	--	--	--
	ZPruef_Klasse	-0.52	--	--	--	--	--	*0.22*
	ISEI_Klasse	-0.13	--	--	--	--	*0.15*	--

Korrelationen < 0.05 sind nicht signifikant ($p < .05$)

Beim alten und neuen Verfahren korrelierten die Noten mit den Prüfungsleistungen sehr hoch. Die Mädchen erhielten bessere Noten als die Knaben, wobei der Zusammenhang gering ist. SuS, welche zu Hause deutsch sprechen, erhielten bessere Noten in Deutsch und Mathematik als jene, bei welchen die Familiensprache nicht mit der Unterrichtssprache übereinstimmte. Dieselben Vorzeichen der Korrelationen waren zwischen Sprache und Prüfungsleistung feststellbar. Höher als das Geschlecht und die Sprache korrelierte der ISEI-Wert mit der Note. Mit einem höheren sozialen Status ging auch eine bessere Benotung einher. In beiden Verfahren zeigen sich negative Korrelationen zwischen der mittleren Klassenleistung bei der Prüfung und der Noten. SuS in leistungsschwächeren Klassen erhielten bessere Noten. Dieser Effekt war beim neuen Verfahren ausgeprägter als beim alten. Mit negativen Vorzeichen korrelierte der mittlere ISEI-Wert der Schulklasse mit der Notenvergabe. Der Effekt, dass SuS in sozial tieferen Klassen bessere Noten erhielten, war beim alten Verfahren etwas ausgeprägter als beim neuen. In beiden Verfahren waren die Korrelationen zwischen der mittleren Klassenleistung und dem mittleren ISEI-Wert positiv.

9.4 Überprüfung der primären und sekundären Herkunftseffekte und des Referenzgruppeneffektes

Die Fragestellungen zwei und drei wurden mit Regressionsanalysen überprüft. Für die Überprüfung der primären und sekundären Herkunftseffekte wurden die Variablen zum ISEI und der Prüfungsleistung sowie zu Persönlichkeitsmerkmalen, dem Geschlecht und der Familiensprache verwendet. Zudem wurde der mittlere ISEI-Wert pro Schulklasse kontrolliert (vgl. Maaz & Nagy, 2010). Ein Referenzgruppeneffekt zeigt sich in negativen Beta-Werten zur abhängigen Variable, der Durchschnittsnote Deutsch/Mathematik. Mit den entsprechenden Berechnungen konnte die dritte Fragestellung, jene nach der Veränderung der sozialen Herkunftseffekte, überprüft werden. Die Tabellen 5a und 5b zeigen je fünf berechnete Regressionsmodelle zu alten (5a) und neuen (5b) Verfahren.

Die Tabellen 5a und 5b zeigen die standardisierten Beta-Werte der Regressionsanalysen auf den Durchschnitt der Deutsch-/Mathematik-Note als Kriteriumsvariable. 5a zeigt die Analysewerte für das alte Verfahren und 5b jene für das neue. Im Modell 1 wurden das Geschlecht, die Unterrichtssprache und der sozioökonomische Status kontrolliert. Diese drei Variablen klärten im alten Verfahren 11% und im neuen Verfahren 12% der Notenvarianz auf. Die Beta-Werte für das Geschlecht, die Familiensprache und den sozioökonomischen Hintergrund sind bei beiden Stichproben signifikant. Mädchen, Kinder mit deutscher Muttersprache und Kinder aus Familien mit höherem sozio-ökonomischem Status erhielten höhere Noten. Im Modell 2 wurde die Prüfungsleistung als zusätzliche Prädiktorvariable ins Regressionsmodell aufgenommen. Dadurch stieg die aufgeklärte Varianz der Noten auf 71% bzw. 69%. Im alten Verfahren wurde dadurch nur noch das Geschlecht signifikant. Im neuen Verfahren gab es keinen Geschlechtsunterschied, jedoch war im Gegensatz zum alten Verfahren der soziale Hintergrund unter Kontrolle der Prüfungsleistung signifikant. Im Modell 3 konnte durch die Kontrolle der durchschnittlichen Klassenleistung der Referenzgruppeneffekt überprüft werden. Dieser konnte in beiden Verfahren nachgewiesen werden. Im neuen Verfahren vergrößerte sich der Beta-Wert bemerkenswert (von β =-.34 auf β = -.51). Unter Kontrolle der mittleren Klassenleistung blieb der signifikante Geschlechtereffekt im alten Verfahren

Tabellen 5a: Regressionsmodelle der Vorhersage des Notendurchschnitts im alten Verfahren

	alt														
	Modell 1			Modell 2			Modell 3			Modell 4			Modell 5		
	B	S.E.	sig.	*B*	S.E.	sig.	*B*	S.E.	sig.	*B*	S.E.	*sig.*	*B*	S.E.	sig.
Geschlecht:0=w, 1=m	-0.202	0.045	0.000	-0.061	0.025	0.016	-0.058	0.023	0.011	-0.058	0.023	0.011	-0.058	0.023	0.01
Spr.: nicht dt. = 0; dt.=1;	0.401	0.073	0.000	0.034	0.038	0.376	0.031	0.035	0.389	0.02	0.036	0.584	0.027	0.036	0.459
ISEI	0.270	0.025	0.000	0.029	0.018	0.096	0.041	0.016	0.009	0.046	0.016	0.004	0.044	0.016	0.006
Prüfungsleistung				0.829	0.012	0.000	0.861	0.009	0.000	0.859	0.009	0.000	0.860	0.009	0.000
Prüf.Leistg aggr. Jahr Kl.							-0.374	0.105	0.000				-0.340	0.111	0.000
ISEI aggr. Klasse										-0.224	0.115	0.051	-0.140	0.116	0.228
R^2-level 1	0.114			0.714			0.775			0.773			0.775		
R^2-level 2							0.140			0.05			0.156		

Tabellen 5b: Regressionsmodelle der Vorhersage des Notendurchschnitts im neuen Verfahren

	neu														
	Modell 1			Modell 2			Modell 3			Modell 4			Modell 5		
	B	S.E.	sig.	*B*	S.E.	sig.	*B*	S.E.	sig.	*B*	S.E.	sig.	*B*	S.E.	sig.
Geschlecht:0=w, 1=m	-0.143	0.050	0.004	-0.019	0.033	0.576	-0.022	0.028	0.432	-0.024	0.029	0.396	-0.022	0.028	0.436
Spr.: dt.=1; nicht dt. = 0	0.441	0.068	0.000	0.089	0.051	0.084	0.075	0.039	0.051	0.058	0.038	0.131	0.073	0.039	0.06
ISEI	0.273	0.026	0.000	0.070	0.017	0.000	0.069	0.013	0.000	0.075	0.014	0.000	0.071	0.014	0.000
Prüfungsleistung				0.801	0.016	0.000	0.849	0.009	0.000	0.846	0.009	0.000	0.848	0.009	0.000
Prüf.Leistg aggr. Jahr Kl.							-0.523	0.078	0.000				-0.514	0.081	0.000
ISEI aggr. Klasse										-0.142	0.115	0.214	-0.054	0.112	0.628
R^2-level 1	0.116			0.689			0.768			0.764			0.768		
R^2-level 2							0.273			0.02			0.276		

bestehen. Ebenso blieb in beiden Verfahren der ISEI-Effekt signifikant. Im neuen Verfahren vergrößerte sich der Beta-Wert (von $\beta = .04$ auf $\beta = .07$). Im Modell 4 wurde der mittlere ISEI-Wert einer Schulklasse als Prädiktor hinzugenommen. Dieser Mittelwert kann als der mittlere sozioökonomische Status einer Klasse interpretiert werden. Im alten Verfahren wurde der Beta-Wert der des auf die Schulklasse aggregierten ISEI-Wertes tendenzmäßig signifikant, nicht aber beim neuen Verfahren. Kontrolliert für den mittleren ISEI-Wert der Schulklasse blieb der individuelle ISEI-Wert in beiden Verfahren signifikant. Im Modell 5 wurden alle festgelegten Prädiktoren simultan geprüft. Hier zeigte sich, dass nur im alten Verfahren der Geschlechtereffekt als signifikante Größe bestehen blieb. Beim neuen Verfahren wurde hingegen der Spracheneffekt signifikant. In beiden Verfahren wurde der ISEI signifikant, was unter Kontrolle von Leistung als sekundärer Herkunftseffekt interpretiert werden kann. Der Referenzgruppeneffekt zeigte sich in beiden Verfahren – im neuen Verfahren war der Beta-Wert beachtenswert höher als im alten Verfahren. Nicht mehr signifikant wurde der Beta-Wert für den auf die Schulklasse aggregierten ISEI-Wert. Die aufgeklärte Varianz der durchschnittlichen Deutsch-/Mathematiknote beträgt bei beiden Verfahren 77%. Die durch die mittlere Klassenstärke, auf der Ebene 2 aufgeklärte Varianz beträgt beim alten Verfahren 14% und beim neuen Verfahren 27% der insgesamt aufgeklärten Varianz.

Um zu untersuchen, ob sich Regressionskoeffizienten in den beiden Verfahren unterscheiden, haben wir jeweils das Modell 5, in welchem alle Regressionskoeffizienten frei geschätzt wurden, verglichen mit einem Modell, in welchem die jeweiligen Regressionskoeffizienten in den beiden Verfahren gleichgesetzt wurden (vgl. Tabelle 5a und 5b). Da es sich um Mehrebenenmodelle handelt, haben wir den Satorra-Bentler skalierten Chi-Quadrat Differenztest gerechnet. Das Alphalevel für die Widerlegung der Nullhypothese haben wir auf p=.20 festgelegt, um die Gefahr existierender Unterschiede (den Betafehler) zu reduzieren. Auf Grund dieser Analysen bestehen für die Regressionskoeffizienten von ISEI und die Prüfungsleistung signifikante Unterschiede zwischen den beiden Verfahren. Diesbezüglich ist anzumerken, dass der ISEI in Modell 5 von β=.04 auf β=.07 ansteigt (p=0.187). Die Prüfungsleistung sinkt von β=.86 auf β=.85 ab. Die kleine Differenz bei der Prüfungsleistung ist hochsignifikant (p=0.011), weil die Standardfehler der Koeffizienten sehr klein sind. Es handelt sich jedoch nicht um eine praktisch bedeutsame Differenz. Umgekehrt steigt der Effekt der Klassenleistung von β=-.34 auf β=-.51. Dieser Unterschied ist zwar statistisch nicht signifikant (p=0.395), scheint hingegen praktisch durchaus beachtenswert.

10. Zusammenfassung und Diskussion

Mit dieser Untersuchung wurde der Frage nachgegangen, ob sich die Notengebung der Lehrpersonen aufgrund einer Systemänderung beim Übertrittsverfahren verändert. Ebenso wurden allfällige Veränderungen der sekundären Herkunftseffekte und des Referenzgruppeneffektes in Bezug auf die Leistungsstärke der Klasse und den mittleren sozioökonomischen Hintergrund der Klasse überprüft.

Die deskriptiven Analysen ergaben keine offensichtlichen Veränderungen der Notengebung. Es scheint, dass die Lehrpersonen die schulischen Leistungen der SuS aufgrund dieser Systemveränderung nicht strenger und auch nicht milder bewertet haben. Bei gleichzeitiger Berücksichtigung des recht starken Referenzgruppeneffektes hat dieses Resultat etwelche Plausibilität: Der Referenzgruppeneffekt verweist auf eine klasseninterne Verteilungsform der Notengebung, die unabhängig von der Leistungsfähigkeit der Klasse vergeben wird. Das würde aber auch bedeuten, dass die Noten mit der Prüfungsleistung nicht sehr hoch korrelieren. Mit .87 und .88 sind diese nicht entsprechend tief, wie sie aufgrund des großen Referenzgruppeneffektes zu erwarten wären. Maaz & Nagy (2010, S. 168) berichteten Korrelationswerte zwischen der Leistung bei standardisierten Schulleistungstests und den Noten von 0.59 – 0.62. Ähnliche Korrelationskoeffizienten zwischen standardisierten Leistungstest-Werten und den Schulnoten von .57 und .64 berichteten Gröhlich & Guill (2009). Für das Deutschfreiburger Verfahren deutet diese hohe Korrelation darauf hin, dass die Lehrerschaft die Leistungsbeurteilung stark auf die curricularen Vorgaben, auf den Lehrplan, ausrichten. Neumann et al. (2010) berichteten eine negative Korrelation zwischen der mittleren Klassenleistung und der Durchschnittsnote der entsprechenden Fächern von -.61, die wesentlich höher liegt als die hier vergleichbaren Korrelationen von -.37 beim alten und -.52 beim neuen Verfahren. Das negative Vorzeichen bedeutet, dass in leistungsschwächeren Klassen bessere Noten vergeben worden sind als in leistungsstärkeren Klassen. Dieser Effekt hat sich mit dem neuen Verfahren verstärkt und zeigt nun ähnliche Werte auf wie Lehmann et al. (2010) berichtet haben.

Die Regressionsanalysen zeigten signifikante Wirkgrößen des Geschlechts, der Familiensprache und des sozialen Hintergrundes auf die Noten. Diese drei Persönlichkeitsmerkmale klärten 11% der Notenvarianz auf. Der Geschlechtereffekt blieb nur unter den alten Verfahren unter Kontrolle der Prüfungsleistung, der mittleren Klassenleistung und der sozialen Klassenlage bestehen. Der historische Rückblick hat gezeigt, dass dieser unerwünschte Effekt vor vierzig Jahren und mehr immer wieder prominent nachgewiesen worden ist. Eine rationale Begründung für sein Verschwinden unter den neuen Verfahren ist nicht auszumachen. Positiv hervorzuheben ist, dass in den Untersuchungsjahren des neuen Verfahrens Mädchen nicht aufgrund ihres Geschlechts bessere Noten erhalten haben als Knaben.

Der Effekt der Fremdsprachigkeit in der Familie zeigte sich für beide Verfahren in der Prüfungsleistung mediiert. Bei vergleichbaren Prüfungsleistungen erhielten die SuS mit deutscher Familiensprache nicht bessere Noten als die fremdsprachigen. Die Regressionsanalysen gaben bezüglich der Fragestellung keine eindeutig schlüssige Antwort auf die Frage, ob sich die Notengebung aufgrund der Verfahrensänderung, d.h. aufgrund ihrer quantifizierten Gewichtung beim Übertrittsverfahren, verändert hat oder nicht. Das Indiz, dass der Geschlechtereffekt beim neuen Verfahren aufgehoben worden ist, kann positiv gewertet werden und müsste genauer untersucht werden.

Eine Hauptfragestellung bezog sich auf den sekundären sozialen Herkunftseffekt (Maaz & Nagy, 2010). Der Effekt des sozioökonomischen Status unter Kontrolle der Prüfungsleistung (vgl. Modell 2) war im neuen Verfahren fast doppelt so hoch wie im alten Verfahren und blieb auch unter Kontrolle der Prüfungsleistung, der mittleren Klassenleistung und des mittleren ISEI-Klassenindexes bestehen (vgl. Modell 5). Der sekundäre Herkunftseffekt blieb unter Kontrolle der mittleren Klassenleistung und des mittleren ISEI der Schulklasse bestehen. Obwohl ein signifikanter Unterschied vom alten zum neuen Verfahren nicht nachgewiesen werden konnte, muss auf die Verstärkung des geringen, aber nicht zu vernachlässigenden Effektes beim neuen Verfahren hingewiesen werden. Aus anderen Untersuchungen (Baumert et al., 2010; Ditton, 2010; 2013) ist bekannt, dass die Elternempfehlung aufgrund der schichtspezifischen Bildungsambitionen den Herkunftseffekt verstärkt. Mit dem neuen Übertrittsverfahren in Deutschfreiburg sind die Elternempfehlung und die Noten zu je 25% quantifiziert in den Zuweisungsentscheid aufgenommen worden. Es kann hier nur spekulativ angenommen werden, dass dieser „geheime Druck" der Eltern auf eine positive Empfehlung sich auch unbewusst auf die Benotung auswirkt. Der sekundäre Herkunftseffekt bei der Notengebung muss wohl als ein der Lehrperson nicht bewusster Wahrnehmungseffekt betrachtet werden.

Eine weitere Hauptfragestellung bezog sich auf den Referenzgruppeneffekt bei der Notengebung. Es muss davon ausgegangen werden, dass dieser besteht (Trautwein & Baeriswyl, 2007; Neumann et al., 2010). Hier wurde eine mögliche Veränderung untersucht, die sich aufgrund der Systemveränderung hätte einstellen können. Der Referenzgruppeneffekt wurde unter Kontrolle der individuellen Prüfungsleistung mittels zusätzlicher Kontrolle der mittleren Klassenleistung gemessen. Die Regressionsmodelle 3 belegten je beim alten und neuen Verfahren einen statistisch bedeutsamen Referenzgruppeneffekt. Bei vergleichbaren Individualleistungen erhielten SuS in leistungsschwächeren Klassen bessere Noten als SuS in leistungsstärkeren Klassen. Seine Ausprägung war beim neuen Verfahren größer als beim alten. Wenn die Veränderung der Beta-Werte von -.34 auf -.51 statistisch nicht als unterschiedlich groß nachgewiesen werden konnte, darf diese Veränderung nicht übersehen werden. Vorsichtig muss dieser Effekt als eine verstärkte Sozialnormorientierung der Leistungsbeurteilung interpretiert werden. Verglichen mit den eingangs dargestellten Bewegungen der Notengebung, würde das eine Ausrichtung auf die von Ingenkamp und teilweise auch von Aebli geforderten Anwendungen der Normalverteilung entsprechen. Der Forderung von Flammer nach einer kriterialen Leistungsstandbeurteilung und den heutigen Ansprüchen entsprechend nach einer kompetenzorientierten Leistungsbeurteilung würde eine solche Entwicklung jedoch zuwider laufen.

Mit dieser Untersuchung konnte kein eindeutiger Nachweis auf eine systembedingte Veränderung der Notengebung vor dem Übertrittsverfahren erbracht werden. Dennoch sind Tendenzen erkennbar, dass sich durch die quantifizierte

Verrechnung der Noten für den Zuweisungsentscheid die Sozialnormorientierung und der sekundäre Herkunftseffekt verstärkt haben. Weitere Untersuchungen unter Berücksichtigung zusätzlicher Variablen wie „teaching to the test"-ähnlichen Vorbereitungsaktivitäten der Lehrpersonen und Qualitätsmerkmale des Unterrichts könnten näheren Aufschluss auf mögliche systembedingte Veränderungen geben. In einer weiteren Studie wäre die genaue Zusammensetzung der Lehrpersonen beim alten und neuen Verfahren zu berücksichtigen.

Literatur

Aebli, H. (1976^9). *Grundformen des Lehrens.* Stuttgart: Klett.

Aebli, H. (1983). *Zwölf Grundformen des Lehrens.* Stuttgart: Klett.

Aebli, H. (1987). *Grundlagen des Lehrens.* Stuttgart: Klett.

Baeriswyl, F. (2013). Verminderung sozialer Ungerechtigkeit bei Schulübergängen – schaffts ein mehrkriteriales Übertrittsverfahren mit standardisiertem Leistungstest? In D. Deissner (Hrsg.), *Chancen bilden. Wege zu einer gerechteren Bildung – ein internationaler Erfahrungsaustausch* (S. 153–168). Wiesbaden: Springer.

Baeriswyl, F., Wandeler, C. & Biewer, C. (2013). Wie gerecht wirkt das Übertrittsverfahren von der Primarschule in die Sekundarstufe I auf die Eltern? In E. Wannack et al. (Hrsg.), *4- bis 12-Jährige. Ihre schulischen und außerschulischen Lern- und Lebenswelten* (S. 87–100). Münster: Waxmann.

Baeriswyl, F. & Kovatsch-Guldimann, V. (2006). Das Kohärenzmodell der schulischen Beurteilung als Ergänzung zu Aeblis Psychologischer Didaktik. In M. Baer et al. (Hrsg.), *Didaktik auf psychologischer Grundlage* (S. 227–239). Bern: H.e.p. Verlag.

Baeriswyl, F., Wandeler, C. & Christ, O. (2008). Die Übertrittsempfehlung – zufällig oder zuverlässig? Analyse der Determinanten und Kohärenz von Lehrerempfehlungen bei Schulübertritten während sieben Jahren. *Schweizerische Zeitschrift für Bildungswissenschaften, 30* (3), 549–578.

Baeriswyl, F., Trautwein, U., Wandeler, C. & Lüdtke, O. (2010). Wie gut prognostizieren subjektive Lehrerempfehlungen und schulische Testleistungen beim Übertritt die Mathematik- und Deutschleistung in der Sekundarstufe I? *Zeitschrift für Erziehungswissenschaften, 12*, 352–372.

Bartnitzky, H. (Hrsg.) (1989). *Umgang mit Zensuren in allen Fächern.* Frankfurt a.M.: Scriptor.

Bartnitzky, H. & Christiani, R. (1987). *Zeugnisschreiben in der Grundschule.* Heinsberg: Agentur Dieck.

Baumert, J., Köller, O. & Schnabel, K. (2000). Schulformen als differentielle Entwicklungsmilieus – eine ungehörige Fragestellung? *Gewerkschaft Erziehung und Wissenschaft GEWS*, 28–68.

Baumert, J., Artelt, C., Klieme, E., Neubrand, M., Prenzel, M., Schiefele, U., Schneider, W., Tillmann, K.-J. & Weiß, M. (Hrsg.) (2002). *PISA 2000: Die Länder der Bundesrepublik Deutschland im Vergleich.* Opladen: Leske + Budrich.

Baumert, J. & Schümer, G. (2002). Familiäre Lebensverhältnisse, Bildungsbeteiligung und Kompetenzerwerb im nationalen Vergleich. In J. Baumert et al. (Hrsg.) (2002), *PISA 2000: Die Länder der Bundesrepublik Deutschland im Vergleich* (S. 159–202). Opladen: Leske + Budrich.

Becker, R. & Schulze, A. (Hrsg.) (2013). *Bildungskontexte, Strukturelle Voraussetzungen und Ursachen ungleicher Bildungschancen.* Wiesbaden: Springer.

Biermann, R. (1976). *Schulische Selektion in der Diskussion.* Bad Heilbrunn: Klinhardt.

Biewer, C., Baeriswyl, F. & Wandeler, C. (2013). Herkunftseffekte und Gerechtigkeitserleben beim Übergang von der Primarschule in die Sekundarstufe I. *Schweizerische Zeitschrift für Bildungswissenschaften, 35* (3), 426–446.

Biewer, C. (2015). *Gerechtigkeitserleben und Ungleichheitserleben in der Schule.* Universität Freiburg/Schweiz; Philosophische Fakultät. Eingereichte Dissertation.

Bohl, T. (2003). Aktuelle Regelungen zur Leistungsbeurteilung und zu Zeugnissen an deutschen Sekundarschulen. Eine vergleichende Studie aller Bundesländer – Darstellung und Diskussion wesentlicher Ergebnisse. *Zeitschrift für Pädagogik, 49* (4), 550–566.

Bourdieu, P & Passeron, J.-C. (1971). *Die Illusion der Chancengleichheit: Untersuchungen zur Soziologie des Bildungswesens am Beispiel Frankreichs.* Stuttgart: Klett.

Deissner, D. (Hrsg.) (2013). *Chancen bilden. Wege zu einer gerechteren Bildung – ein internationaler Erfahrungsaustausch.* Wiesbaden: Springer.

Ditton, H., Krüsken, J. & Schauenberg, M. (2005). Bildungsungleichheit – der Beitrag von Familie und Schule. *Zeitschrift für Erziehungswissenschaft, 8,* 285–304.

Ditton, H. & Krüsken, J. (2010). Bildungslaufbahnen im differenzierten Bildungssystem – Entwicklungsverläufe von Laufbahnempfehlungen und Bildungsaspirationen in der Grundschulzeit. *Zeitschrift für Erziehungswissenschaft, Sonderheft 12,* 2009, S. 74–102.

Ditton, H. (2010). *Selektion, Exklusion im Bildungswesen.* In G. Quenzel & K. Hurrelmann (Hrsg.), *Bildungsverlierer. Neue Ungleichheiten* (S. 53–71). Wiesbaden: VS Verlag.

Ditton, H. (2013). Chancenungleichheit in schulischen Laufbahnen. In D. Deissner (Hrsg.), *Chancen bilden. Wege zu einer gerechteren Bildung – ein internationaler Erfahrungsaustausch* (S. 57–78). Wiesbaden: Springer.

Ehmke, T., Hohensee, F., Heidemeier, H. & Prenzel, M. (2004). Soziale Herkunft. In M. Prenzel et al. (Hrsg.), *PISA 2003: Der Bildungsstand der Jugendlichen in Deutschland. Ergebnisse des zweiten internationalen Vergleichs* (S. 225–254). Münster: Waxmann.

Fend, H. (1974). *Gesellschaftliche Beziehungen schulischer Sozialisation.* Weinheim und Basel: Beltz.

Flammer, A. (1971). Zur Definition der Notenskala. *Schweizerische Zeitschrift für Psychologie, 30,* 204–218.

Flammer, A., Perrig-Chiello, P. & Rüegg, T. (1983). *Zeugnisnoten vor dem Übertritt in die Sekundarstufe. Dokumentation und Vorschläge.* Freiburg/Schweiz: Universitätsverlag.

Ganzeboom, H. B. G., de Graaf, P. M., Treiman, D. J. & de Leeuw, J. (1992). A standard international socio-economic index of occupational status. *Social Science Research, 21,* 1–56.

Ganzeboom, H. B. G. & Treiman, D. J. (2010). *International Stratification and Mobility file: Conversion tools.* Amsterdam: Departement of Social Research Methodology. Donwload http://www.harryganzeboom.nl/ismf/index/htm (Letzter Aufruf am 03.02.2015).

Grunder, H.-U. & Bohl, T. (Hrsg.) (2001). *Neue Formen der Leistungsbeurteilung in der Sekundarstufe I und II.* Baltmannsweiler: Schneider.

Hoffmeister, H. (2007). Möglichkeiten der Binnendifferenzierung bei der Leistungsbeurteilung – Beispiele aus der Praxis. In I. Scholz (Hrsg.), *Der Spagat zwischen Fördern und Fordern. Unterrichten in heterogenen Klassen* (S. 179–204). Göttingen: Vandenhoeck & Ruprecht.

http://soaktuell.ch/Gewerbeverband erwartet grundlegende Überarbeitung des Lehrplans 21. (05.10.2013).

Ingenkamp, K. (1969). *Zur Problematik der Jahrgangsklasse.* Weinheim: Beltz.

Ingenkamp, K. (1971). *Fragwürdigkeit der Zensurengebung.* Weinheim: Beltz.

Ingenkamp, K. (1967). Zur Problematik der Zensurengebung. In R. Biermann (Hrsg.), *Schulische Selektion in der Diskussion* (S. 79–100). Bad Heilbrunn/OBB: Klinkhardt.

Ingenkamp, K. (1981). Forschungsstand und „Restauration" der Zensurengebung. In K. Ingenkamp, *Wert und Wirkung von Beurteilungsverfahren.* Weinheim und Basel: Beltz.

Kleber, E. W. (1992). *Diagnostik in pädagogischen Handlungsfeldern. Einführung in Bewertung, Beurteilung, Diagnose und Evaluation.* Weinheim und München: Juventa.

Klieme, E., Bürgermeister, A., Harks, B., Blum, W., Leiß, D. & Rakoczy, K. (2010). Leistungsbeurteilung und Kompetenzmodellierung im Mathematikunterricht. Projekt Co2CA1. In E. Klieme, D. Leutner & M. Kenk (Hrsg.), *Kompetenzmodellierung. Zwischenbilanz des DFG-Schwerpunktprogramms und Perspektiven des Forschungsansatzes* (S. 64–74). Weinheim; Basel: Beltz.

KMK (Sekretariat der Ständigen Konferenz der Kultusminister der Länder in der Bundesrepublik Deutschland) (2004). *Bildungsstandards für die Lehrerbildung: Bildungswissenschaften.* http://www.kmk.org/fileadmin/veroeffentlichungen_beschluesse/2004/2004_12_16-Standards-Lehrerbildung.pdf (Letzter Aufruf am 13.02.2015).

Maaz, K. & Nagy, G. (2010). Der Übergang von der Grundschule in die weiterführenden Schulen des Sekundarschulsystems: Definition, Spezifikation und Quantifizierung primärer und sekundärer Herkunftseffekte. *Zeitschrift für Erziehungswissenschaft, Sonderheft 12*, 2009, 153–182.

Maaz, K., Baumert, J. & Trautwein, U. (2010). Genese sozialer Ungleichheit im institutionellen Kontext der Schule: Wo entsteht und vergrößert sich soziale Ungerechtigkeit? *Zeitschrift für Erziehungswissenschaft, Sonderheft 12*, 2009, 11–46.

Maaz, K., Baeriswyl, F. & Trautwein, U. (2013). Herkunft zensiert? Leistungsdiagnostik und soziale Ungleichheiten in der Schule. In D. Deissner (Hrsg.), *Chancen bilden* (S. 187–304). Wiesbaden: Springer VS.

Maaz, K., Baumert, J., Gresch, C. & McElvany, N. (Hrsg.) (2010). *Der Übergang von der Grundschule in die weiterführende Schule – Leistungsgerechtigkeit und ethnisch-kulturelle Disparitäten.* Bonn, Berlin: Bundesministerium für Bildung und Forschung. http://www.bmbf.de.

Marsh, H. W. (1987). The big-fish-little-pond effect on academic self-concept. *Journal of Educational Psychology*, *79*, 280–295.

Muthén, L. K. & Muthén, B. O. (1998–2011). *Mplus User's Guide.* Sixth Edition. Los Angeles, CA: Muthén & Muthén.

Neumann, M., Milek, A., Maaz, K. & Gresch, C. (2010). Zum Einfluss der Klassenzusammensetzung auf den Übergang von der Grundschule in die weiterführenden Schulen. In K. Maaz, J. Baumert, C. Gresch & N. McElvany (Hrsg.), *Der Übergang von der Grundschule in die weiterführende Schule* (S. 229–252). Bonn, Berlin: Bundesministerium für Bildung und Forschung.

Quenzel, G. & Hurrelmann, K. (Hrsg.) (2010). *Bildungsverlierer. Neue Ungleichheiten.* Wiesbaden: VS Verlag.

Ramseier, E. & Brühwiler, C. (2003). Herkunft, Leistung und Bildungschancen im gegliederten Bildungssystem. Vertiefte PISA-Analyse unter Einbezug der kognitiven Grundfähigkeiten. *Schweizerische Zeitschrift für Bildungswissenschaften*, 25 (1), 23–58.

Rheinberg, F. (2001). Bezugsnormen und schulische Beurteilung. In F. E. Weinert (Hrsg.), *Leistungsmessungen in Schulen* (S. 59–72). Weinheim und Basel: Beltz.

Sacher, W. & Winter, F. (Hrsg.) (2011). *Diagnose und Beurteilung von Schülerleistungen.* Baltmannsweiler: Schneider.

Schwark, W., Weiss, W. & Regelein, S. (1986). *Beurteilen und Benoten in der Grundschule.* München: Ehrenwirth.

Stamm, M. (2010). Frühkindliche Bildung und Betreuung: Fakten, Widersprüche und offene Fragen. *Frühförderung interdisziplinär, 29* (4), 147–153.

Tent, L. (1969). *Die Auslese von Schülern für weiterführende Schulen.* Göttingen: Hogrefe.

Stritzke, R., Harles, M. & Wenzel, K. (1982). *Schüler kennen und beurteilen.* Donauwörth: Auer.

Trautwein, U. & Baeriswyl, F. (2007). Wenn leistungsstarke Klassenkameraden ein Nachteil sind. Referenzgruppeneffekte bei Übertrittsentscheidungen. *Zeitschrift für Pädagogische Psychologie, 21* (2), 119–133.

Universität Freiburg/Schweiz (undatiert). *Kompetenzenprofil.* Zentrum für Lehrerinnen- und Lehrerbildung Lehrdiplom für Maturitätsschulen (LDM) Universität Freiburg (Schweiz). http://www.unifr.ch/lb/web/assets/files/s2/Kompetenzenprofil_LDM.pdf. (Letzter Aufruf am 13.02.2015).

von Saldern, M. (2011). *Schulleistung 2.0. Von der Note zum Kompetenzraster.* Norderstedt: Books on Demand.

Winter, F. (2011). Aufgaben und Perspektiven einer reformierten Leistungsbeurteilung. In W. Sacher & F. Winter (Hrsg.), *Diagnose und Beurteilung von Schülerleistungen* (S. 197–216). Baltmannsweiler: Schneider.

Ziegenspeck, J. W. (1978). Zensur und Zeugnis. In K. J. Klauer (Hrsg.), *Handbuch der Pädagogischen Diagnostik* (S. 621–632). Düsseldorf: Schwann.

Kurt Reusser, Rita Stebler und Debbie Mandel

Heterogene Lerngruppen unterrichten – maßgeschneiderte Angebote für kompetenzorientiertes Lernen

Zusammenfassung

In der didaktischen und unterrichtspraktischen Literatur ist das Thema Unterricht in heterogenen Lerngruppen stark präsent. Unter Leitbegriffen wie Individualisierung, Differenzierung, adaptiver Unterricht oder Personalisierung werden didaktische Architekturen für kompetenzorientiertes Lernen für Schüler/innen mit sehr unterschiedlichen Voraussetzungsprofilen entwickelt und erprobt. Katalysatoren für entsprechende Unterrichtsreformen sind in der Schweiz die Einführung der Integrativen Volksschule und der damit verbundene Einstellungswandel gegenüber dem Umgang mit einer sehr heterogen gewordenen Schülerschaft. Bei der Umsetzung der Integrativen Schulform im Rahmen des neuen Volksschulgesetzes im Kanton Zürich (2005) wurden in 18 Schulen Fallstudien und eine Online-Befragung der Lehrpersonen durchgeführt. Aus dieser Studie werden ausgewählte Befunde zum Unterricht in heterogenen Lerngruppen im Übergang zur integrativen Schulform im Kanton Zürich dargestellt. Davon ausgehend werden Schlussfolgerungen für die Unterrichtsentwicklung und die Lehrerbildung gezogen.

1. Heterogene Lerngruppen als Regelfall im Bildungssystem

Heterogenität ist eine schulpädagogische Tatsache und seit langem ein „Dauerbrenner" (Tillmann, 2014) der pädagogischen Diskussion. Sobald Schüler[1] in Gruppen unterrichtet werden, zeigen sich interindividuelle Unterschiede. Viele Merkmale sind dabei leistungsrelevant und fordern die Unterrichtsgestaltung heraus. Dazu gehören Intelligenz, Vorwissen, Begabung, Muttersprache, Motivation, Sozialverhalten, Selbststeuerung oder soziokultureller Hintergrund (vgl. z.B. Baumert, Stanat & Watermann, 2006). Heterogene Lerngruppen sind eine zentrale Herausforderung für die Volksschule, soll diese doch möglichst allen Schülern jene Kenntnisse, Fertigkeiten und Haltungen, welche die Grundlage für die berufliche Ausbildung, für den Besuch weiterführender Schulen und für das lebenslange Lernen darstellen, vermitteln. Damit die Volksschule ihren Erziehungs- und Bildungsauftrag erfüllen kann, wurde über Jahrzehnte hinweg auf Homogenisierung durch Selektion und Separation gesetzt. Es wurden Jahrgangsklassen gebildet, Schultypen geschaffen,

---

1 Die Bezeichnung Schüler wird im vorliegenden Text für Mädchen und Jungen verwendet.

Niveaugruppen eingerichtet, Regelungen zum Wiederholen oder Überspringen von Klassenstufen erlassen sowie Stütz- und Förderangebote entwickelt.

> Wenn Unterricht auf die Mittelköpfe, den imaginären Durchschnitt kalkuliert und kalibriert werden soll, dann ist es durchaus sinnvoll, die Abweichungen von diesem Durchschnitt möglichst gering zu halten: Je geringer die Abweichungen, desto weniger über- bzw. unterfordert müssten all diejenigen sein, die vom Durchschnitt abweichen. [...] Und plausibel werden so dann all die Massnahmen, mit denen man im [...] Schulsystem Lerngruppen in Bezug auf die Lernvoraussetzungen der SchülerInnen möglichst weitgehend zu homogenisieren versucht (Wischer, 2007, S. 422).

Solche Maßnahmen zur Herstellung homogener bzw. heterogenitätsreduzierter Lerngruppen hatten auch in der Schweiz nur bedingt Erfolg (Kronig, 2007): Rund 42% der Schulklassen sind kulturell sehr heterogen[2]. Die Altersspanne in den Jahrgangsklassen ist weit (vgl. Moser, Keller & Tresch, 2003). Die Leistungsschere öffnet sich in der Volksschulzeit (vgl. Moser, Buff, Angelone & Hollenweger, 2011). Zwischen den Schulabteilungen bestehen große Leistungsüberschneidungen (vgl. Moser & Angelone, 2011). Am Ende der obligatorischen Schulzeit hat einer von fünf Jugendlichen jene Kenntnisse und Fähigkeiten nicht erworben, „die für eine volle Teilnahme an der Wissensgesellschaft unerlässlich sind“ (Moser, 2008, S. 6). Die „homogene Lerngruppe ist und bleibt eine Fiktion“ (Tillmann, 2004, S. 6). Separation oder Exklusion garantieren nicht jedem Kind die bestmögliche Bildung. In der Schweiz und international gilt die der Illusion der Homogenität folgende Separationsstrategie der Schule mittlerweile als gescheitert.

Heute geht der Trend in eine andere Richtung. Kinder unterschiedlicher Begabungen und Herkünfte sollen gemeinsam unterrichtet werden. Die *Salamanca-Erklärung* (vgl. UNESCO, 1994), das Bildungsgesetz *No Child Left Behind* (US Congress, 2001) und die *Behindertenrechtskonvention* der UNO (2006) fordern für alle Menschen eine gleichberechtigte Teilhabe an den Bildungsgütern der Gesellschaft. „Schulen [sollen] alle Kinder, unabhängig von ihren physischen, intellektuellen, sozialen, emotionalen, sprachlichen oder anderen Fähigkeiten aufnehmen [...]. Das soll behinderte und begabte Kinder einschließen, Kinder von entlegenen oder nomadischen Völkern, von sprachlichen, kulturellen oder ethnischen Minoritäten sowie Kinder von anders benachteiligten Randgruppen oder -gebieten“ (UNESCO, 1994, Einleitung Punkt 3). Die Umsetzung dieser Vereinbarungen erfordert ein inklusives Bildungssystem. Das Ziel ist „integrative Bildung, die niemanden ausschließt, jeden mitnimmt und keinen zurücklässt“ (Oelkers, 2011, S. 1). Auch in den Schweizer Kantonen werden (oder sind) die gesetzlichen Grundlagen dafür geschaffen (worden). Das neue Volksschulgesetz des Kantons Zürich (7. Februar

---

2 http://www.bfs.admin.ch/bfs/portal/de/index/themen/15/17/blank/01.indicator.403201.4023.html?open=1#1 [12.03.2015].

2005)[3] beispielsweise bestimmt, dass auch Schüler mit besonderen pädagogischen Bedürfnissen „wenn möglich in Regelklassen unterrichtet" werden (§ 33). Unter diesen Vorzeichen gelten heterogene Lerngruppen als Normalfall. Die Orientierung des Unterrichts am Durchschnittsschüler muss schulischen Lernkulturen weichen, welche Verschiedenheit als Ressource nutzen oder zumindest möglichst produktiv mit ihr umgehen. Gefragt sind eine Pädagogik der Vielfalt (Prengel, 2006) und nicht ausgrenzende didaktische Konzepte für maßgeschneidertes Lernen (Sebba et al., 2007). Was die Auswirkungen des gemeinsamen Unterrichts auf die Leistungsentwicklung angeht, spricht Tillmann (2014) von einer „durchwachsenen Befundlage" (S. 43). Die Leistungsentwicklung für nichtbeeinträchtigte und beeinträchtigte Kinder ist dann deutlich oder tendenziell im positiven Bereich, wenn der Unterricht „hinreichend differenziert verläuft" und nicht zu viele „leistungsschwache und sozial belastete Kinder" in derselben Lerngruppe zusammengefasst werden (ebd.). Ob integrativer Unterricht gelingt, hängt jedoch nicht allein von Schülermerkmalen, sondern auch von den Einstellungen und integrationsbezogenen Unterrichtserfahrungen der Lehrpersonen und von Ressourcenfragen ab (vgl. Moser Opitz, 2011). Das heißt, Widersprüche und Dilemmata – z.B. zwischen effektiver Förderung des Einzelnen und gemeinsamem Unterricht – bleiben bestehen.

Verschärft wird der Problemdruck zudem dadurch, dass zur Qualitätssicherung fortan nicht mehr allein schulinterne Maßstäbe und Referenzrahmen, sondern kompetenzorientierte Bildungsstandards dienen. „Bildungsstandards arbeiten in klarer und konzentrierter Form heraus, worauf es in unserem Schulsystem ankommt" (Oelkers & Reusser, 2008, S. 44). Sie orientieren sich an Bildungszielen, „denen schulisches Lernen folgen soll, und konkretisieren diese in Form von Kompetenzanforderungen, mit denen festgelegt wird, über welche Kompetenzen die Schülerinnen verfügen müssen, wenn wichtige Ziele der Schule als erreicht gelten sollen" (Ditton, 2007, S. 41). Die von der EDK (2011)[4] veröffentlichten ersten Nationalen Bildungsstandards (HarmoS-Konkordat)[5] beschreiben die Grundkompetenzen, welche Schweizer Kinder und Jugendliche in Schulsprache, Fremdsprachen, Mathematik und Naturwissenschaften bis zum Ende des 4., 8. und 11. Schuljahres erwerben sollen. Die Grundkompetenzen sind als Zielvorgaben in den Lehrplan 21 eingearbeitet. Sie gelten erst dann als erfüllt, wenn der Schüler die damit verbundenen Wissens- und Könnensstrukturen in einem hinreichenden Grad von Qualität erworben hat und auch nutzen kann (Deutschschweizer Lehrplan 21, 2015). Ziel der unterrichtspraktischen Umsetzung der kompetenzorientierten Lehrplanvorgaben ist es, weniger *reproduktives*, *träges* und oftmals *isoliertes* Faktenwissen zu vermitteln, dafür vermehrt den Erwerb von in unterschiedlichen Kontexten anwendbarem, auf Verständnis von Begriffen und Zusammenhängen basierendes Handlungs- und Problemlösewissen anzuregen. Durch differenzierende Unterrichtsangebote, adaptive

---

3 http://www2.zhlex.zh.ch/appl/zhlex_r.nsf/0/13EF955B1682B079C12573B50025B2CC/$file/412.100_7.2.05_59.pdf [12.03.2015].

4 http://www.edk.ch/dyn/12930.php [12.03.2015]

5 http://www.edk.ch/dyn/12220.php [12.03.2015]

Formen der Instruktion und der fachlichen und prozessorientierten Lernunterstützung soll den Unterschieden in heterogenen Lerngruppen dabei so gut wie möglich Rechnung getragen werden. Individuelle Lernwege sollen ermöglicht und zielgerichtet begleitet werden, damit möglichst alle Schüler Lernfortschritte machen können. Damit eröffnet sich ein Spannungsfeld zwischen dem pädagogischen Auftrag des proaktiven Umgangs mit Heterogenität unter der Leitidee der Inklusion einerseits und dem Auftrag der Erreichung von Bildungsstandards unter der Leitidee gesellschaftlicher Aufgabenerfüllung und Rechenschaftslegung andererseits. Zum einen soll die Verschiedenheit der Lernenden zur pädagogisch genutzten Normalität werden, zum anderen sollen alle Schüler überprüfbare Grundkompetenzen (Basis- bzw. Regelstandards oder wie es im neuen Schweizer Lehrplan 21 heißt: Grundansprüche) erreichen. Aus einer empirischen Sicht muss dazu gesagt werden, dass wir nicht wirklich gut genug wissen, ob und wie die beiden Ansprüche im Lichte verfügbarer Ressourcen und Ausbildungsvoraussetzungen zusammengehen: jedem Schüler das seinen Voraussetzungen gemäße „Seine“ zukommen zu lassen und gleichzeitig mit allen die „Grundkompetenzen“ zu erreichen.

2. Didaktische Konzepte für heterogene Lerngruppen

Seit der Reformpädagogik des ausgehenden 19. Jahrhunderts, welche von den zentralen Motiven „unbedingte Kindzentriertheit“, „spielerisches Lernen“ oder „Selbsttätigkeit“ angetrieben wurde (Oelkers, 2004), sind zahlreiche didaktische Konzepte für Unterricht in heterogenen Lerngruppen entwickelt und erprobt worden. Sie werden in der Fachliteratur unter Bezeichnungen wie Offener Unterricht, Individuelle Lernförderung, Adaptiver Unterricht, Selbstgesteuertes Lernen, Altersdurchmischtes Lernen, Kompetenzorientierter Unterricht oder Innere Differenzierung erörtert (Bohl, Batzel & Richey, 2011). Klafki und Stöcker (1976) beispielsweise nehmen in ihrem viel beachteten Aufsatz „Innere Differenzierung des Unterrichts“ explizit Bezug auf die Reformpädagogik. Sie verstehen unter Innerer Differenzierung „alle jene Differenzierungsformen, die innerhalb einer gemeinsam unterrichteten Klasse oder Lerngruppe vorgenommen werden“ (ebd., S. 497) und plädieren in diesem Kontext für eine „mehrdimensional angelegte Unterrichtsgestaltung“ (ebd., S. 503). Als Umsetzungshilfe stellen sie ein Dimensionen- und Kriterienraster mit den klassischen Unterrichtsphasen (Aufgabenstellung, Erarbeitung, Festigung und Anwendung) als Dimension A, sechs Differenzierungsaspekten mit Blick auf die Schüler (Stoffumfang/Zeitaufwand, Komplexitätsgrad, Anzahl der notwendigen Durchgänge, Notwendigkeit direkter Hilfe/Grad der Selbständigkeit, Art der inhaltlichen oder methodischen Zugänge/Vorerfahrungen und Kooperationsfähigkeit) als Dimension B und drei Aneignungs- bzw. Handlungsebenen (konkrete vs. explizit sprachliche vs. rein gedankliche Aneignungs- bzw. Handlungsebene) bereit. Zudem weisen sie auf eine scheinbar banale, häufig aber nicht ausreichend berücksichtigte Voraussetzung hin: „Schüler müssen für einen im Sinn Innerer Differenzierung durchgeführten Unterricht die entsprechenden Arbeitsverfahren oder Arbeitstechniken erlernen. Deshalb empfiehlt es sich, den Aufbau eines binnendifferenzierten Unterrichts behutsam vorzunehmen" (ebd., S. 506).

In der Schweiz wurde Innere Differenzierung seit den 1980er-Jahren vor allem unter dem Etikett ELF-*Erweiterte Lernformen* praktiziert. Das Kürzel ELF geht auf ein Schulentwicklungsprojekt der Nordwestschweizerischen Erziehungsdirektorenkonferenz zurück (vgl. Croci, Imgrüth, Landwehr & Spring, 1995). In etwa 80 kantons- und stufenübergreifenden Teilprojekten versuchten damals rund 1.200 Lehrpersonen auf freiwilliger Basis, „Lernformen zu entwickeln und zu erproben, welche unterschiedliche Schülerinnen und Schüler je spezifisch fordern und fördern, Selbsttätigkeit und Selbständigkeit besser ermöglichen, gleichzeitig aber auf Teamfähigkeit hin angelegt sind" (ebd., Editorial). In der Zwischenzeit hat sich ELF als Bezeichnung für einen gemäßigten Reformansatz etabliert, der den geführten Unterricht nicht ersetzen, sondern im Hinblick auf vier hauptsächliche Zielsetzungen ergänzen will: (1) Förderung der Selbststeuerung durch die Lernenden, (2) Erhöhung der Adaptivität des Unterrichts, (3) Förderung der Lernstrategien (das Lernen lernen) und (4) hohe Eigenaktivität der Lernenden bei der Auseinandersetzung mit den Inhalten (Pauli, Reusser & Grob, 2010).

Eine Weiterführung ist das didaktische Konzept der Lernlandschaft[6] (LELA), in dem die Methoden aus dem ELF-Repertoire zu einer Lernkultur mit hoher innerer Differenzierung und gleichzeitig individueller Verbindlichkeit weiterentwickelt werden (Bratzel, 2013). Das Konzept Lernlandschaft bezeichnet eine Lernumgebung, in der bewährte Unterrichtsformen einerseits und individualisiertes und kooperatives Lernen im Lernatelier bzw. der Lernlandschaft andererseits kombiniert werden. Zu einer Lernlandschaft gehören häufig drei Klassen. Es werden Leistungszüge und/oder Jahrgangsstufen zusammengelegt. Der Lektionen-Takt wird aufgebrochen. Schulzimmer werden umgestaltet (infrastruktureller Aspekt), und jeder Schüler gestaltet darin seinen Arbeitsplatz. Die Unterrichtszeit ist in bedarfsorientierte Inputphasen, Plenumsphasen im Groß- oder Stammklassenverband und Phasen des Lernens im Atelier bzw. der Lernlandschaft gegliedert. Bei der Arbeit mit Lernlandschaften werden individuelle Unterschiede von vornherein berücksichtigt. Die Schüler arbeiten mit niveaudifferenzierten Kompetenzrastern, Lernwegelisten und Lernschrittaufgaben. Sie setzen diese Instrumente beim personalisierten Lernen und bedürfnisorientierten Erarbeiten der Lernziele in der Lernlandschaft ein, wobei sie von Lernbegleitern und Lerncoaches unterstützt werden (ebd.).

Im englischen Sprachraum wird die Frage, wie bzw. unter welchen Bedingungen jeder Schüler zu einem autonomen, motivierten und kompetenten Lernenden wird, zu einer Person also, die sich durch lebenslanges Lernen den Veränderungen des Arbeitsmarktes und der Gesellschaft möglichst gut anpassen kann, unter dem Etikett *Personalisiertes Lernen* erörtert. „Personalization refers to instruction that is paced to learning needs, tailored to learning preferences, and tailored to the

6 Eine Google-Suche zum Thema „Lernlandschaft" führt zu zahlreichen Schulen im deutschen Sprachraum, die mit dem Konzept in unterschiedlichen Varianten teils schon lange arbeiten.

specific interests of different learners. In an environment that is fully personalized, the learning objectives and content as well as the method and pace may all vary (so personalization encompasses differentiation and individualization) (USDOE, 2010, S. 12). Im Kern geht es um individuelle Passung, um Lernangebote, die sich an den individuellen Bedürfnissen, Interessen, Begabungen und Zielen der Schüler orientieren und dadurch allen Lernenden ermöglichen, ihr Potenzial zu verwirklichen. Personalisierte Lernkonzepte können und sollen einen wichtigen Beitrag zur Chancengerechtigkeit leisten. Als didaktisches Konzept führt Personalisiertes Lernen über Differenzierung und Individualisierung hinaus. Bei der unterrichtspraktischen Umsetzung hingegen werden ähnliche Methoden orchestriert, wobei die ICT eine zentrale Rolle spielt (Bray & McClaskey, 2015; RAND Corporation, 2014).

3. Qualitätsmerkmale für Unterricht in heterogenen Lerngruppen

Kompetenzorientierter Unterricht in heterogenen Lerngruppen erfordert differenzierende Angebote für individualisiertes Lernen (Reusser & Stebler, 2012). Entscheidend ist dabei, dass die Differenzierungen nicht nur auf der Ebene der lernorganisatorischen *Oberflächenstruktur* des Unterrichts (Orchestrierung von Inszenierungs- und Unterstützungsformen) erfolgen, sondern auch die Ebene der *Tiefenstruktur* und damit die Qualität der Lern- und Interaktionsprozesse der Schüler einschließen. So entfaltet Planarbeit beispielsweise ihr Potenzial erst, wenn die Lernziele, Aufgaben und Inhalte sowie die Lernbegleitung und die Unterstützung durch die Lehrperson auf die Voraussetzungen und die Entwicklungsziele der einzelnen Schüler abgestimmt und das Lern- und Arbeitsverhalten zur wirksamen Nutzung des differenzierten Angebots systematisch kultiviert werden. Generell gilt, dass es keine inklusionsspezifische Unterrichtsqualität gibt, sondern (binnen-)differenzierter Unterricht denselben Qualitätsansprüchen wie jeder ‚gute Unterricht' genügen muss. Diese lassen sich anhand der Denkfigur des Didaktischen Dreiecks (Reusser, 2011) verorten. Die drei Seiten erlauben es, die grundlegenden, fächerübergreifenden Qualitätskulturen des Unterrichtsgeschehens abzubilden: 1. Die Ziel- und Stoffkultur (bildungsinhaltliche Dimension), 2. die Wissens- und Lernkultur (Inszenierung und Prozesse des Lernens) und 3. die Beziehungs- und Unterstützungskultur (Partizipations- und Interaktionsstrukturen, Beziehungs- und Kommunikationsgestaltung). Die drei Kulturen konstituieren das didaktische Entscheidungs- und Handlungsfeld von Lehrpersonen. Sie definieren in ihrer Gesamtheit, was man heute in der Unterrichtsforschung unter *gutem und lernwirksamem Unterricht* versteht. Den Kanten des Dreiecks (Abbildung 1) können die in der forschungsbasierten Literatur beschriebenen (zum Teil mit langjährigem Erfahrungswissen korrespondierenden) Qualitätsmerkmale des Unterrichts zugeordnet werden. Die Merkmale lassen sich auch für die Beschreibung von binnendifferenzierten Lehr-Lernarrangements für heterogene Lerngruppen heranziehen. In der

Fortsetzung wird hier exemplarisch nur auf *ein* hinsichtlich der Gestaltung eines kompetenzorientierten und gleichzeitig heterogenitätssensiblen Unterrichts besonders wichtiges Qualitätsmerkmal eingegangen, nämlich auf Aufgaben als Träger von Lerngelegenheiten und Lernprozessen im kompetenzorientierten Unterricht mit heterogenen Lerngruppen (Reusser, 2014).

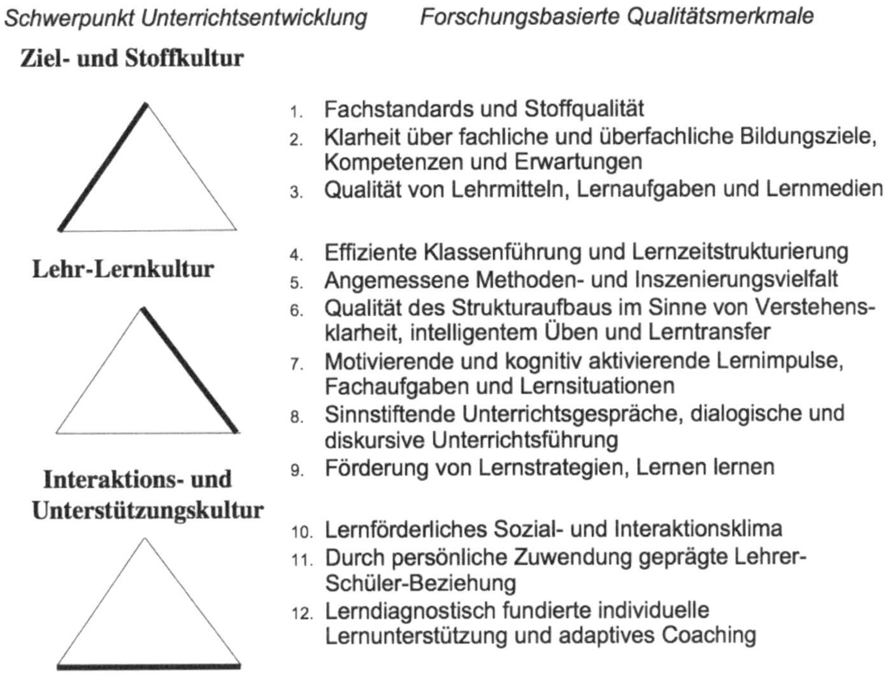

Schwerpunkt Unterrichtsentwicklung
Forschungsbasierte Qualitätsmerkmale
Ziel- und Stoffkultur
1. Fachstandards und Stoffqualität
2. Klarheit über fachliche und überfachliche Bildungsziele, Kompetenzen und Erwartungen
3. Qualität von Lehrmitteln, Lernaufgaben und Lernmedien
Lehr-Lernkultur
4. Effiziente Klassenführung und Lernzeitstrukturierung
5. Angemessene Methoden- und Inszenierungsvielfalt
6. Qualität des Strukturaufbaus im Sinne von Verstehensklarheit, intelligentem Üben und Lerntransfer
7. Motivierende und kognitiv aktivierende Lernimpulse, Fachaufgaben und Lernsituationen
8. Sinnstiftende Unterrichtsgespräche, dialogische und diskursive Unterrichtsführung
9. Förderung von Lernstrategien, Lernen lernen
Interaktions- und Unterstützungskultur
10. Lernförderliches Sozial- und Interaktionsklima
11. Durch persönliche Zuwendung geprägte Lehrer-Schüler-Beziehung
12. Lerndiagnostisch fundierte individuelle Lernunterstützung und adaptives Coaching

Abbildung 1: Forschungsbasierte Qualitätsmerkmale von Unterricht (Reusser, 2011, S. 71)

Fachbedeutsame und methodisch durchdachte Aufgaben und Lernaufträge – als Einstiegs-, Vertiefungs-, Übungs-, Anwendungs- und Prüfungsaufgaben – stellen das Rückgrat eines aktivierenden, Schüler mit unterschiedlichen Voraussetzungsprofilen ansprechenden Unterrichts dar. Aufgaben materialisieren jene Wissens- und Denkstrukturen und lenken den Blick auf jene Begriffe und Zusammenhänge, um die es in einem Fach geht. Bei didaktisch intelligenter Inszenierung stimulieren gute Aufgaben jene geistigen Prozesse, durch die sich erwünschte fachliche und überfachliche Kompetenzen entwickeln können. Für die Unterrichtsplanung bedeutet dies, Stoffe und Inhalte so auszuwählen und als Lerngelegenheiten in Passung zu den Schülervoraussetzungen prozesshaft zu gestalten, dass strukturiertes, bewegliches, vernetztes, anwendungsfähiges Wissen und Können erworben und erwünschte Kompetenzziele erreicht werden. Lehrpersonen sollen nicht bloß fragen, ob sie den Stoff „durchgebracht" haben, sondern ob die Schüler das angestrebte Wissen und Können auch tatsächlich in einer erwünschten Ergebnisqualität erworben haben. Dies erfordert nebst (fach-)didaktischer Analyse und Diagnostik ein variables

Methodenrepertoire (Niggli, 2013) und darauf abgestimmte Formen einer individualisierenden Lernunterstützung.

Unterricht in heterogenen Lerngruppen stellt in jedem Fall hohe Anforderungen. „Es ist [für die Lehrperson] keine triviale Aufgabe, die Fähigkeiten aller Kinder und Jugendlichen zu erkennen und deren Entwicklung zu unterstützen", indem sie attraktive, inhaltlich bedeutsame, kognitiv und motivational anregende, auf unterschiedlichem Niveau lösbare Lernaufgaben anbietet „und die Lernenden gemäss ihren Voraussetzungen und Bedürfnissen adaptiv unterstützt" (Reusser, 2011, S. 82). Häufig wird Unterricht deshalb im Verbund von Regel- und Speziallehrpersonen durchgeführt, *die gemeinsam ein multiprofessionelles Team bilden.* Das traditionelle Rollenbild der Lehrpersonen wird durch diese Konzeption entscheidend erweitert: Neben den klassischen Aufgaben der Stoffvermittlung gewinnen Funktionen wie Diagnostizieren von Lernständen, individuelle Lernunterstützung, Lernberatung und kollegiale Kooperation und Teamarbeit an Bedeutung. Es gibt in der Forschungsliteratur Belege dafür, dass insbesondere unterrichtsbezogene (der Lernunterstützung von Schülern direkt zu Gute kommende) Kooperation die Belastung von Lehrkräften reduziert, dass sich erfolgreiche Schulen durch ein hohes Maß an unterrichtsbezogenem Austausch auszeichnen und die Lehrpersonen eher Unterrichtsentwicklung betreiben (Fussangel & Gräsel, 2014). Unter Effizienzgesichtspunkten ist es angezeigt, dass sich elaborierte Formen der Kooperation auf relativ konstante Kernteams beschränken, so dass Absprachen niederschwellig funktionieren und die Flexibilität für spontane Planänderungen im Dienst einer adaptiven Unterrichtsgestaltung gewährleistet bleibt. Für die Schüler können überschaubare und konstante Kernteams zum Aufbau starker Lernbeziehungen beitragen.

4. Unterricht in heterogenen Lerngruppen aus der Sicht der Lehrpersonen

Nicht nur Schülermerkmale sind für gelingenden Unterricht in heterogenen Lerngruppen essenziell, sondern auch die Kompetenzvoraussetzungen und Einstellungen der Lehrpersonen sowie die Kontextbedingungen, unter denen diese arbeiten. Dies soll nachfolgend anhand ausgewählter Ergebnisse einer Heterogenitätsstudie aus dem Kanton Zürich erörtert werden (Reusser, Stebler, Mandel & Eckstein, 2013). Die Volksschule im Kanton Zürich ist im Umbruch, organisatorisch (von der verwalteten zur geleiteten Schule), strukturell (von der äußeren zur inneren Differenzierung), pädagogisch (vom Einzelkämpfer zum pädagogischen Team) und didaktisch (von der Orientierung am Durchschnittsschüler zur individuellen Lernförderung). Spätestens seit der Annahme des neuen Volksschulgesetzes (2005) und des darin enthaltenen Integrationsauftrags hat die Umgangsform „Anpassung des Unterrichts an die (lernrelevanten) Unterschiede zwischen den Lernenden und gezielte Förderung der einzelnen Lernenden" an Bedeutung gewonnen.

Vor diesem Hintergrund wurde im ersten Halbjahr 2010 eine empirische Untersuchung an 18 Volksschulen durchgeführt. Je ein Drittel dieser Schulen war zum Erhebungszeitpunkt bei der Umsetzung der integrativen Schulform weit fortgeschritten, auf dem Weg oder in der Startphase. Die Stichprobe repräsentiert somit die Übergangssituation bei der Implementation des neuen Volksschulgesetzes. Die Untersuchung beinhaltete Fallstudien und eine Online-Befragung. Für die Fallstudien wurden in sechs Schulen der Stichprobe (je zweimal weit fortgeschritten, auf dem Weg, in der Startphase) Leitfadeninterviews mit der Schulleitung sowie mit je einer Gruppe von Regel- und von Speziallehrpersonen geführt. Somit liegen pro Schule Daten von drei Interviews vor. Die Interviews wurden transkribiert und inhaltsanalytisch ausgewertet. Die Ergebnisse wurden unter Einbezug von Schuldokumenten zu Fallbeschreibungen verdichtet. Zum Schluss wurden Gemeinsamkeiten und Unterschiede der Fälle herausgearbeitet. Nach den Interviews wurde in allen 18 Schulen eine Online-Befragung der Lehrpersonen durchgeführt. Daraus resultierten 386 (fast) vollständige Datensätze (Regellehrpersonen: 287, Speziallehrpersonen: 64, Lehrpersonen mit beiden Funktionen: 35), was einem Rücklauf von 63% entspricht. In der Fortsetzung werden ausgewählte Hauptbefunde aus den Ergebnissen der beiden Datenerhebungen zusammenfassend dargestellt. Alle Instrumente der Befragung sowie eine ausführliche Ergebnisdokumentation der Studie finden sich im online zugänglichen Hauptbericht der Zürcher Heterogenitätsstudie.[7]

Das neue Volksschulgesetz des Kantons Zürich wird begrüßt. Das Umsetzungstempo ist jedoch (zu) hoch. Die Mehrheit der befragten Lehrpersonen beurteilt das neue Volksschulgesetz positiv. Besonders begrüßt werden die neuen Verbindlichkeiten. So fühlen sich die Lehrpersonen beispielsweise durch die gesetzliche Regelung der Zusammenarbeit mit den Eltern in ihrer Position gestärkt. Problematisch ist das hohe Umsetzungstempo. Schulen, die bereits vor der Einführung des neuen Volksschulgesetzes intensiv Schul- und Unterrichtsentwicklung betrieben haben, sind in einer vorteilhaften Situation. Sie können die Erträge ihrer bisherigen Arbeit in den strukturellen Rahmen des neuen Volksschulgesetzes stellen und die Reformen unter neuen Vorzeichen weiterführen. Schulen ohne solide Vorleistungen hingegen stoßen an Belastungsgrenzen. Sie müssen gleichzeitig auf zu vielen Baustellen Entwicklungsarbeit leisten. Aus Zeitgründen können sie manche Entscheidungen weder sorgfältig vorbereiten noch eingehend beraten. Schlecht abgestützte Beschlüsse können zu Spannungen im Kollegium und zu Kündigungen führen. Um allfällige Schäden zu vermeiden, stellen sich manche Schulleitungen schützend vor ihr Team. Sie verzichten auf eine fristgerechte Umsetzung der Reformziele, vertagen obligatorische Weiterbildungen oder schalten Reformpausen ein. Die Lehrpersonen fordern längere Umsetzungsfristen, ausreichende Ressourcen und eine Revision ihres Berufsauftrages sowie mehr Mitsprache und größere Handlungsspielräume in der Umsetzungsphase.

---

7 Vgl. http://www.zh.ch/internet/bildungsdirektion/de/unsere_direktion/veroeffentlichungen1.html (Reusser, Stebler, Mandel & Eckstein, 2013)

Die integrative Schulform wird grundsätzlich positiv, die Umsetzung unter den gegebenen Umständen hingegen kritisch beurteilt. Eine große Mehrheit der Lehrpersonen befürwortet den Integrationsauftrag des neuen Volksschulgesetzes (vgl. Abb. 2). Sie hält Integration für ein grundsätzlich wünschbares und unter optimalen Voraussetzungen realisierbares Konzept. Unter den gegebenen Umständen hingegen ist Integration nur für zwei von fünf Lehrpersonen machbar. Die genannten Vorbehalte sind vorwiegend struktureller Art (z.B. knappe zeitliche, personelle und materielle Ressourcen, ungenügende Anzahl Förderlektionen), zumal sich 83%[8] der Lehrpersonen kompetent fühlen, heterogene Lerngruppen zu unterrichten. Einer vertiefenden Datenanalyse zufolge lässt sich „der Integrationsoptimismus der Lehrpersonen vor allem durch eine *Erweiterte Didaktische Unterrichtspraxis* sowie die *Quote verhaltensauffälliger Schülerinnen und Schüler pro Klasse* vorhersagen" (Eckstein, Reusser, Stebler & Mandel, 2013, S. 91).

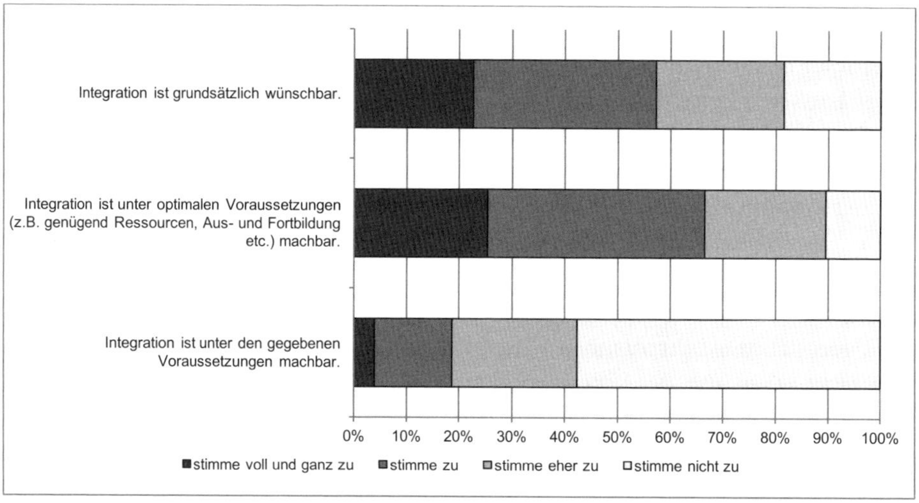

Abbildung 2: Angaben der Lehrpersonen (n=382) zur Wünschbarkeit und Machbarkeit der integrativen Schulform; für die Abbildung wurden die Abstufungen „stimme eher nicht zu", „stimme nicht zu" und „stimme überhaupt nicht zu" zur Rubrik „stimme nicht zu" zusammengefasst.

Die Lehrpersonen beurteilen den Nutzen der integrativen Schulform für den einzelnen Schüler eher skeptisch. Die Integration von Schülern mit besonderen pädagogischen Bedürfnissen wird von den meisten Lehrpersonen (65%) einerseits als (eher) bereichernd für die *Regelklasse* angesehen, andererseits gibt es Befürchtungen (56%), dass diese eine optimale Förderung aller Schüler verhindern könnte. Den Lehrpersonen zufolge profitieren primär die leistungsschwächsten Schüler (55%) und diejenigen mit unzureichenden Deutschkenntnissen (49%) von der integrativen Schulform. Die leistungsstarken Schüler hätten den geringsten Nutzen (22%). Schüler mit

8 Die Prozentzahlen repräsentieren jeweils den Anteil der zustimmenden Antworten, wobei je nach Item die zwei (4-stufige Likertskala) oder drei (6-stufige Likertskala) Werte der positiven Antwortkategorien zusammengefasst werden.

besonderen pädagogischen Bedürfnissen erhalten den Angaben vieler Lehrpersonen (61%) zufolge durch die Integration in Regelklassen mehr Entwicklungsanreize als in Sonderschulen bzw. in besonderen Klassen. Sie sollten jedoch (auch im neuen Setting) besser von Sonder- und Heilpädagogen als von Regellehrpersonen unterrichtet werden (66%). Nicht in jedem Fall sei Integration die beste Lösung. Die Lehrpersonen möchten zum Wohle der betreffenden Schüler sowie der Regelklassen die Option Sonderschulung nicht missen.

Das Unterrichten ist durch die integrative Schulform aufwändiger und anspruchsvoller geworden. Die integrative Schulform bringt aus der Sicht der meisten Lehrpersonen (95%) wesentliche Herausforderungen für die Unterrichtsführung mit sich. Zu den Ursachen gehören Unterschiede im Sozial- (84%) oder Lernverhalten (82%) der Schüler, unterschiedliche Leistungsstände (83%), Motivationslagen (77%) oder Deutschkenntnisse (76%) sowie in geringerer Ausprägung die unterschiedlichen kulturellen Hintergründe der Schüler (56%). Die integrative Schulform führt den meisten Lehrpersonen (91%) zufolge zu einer deutlichen Veränderung der Lernkultur und macht es für viele (69%) schwieriger, die Lehrplanziele zu erreichen. Drei von vier Lehrpersonen (75%) brauchen länger für die Unterrichtsvorbereitung und zwei von drei Lehrpersonen (66%) setzen im Unterricht mehr Zeit für individuelle Förderung ein. Knapp die Hälfte der Lehrpersonen (48%) ist der Auffassung, dass die Unterrichtsqualität unter der integrativen Schulform leidet.

Die Lehrpersonen differenzieren die Lernangebote und betreiben individuelle Förderung. Viele Lehrpersonen (59%) haben durch den Unterricht mit heterogenen Lerngruppen ihre Methodenvielfalt erweitert. Sie kombinieren geführten und offenen Unterricht (ELF) mit Phasen für selbstständiges und dialogisch-kooperatives Lernen. Die Gewichtung dieser Zugänge variiert stark zwischen den Schulen, den Klassen und den Lehrpersonen. Mehrere Schulen machen gute Erfahrungen mit jahrgangs- und/oder niveaudurchmischten Lerngruppen. Verbreitet ist innere Differenzierung in Form von Planarbeit mit individuellem Lerncoaching.

> Und wir erstellen eigentlich für jedes Kind diesen Wochenplan am Ende der vorhergehenden Woche. Schauen, dass es verschiedene Sachen drauf hat: Also, Zugang über Computer, über Gruppenarbeiten. Es hat auch immer Bewegungsaufgaben drauf. Und die Aufgabe ist in verschiedenen Niveaus, zum gleichen Thema. Und dann können wir jedem Kind das geben, das es eben braucht, oder das es gerne macht. Oder die, welche /halt/ oft zu zappelig sind, dass dann die viele Aufgaben bekommen, die mit Bewegung zu tun haben. Und umgekehrt: die, welche gerne alleine arbeiten und gerne über etwas brüten, die dürfen dann /halt/ ihre Arbeitsblätter machen, bei denen sie wirklich knobeln können. (RLp_FS3_15:55-8)

Schüler mit besonderen pädagogischen Bedürfnissen werden etwa zu gleichen Zeitanteilen innerhalb oder außerhalb der Lerngruppe (d.h. räumlich separierte Einzel- oder Gruppenförderung) unterrichtet.

> Also, bei mir entscheidet es wirklich das Kind. Wenn ich eins habe, das wirklich eine Aufmerksamkeitsstörung hat, nehme ich das gerne heraus. Und dann hat es einfach mal seine Ruhe und ist mal ein bisschen isoliert und kann sich dann besser fokussieren. Oder eben, wenn ich eine Abklärung mache, dann nehme ich es auch sicher heraus. Integrativ arbeite ich gerne, einfach um mal die Situation auch zu beobachten: Wie fügt sich das Kind in die Klasse ein? Hat es Freunde? Wie ist seine Arbeitshaltung im Klassenverband? Und die Gruppe nehme ich meistens, wenn ich so ein bisschen Gleiche, mit den gleichen Schwächen habe, und so ein bisschen von verschiedenen Klassen, diese zusammennehme, um ein bisschen Ressourcen zu sparen. (SLp_FS2_19:07-6)

Die meisten Lehrpersonen (88%) berichten, dass sie die individuellen Lernstände der Schüler kennen. Sie planen den Unterricht auf die Vielfalt der Schüler hin und machen inhaltlich differenzierte Lernangebote (vgl. Abb. 3). Sie stimmen das Anspruchsniveau der Inhalte auf die individuellen Voraussetzungen der Schüler ab und halten Zusatzmaterialien für besonders leistungsstarke bzw. -schwache Schüler bereit. In manchen Sekundarschulen werden die individuellen Lernstände auch mit dem Stellwerk-Test erfasst. Im Lernatelier und/oder bei der Planarbeit erhalten

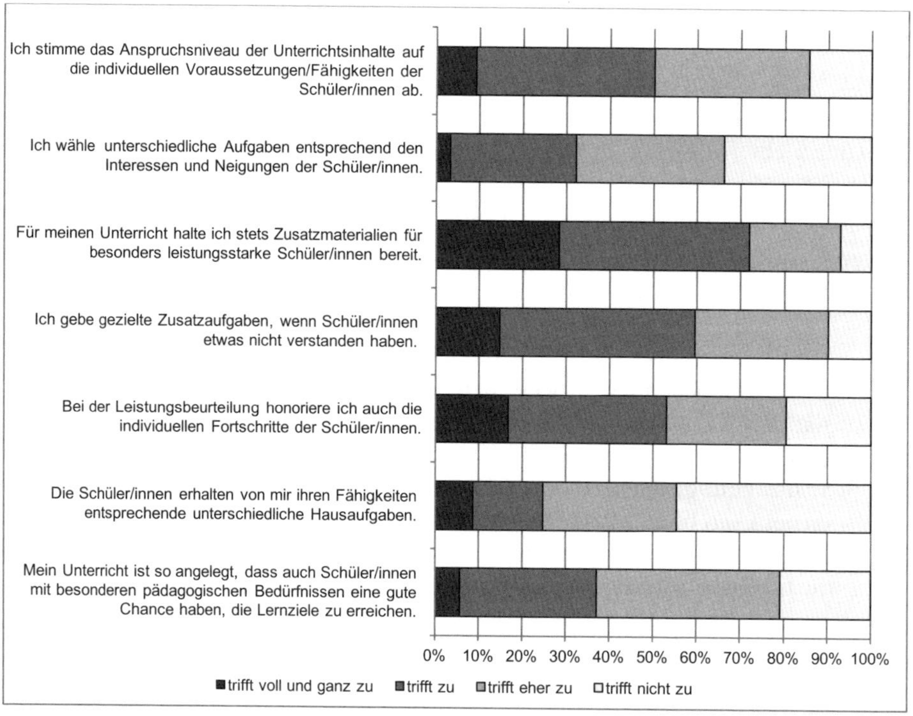

Abbildung 3: Angaben der Regellehrpersonen (ohne Kindergarten) zu differenzierten Angeboten in ihrem Unterricht (n = 242 bis 252); für die Abbildung wurden die Abstufungen „trifft eher nicht zu", „trifft nicht zu" und „trifft überhaupt nicht zu" zur Rubrik „trifft nicht zu" zusammengefasst.

die Schüler dann Lernangebote, die auf ihre Stärken-Schwächen-Profile abgestimmt sind. Dabei bestimmt die Qualität der eingereichten Aufgabenlösungen das Anspruchsniveau der Folgeaufgaben. Viele Lehrpersonen eröffnen den Schülern Wahlfreiheiten bezüglich Lern- und Arbeitshilfen (80%), Aufgaben und Themen (68%), manche auch bezüglich der Sozialformen in Schülerarbeitsphasen (51%). In den Schülerarbeitsphasen nutzen mehr Lehrpersonen die Zeit zur Unterstützung der schwächeren Schüler (95%) als zur Unterstützung der stärkeren Schüler (63%). Vier von fünf Lehrpersonen (83%) sind (eher) überzeugt, dass es ihnen gelingt, auch Schüler mit besonderen Bedürfnissen in ihrem Unterricht angemessen zu fördern.

Als virulentes Problem entpuppen sich die *Lehrmittel*. Aus der Sicht der Lehrpersonen eignen sich viele Pflichtlehrmittel nur bedingt für Unterricht in heterogenen Lerngruppen. Sie differenzieren vor allem im unteren Leistungsbereich zu wenig. Schwache Schüler wie auch solche mit individuellen Lernzielen oder beschränkten Kenntnissen der Schulsprache sind mit Lehrmitteln ohne Niveaudifferenzierung überfordert. Dazu kommt, dass vor allem ältere Lehrmittel für geführten Klassenunterricht konzipiert wurden und sich nur sehr begrenzt für eigenständiges Lernen eignen.

> Das Geschichtsbuch kann ich nicht brauchen mit der B-Klasse. Wenn ich denen sage: „Lest diesen Text." Jedes zweite Wort verstehen sie nicht. Also, das heisst für mich, ich muss alles neu schreiben. […] Das Mathebuch kommt neu heraus. […] Es hat geheissen, ich könne das brauchen. Es ist viel zu viel Stoff. […] Sie können diese Aufgaben nicht alleine lösen. (RLp_FS5_22:04-5)

Für Unterricht in heterogenen Lerngruppen werden Lehrmittel mit vielen selbsterklärenden Problemstellungen, leicht verständlichen Arbeitsanleitungen und integrierten Lernkontrollen gefordert.

Die Zusammenarbeit der Lehrpersonen hat zugenommen und ist produktiver geworden. Die meisten Lehrpersonen (71%) geben an, dass sie seit der Einführung der integrativen Schulform häufiger mit anderen Regel- und Speziallehrpersonen zusammenarbeiten. Aus der Sicht zahlreicher Lehrpersonen (57%) ist die Zusammenarbeit auch produktiver geworden. Die eingerichteten Kooperationsgefäße und vor allem die periodischen Sitzungen der pädagogischen Teams scheinen sich zu bewähren. Die meisten Lehrpersonen empfinden den unterrichtsbezogenen Austausch, die Koordination von Inhalten und die arbeitsteilige Zusammenarbeit als sehr hilfreich. Als Entlastung wird auch die kollegiale Beratung und Unterstützung bei Problemen erlebt. Es wird jedoch auch auf Belastungen hingewiesen. Besonders Lehrpersonen, die an mehreren Klassen, in mehreren Schulhäusern und/oder teilzeitlich unterrichten, können nicht beliebig viele Besprechungstermine wahrnehmen. Für produktive Zusammenarbeit braucht es aus der Sicht der Lehrpersonen überschaubare Teams und bezahlte Arbeitszeit. Es müssen stabile Beziehungen,

Vertrauensverhältnisse und Gesprächskulturen entwickelt werden. Dies geschieht nicht von selbst und nicht nebenbei.

Erfolgsbedingungen für Unterricht in heterogenen Lerngruppen. Bei den Fallstudien zur integrativen Schulform im Kanton Zürich zeigte sich, dass drei der sechs Schulen eine solide Unterrichtspraxis mit heterogenen Lerngruppen haben. Die betreffenden Schulen

- betreiben seit rund 10 Jahren intensiv Unterrichts- und Schulentwicklung,
- wurden durch situative Faktoren (u.a. drohende Schulschließung, Probleme mit Sonderschule, neue Schulanlage) zu Reformen angestoßen,
- haben (unter teilweiser Ausweitung der gesetzlichen Rahmenbedingungen) maßgeschneiderte Lösungen entwickelt,
- sind in Schulanlagen untergebracht, die für innovativen Unterricht konzipiert oder angepasst wurden,
- haben relativ stabile, „bereinigte", erfahrene, belastbare und via zahlreiche Weiterbildungen qualifizierte Teams,
- haben Schulleitungen, die mit ihren Teams Strategien entwickeln und bei der Umsetzung Spielraum gewähren,
- beziehen die Erziehungsberechtigten in die Schul- und Unterrichtsentwicklung ein,
- kombinieren verschiedene Arten von Lerngruppen (u.a. jahrgangsgebunden, jahrgangsübergreifend, niveaubezogen-klassenübergreifend),
- haben den Lektionen-Takt aufgebrochen,
- kombinieren geführten und offenen Unterricht,
- praktizieren erweiterte Beurteilungsformen,
- haben pädagogische Teams (u.a. Klassen, Parallelklassen, Stufen), deren Mitglieder intensiv, regelmäßig, in festen Zeitfenstern und mit geklärten Rollen zusammenarbeiten,
- verbinden Unterricht und außerschulische Betreuung,
- erhalten von den Schulgemeinden finanzielle Zuschüsse (u.a. Weiterbildungen, Projekte, Materialien),
- pflegen Austausch mit andern Schulen und/oder sind in Schulnetzwerke eingebunden.

5. Lehrpersonen für Unterricht in heterogenen Lerngruppen qualifizieren

An der Qualität professionell gestalteter Lernangebote bemisst sich die Wirkungskraft von Schule und Unterricht. Was folgt unter diesen Vorzeichen und mit Fokus „Integrative Schulform" bzw. „Integrative Volksschule" aus den bisherigen Ausführungen für die Qualifizierung von Lehrpersonen für Unterricht in heterogenen Lerngruppen? Im Schlussteil werden mit Schwerpunkt Lehrperson vier Thesen formuliert. Auf ebenfalls wichtige Rahmenbedingungen, Governance und schulstrukturelle Aspekte wird dabei aus Raumgründen nicht näher eingegangen.[9]

1) Unterricht als Bildungsaufgabe muss die zentrale Referenzgröße aller Reformbemühungen darstellen, auf die sich die Aus- und Weiterbildung von Lehrpersonen und die Bemühungen um die Weiterentwicklung der Schule einstellen sollten.

Um in heterogenen Klassen bzw. Lerngruppen alle Schüler chancengerecht zu fördern, steht die Weiterentwicklung des Unterrichts mit den damit verbundenen Anstrengungen in der Aus- und Weiterbildung von Lehrpersonen an vorderster Stelle. Dass es sich bei der Fokussierung auf die Unterrichtsebene nicht um eine völlige Neuausrichtung handelt, zeigen die Anstrengungen und die erzielten Fortschritte der vergangenen Jahre. In der Volksschule ist das Formenspektrum des Unterrichts deutlich breiter geworden, indem immer mehr Schulen neue Formen der Unterrichtsorganisation, des individualisierten Lernens und der Lernunterstützung eingeführt haben. Diese notwendigen Entwicklungen sind nicht ohne Auswirkungen auf ein erweitertes Verständnis der Rolle von Lehrpersonen hinsichtlich Lernunterstützung der Schüler und der Lehrpersonenkooperation. Die Volksschule hat erkannt, dass sie sich auf der Unterrichtsebene erneuern muss, will sie den Herausforderungen einer pluralistisch zusammengesetzten Schülerschaft und den Erwartungen der Erziehungsberechtigten gerecht werden. Diese Entwicklungen müssen in Zukunft noch verstärkt und deutlich weitergehen. Damit sind nicht nur die einzelnen Schulen, sondern auch die Aus- und Weiterbildung von Lehrpersonen herausgefordert.

2) Zentral für die Weiterentwicklung von Unterricht in didaktischer Hinsicht ist eine Öffnung in der Gestaltung von Lernumgebungen in Richtung größerer Differenzierung, was neue Formen einer vermehrt personalisierten und schüleradaptiven, kompetenzorientierten Lernunterstützung durch multiprofessionelle Teams, die kooperativ zusammenarbeiten, einschließen muss.

An der Differenzierung des Unterrichtsangebots führt kein Weg vorbei. Das geht nicht ohne die Entwicklung damit verbundener erweiterter Kompetenzen der Unterrichtsplanung und -gestaltung, der pädagogischen Diagnostik, der Lernunterstützung und der Lehrpersonenkooperation. Die wohl anspruchsvollste Entwicklungsaufgabe der Schule auf der Unterrichtsebene besteht darin, Unterricht auf der Grundlage der sehr unterschiedlichen individuellen Lernvoraussetzungen in einer Weise zu gestalten, die es erlaubt, dass nicht alle Schüler immer am gleichen Stoff und an den gleichen Kompetenzzielen arbeiten, auch Risikogruppen nicht zurückfallen – und dabei auch die Grundkompetenzen, die von allen Lernenden erreicht werden sollen, nicht aus dem Blick zu verlieren.

Die Unterrichtsangebote müssen möglichst gut auf die Nutzungsfähigkeiten der Schüler und auf deren Kompetenzentwicklung abgestimmt werden. Dazu sind neben kognitiv-aktivierenden Lernangeboten und darauf bezogenen Formen der

---

9 Für entsprechende Informationen vgl. http://www.zh.ch/internet/bildungsdirektion/de/unsere_direktion/veroeffentlichungen1.html (Reusser, Stebler, Mandel & Eckstein, 2013)

adaptiven Instruktion und Lernunterstützung auch strukturelle Rahmenbedingungen erforderlich, die eine individualisierte Unterrichtsgestaltung ermöglichen. Unterricht ist sodann nur dann wirksam, wenn er eine hohe Qualität des individuellen Schülerlernens erreicht. Strukturelle und lernorganisatorisch-methodische Maßnahmen der inneren Differenzierung (erweitertes Inszenierungs- und Formenspektrum des Unterrichts; Umbau von Klassenräumen zu Lernlandschaften) reichen allein nicht aus bzw. entfalten ihre Wirksamkeit nur, wenn deren Potenziale auch tatsächlich die Interaktions- und Lernebene der Schüler, mithin die Tiefenqualitäten des Lernens erreichen. Unterrichtsentwicklung mit Fokus auf die Tiefenstrukturen des Lernens und des fachlichen und überfachlichen Kompetenzerwerbs brauchen sehr viel Zeit, Weiterbildung und Unterstützung. Dies alles sollte den Schulen zugestanden werden.

3) *Die schulspezifische Flexibilität und Autonomie bei der Bildung von Klassen und Lerngruppen und bei der Organisation individueller Fördermaßnahmen sollte erhöht werden. Eine möglichst durchgängige Doppelbesetzung von Klassen ist anzustreben.*

Schule und Unterricht sind stark geprägt von festen Lerngruppen, räumlichen Strukturen und zeitlichen Vorgaben. Für maßgeschneiderte Lernangebote in heterogenen Lerngruppen müssen diese Rahmenbedingungen gelockert werden. Schulen brauchen Gestaltungsfreiheiten bei der Bildung von Lerngruppen, der Rhythmisierung der Unterrichtszeit und der Nutzung der Räume in den Schulanlagen. Diesbezügliche Entscheidungen tangieren den gesamten Schulbetrieb. Sie müssen auf der Ebene der Stufen- oder Schulteams getroffen werden können. Die verbindlichen strukturellen (u.a. Jahrgangsklassen, Niveaugruppen) und curricularen (u.a. Stundentafeln, jahrgangsspezifische bzw. verbindliche Lehrmittel) Vorgaben sowie die Räumlichkeiten in den Schulanlagen erschweren es den Lehrpersonen und den einzelnen Schulen, die Bildung von Lerngruppen zu flexibilisieren, d.h. neben Stammgruppen auch klassen-, jahrgangs-, niveau- und/oder stufenübergreifende bzw. -durchmischte Lerngruppen zu bilden. Die Schulen brauchen (gesetzliche) Rahmenbedingungen mit größeren Spielräumen zur Entwicklung schulspezifischer Lösungen, die hinsichtlich der Kombination von individueller Lernförderung, Gemeinschaftsbildung und Organisation von Schule ein Optimum bieten. Gleichzeitig braucht es Instrumente zur Sicherung der Unterrichtsqualität und der Zielerreichung der einzelnen Schüler.

4) *Die integrative Volksschule braucht aus- und weitergebildete Lehrkräfte. Die Aus- und Weiterbildung von Lehrpersonen soll dabei thematisch auf die Aufgaben eines produktiven pädagogisch-psychologischen, förderdiagnostischen und (fach-)didaktischen Umgangs mit heterogenen Lerngruppen abgestimmt werden. Zu hinterfragen ist das Nebeneinander bzw. die getrennte Ausbildung von Regellehrpersonen und sonderpädagogischen Lehrkräften.*

Die Kompetenzanforderungen an die Lehrpersonen, integrativ-fördernd zu unterrichten, sind hoch. Die Lehrpersonen müssen für den Unterricht in heterogenen Lerngruppen gewappnet sein und daher adäquat aus- und weitergebildet werden. Dieser Leistungsauftrag geht an die (Heil-)Pädagogischen Hochschulen. Bedarf besteht unter anderem bei folgenden Themen:

- fachdidaktische Aufgabenkultur und -bearbeitung, Entwicklung schüleradaptiver Aufgaben und die Fähigkeit zu ihrer fachdidaktischen und förderdiagnostischen Analyse,
- Noten- und Beurteilungsproblematik vor dem Hintergrund von Kriterien- und Kompetenzorientierung,
- strukturelle Maßnahmen und Verfahren zur Erhöhung der schülerbezogenen Unterstützungsintensität (Betreuungszeit pro Kind),
- Kompetenzen/Handlungsformen des fachlichen, lernmethodischen und sozio-emotionalen Scaffolding bzw. Lerncoaching der Schüler,
- Aufbau strukturierter und gleichzeitig offener personalisierter Unterrichtsarchitekturen (z.B. Planarbeitsstrukturen oder weitere Konzepte personalisierten und kooperativen Lernens),
- Kooperationsformen des Schülerlernens und andere Helfer-Systeme,
- Einführung von Lerngruppen oder Klassen in selbstständiges Arbeiten (z.B. Aufbau lernmethodischer und sozialer Kompetenzen wie Gruppenarbeit, Protokolle schreiben, problemorientiert recherchieren etc.),
- binnendifferenzierte Nutzung von (bestehenden oder neuen) Lehrmitteln,
- Ausgestaltung und Gelingensformen von jahrgangsdurchmischtem Lernen,
- allgemein und fachdidaktisch ausgerichtete Mediennutzung (inkl. Lernportale für Schüler),
- für die Regellehrkräfte, die ebenfalls Aufgaben der integrierten Förderung leistungsschwacher Kinder übernehmen: Aufbau grundlegender Kompetenzen im Bereich Sonderpädagogik,
- für alle Lehrkräfte, die mit lernschwachen Schülern arbeiten (inklusive schulische Heilpädagogen): Aufbau von Kompetenzen in der Analyse von Lernschwierigkeiten aus fachlich-fachdidaktischer Sicht.

Die Fort- und Weiterbildung sollte auch von den Formaten her auf die Bedürfnisse der Lehrerschaft abgestimmt werden. Situierten und problemorientierten Lernformaten ist gegenüber traditionell akademischen, überwiegend theoretisch orientierten Formaten der Vorzug zu geben. Studien zur Wirksamkeit von Lehrerfortbildungen zeigen sehr deutlich, dass bedeutsame Lernfortschritte und Kompetenzzuwächse in Fortbildungen vor allem dann auftreten, wenn deren Formate situiert, entwicklungsorientiert und zielgerichtet auf Praxisverwertbarkeit angelegt sind.

Im Zuge von gesellschaftlichen Veränderungen, Kompetenzorientierung und Integrativer Schulform haben in den vergangenen Jahren viele Schulen in der Schweiz innovative Konzepte für Unterricht in heterogenen Lerngruppen entwickelt. Sie richten ihre Aufmerksamkeit verstärkt auf den einzelnen Schüler und machen ihm maßgeschneiderte Angebote für zielerreichendes Lernen. Sie unterrichten in erneuerten didaktischen Architekturen nach personalisierten Lernkonzepten. Die aktuell laufende perLen-Längsschnittstudie (Personalisierte Lernkonzepte in heterogenen Lerngruppen; www.perlen.uzh.ch) soll dazu beitragen, den Unterricht in heterogenen Lerngruppen, die Anforderungen für alle Beteiligten sowie die fachlichen und überfachlichen Lernerträge noch differenzierter zu beschreiben.

Literatur

Bratzel, H.-M. (Hrsg.) (2013). *Individualisiertes Lernen mit Kompetenzrastern in der Sekundarstufe I. Eine praxisorientierte Handreichung.* Braunschweig: Bildungshaus Schulbuchverlage.

Baumert, J., Stanat, P. & Watermann, R. (Hrsg.) (2006). *Herkunftsbedingte Disparitäten im Bildungswesen: Differenzielle Bildungsprozesse und Probleme der Verteilungsgerechtigkeit. Vertiefende Analysen im Rahmen von PISA 2000.* Wiesbaden: VS Verlag für Sozialwissenschaften.

Bohl, T., Batzel, A. & Richey, P. (2011). Öffnung – Differenzierung – Individualisierung – Adaptivität. Charakteristika, didaktische Implikationen und Forschungsbefunde verwandter Unterrichtskonzepte zum Umgang mit Heterogenität. *Schulpädagogik heute, 2* (4), 1–23.

Bray, B. & McClaskey, K. (2015). *Make Learning Personal. The What, Who, WOW, Where, and Why.* Thousand Oaks, CA: Corwin.

Croci, A., Imgrüth, P., Landwehr, N. & Spring, K. (1995). *ELF: Ein Projekt macht Schule: Magazin zum Thema erweiterte Lernformen.* Aargau u.a.: NW EDK.

Deutschschweizer Erziehungsdirektoren-Konferenz (2015). *Lehrplan 21.* Luzern: D-EDK Geschäftsstelle (verfügbar unter: www.lehrplan.ch).

Ditton, H. (2007). Erwartungen verdeutlichen und Ergebnisse sichern. Was wissen wir über Kompetenzorientierung. *Pädagogik, 9,* 40–51.

Eckstein, B., Reusser, K., Stebler, R. & Mandel, D. (2013). Umsetzung der integrativen Volksschule – Was Lehrpersonen optimistisch macht: Eine Analyse der Überzeugungen von Klassenlehrpersonen im Kanton Zürich. *Schweizerische Zeitschrift für Bildungsforschung, 35* (1), 91–112.

Fussangel, K. & Gräsel, C. (2014). Forschung zur Kooperation im Lehrerberuf. In E. Terhart, H. Bennewitz & M. Rothland (Hrsg.), *Handbuch der Forschung zum Lehrerberu*f (2. überarbeitete und erweiterte Auflage) (S. 846–864). Münster: Waxmann.

Klafki, W. & Stöcker, H. (1976). Innere Differenzierung des Unterrichts. *Zeitschrift für Pädagogik, 22* (4), 497–523.

Kronig, W. (2007). *Die systematische Zufälligkeit des Bildungserfolgs. Theoretische Erklärungen und empirische Untersuchungen zu Lernentwicklung und Leistungsbewertung von leistungsschwachen Schülerinnen und Schülern.* Bern: Haupt.

Moser Opitz, E. (2011). „Integrative Schulung". In L. Criblez, B. Müller & J. Oelkers (Hrsg.), *Die Volksschule zwischen Innovationsdruck und Reformkritik* (S. 140–150). Zürich: Verlag Neue Zürcher Zeitung.

Moser, U. (2008). *Schulsystemvergleich: Gelingensbedingungen für gute Schulleistungen. Expertise über die Bedeutung von Schulmodellen der Sekunderarstufe I für die*

Entwicklung der Schulleistungen. Zuhanden der Bildungsdirektion des Kantons Zürich. Zürich: Universität Zürich, Institut für Bildungsevaluation.

Moser, U. & Angelone, D. (2011). *PISA 2009. Porträt des Kantons Zürich.* Zürich: Institut für Bildungsevaluation (IBE), Assoziiertes Institut der Universität Zürich.

Moser, U., Buff, A., Angelone, D. & Hollenweger, J. (2011). *Nach sechs Jahren Primarschule. Deutsch, Mathematik und motivational-emotionales Befinden am Ende der 6. Klasse.* Zürich: Bildungsdirektion des Kantons Zürich.

Moser, U., Keller, F. & Tresch, S. (2003). *Schullaufbahn und Leistung: Bildungsverlauf und Lernerfolg von Zürcher Schülerinnen und Schülern am Ende der 3. Volksschulklasse.* Bern: h.e.p-Verlag.

Niggli, A. (2013). *Didaktische Inszenierung binnendifferenzierter Lernumgebungen.* Theorie, Empirie, Konzepte, Praxis. Bad Heilbrunn: Verlag Julius Klinkhardt.

Oelkers, J. (2011). Inklusion als Leitlinie des öffentlichen Bildungssystems: Vortrag auf dem Fachkongress „All inklusiv?!" am 21. September 2011 in Rostock.

Oelkers, J. (2004). Reformpädagogik. In D. Benner (Hrsg.), *Historisches Wörterbuch der Pädagogik* (S. 783–806). Weinheim: Beltz.

Oelkers, J. & Reusser, K. (2008). *Qualität entwickeln – Standards sichern – mit Differenz umgehen.* Bonn / Berlin: Bundesministerium für Bildung und Forschung.

Pauli, C., Reusser, K. & Grob, U. (2010). Reformorientierter Mathematikunterricht in der Deutschschweiz. In K. Reusser, C. Pauli & M. Waldis (Hrsg.), *Unterrichtsgestaltung und Unterrichtsqualität – Ergebnisse einer internationalen und schweizerischen Videostudie zum Mathematikunterricht* (S. 309–340). Münster: Waxmann.

RAND Corporation (2014). *Early Progress. Interrim Research on Personalized Learning.* Verfügbar unter http://collegeready.gatesfoundation.org/sites/default/files/Early%20Progress%20on%20Personalized%20Learning%20-%2größull%20Report_0.pdf [12.03.2015].

Reusser, K. (2011). Unterricht und Klassenführung. In L. Criblez, B. Müller & J. Oelkers (Hrsg.), *Die Volksschule zwischen Innovationsdruck und Reformkritik* (S. 68–83). Zürich: Neue Zürcher Zeitung NZZ Libro.

Reusser, K. (2014). Aufgaben – Träger von Lerngelegenheiten und Lernprozessen im kompetenzorientierten Unterricht. *Seminar*, *4*/2014, 77–101.

Reusser, K. & Stebler, R. (2012). Differenzierende Unterrichtsangebote für individualisiertes Lernen. *ZLV-Magazin, 5/12,* 6–9.

Reusser, K., Stebler, R., Mandel, D. & Eckstein, B. (2013). *Erfolgreicher Unterricht in heterogenen Lerngruppen auf der Volksschulstufe des Kantons Zürich.* Wissenschaftlicher Bericht zuhanden der Bildungsdirektion des Kantons Zürich.

Prengel, A. (2006). *Pädagogik der Vielfalt: Verschiedenheit und Gleichberechtigung in Interkultureller, Feministischer und Integrativer Pädagogik* (3. Aufl.). Wiesbaden: VS Verlag für Sozialwissenschaften.

Sebba, J., Brown, N., Steward, S., Galton, M. & James, M. (2007). *An Investigation of Personalised Learning. Approaches used by Schools.* Reserach Report No. 843. University of Sussex. Department for Education and Skills.

Tillmann, K.-J. (2004). System jagt Fiktion. Die homogene Lerngruppe. *Friedrich-Jahresheft*, *22*, 6–9.

Tillmann, K.-J. (2014). Heterogenität – ein schulpädagogischer „Dauerbrenner". *Pädagogik*, *Heft 11*, 38–45.

UNESCO (1994). *Die Salamanca Erklärung und der Aktionsrahmen zur Pädagogik für besondere Bedürfnisse: angenommen von der Weltkonferenz „Pädagogik für be-*

sondere Bedürfnisse: Zugang und Qualität" Salamanca, Spanien, 7.–10. Juni 1994. Verfügbar unter: http://www.unesco.de/fileadmin/medien/Dokumente/Bibliothek/salamanca-erklaerung.pdf [12.03.2015].

UNO (2006). *Convention on the Rights of Persons with Disabilities.* Verfügbar unter: http://www.un.org/disabilities/convention/conventionfull.shtml [12.03.2015].

US Congress (2001). *No Child left behind Act of 2001.* Verfügbar unter: http://www2.ed.gov/legislation/esea02/107-110.pdf [12.03.2015]

U.S. Department of Education. Office of Educational Technology (2010). *Transforming American Education: Learning Powered by Technology.* Washington, D.C.

Wischer, B. (2007). Wie sollen Lehrerinnen mit Heterogenität umgehen? Über programmatische Fallen im aktuellen Reformdiskurs. *Die Deutsche Schule, 99,* 422–433.

Autorinnen und Autoren

Karl-Heinz Arnold, Prof. Dr., Universität Hildesheim, Institut für Erziehungswissenschaft. *Arbeitsschwerpunkte*: Allgemeine Didaktik, Lehrerbildungsforschung.

Franz Baeriswyl, Prof. Dr., em. Direktor der Gymnasiallehrerausbildung an der Universität Freiburg/CH. *Arbeitsschwerpunkte*: Übergänge im Bildungssystem unter dem Fokus der sozialen Gerechtigkeit und die Beurteilung und Bewertung schulischer Leistung.

Beat Bertschy, Dr., Zentrum für Lehrer/innenbildung, Sekundarstufe 2, Universität Freiburg/CH. *Arbeitsschwerpunkte*: Allgemeine Didaktik, die Pädagogik Gregor Girards (1765–1850).

Rico M. Cathomas, Prof. Dr., Professor für Bildungswissenschaften an der Freien Universität Bozen (I). *Forschungs- und Entwicklungsschwerpunkte* in den Bereichen Immersion, Mehrsprachigkeitsdidaktik und Realisierung/Evaluation von Lehrmitteln.

Hanna Dumont, Dr., wissenschaftliche Mitarbeiterin am Deutschen Institut für Internationale Pädagogische Forschung, Berlin. *Forschungsschwerpunkte*: soziale Disparitäten im Bildungssystem, elterliches Engagement und Individualisierung im Unterricht.

Debbie Mandel, lic. phil., wissenschaftliche Mitarbeiterin und Dozentin an der Pädagogischen Hochschule Schwyz/CH. *Arbeitsschwerpunkte*: Heterogenität, Personal- und Unterrichtsentwicklung, Lern- und Entwicklungspsychologie.

Sandra Moroni, Dr., Dozentin an der Pädagogischen Hochschule Bern. *Forschungsschwerpunkte*: elterliches Engagement, Hausaufgaben und Mentoring in der Praxisausbildung von Lehramtsstudierenden.

Frederick L. Nelson, PhD, Assistenzprofessor in Fachdidaktik für Naturwissenschaften, California State University, Fresno. *Forschungsschwerpunkte:* Reflexive Praxis, lernendenzentrierte Universitätskurse, Technologie als Prozess für Reflexive Praxis.

Fritz Oser, Prof. Dr. Dr. h.c. mult., em. Professor für Pädagogik und Pädagogische Psychologie an der Universität Fribourg/CH. *Arbeitsschwerpunkte*: Negatives Wissen und Lernen aus Fehlern, Scheitern und Recovery, Ethos der Lehrkraft, Entwicklung des politischen Denkens.

Jean-Luc Patry, Prof. Dr., Universitätsprofessor, Fachbereich Erziehungswissenschaft der Universität Salzburg. *Arbeitsschwerpunkte*: Soziale Interaktion in der Erziehung, insbesondere Situationsspezifität; Theorie-Praxis-Verhältnis; Moral- und Werterziehung; Konstruktivismus; Forschungsmethoden.

Sibylle Rahm, Prof. Dr., Universitätsprofessorin, Lehrstuhl für Schulpädagogik der Otto-Friedrich-Universität Bamberg, Leiterin des Bamberger Zentrums für Lehrerbildung. *Arbeitsschwerpunkte*: Schulentwicklungsforschung, Forschung zum Lehrberuf.

Kurt Reusser, Prof. Dr., Ordinarius am Institut für Erziehungswissenschaft, Universität Zürich. *Arbeitsschwerpunkte*: Bildung, Schule und Unterricht und mit diesen in Verbindung stehende Prozesse und Bedingungen.

Ingrid Roither, Prof. Dr., Lehrende an der Pädagogischen Hochschule Salzburg Stefan Zweig, Institut für Bildungswissenschaften und Forschung. *Arbeitsschwerpunkte*: Schulpraxisforschung, Lehr-/Lernforschung.

Maria Spychiger, Prof. Dr., Professorin für empirische Musikpädagogik, Hochschule für Musik und Darstellende Kunst Frankfurt am Main. *Arbeitsschwerpunkte*: Selbstkonzeptforschung und das Lernen aus Fehlern.

Rita Stebler, Dr., wissenschaftliche Mitarbeiterin am Institut für Erziehungswissenschaft der Universität Zürich und Ko-Leiterin verschiedener Forschungsprojekte. *Arbeitsschwerpunkte*: Unterricht in heterogenen Lerngruppen und mathematische Frühförderung.

Ulrich Trautwein, Prof. Dr., Hector-Institut für Empirische Bildungsforschung, Universität Tübingen. *Arbeitsschwerpunkte*: Entwicklung und Bedeutung von Selbstkonzept, Effektivität im Bildungssystem sowie Effekte der Hausaufgabenvergabe und -erledigung.

Peter Tremp, Prof. Dr., Leiter Forschung und Entwicklung der Pädagogischen Hochschule Zürich. *Arbeitsschwerpunkte*: Akademische Bildung und Hochschuldidaktik.

Caroline Villiger, Dr., wissenschaftliche Mitarbeiterin und Dozentin an der Pädagogischen Hochschule Freiburg/CH. *Arbeitsschwerpunkte:* Leseförderung in Familie und Schule, Differenzierung und kooperative Methoden im Leseunterricht.

Christian A. Wandeler, PhD, Assistenzprofessor Forschungsmethoden & Statistik, California State University, Fresno. *Forschungsschwerpunkte*: Hoffnung und Motivation, Selbstbestimmung am Arbeitsplatz, Lehrerbildung, Lesemotivation, Qualität beruflicher Bildung, Bildungsgerechtigkeit.